Die Umsetzung auf
Anforderungen an
Instituten und Vers
aus Sicht des Arbeits- und
Dienstvertragsrechts

Europäische Hochschulschriften

European University Studies
Publications Universitaires Européennes

Reihe II	**Rechtswissenschaft**
Series II	Law
Série II	Droit

Band/Volume **5580**

Christina Valeska Gerdes-Renken

Die Umsetzung aufsichtsrechtlicher Anforderungen an Vergütungssysteme in Instituten und Versicherungsunternehmen aus Sicht des Arbeits- und Dienstvertragsrechts

Bibliografische Information der Deutschen Nationalbibliothek
Die Deutsche Nationalbibliothek verzeichnet diese Publikation in der Deutschen
Nationalbibliografie; detaillierte bibliografische Daten sind im Internet über
http://dnb.d-nb.de abrufbar.

Zugl.: Kiel, Univ., Diss., 2013

Gedruckt auf alterungsbeständigem,
säurefreiem Papier.

D 8
ISSN 0531-7312
ISBN 978-3-631-64592-5 (Print)
E-ISBN 978-3-653-03846-0 (E-Book)
DOI 10.3726/978-3-653-03846-0

© Peter Lang GmbH
Internationaler Verlag der Wissenschaften
Frankfurt am Main 2014
Alle Rechte vorbehalten.
PL Academic Research ist ein Imprint der Peter Lang GmbH.
Peter Lang – Frankfurt am Main · Bern · Bruxelles · New York · Oxford · Warszawa · Wien

Dieses Buch wurde vor Erscheinen peer reviewed.

www.peterlang.com

Vorwort

Die vorliegende Arbeit behandelt die Umsetzung der im Juli sowie Oktober 2010 eingeführten aufsichtsrechtlichen Anforderungen an Vergütungssysteme in Instituten und Versicherungsunternehmen aus Sicht des Arbeits- und Dienstvertragsrechts. Sie wurde im Sommersemester 2013 von der Rechtswissenschaftlichen Fakultät der Christian-Albrechts-Universität zu Kiel als Dissertation angenommen. Das Manuskript wurde im März 2013 abgeschlossen. Auf die sich aus dem Inkrafttreten des Capital Requirements Directive IV - Maßnahmenpaketes und dem zu seiner Umsetzung erlassenen Gesetz (CRD IV – Umsetzungsgesetz) vom 28. August 2013 ergebenden wesentlichen Neuerungen wurde an den entsprechenden Stellen in dieser Arbeit hingewiesen. Auch der seit dem 3. September 2013 auf der Internetseite der Bundesanstalt für Finanzdienstleistungsaufsicht (BaFin) zugängliche Entwurf einer Neufassung der Institutsvergütungsverordnung wurde in den Hinweisen zu den Neuerungen seit Abschluss des Manuskriptes berücksichtigt. Literatur und Rechtsprechung konnten bis einschließlich Oktober 2013 berücksichtigt werden.

Mein Dank gilt all denjenigen, die mich bei der Arbeit an dieser Dissertation unterstützt haben. Dank gebührt in erster Linie Herrn Prof. *Dr. Hartmut Oetker*, der die Anregung zu dem Thema dieser Arbeit gab, die Arbeit betreute und mir größtmögliche wissenschaftliche Freiheit bei ihrer Erstellung gewährte. Herrn Prof. *Dr. Stefan Lunk* danke ich für die zügige Erstellung des Zweitgutachtens.

Ich danke meinem Mann *Thorsten* für seine uneingeschränkte und liebevolle Unterstützung. Meiner Schwester *Kathrin* und meiner Freundin *Anne* danke ich für die Hilfe beim Korrekturlesen dieser Arbeit. Großen Dank schulde ich schließlich meinen Eltern *Gisela und Peter Gerdes*, die meine Ausbildung stets förderten, mich unterstützten und die Anfertigung der vorliegenden Arbeit erst ermöglichten.

Oldenburg, im Oktober 2013   *Christina Gerdes-Renken*

Inhaltsverzeichnis

XIII

Einleitung

A. Die weltweite Krise an den Finanzmärkten

Das Weltfinanzsystem ist in den Jahren 2007, 2008 und 2009 in eine tiefe Krise geraten.[1] Begonnen hatte alles mit einer Immobilien- und Hypothekenkredit-Krise in den USA.[2] Diese belastete zunächst die US- amerikanische Finanzbranche schwer. Aufgrund der starken internationalen Verflechtungen der Finanzmärkte zeigten sich jedoch schnell Auswirkungen in der gesamten Welt. Viele Banken hatten sich am US- Hypothekenmarkt verspekuliert, darunter auch zahlreiche deutsche Banken, wie die IKB Deutsche Industriebank AG und die Landesbanken, SachsenLB, WestLB AG und BayernLB.[3] In den USA und in Europa vermeldete ein Finanzunternehmen nach dem anderen hohe Verluste. Als besonders einschneidendes Ereignis geht die Insolvenzanmeldung der viertgrößten US- amerikanischen Investmentbank Lehman Brothers am 15. September 2008 in die Geschichte ein. Sie versetzte die Finanzmärkte in Panik. Das Vertrauen der Banken untereinander nahm stark ab. Sie liehen einander kaum noch Geld und gerieten dadurch in immer stärkere Liquiditätsschwierigkeiten.[4] Anfang Oktober 2008 beschloss die amerikanische Regierung ein Rettungspaket für die angeschlagene Finanzbranche in Höhe von 700 Milliarden US- Dollar.[5] Viele Länder in Europa mussten die inländische Finanzbranche ebenfalls durch Garantien und Zahlungen stützen.[6] Die Bundesregierung bewahrte mit einem milliardenschweren Rettungspaket zunächst den Münchener Immobilienfinanzierer Hypo Real Estate vor der Insolvenz und beschloss dann am 13. Oktober 2008 ein Rettungspaket zur Rettung und Stabilisierung der gesamten inländischen Finanzbranche, das 480 Milliarden Euro umfasste.[7]

---

1   Eine ausführliche Chronik der Finanzkrise enthält der Finanzstabilitätsbericht der Deutschen Bundesbank vom November 2009 auf den Seiten 107-111, abrufbar unter http://www.bundesbank.de/Redaktion/DE/Downloads/Veroeffentlichungen/Finanzstabil itaetsberichte/2009_finanzstabilitaetsbericht.pdf (31.10.2013).

2   Vgl. *Becker/Mock*, FMStG, Einleitung Rn. 2. Zur Entstehung der Immobilienkrise und ihrer Ausweitung zu einer weltweiten Finanzmarktkrise siehe *Fischer*, Die Ursachen der Immobilienkrise, S. 5 ff., 16 ff.

3   Vgl. *Jaletzke*, in: Jaletzke/Veranneman, FMStG, Einführung Rn. 1 f.

4   Vgl. *Becker/Mock*, FMStG, Einleitung Rn. 3; *Fischer*, Die Ursachen der Immobilienkrise, S. 28; *Jaletzke*, in: Jaletzke/Veranneman, FMStG, Einführung Rn. 6.

5   *Jaletzke*, in: Jaletzke/Veranneman, FMStG, Einführung Rn. 7, 9.

6   Vgl. *Fischer*, Die Ursachen der Immobilienkrise, S. 30 f.

7   Vgl. *Jaletzke*, in: Jaletzke/Veranneman, FMStG, Einführung Rn. 8, 10, 13.

1

Zur Entstehung der weltweiten Finanzmarktkrise haben sicherlich viele Faktoren beigetragen. Als eine der zentralen Ursachen wird jedoch eine überzogene
Risikoneigung der Akteure an den Finanzmärkten angesehen.[8] Dem Streben der
Unternehmen im Finanzsektor nach immer höheren Gewinnen durch risikorei-
ches Agieren wurde nicht durch staatliche Regulierung und Aufsicht Einhalt geboten. Innerhalb der Unternehmen wird die Vergütungspolitik als Ursache für
die ausgeprägte Risikofreudigkeit der Führungsebene und der einzelnen Mitarbeiter ausgemacht.[9] Weit verbreitet war die Gewährung an der Leistung beziehungsweise dem Erfolg orientierter, variabler Vergütungen. Die variable Vergütung stellte für viele der Geschäftsleiter und Mitarbeiter im Finanzsektor einen
beträchtlichen Teil ihrer Gesamtvergütung dar. Belohnt wurden mit der variablen Vergütung vor allem kurzfristige Erfolge, Misserfolge hatten nur selten
Konsequenzen.[10] Auch die eingegangenen Risiken und deren Laufzeiten blieben
häufig unberücksichtigt. Das führte zu Fehlanreizen. Die Betroffenen wurden
dazu verleitet die Risiken der Geschäfte und damit letztlich auch den langfristigen und nachhaltigen Unternehmenserfolg aus dem Blick zu verlieren.[11]

In der Politik, in der Öffentlichkeit und schließlich auch in der Finanzindust-
rie selbst ist man heute der Auffassung, dass die Vergütungspolitik der vergangenen Jahre entscheidend zur Finanzmarktkrise beigetragen habe.[12] Die Vergangenheit habe gezeigt, dass Fehlanreize, die durch eine verfehlte Vergütungspoli-

---

8   Vgl. Erwägungsgrund Nr. 1 zur Richtlinie 2010/76/EU, ABl. EU Nr. L 329 v.
     14.12.2010, S. 3; Begründung der Bundesregierung zum Entwurf des Vergütungs-SystG
     v. 31.3.2010, BT-Drucks. 17/1291, S. 1, 9; *Fröhlich*, ArbRB 2010, 312.
9   Vgl. Erwägungsgrund Nr. 1 zur Richtlinie 2010/76/EU, ABl. EU Nr. L 329 v.
     14.12.2010, S. 3; Begründung der Bundesregierung zum Entwurf des Vergütungs-SystG
     v. 31.3.2010, BT-Drucks. 17/1291, S. 1, 9; *Binder*, Steuerung und Kontrolle von Vergü-
     tungssystemen durch die BaFin, S. 65 m.w.N.
10   Vgl. Begründung der Bundesregierung zum Entwurf des Vergütungs-SystG v.
     31.3.2010, BT-Drucks. 17/1291, S. 1, 9; *Heuchemer/Kloft*, WM 2010, 2241.
11   Begründung der Bundesregierung zum Entwurf des Vergütungs-SystG v. 31.3.2010,
     BT-Drucks. 17/1291, S. 1, 9. Zu der Vergütungspraxis vor der Finanzkrise siehe *Kra-
     marsch/Filbert*, in: Hopt/Wohlmannstetter, Handbuch Corporate Governance von Ban-
     ken, S. 495 ff.
12   Vgl. Erwägungsgrund Nr. 1 zur Richtlinie 2010/76/EU, ABl. EU Nr. L 329 v.
     14.12.2010, S. 3; *Buscher*, BaFinJournal 01/2011, 13; *Diller/Arnold*, ZIP 2011, 837;
     Gerenkamp/Kuklick, ZBB 2011, 430, 435.

tik gesetzt werden, Risiken nicht nur für die Stabilität einzelner Unternehmen, sondern für die Stabilität des gesamten Finanzmarktes begründen können.[13]

B. Regulierungsansätze auf internationaler und nationaler Ebene

Um den in der Vergangenheit durch die Vergütungspolitik gesetzten Fehlanreizen entgegen zu wirken, wurden auf internationaler wie nationaler Ebene eine Reihe von Maßnahmen ergriffen.

I. Internationale Vergütungsanforderungen

Anfang 2009 beauftragte die Gruppe der zwanzig bedeutendsten Industrie- und Schwellenländer (G20) ein heute als Rat für Finanzstabilität (Financial Stability Board [FSB]) bezeichnetes internationales Gremium mit der Erarbeitung konkreter Standards für die Vergütung in Finanzinstituten. Das Gremium setzt sich zusammen aus Zentralbanken, Finanzministerien und Aufsichtsbehörden aus den G20- Ländern sowie Hongkong, den Niederlanden, Spanien, Singapur und der Schweiz, der Europäischen Zentralbank, der Europäischen Kommission und einigen weiteren internationalen Organisationen, standardsetzenden Gremien und Gruppierungen.[14] Es veröffentlichte am 2. April 2009 noch unter der Bezeichnung Financial Stability Forum (FSF) neun Prinzipien für solide Vergütungspraktiken („Principles for Sound Compensation Practices").[15] Am 25. September 2009 folgten 19 konkrete Standards für die Implementierung der Prinzipien für solide Vergütungspraktiken („Principles for Sound Compensation Prac-

---

13 Begründung der Bundesregierung zum Entwurf des Vergütungs-SystG v. 31.3.2010, BT-Drucks. 17/1291, S. 1, 9; Begründung zur InstitutsVergV und Begründung zur VersVergV, jeweils in der Fassung v. 6.10.2010, Allgemeiner Teil, abrufbar unter http://www.bafin.de/SharedDocs/Aufsichtsrecht/DE/Verordnung/InstitutsVergV_Begru endung_ba.html beziehungsweise unter http://www.bafin.de/SharedDocs/Aufsichtsrecht /DE/Verordnung/VersVergV_101006_begruendung_va.html (31.10.2013).

14 Siehe die Mitgliederliste auf der Internetseite des Financial Stability Board, abrufbar unter http://www.financialstabilityboard.org/about/fsb_members.htm (31.10.2013).

15 *FSF*, Principles for Sound Compensation Practices v. 2.4.2009, abrufbar unter http://www.financialstabilityboard.org/publications/r_0904b.pdf (31.10.2013).

tices – Implementation Standards").[16] Die in den Prinzipien und Standards aufgestellten Vergütungsanforderungen bezwecken insbesondere eine stärkere Ausrichtung der Vergütungsstrukturen auf den längerfristigen Erfolg des Unternehmens und eine angemessene Berücksichtigung der eingegangenen Risiken.[17] Beim Gipfel in Pittsburgh Ende September 2009 billigten die G20- Länder die Prinzipien und Standards des Rates für Finanzstabilität und verpflichteten sich zu ihrer Umsetzung.

Auch auf europäischer Ebene widmete man sich den Vergütungssystemen in den Unternehmen der Finanzwirtschaft. Im Frühjahr 2009 wurden von der Europäischen Kommission Empfehlungen zur Vergütungspolitik im Finanzdienstleistungssektor verabschiedet.[18] Zeitgleich wurde der Ausschuss der Europäischen Bankaufsichtsbehörden (Committee of European Banking Supervisors [CEBS]) tätig und stellte erste Grundsätze für eine solide Vergütungspolitik auf („High-level principles for Remuneration Policies").[19] Am 15. Dezember 2010 trat schließlich die Richtlinie 2010/76/EU[20] zur Änderung der Richtlinien 2006/48/EG und 2006/49/EG im Hinblick auf die Eigenkapitalanforderungen für Handelsbuch und Wiederverbriefungen und im Hinblick auf die aufsichtliche Überprüfung der Vergütungspolitik, die sogenannten Capital Requirements Directive III (CRD III) in Kraft. Mit dieser Richtlinie sollten die Banken zu einer strengeren Bewertung ihrer Handelsbuchrisiken verpflichtet werden, die Eigenkapitalanforderungen für Weiterverbriefungen sollten erhöht und striktere Pflichten zur Offenlegung von Verbriefungsrisiken eingeführt werden.[21] Darüber hinaus sollten die Banken zu soliden Vergütungspraktiken verpflichtet werden, die keinen Anreiz zu einer übermäßigen und unvorsichtigen Übernahme

---

16 *FSB*, Principles for Sound Compensation Practices – Implementation Standards v. 25.9.2009, abrufbar unter http://www.financialstabilityboard.org/publications/r_090925 c.pdf (31.10.2013).

17 Begründung der Bundesregierung zum Entwurf des Vergütungs-SystG v. 31.3.2010, BT-Drucks. 17/1291, S. 1.

18 Empfehlung der Kommission v. 30.4.2009 zur Vergütungspolitik im Finanzdienstleistungssektor, ABl. EU Nr. L 120 v. 15.5.2009, S. 22-27.

19 *CEBS*, High-level principles for Remuneration Policies v. 20.4.2009, abrufbar unter http://www.eba.europa.eu/documents/10180/16094/High-level+principles+for+remune ration+policies.pdf (31.10.2013).

20 Richtlinie 2010/76/EU v. 24.11.2010, ABl. EU Nr. L 329 v. 14.12.2010, S. 3-35.

21 Vgl. Erwägungsgründe Nr. 24 ff. zur Richtlinie 2010/76/EU, ABl. EU Nr. L 329 v. 14.12.2010, S. 6 ff.

4

von Risiken bieten.[22] Zu diesem Zweck wurden mit der CRD III für den Bankenbereich die vom Rat für Finanzstabilität entwickelten Prinzipien für solide Vergütungspraktiken und die darauf aufbauenden konkreten Standards für die Implementierung der Prinzipien für solide Vergütungspraktiken weitgehend deckungsgleich in die Richtlinie 2006/48/EG über die Aufnahme und Ausübung der Tätigkeit der Kreditinstitute übernommen. Der CEBS wurde auf der Grundlage des ebenfalls in die Richtlinie 2006/48/EG neu eingefügten Art. 22 Abs. 4 mit der Erarbeitung von Leitlinien zu den Vergütungsanforderungen beauftragt. Sie sollen dazu beitragen, dass diese in den nationalen Rechtsordnungen und damit im gesamten europäischen Bankensektor möglichst einheitlich umgesetzt werden.[23] Am 10. Dezember 2010 veröffentlichte der CEBS die Leitlinien zur Vergütungspolitik („Guidelines on Remuneration Policies and Practices").[24] Die European Banking Authority (EBA) überwacht und überprüft als Nachfolgeorganisation des CEBS die Umsetzung der Leitlinien in der EU.[25]

Gut 2 ½ Jahre nach dem Inkrafttreten der CRD III (Richtlinie 2010/76/EU) folgte zum 17. Juli 2013 die CRD IV. Hierbei handelt es sich um die Richtlinie 2013/36/EU über den Zugang zur Tätigkeit von Kreditinstituten und die Beaufsichtigung von Kreditinstituten und Wertpapierfirmen, zur Änderung der Richtlinie 2002/87/EG und zur Aufhebung der Richtlinien 2006/48/EG und 2006/49/EG. Die in der Richtlinie 2006/48/EG über die Aufnahme und Ausübung der Tätigkeit der Kreditinstitute enthaltenen, mit der CRD III eingeführten Vergütungsvorgaben wurden in die Richtlinie 2013/36/EU weitgehend wort- und inhaltsgleich übernommen. In Teilbereichen wurden jedoch insbesondere die Vorgaben in Bezug auf variable Vergütungsbestandteile ausgeweitet beziehungsweise konkretisiert.

---

22 Vgl. Erwägungsgründe Nr. 3 ff. zur Richtlinie 2010/76/EU, ABl. EU Nr. L 329 v. 14.12.2010, S. 3 ff.

23 Vgl. Erwägungsgrund Nr. 19 zur Richtlinie 2010/76/EU, ABl. EU Nr. L 329 v. 14.12.2010, S. 6.

24 CEBS, Guidelines on Remuneration Policies and Practices v. 10.12.2010, abrufbar unter http://www.eba.europa.eu/documents/10180/106961/Guidelines.pdf (31.10.2013).

25 CEBS, Guidelines on Remuneration Policies and Practices v. 10.12.2010, S. 12, abrufbar unter http://www.eba.europa.eu/documents/10180/106961/Guidelines.pdf (31.10.2013).

II. Anforderungen an die Vergütung in Deutschland

Anlässlich der Finanzmarktkrise hat auch der deutsche Gesetzgeber eine Vielzahl neuer Regelungen betreffend die Vergütung in den Unternehmen des Finanzsektors erlassen. Diese haben einen unterschiedlichen Anwendungsbereich und sind in verschiedenen Gesetzen enthalten. Inhaltlich wurden die Vergütungsregelungen stark beeinflusst durch die auf internationaler und europäischer Ebene geschaffenen neuen Vorgaben für die Vergütungspolitik in den Unternehmen des Finanzsektors.

1. Gesetze und Verordnungen zur Finanzmarktstabilisierung

Die erste Reaktion des deutschen Gesetzgebers auf die weltweite Finanzmarktkrise war der Erlass des Gesetzes zur Umsetzung eines Maßnahmenpakets zur Stabilisierung des Finanzmarktes (Finanzmarktstabilisierungsgesetz [FMStG])[26] im Oktober 2008, nur wenige Wochen nach der Pleite der US- amerikanischen Investmentbank Lehman Brothers. Ziel des FMStG war es, die aktuelle Krise zu bewältigen. Es sollte ein tragfähiges Instrumentarium zur zeitnahen Überwindung der bestehenden Liquiditätsengpässe und zur Stärkung der Stabilität des deutschen Finanzmarktes geschaffen werden.[27] In seinem Art. 1 enthält das FMStG das Gesetz zur Errichtung eines Finanzmarktstabilisierungsfonds (Finanzmarktstabilisierungsfondsgesetz [FMStFG]). Neben der Errichtung des Finanzmarktstabilisierungsfonds, der von der, mit Erlass des Gesetzes neu gegründeten Bundesanstalt für Finanzmarktstabilisierung (FMSA) verwaltet wird, sieht das FMStFG ein Paket von Stabilisierungsmaßnahmen vor, die inländischen Unternehmen des Finanzsektors gewährt werden können. Die Gewährung der Stabilisierungsmaßnahmen ist jedoch an Bedingungen geknüpft. Diese sind in § 10 FMStFG und der auf seiner Grundlage erlassenen Verordnung zur Durchführung des Finanzmarktstabilisierungsfondsgesetzes (Finanzmarktstabilisierungsfonds-Verordnung [FMStFV])[28] normiert. In Bezug auf die Vergütung soll den unterstützten Unternehmen gemäß § 5 Abs. 2 Nr. 3 FMStFV aufgegeben werden, die Vergütungssysteme auf ihre Anreizwirkung und Angemessenheit zu überprüfen und darauf hinzuwirken, dass diese nicht zur Eingehung unangemessener Risiken verleiten sowie an langfristigen und nachhaltigen Zielen

---

26 BGBl. I 2008, S. 1982.
27 Begründung der Fraktionen der CDU/CSU und SPD zum Entwurf des FMStG v. 14.10.2008, BT-Drucks. 16/10600, S. 1.
28 eBAnz 2008, AT123 V1.

ausgerichtet und transparent sind. Darüber hinaus soll nach § 5 Abs. 2 Nr. 4 FMStFV von den Unternehmen verlangt werden, die Vergütung ihrer Organmitglieder und Geschäftsleiter auf ein angemessenes Maß zu begrenzen. Der Fonds soll insbesondere darauf hinwirken, dass die Geschäftsleiter und Organmitglieder in den unterstützten Unternehmen keine unangemessene Gesamtvergütung erhalten, dass keine rechtlich nicht gebotenen Abfindungen und keine Bonifikationen oder andere in das freie Ermessen des Unternehmens gestellte Vergütungsbestandteile gezahlt werden. Als grundsätzlich unangemessen soll dabei eine Gesamtvergütung der Organmitglieder und Geschäftsleiter gelten, die 500.000 Euro pro Jahr übersteigt.

2. Gesetz zur Angemessenheit der Vorstandsvergütung

Im August 2009 trat das Gesetz zur Angemessenheit der Vorstandsvergütung (VorstAG)[29] in Kraft. Mit dem VorstAG wurden neue Regelungen im Hinblick auf die Vergütung von Vorstandsmitgliedern von Aktiengesellschaften eingeführt. Diese gelten nicht nur für Unternehmen im Finanzsektor, sondern branchenunabhängig für sämtliche Aktiengesellschaften. Kern ist die Neufassung von § 87 Abs. 1 und Abs. 2 Satz 1 AktG.

Nach § 87 Abs. 1 Satz 1 AktG müssen nunmehr die Gesamtbezüge der einzelnen Vorstandsmitglieder in einem angemessenen Verhältnis zu ihren Aufgaben und Leistungen sowie zur Lage der Gesellschaft stehen und dürfen die übliche Vergütung nicht ohne besondere Gründe übersteigen. Bei börsennotierten Gesellschaften muss die Vergütungsstruktur gemäß § 87 Abs. 1 Satz 2 AktG zudem auf eine nachhaltige Unternehmensentwicklung ausgerichtet sein. Variable Vergütungen sollen daher nach dem neuen § 87 Abs. 1 Satz 3 AktG eine mehrjährige Bemessungsgrundlage haben und für außerordentliche Entwicklungen soll eine Begrenzungsmöglichkeit vereinbart werden. Verschlechtert sich die Lage der Gesellschaft, so dass die Weitergewährung der Vergütung unbillig für die Gesellschaft wäre, soll sie nach § 87 Abs. 2 Satz 1 AktG auf eine angemessene Höhe herabgesetzt werden.

In der Gesetzesbegründung heißt es, dass Ziel des Gesetzes sei, anlässlich der aus der Finanzmarktkrise gezogenen Lehren, die Anreize in der Vergütungsstruktur für Vorstandsmitglieder in Richtung einer nachhaltigen und auf Lang-

---

29   BGBl. I 2009, S. 2509.

fristigkeit ausgerichteten Unternehmensführung zu stärken.[30] Zudem solle die Verantwortlichkeit des Aufsichtsrats für die Ausgestaltung der Vorstandsvergütung gestärkt und konkretisiert sowie die Transparenz der Vorstandsvergütung gegenüber den Aktionären und der Öffentlichkeit verbessert werden.[31]

3. Gesetz über die aufsichtsrechtlichen Anforderungen an die Vergütungssysteme von Instituten und Versicherungsunternehmen

Im Juli 2010, knapp ein Jahr nach Inkrafttreten des VorstAG, wurde ein weiteres Gesetz mit Vergütungsregelungen erlassen. Dieses Gesetz betrifft die Vergütung nicht nur der Geschäftsleiterebene, sondern auch sämtlicher Mitarbeiter von Instituten und Versicherungsunternehmen, unabhängig von deren Rechtsform. Mit dem Gesetz über die aufsichtsrechtlichen Anforderungen an die Vergütungssysteme von Instituten und Versicherungsunternehmen (Vergütungs-SystG)[32] unternahm die Bundesregierung den ersten Schritt zur gesetzlichen Umsetzung der vom Rat für Finanzstabilität im Jahre 2009 entwickelten Prinzipien für solide Vergütungspraktiken und der darauf aufbauenden konkreten Standards für die Implementierung der Prinzipien für solide Vergütungspraktiken in der Finanzbranche.[33] Durch das Vergütungs-SystG erfolgte eine Änderung des KWG und des VAG. Kern war die Aufnahme einer Regelung in § 25a Abs. 1 Satz 3 Nr. 4 KWG[34] und § 64b Abs. 1 VAG, wonach die Vergütungssysteme für Geschäftsleiter, Mitarbeiter und, nach der in § 64b Abs. 1 VAG eingefügten Regelung, auch für Aufsichtsratsmitglieder angemessen, transparent und auf eine nachhaltige Entwicklung des Instituts/ Unternehmens ausgerichtet sein müssen. Das Bundesministerium der Finanzen wurde ermächtigt durch Rechtsverordnung nähere Einzelheiten festzulegen, vor allem zur konkreten Ausgestaltung der Vergütungssysteme, aber auch zur Überwachung der Angemessenheit und Transparenz der Vergütungssysteme und zur Offenlegung der Ausgestaltung der Vergütungssysteme.

---

30 Begründung der Fraktionen der CDU/CSU und SPD zum Entwurf des VorstAG v. 17.3.2009, BT-Drucks. 16/12278, S. 1.

31 Begründung der Fraktionen der CDU/CSU und SPD zum Entwurf des VorstAG v. 17.3.2009, BT-Drucks. 16/12278, S. 1.

32 BGBl. I 2010, S. 950.

33 Vgl. Begründung der Bundesregierung zum Entwurf des Vergütungs-SystG v. 31.3.2010, BT-Drucks. 17/1291, S. 1 f., 9.

34 Die Regelung wird durch das CRD IV – Umsetzungsgesetz verschoben und ist ab dem 1.1.2014 in § 25a Abs. 1 Satz 3 Nr. 6 KWG zu finden.

4. Instituts-Vergütungsverordnung und Versicherungs-Vergütungsverordnung

Von der durch das Vergütungs-SystG in den § 25a Abs. 5 KWG[35] und den § 64b Abs. 5 VAG jeweils eingefügten Verordnungsermächtigung hat das Bundesministerium der Finanzen sogleich im Oktober 2010 Gebrauch gemacht und zwei Verordnungen, die Verordnung über die aufsichtsrechtlichen Anforderungen an Vergütungssysteme von Instituten (Instituts-Vergütungsverordnung [Instituts-VergV])[36] und die Verordnung über die aufsichtsrechtlichen Anforderungen an Vergütungssysteme im Versicherungsbereich (Versicherungs-Vergütungsverordnung [VersVergV])[37] erlassen. Mit ihnen wurde das dreistufige Maßnahmenpaket der Bundesregierung zur möglichst zeitnahen Umsetzung der Prinzipien und Standards des Rates für Finanzstabilität und damit zur Regulierung der Vergütungssysteme im Finanzsektor vor dem Hintergrund der weltweiten Finanzmarktkrise abgeschlossen.

Die erste Stufe dieses Maßnahmenpakets stellte die Selbstverpflichtung von acht großen deutschen Kreditinstituten[38] und den drei größten deutschen Versicherungsunternehmen[39] im Dezember 2009 dar, die internationalen Vorgaben zu beachten. Auf der zweiten Stufe folgte, ebenfalls noch im Dezember 2009, die Veröffentlichung von zwei Rundschreiben durch die Bundesanstalt für Finanzdienstleistungsaufsicht (BaFin), in denen die Prinzipien und Standards des Rates für Finanzstabilität zusammengefasst waren. Das Rundschreiben 22/2009 (BA) „Aufsichtsrechtliche Anforderungen an die Vergütungssysteme von Instituten" vom 21. Dezember 2009 ersetzte die vergütungsrelevanten Regelungen in dem Rundschreiben 15/2009 (BA) „Mindestanforderungen an das Risikomanagement (MaRisk)" vom 14. August 2009. Mit dem Rundschreiben 23/2009 (VA) „Anforderungen an Vergütungssysteme im Versicherungsbereich" vom 21. Dezember 2009 entfielen das Rundschreiben 1/78 sowie die vergütungsrelevanten Regelungen in dem Rundschreiben 3/2009 (VA) „Aufsichtsrechtliche Mindestan-

---

35 Durch das CRD IV – Umsetzungsgesetz wird diese Verordnungsermächtigung durch eine neue Verordnungsermächtigung in § 25a Abs. 6 KWG ersetzt.

36 BGBl. I 2010, S. 1374.

37 BGBl. I 2010, S. 1379.

38 Dies waren die Deutsche Bank AG, Commerzbank AG, Hypo Vereinsbank AG, DZ-Bank AG, WestLB AG, Landesbank Baden-Württemberg, BayernLB und die HSH Nordbank AG.

39 Dies waren die Allianz SE, Talanx AG und Münchener Rückversicherungsgesellschaft AG.

forderungen an das Risikomanagement (MaRisk VA)" vom 22. Januar 2009. Die dritte und letzte Stufe des Maßnahmenpakets der Bundesregierung bildet die gesetzliche Umsetzung der Prinzipien für solide Vergütungspraktiken und der darauf aufbauenden konkreten Standards für die Implementierung der Prinzipien für solide Vergütungspraktiken des Rates für Finanzstabilität. Mit den die Vergütungsanforderungen aus dem Vergütungs-SystG konkretisierenden Verordnungen, InstitutsVergV und VersVergV, sind nunmehr die Einzelheiten zu den Anforderungen an die Vergütungssysteme von Instituten und Versicherungsunternehmen rechtlich verbindlich festgelegt.[40] Die Rundschreiben der BaFin wurden mit dem Inkrafttreten der Verordnungen aufgehoben.

Mit den Änderungen des KWG durch das Vergütungs-SystG und der konkretisierenden InstitutsVergV sind nicht nur die Prinzipien und Standards des Rates für Finanzstabilität in nationales Recht umgesetzt worden, sondern zugleich und noch vor ihrem Inkrafttreten auch die diesen weitestgehend entsprechenden Vergütungsanforderungen aus der CRD III (Richtlinie 2010/76/EU). Berücksichtigt wurden bei der InstitutsVergV auch die Entwurfsfassungen der Leitlinien des CEBS zu den Vergütungsanforderungen aus der CRD III.[41] In die Vergütungsanforderungen des VAG und der konkretisierenden VersVergV sind zudem Vorschläge des Ausschusses der Europäischen Aufsichtsbehörden für das Versicherungswesen und die betriebliche Altersversorgung (Committee of European Insurance and Occupational Pension Supervisors [CEIOPS]) eingeflossen.[42]

---

40 Zum dreistufigen Maßnahmenpaket der Bundesregierung siehe die Begründung der Bundesregierung zum Entwurf des Vergütungs-SystG v. 31.3.2010, BT-Drucks. 17/1291, S. 9 sowie die Begründung zur InstitutsVergV und die Begründung zur VersVergV, jeweils in der Fassung v. 6.10.2010, Allgemeiner Teil, abrufbar unter http://www.bafin.de/SharedDocs/Aufsichtsrecht/DE/Verordnung/InstitutsVergV_Begru endung_ba.html beziehungsweise unter http://www.bafin.de/SharedDocs/Aufsichts recht/DE/Verordnung/VersVergV_101006_begruendung_va.html (31.10.2013).

41 Begründung zur InstitutsVergV, in der Fassung v. 6.10.2010, Allgemeiner Teil, abrufbar unter http://www.bafin.de/SharedDocs/Aufsichtsrecht/DE/Verordnung/Instituts VergV_Begruendung_ba.html (31.10.2013).

42 Begründung der Bundesregierung zum Entwurf des Vergütungs-SystG v. 31.3.2010, BT-Drucks. 17/1291, S. 12.

5. Restrukturierungsgesetz

Die vorerst letzten Vergütungsregelungen anlässlich der Finanzmarktkrise sind im Dezember 2010 mit dem Gesetz zur Restrukturierung und geordneten Abwicklung von Kreditinstituten, zur Errichtung eines Restrukturierungsfonds für Kreditinstitute und zur Verlängerung der Verjährungsfrist der aktienrechtlichen Organhaftung, dem sogenannten Restrukturierungsgesetz[43] eingeführt worden. Durch das Restrukturierungsgesetz sollte ein Instrumentarium zur Vermeidung und Bewältigung künftiger Krisen im Finanzsektor geschaffen werden.[44] Das Gesetz regelt unter anderem das Verfahren zur Sanierung und Reorganisation von in Schieflage geratenen Kreditinstituten. In seinem Art. 3 enthält es das Gesetz zur Errichtung eines Restrukturierungsfonds für Kreditinstitute (Restrukturierungsfondsgesetz [RStruktFG]). Der nach diesem Gesetz als Sondervermögen des Bundes errichtete Restrukturierungsfonds wird über Beiträge sämtlicher Kreditinstitute finanziert und von der FMSA verwaltet. Die in ihm angesammelten Mittel sollen systemrelevanten Banken zur Finanzierung künftiger Restrukturierungs- und Abwicklungsmaßnahmen bereit stehen. Als Bedingung für die Gewährung bestimmter Maßnahmen des Restrukturierungsfonds wird dabei vorgeschrieben, dass die monetäre Vergütung der Organmitglieder und Angestellten in den betreffenden Unternehmen (grundsätzlich) jeweils 500.000 Euro pro Jahr nicht übersteigen darf und eine variable Vergütung (grundsätzlich) unzulässig ist.

6. CRD IV - Umsetzungsgesetz

Am 3. September 2013 wurde im Bundesgesetzblatt das Gesetz zur Umsetzung der Richtlinie 2013/36/EU über den Zugang zur Tätigkeit von Kreditinstituten und die Beaufsichtigung von Kreditinstituten und Wertpapierfirmen und zur Anpassung des Aufsichtsrechts an die Verordnung (EU) Nr. 575/2013 über Aufsichtsanforderungen an Kreditinstitute und Wertpapierfirmen, kurz das CRD IV – Umsetzungsgesetz, veröffentlicht.[45] Dieses Gesetz sieht unter anderem eine Änderung des § 25a KWG vor. Die Regelung aus § 25a Abs. 1 Satz 3 Nr. 4 KWG, wonach die Vergütungssysteme für Geschäftsleiter und Mitarbeiter angemessen, transparent und auf eine nachhaltige Entwicklung des Instituts ausgerichtet sein müssen, bleibt erhalten, wird jedoch in die Abs. 1 Satz 3 Nr. 6 ver-

---

43 BGBl. I 2010, S. 1900.
44 Vgl. Begründung der Bundesregierung zum Entwurf des Restrukturierungsgesetzes v. 27.9.2010, BT-Drucks. 17/3024, S. 1 ff.
45 BGBl. I 2013, S. 3395.

schoben und ergänzt durch die Worte „nach Maßgabe von Absatz 5". Während bislang ausschließlich in der InstitutsVergV die konkreten Anforderungen zu finden sind, welche die Vergütungssysteme der Geschäftsleiter und Mitarbeiter in den Instituten erfüllen müssen, damit sie angemessen, transparent und auf eine nachhaltige Entwicklung des Instituts ausgerichtet sind, wird künftig auch in dem Abs. 5 des § 25a KWG eine konkrete Anforderung enthalten sein. In § 25a Abs. 5 KWG wird künftig vorgeben, dass die variable Vergütung grundsätzlich 100 % der fixen Vergütung für jeden einzelnen Mitarbeiter oder Geschäftsleiter nicht überschreiten darf. Außerdem wird in den Abs. 6 des § 25a KWG eine neue Verordnungsermächtigung eingefügt. Das Bundesministerium der Finanzen wird ermächtigt nähere Bestimmungen zu erlassen, insbesondere über die Ausgestaltung der Vergütungssysteme nach § 25a Abs. 5 KWG. Auf der Grundlage von § 25a Abs. 6 KWG soll die InstitutsVergV neu gefasst werden. Die Neufassung der InstitutsVergV liegt bereits im Entwurf vor.[46] Das CRD IV - Umsetzungsgesetz und damit auch die in ihm enthaltenen Änderungen des KWG treten zum 1. Januar 2014 in Kraft.[47]

C. Ziel und Gang der nachfolgenden Untersuchung

Kernstück der anlässlich der Finanzmarktkrise in Deutschland erlassenen Vergütungsregelungen sind die durch das Vergütungs-SystG, die InstitutsVergV und die VersVergV geschaffenen aufsichtsrechtlichen Anforderungen an Vergütungssysteme. Sie gelten für Institute und Versicherungsunternehmen unabhängig von deren Rechtsform und unabhängig von dem Erhalt etwaiger Unterstützungsleistungen. Die vorliegende Arbeit beschäftigt sich mit der Umsetzung der aufsichtsrechtlichen Anforderungen an Vergütungssysteme in den Instituten und Versicherungsunternehmen aus Sicht des Arbeits- und Dienstvertragsrechts und gliedert sich in vier Teile. In dem auf die Einleitung folgenden ersten Teil wird der Anwendungsbereich der durch das Vergütungs-SystG in das KWG und das VAG eingefügten Regelungen, der InstitutsVergV und der VersVergV dargestellt, es werden Begrifflichkeiten geklärt und es wird ein kurzer Überblick über den Inhalt der aufsichtsrechtlichen Vergütungsregelungen gegeben. Im zweiten

---

46 Der Referentenentwurf zur Neufassung der InstitutsVergV ist abrufbar auf der Internetseite der BaFin http://www.bafin.de/SharedDocs/Veroeffentlichungen/DE/Meldung/ 2013/meldung_130903_konsultation_instvergv_bmf.html (31.10.2013).
47 Zu den wesentlichen Änderungen des KWG durch das CRD IV – Umsetzungsgesetz im Übrigen siehe *Kirchhartz*, GWR 2013, 395, 396 ff.

Teil werden die einzelnen Anforderungen an die Vergütungssysteme der Geschäftsleiter und Mitarbeiter näher beleuchtet und die Möglichkeiten der Umsetzung dieser Anforderungen in den, die Arbeits- und Dienstverhältnisse gestaltenden, Verträgen und Vereinbarungen erörtert. Im dritten Teil geht es um die Problematik des Umgangs mit Vergütungsvereinbarungen, die in den Instituten und Versicherungsunternehmen zum Zeitpunkt des Inkrafttretens der neuen Regelungen bereits bestanden und noch nicht ausgelaufen sind. Schließlich folgen im vierten und letzten Teil dieser Arbeit eine zusammenfassende Darstellung und ein Ausblick. Ziel der Arbeit ist es, die neuen Vorgaben für die Praxis zu bewerten und die bei ihrer Umsetzung dienstvertragsrechtlichen sowie vor allem individual- und kollektivarbeitsrechtlichen Fragestellungen zu beantworten. Dabei werden die sich durch die ausgesprochen großzügige Verwendung unbestimmter Rechtsbegriffe ergebenden Handlungsspielräume aufgezeigt und verschiedene Umsetzungsmöglichkeiten erörtert.

1. Teil Die aufsichtsrechtlichen Anforderungen an Vergütungssysteme

A. Anwendungsbereich der Vorschriften und Begriffsbestimmungen

Bei dem Anwendungsbereich der aufsichtsrechtlichen Anforderungen an Vergütungssysteme aus dem KWG und der InstitutsVergV sowie dem VAG und der VersVergV ist zwischen dem institutionellen, dem personellen und dem sachlichen Anwendungsbereich zu differenzieren.

I. Institutioneller Anwendungsbereich

1. Institute

Die durch das Vergütungs-SystG in § 25a Abs. 1 Satz 3 Nr. 4 KWG (§ 25a Abs. 1 Satz 3 Nr. 6 KWG n.F.) eingefügten und durch die InstitutsVergV konkretisierten Anforderungen an Vergütungssysteme gelten für alle Institute im Sinne der §§ 1 Abs. 1b und 53 Abs. 1 KWG.

Gemäß § 1 Abs. 1b KWG sind Institute Kredit- und Finanzdienstleistungsinstitute. Kreditinstitute sind nach der Legaldefinition des § 1 Abs. 1 KWG Unternehmen, die Bankgeschäfte gewerbsmäßig oder in einem Umfang betreiben, der einen in kaufmännischer Weise eingerichteten Geschäftsbetrieb erfordert. Als Bankgeschäfte werden nach dem KWG die klassischen Einlagen- und Kreditgeschäfte, aber auch Pfandbrief-, Diskont-, Finanzkommissions-, Depot- und Garantiegeschäfte sowie Scheck- und Wechseleinzugsgeschäfte, Reisescheckgeschäfte und Emissionsgeschäfte angesehen. Finanzdienstleistungsinstitute sind gemäß § 1 Abs. 1a KWG demgegenüber Unternehmen, die Finanzdienstleistungen für andere gewerbsmäßig oder in einem Umfang erbringen, der einen in kaufmännischer Weise eingerichteten Geschäftsbetrieb erfordert. Dabei sind unter Finanzdienstleistungen nach dem KWG etwa Anlagevermittlungen, Abschlussvermittlungen, Anlageberatungen, Anlage- und Finanzportfolioverwaltungen sowie Factoring- und Finanzierungsleasing- Geschäfte zu verstehen.

Gemäß § 53 Abs. 1 KWG gelten zudem von Unternehmen mit Sitz im Ausland unterhaltene Zweigstellen im Inland, die Bankgeschäfte betreiben oder Finanzdienstleistungen erbringen, als Kredit- und Finanzdienstleistungsinstitute. Keine Anwendung finden die neuen Vorgaben gemäß § 1 Abs. 1 Satz 2 InstitutsVergV lediglich auf Zweigniederlassungen von Unternehmen mit Sitz in einem anderen Staat des Europäischen Wirtschaftsraums nach § 53b KWG.

Die Rechtsform des Instituts ist für die Anwendung der Anforderungen an Vergütungssysteme aus dem KWG und der InstitutsVergV nicht von Bedeutung. In den Anwendungsbereich der neuen Regelungen fallen daher neben Instituten in der Rechtsform einer Aktiengesellschaft (AG), einer Gesellschaft mit beschränkter Haftung (GmbH), einer eingetragenen Genossenschaft (eG), einer offenen Handelsgesellschaft (OHG) oder einer Kommanditgesellschaft (KG) auch Anstalten des öffentlichen Rechts, wie Sparkassen und Landesbanken.[48]

In der InstitutsVergV wird differenziert zwischen allgemeinen Vorgaben für sämtliche Institute und deutlich anspruchsvolleren Vorgaben, die nur von „bedeutenden Instituten" zu beachten sind. Mit dieser Differenzierung wird dem von der CRD III (Richtlinie 2010/76/EU) und insbesondere auch den Leitlinien des CEBS vorgegebenen Verhältnismäßigkeitsgrundsatz Rechnung getragen.[49] Bedeutend ist ein Institut gemäß § 1 Abs. 2 InstitutsVergV, wenn seine Bilanzsumme im Durchschnitt zu den jeweiligen Stichtagen der letzten drei abgeschlossenen Geschäftsjahre 10 Milliarden Euro erreicht oder überschritten hat und es auf der Grundlage einer eigenverantwortlich durchzuführenden Risiko-

---

48   Zu den Rechtsformen von Instituten in Deutschland siehe etwa die Mitgliederliste des Bundesverbandes deutscher Banken, abrufbar unter https://www.bankenverband.de/ bundesverband-deutscher-banken/mitglieder (31.10.2013) sowie die Liste der hundert größten deutschen Kreditinstitute 2011 in der Zeitschrift diebank vom August 2012, S. 10 f.

49   Vgl. Begründung zur InstitutsVergV, in der Fassung v. 6.10.2010, Besonderer Teil, abrufbar unter http://www.bafin.de/SharedDocs/Aufsichtsrecht/DE/Verordnung/Insti tutsVergV_Begruendung_ba.html (31.10.2013); *Binder*, Steuerung und Kontrolle von Vergütungssystemen durch die BaFin, S. 77; *Buscher*, BaFinJournal 01/2011, 13, 15.

analyse feststellt, dass es bedeutend ist.[50] Die Verordnung gibt vor, dass bei der Risikoanalyse insbesondere die Größe des Instituts, seine Vergütungsstruktur sowie Art, Umfang, Komplexität, Risikogehalt und Internationalität der betriebenen Geschäftsaktivitäten zu berücksichtigen sind. Die Durchführung einer ordnungsgemäßen Risikoanalyse wird von der BaFin im Rahmen der laufenden Aufsicht überwacht.[51]

Dass die Vergütungsstruktur eines Instituts zu den Kriterien gehört, die bei der Analyse zu berücksichtigen sind, führt zu einer etwas befremdlichen Wechselwirkung. Die Vergütungsstruktur hat Einfluss auf die Einordnung eines Instituts als bedeutendes oder nicht bedeutendes Institut und umgekehrt hat die Einordnung Auswirkungen auf Art und Umfang der Anforderungen, die an die Vergütungssysteme in dem Institut gestellt werden.[52]

Institute, deren Bilanzsumme im Durchschnitt zu den jeweiligen Stichtagen der letzten drei abgeschlossenen Geschäftsjahre 40 Milliarden Euro erreicht oder überschritten hat, sind gemäß § 1 Abs. 2 InstitutsVergV in der Regel als bedeutend anzusehen. Nach der Verordnungsbegründung soll diese Regelvermutung

---

50 Der Referentenentwurf zur Neufassung der InstitutsVergV regelt die Einstufung als bedeutendes Institut in seinem § 16 neu und umfassender. Maßgeblich wird danach eine Bilanzsumme von 15 Milliarden Euro sein. Hat ein Institut diese Bilanzsumme im Durchschnitt zu den jeweiligen Stichtagen der letzten drei abgeschlossenen Geschäftsjahre erreicht oder überschritten, ist es bedeutend, es sei denn, das Institut weist der BaFin auf der Grundlage einer Risikoanalyse nach, dass es nicht bedeutend ist. Der § 16 Abs. 2 der InstitutsVergV (Neufassungsentwurf) regelt, wann ein Institut unabhängig von dem Vorgenannten als bedeutend gilt. So gelten als bedeutende Institute etwa solche, die als potentiell systemgefährdend im Sinne des § 47 Abs. 1 KWG eingestuft wurden. Durch den § 16 Abs. 3 InstitutsVergV (Neufassungsentwurf) wird es der BaFin ermöglicht unter bestimmten Voraussetzungen ein Institut auch dann als bedeutend einzustufen, wenn dessen Bilanzsumme im Durchschnitt zu den jeweiligen Stichtagen der letzten drei abgeschlossenen Geschäftsjahre 15 Milliarden Euro nicht erreicht hat. Schließlich enthält die Norm eine Regelung für gruppenangehörige Institute. Wird ein gruppenangehöriges Institut als bedeutend eingestuft, gelten auch alle sonstigen gruppenangehörigen Institute, deren Bilanzsumme im Durchschnitt zu den jeweiligen Stichtagen der letzten drei abgeschlossenen Geschäftsjahre 15 Milliarden Euro erreicht oder überschritten hat, als bedeutend. Für das gruppenangehörige Institut entfällt in diesem Fall die Möglichkeit der BaFin nachzuweisen, dass es nicht bedeutend ist.

51 Begründung zur InstitutsVergV, in der Fassung v. 6.10.2010, Besonderer Teil, abrufbar unter http://www.bafin.de/SharedDocs/Aufsichtsrecht/DE/Verordnung/InstitutsVergV _Begruendung_ba.html (31.10.2013).

52 Vgl. *Groeger*, RdA 2011, 287, 288; *Rubner*, NZG 2010, 1288, 1290.

den Instituten als Orientierungshilfe dienen. Sie kann im Rahmen der gleichwohl vorzunehmenden Risikoanalyse widerlegt werden.[53]

2. Unternehmen

Die durch das Vergütungs-SystG in § 64b Abs. 1 VAG eingefügten und durch die VersVergV konkretisierten Anforderungen an Vergütungssysteme gelten für die in § 1 Abs. 1 Nr. 1–7 VersVergV abschließend aufgezählten Unternehmen. Dies sind:

Nr. 1: inländische Erst- und Rückversicherungsunternehmen sowie Pensionsfonds,

Nr. 2: inländische Versicherungs-Holdinggesellschaften im Sinne der §§ 1b, 104a Abs. 2 Nr. 4 VAG,

Nr. 3: inländische Versicherungs-Zweckgesellschaften,

Nr. 4: inländische, gemischte Finanzholding-Gesellschaften,

Nr. 5: inländische, übergeordnete Finanzkonglomeratsunternehmen, es sei denn, es handelt sich um Institute im Sinne des § 1 Abs. 1b KWG,

Nr. 6: im Inland erlaubnispflichtige Erst- und Rückversicherungsunternehmen sowie Einrichtungen der betrieblichen Altersversorgung mit Sitz in einem Drittstaat und

Nr. 7: im Inland erlaubnispflichtige Erstversicherungsunternehmen mit Sitz in einem anderen Mitgliedstaat der Europäischen Union oder einem anderen Vertragsstaat des Abkommens über den Europäischen Wirtschaftsraum, die nicht den Versicherungsrichtlinien unterfallen.

Auf die Rechtsform des Unternehmens kommt es nicht an. In den Anwendungsbereich der aufsichtsrechtlichen Anforderungen an Vergütungssysteme aus dem VAG und der VersVergV fallen daher neben Unternehmen in der Rechtsform

---

53 Begründung zur InstitutsVergV, in der Fassung v. 6.10.2010, Besonderer Teil, abrufbar unter http://www.bafin.de/SharedDocs/Aufsichtsrecht/DE/Verordnung/InstitutsVergV _Begruendung_ba.html (31.10.2013).

einer AG, einer Europäischen Gesellschaft (SE) oder eines Versicherungsvereins auf Gegenseitigkeit (VVaG) auch Körperschaften und Anstalten des öffentlichen Rechts, also öffentlich-rechtliche Versicherer.[54]

Wie in der InstitutsVergV wird auch in der VersVergV mit Blick auf den Grundsatz der Proportionalität differenziert zwischen allgemeinen Vorgaben für sämtliche Unternehmen und weitreicherenden, besonderen Vorgaben, die nur von „bedeutenden Unternehmen" zu beachten sind.[55] Bedeutend sind nach § 1 Abs. 2 VersVergV Unternehmen mit einer Bilanzsumme von mindestens 45 Milliarden Euro und Unternehmen, die einer Versicherungsgruppe oder einem nach § 11 Finanzkonglomerate-Aufsichtsgesetz festgestellten Finanzkonglomerat mit einer Bilanzsumme von mindestens 45 Milliarden Euro angehören, wenn die von ihnen eigenverantwortlich durchzuführende Risikoanalyse ergibt, dass sie bedeutend sind. Wie bei den Instituten sind bei der Risikoanalyse, welche ebenfalls von der BaFin im Rahmen der laufenden Aufsicht überwacht wird,[56] insbesondere die Größe und die Vergütungsstruktur des Unternehmens sowie Art, Umfang, Komplexität, Risikogehalt und Internationalität der Geschäftstätigkeit zu beachten. Unternehmen, die einer Versicherungsgruppe oder einem nach § 11 Finanzkonglomerate-Aufsichtsgesetz festgestellten Finanzkonglomerat angehören, haben nach der Verordnung bei der Analyse auch die Größe sowie Art, Umfang, Komplexität, Risikogehalt und Internationalität der Geschäftstätigkeit der Gruppe oder des Konglomerats zu berücksichtigen.

Bei Unternehmen mit einer Bilanzsumme von mindestens 90 Milliarden Euro und Unternehmen, die einer Versicherungsgruppe oder einem nach § 11 Finanzkonglomerate-Aufsichtsgesetz festgestellten Finanzkonglomerat mit einer Bilanzsumme von mindestens 90 Milliarden Euro angehören, wird nach der

---

54   Dies sind die nach § 7 Abs. 1 VAG zulässigen Rechtsformen für Versicherungsunternehmen in Deutschland. Zu den vorwiegend gewählten Rechtsformen vgl. etwa die Mitgliederliste des Gesamtverbandes der Deutschen Versicherungswirtschaft e.V., abrufbar unter http://www.gdv.de/mitglieder/ (31.10.2013).

55   Vgl. Begründung zur VersVergV, in der Fassung v. 6.10.2010, Besonderer Teil zu § 1, http://www.bafin.de/SharedDocs/Aufsichtsrecht/DE/Verordnung/VersVergV_101006_b egruendung_va.html (31.10.2013).

56   Begründung zur VersVergV, in der Fassung v. 6.10.2010, Besonderer Teil zu § 1, abrufbar unter http://www.bafin.de/SharedDocs/Aufsichtsrecht/DE/Verordnung/VersVerg V_101006_begruendung_va.html (31.10.2013).

Verordnung widerlegbar vermutet, dass sie bedeutend sind.[57] Anders als die InstitutsVergV stellt die VersVergV bei den Einordnungshinweisen nicht auf die durchschnittliche Bilanzsumme der letzten drei Jahre ab. Maßgeblich ist damit die Bilanzsumme des jeweils letzten Jahres.[58]

II. Personeller Anwendungsbereich

In personeller Hinsicht betreffen die aufsichtsrechtlichen Anforderungen an Vergütungssysteme grundsätzlich sämtliche Geschäftsleiter, Geschäftsleiterinnen sowie Mitarbeiter und Mitarbeiterinnen[59] der Institute/ Unternehmen. Darüber hinaus enthalten § 64b Abs. 1 VAG und die konkretisierende VersVergV auch Vorgaben für die Vergütungssysteme der Aufsichtsratsmitglieder. Es handelt sich dabei um einige wenige Spezialregelungen in § 3 Abs. 3 Satz 3, Abs. 6 und Abs. 7 VersVergV. Sie gehen auf seit Jahrzehnten bewährte aufsichtsrechtliche Grundsätze zur Vermeidung von Interessenkollisionen zurück und stehen inhaltlich und nach ihrem Sinn und Zweck in keinem näheren Zusammenhang mit den Anforderungen an die Vergütungssysteme im Übrigen.[60]

Bei den weiter reichenden Vorgaben für bedeutende Institute/ bedeutende Unternehmen ist der personelle Anwendungsbereich auf Geschäftsleiter sowie solche Mitarbeiter beschränkt, deren Tätigkeiten einen wesentlichen Einfluss auf das Gesamtrisikoprofil des Instituts/ Unternehmens haben. Damit wird erneut dem in den europäischen Vorgaben mehrfach angesprochenen Verhältnismäßigkeitsgrundsatz Rechnung getragen.[61]

57 Begründung zur VersVergV, in der Fassung v. 6.10.2010, Besonderer Teil zu § 1, abrufbar unter http://www.bafin.de/SharedDocs/Aufsichtsrecht/DE/Verordnung/VersVerg V_101006_begruendung_va.html (31.10.2013).

58 Vgl. *Simon/Koschker*, BB 2011, 120.

59 Die personenbezogenen Bezeichnungen im Folgenden beziehen sich auf beide Geschlechter. Zur Vereinfachung der Lesbarkeit wird nur die männliche Form verwendet.

60 Vgl. Begründung der Bundesregierung zum Entwurf des Vergütungs-SystG v. 31.3.2010, BT-Drucks. 17/1291, S. 12; Begründung zur VersVergV, in der Fassung v. 6.10.2010, Besonderer Teil zu § 3, abrufbar unter http://www.bafin.de/SharedDocs/Auf sichtsrecht/DE/Verordnung/VersVergV_101006_begruendung_va.html (31.10.2013).

61 Vgl. *Braun/Wolfgarten*, in: Boos/Fischer/Schulte-Mattler, KWG, § 25a KWG Rn. 655.

1. Geschäftsleiter

Für die Konkretisierung des Begriffs des Geschäftsleiters sind die in dem KWG und dem VAG enthaltenen Legaldefinitionen heranzuziehen. Gemäß § 1 Abs. 2 Satz 1 KWG sind Geschäftsleiter diejenigen natürlichen Personen, die nach Gesetz, Satzung oder Gesellschaftsvertrag zur Führung der Geschäfte und zur Vertretung eines Instituts in der Rechtsform einer juristischen Person oder einer Personenhandelsgesellschaft berufen sind. Entsprechend definiert § 7a Abs. 1 Satz 4 VAG die Geschäftsleiter als diejenigen natürlichen Personen, die nach Gesetz oder Satzung oder als Hauptbevollmächtigte einer Niederlassung in einem Mitgliedstaat der Europäischen Gemeinschaft oder einem anderen Vertragsstaat des EWR-Abkommens zur Führung der Geschäfte und zur Vertretung des Versicherungsunternehmens berufen sind.

Geschäftsleiter sind damit etwa die Geschäftsführer eines Instituts in der Rechtsform einer GmbH, die Vorstandsmitglieder eines Instituts in der Rechtform einer eG, die vertretungs- und geschäftsführungsberechtigten Gesellschafter eines Instituts in der Rechtsform einer OHG oder KG, die Vorstandsmitglieder eines VVaG und die Vorstandsmitglieder eines Instituts oder Versicherungsunternehmens in der Rechtsform einer AG, einer SE oder einer Anstalt des öffentlichen Rechts.

2. Mitarbeiter

Anders als der Begriff des Geschäftsleiters, ist der Begriff des Mitarbeiters im KWG und im VAG nicht legaldefiniert. Eine Legaldefinition enthalten jedoch die, § 25a Abs. 1 Satz 3 Nr. 4 KWG (§ 25a Abs. 1 Satz 3 Nr. 6 KWG n.F.) konkretisierende, InstitutsVergV und die, § 64b Abs. 1 VAG konkretisierende, VersVergV.

a) Mitarbeiter im Sinne der InstitutsVergV

Mitarbeiter sind gemäß § 2 Nr. 6 InstitutsVergV alle natürlichen Personen, deren sich das Institut bei dem Betreiben von Bankgeschäften oder der Erbringung von Finanzdienstleistungen, insbesondere aufgrund eines Arbeits-, Geschäftsbesorgungs- oder Dienstverhältnisses, bedient. Darüber hinaus gehören zu den Mitarbeitern alle natürlichen Personen, die im Rahmen einer Auslagerungsvereinbarung mit einem gruppenangehörigen Auslagerungsunternehmen, für das § 64b VAG in Verbindung mit der VersVergV nicht gilt, unmittelbar an Dienstleistungen für das Institut zum Zwecke des Betreibens von Bankgeschäften oder der Erbringung von Finanzdienstleistungen beteiligt sind. Auf das Bestehen einer direkten vertraglichen Beziehung zwischen der Person und dem Institut kommt es also nicht an.[62] Auch Leiharbeitnehmer fallen unter den Mitarbeiter-begriff.[63] Mit dieser Regelung soll eine Umgehung der Vorgaben der Instituts-VergV durch die Auslagerung von Abteilungen und Mitarbeitern unterbunden werden.[64]

Nach der Formulierung des § 2 Nr. 6 InstitutsVergV kommt es lediglich darauf an, dass die Person an dem Betreiben von Bankgeschäften oder der Erbringung von Finanzdienstleistungen durch das Institut beteiligt ist. Offen bleibt dabei, wie stark der Bezug der Tätigkeit der Person zu den Bankgeschäften beziehungsweise den Finanzdienstleistungen des Instituts sein muss.[65] Bei einer sehr weiten Auslegung käme es auf die konkrete Aufgabe der Person nicht an. Jede Tätigkeit, die auch nur im Ansatz das Institut bei dem Betreiben von Bankgeschäften oder der Erbringung von Finanzdienstleistungen unterstützt, wäre ausreichend.[66] Dann würden auch externe Dienstleister, wie Rechtsanwälte, Unternehmensberater und IT-Dienstleister unter den Mitarbeiterbegriff der Verordnung fallen. Bei einer sehr engen Auslegung dagegen wären nur die unmittelbar mit Bankgeschäften oder Finanzdienstleistungen betrauten Personen Mitarbeiter im Sinne der Verordnung.[67] Erfasst wären also nur Personen, die Bankgeschäfte wie Einlagen-, Kredit-, Depot- oder Emissionsgeschäfte oder Finanzdienstleistungen wie Anlageberatungen und Anlagevermittlungen tatsächlich durchführen.

Der Wortlaut des § 2 Nr. 6 InstitutsVergV lässt beide Auslegungsvarianten zu. Gegen eine enge Auslegung des Mitarbeiterbegriffs und damit die Auffassung, dass nur solche Personen erfasst sind, die unmittelbar mit Bankgeschäften oder Finanzdienstleistungen betraut sind, sprechen jedoch systematische Argumente. In § 3 Abs. 6 der InstitutsVergV werden konkrete Vorgaben für die Vergütungssysteme der „Mitarbeiter der Kontrolleinheiten" gemacht. Die Kontrolleinheiten sind nach § 2 Nr. 9 InstitutsVergV diejenigen institutsinternen Orga-

---

62 *Insam/Hinrichs/Hörtz*, DB 2012, 1568, 1569; vgl. auch *Simon/Koschker*, BB 2011, 120, 121.

63 Vgl. Begründung zur InstitutsVergV, in der Fassung v. 6.10.2010, Besonderer Teil zu § 2, abrufbar unter http://www.bafin.de/SharedDocs/Aufsichtsrecht/DE/Verordnung/Insti tutsVergV_Begruendung_ba.html (31.10.2013).

64 *Heuchemer/Kloft*, WM 2010, 2241, 2242.

65 Vgl. *Heuchemer/Kloft*, WM 2010, 2241, 2242; *Insam/Hinrichs/Hörtz*, DB 2012, 1568, 1569.

66 So offenbar *Heuchemer/Kloft*, WM 2010, 2241, 2242.

67 So offenbar *Insam/Hinrichs/Hörtz*, DB 2012, 1568, 1569 f.

nisationseinheiten, die die geschäftsinitiierenden Organisationseinheiten, also insbesondere die Bereiche Markt und Handel, überwachen. Hierzu gehören etwa die Bereiche Marktfolge, Risikocontrolling, Einheiten mit Compliance-Funktion und die Interne Revision.[68] Die dort beschäftigten Personen sind mit Bankgeschäften oder Finanzdienstleistungen nur noch mittelbar betraut. Dass die Verordnung Vorgaben für die Vergütungssysteme dieser Personen enthält und sie als Mitarbeiter bezeichnet, spricht eindeutig gegen die Annahme, dass unter den Mitarbeiterbegriff nur solche Personen fallen, die unmittelbar mit Bankgeschäften und Finanzdienstleistungen betraut sind.

Gegen eine so restriktive Auslegung des Mitarbeitersbegriffs kann des Weiteren auch die Entstehungsgeschichte der Vorschriften angeführt werden. Nach den Ausführungen in der Gesetzesbegründung zum Vergütungs-SystG erfasst der Begriff des Mitarbeiters in § 25a Abs. 1 Satz 3 Nr. 4 KWG (§ 25a Abs. 1 Satz 3 Nr. 6 KWG n.F.) alle natürlichen Personen, die bei wirtschaftlicher oder risikoseitiger Betrachtung als dem Institut angehörig zu betrachten sind, mit Ausnahme der Handelsvertreter nach § 84 Abs. 1 HGB.[69] Eine auf den Tätigkeitsbereich der Person bezogene Einschränkung enthält die Gesetzesbegründung nicht. Es ist davon auszugehen, dass der Verordnungsgeber bei der Festlegung näherer Bestimmungen zur Ausgangsregelung des § 25a Abs. 1 Satz 3 Nr. 4 KWG (§ 25a Abs. 1 Satz 3 Nr. 6 KWG n.F.) den Begriff des Mitarbeiters nicht abweichend definieren wollte. Unter den Mitarbeiterbegriff der Verordnung fallen daher nicht nur die unmittelbar mit Bankgeschäften oder Finanzdienstleistungen betrauten Personen.

Der Mitarbeiterbegriff der InstitutsVergV ist weit auszulegen. Allerdings auch nicht so weit, dass sämtliche für das Institut tätigen Personen, ungeachtet ihrer konkreten Aufgabe darunter fallen würden. Eine Einschränkung ergibt sich aus dem Sinn und Zweck des § 25a Abs. 1 Satz 3 Nr. 4 KWG (§ 25a Abs. 1 Satz 3 Nr. 6 KWG n.F.) und der konkretisierenden InstitutsVergV. Ziel der Regelungen ist es, die Vergütungssysteme in den Instituten auf einen langfristigen und nachhaltigen Unternehmenserfolg auszurichten und zu verhindern, dass Anreize zur Eingehung unverhältnismäßig hoher Risiken geschaffen werden, die die Sta-

---

68   Im Zusammenhang mit der Definition des Begriffs der Kontrolleinheiten ist dem Referentenentwurf zur Neufassung der InstitutsVergV zu entnehmen, dass neben der Internen Revision auch der Bereich Personal als Kontrolleinheit im Sinne der Verordnung gilt.

69   Begründung der Bundesregierung zum Entwurf des Vergütungs-SystG v. 31.3.2010, BT-Drucks. 17/1291, S. 11.

bilität der Institute gefährden könnten.[70] Der Mitarbeiterbegriff ist folglich vor allem risikobezogen auszulegen.[71] Entscheidend ist, dass die für das Institut tätige Person in irgendeiner Form Einfluss darauf hat, ob und in welchem Umfang im Zusammenhang mit dem Betreiben von Bankgeschäften oder der Erbringung von Finanzdienstleistungen stehende Risiken begründet werden. Nicht zu den Mitarbeitern gehören daher Personen, die Tätigkeiten für das Institut verrichten, die in keinem Zusammenhang mehr mit Bankgeschäften oder Finanzdienstleistungen stehen. Gemeint sind damit zum Beispiel die dem Reinigungs- oder Kantinenpersonal angehörenden Personen.[72] Auch externe Dienstleister, wie Rechtsanwälte, Unternehmensberater und IT-Dienstleister fallen vor diesem Hintergrund nicht unter den Mitarbeiterbegriff.[73]

Keine Mitarbeiter im Sinne der InstitutsVergV sind nach deren § 2 Nr. 6 schließlich Geschäftsleiter und Handelsvertreter im Sinne des § 84 Abs. 1 HGB, deren sich Kredit- und Finanzdienstleistungsinstitute bei dem Vertrieb ihrer Produkte häufig bedienen.[74]

b) Mitarbeiter im Sinne der VersVergV

Gemäß § 2 Nr. 7 VersVergV sind Mitarbeiter alle natürlichen Personen, deren sich das Unternehmen beim Geschäftsbetrieb, insbesondere aufgrund eines Arbeits-, Geschäftsbesorgungs- oder Dienstverhältnisses bedient, und alle natürlichen Personen, die im Rahmen von Funktionsausgliederungen mit einer gruppenangehörigen Gesellschaft, für die die InstitutsVergV nicht gilt, unmittelbar an Dienstleistungen für das Unternehmen beteiligt sind. Es kommt also, wie beim Mitarbeiterbegriff der InstitutsVergV, nicht auf das Bestehen einer direkten vertraglichen Beziehung an, so dass auch Leiharbeitnehmer unter den Mitar-

---

70 Vgl. Begründung der Bundesregierung zum Entwurf des Vergütungs-SystG v. 31.3.2010, BT-Drucks. 17/1291, S. 9; Begründung zur InstitutsVergV, in der Fassung v. 6.10.2010, Allgemeiner Teil, abrufbar unter http://www.bafin.de/SharedDocs/Aufsichts recht/DE/Verordnung/InstitutsVergV_Begruendung_ba.html (31.10.2013).

71 So auch *Insam/Hinrichs/Hörtz*, DB 2012, 1568, 1569, die dadurch aber offenbar zu einem engeren Verständnis des Mitarbeiterbegriffs gelangen.

72 Vgl. *Braun/Wolfgarten*, in: Boos/Fischer/Schulte-Mattler, KWG, § 25a KWG Rn. 671.

73 So auch *Braun/Wolfgarten*, in: Boos/Fischer/Schulte-Mattler, KWG, § 25a KWG Rn. 671; *Insam/Hinrichs/Hörtz*, DB 2012, 1568, 1569.

74 Begründung zur InstitutsVergV, in der Fassung v. 6.10.2010, Besonderer Teil zu § 2, abrufbar unter http://www.bafin.de/SharedDocs/Aufsichtsrecht/DE/Verordnung/Insti tutsVergV_Begruendung_ba.html (31.10.2013).

beiterbegriff fallen.[75] Mitarbeiter von Einrichtungen der betrieblichen Altersversorgung, die vom Trägerunternehmen den Einrichtungen unentgeltlich zur Verfügung gestellt werden, stellen nach der Verordnungsbegründung keine Mitarbeiter im Sinne der Verordnung dar.[76] Ausdrücklich ausgenommen sind nach § 2 Nr. 7 VersVergV auch Funktionsausgliederungen von Pensionskassen oder Pensionsfonds, die über keine eigenen Mitarbeiter verfügen, auf Trägerunternehmen oder deren Spezialdienstleistungsunternehmen. In der Verordnungsbegründung wird hierzu angeführt, dass die Mitarbeiter des Trägerunternehmens in die dortige Vergütungsstruktur integriert seien, so dass die Gefahr negativer Anreize nicht bestehen dürfte. Ihre Herausnahme aus dem Mitarbeiterbegriff des § 2 Nr. 7 VersVergV sei daher unter Risikogesichtspunkten sachgerecht.[77]

Wie im Rahmen des § 25a Abs. 1 Satz 3 Nr. 4 KWG (§ 25a Abs. 1 Satz 3 Nr. 6 KWG n.F.) und der InstitutsVergV ist der Mitarbeiterbegriff auch im Rahmen des § 64b Abs. 1 VAG und der VersVergV risikobezogen auszulegen. Eine für das Versicherungsunternehmen tätige Person ist nur dann Mitarbeiter, wenn sie in irgendeiner Form Einfluss darauf hat, ob und in welchem Umfang in Zusammenhang mit dem originären Geschäftsbetrieb des Versicherungsunternehmens stehende Risiken begründet werden. Daher fallen externe Dienstleister, wie Rechtsanwälte, Unternehmensberater, Grafiker und IT- Dienstleister auch hier nicht unter den Mitarbeiterbegriff.[78] Nicht vom Mitarbeiterbegriff erfasst sind gemäß § 2 Nr. 7 VersVergV schließlich Geschäftsleiter und Handelsvertreter im Sinne des § 84 Abs. 1 HGB.

3. Mitarbeiter mit wesentlichem Einfluss auf das Gesamtrisikoprofil

Mitarbeiter, deren Tätigkeiten einen wesentlichen Einfluss auf das Gesamtrisikoprofil des Instituts/ Unternehmens haben und für deren Vergütungssysteme

---

75 Vgl. Begründung zur VersVergV, in der Fassung v. 6.10.2010, Besonderer Teil zu § 2, abrufbar unter http://www.bafin.de/SharedDocs/Aufsichtsrecht/DE/Verordnung/Vers VergV_101006_begruendung_va.html (31.10.2013).

76 Begründung zur VersVergV, in der Fassung v. 6.10.2010, Besonderer Teil zu § 2, abrufbar unter http://www.bafin.de/SharedDocs/Aufsichtsrecht/DE/Verordnung/VersVerg V_101006_begruendung_va.html (31.10.2013).

77 Begründung zur VersVergV, in der Fassung v. 6.10.2010, Besonderer Teil zu § 2, abrufbar unter http://www.bafin.de/SharedDocs/Aufsichtsrecht/DE/Verordnung/VersVerg V_101006_begruendung_va.html (31.10.2013).

78 So im Ergebnis auch *Annuß/Sammet*, BB 2011, 115; *Bartel/Bilobrk/Zopf*, BB 2011, 1269, 1271.

daher nach der InstitutsVergV/ der VersVergV in bedeutenden Instituten/ bedeutenden Unternehmen besondere Vorgaben gelten, werden auch als Risk Taker bezeichnet.[79] Ob ein Mitarbeiter als Risk Taker einzustufen ist, ist gemäß § 5 Abs. 1 Satz 2 InstitutsVergV und § 4 Abs. 1 Satz 2 VersVergV von dem Institut/ Unternehmen im Rahmen einer eigenverantwortlich durchzuführenden, umfassenden und plausiblen Risikoanalyse festzustellen. Berücksichtigungsfähige Kriterien bei dieser Risikoanalyse sind nach den Verordnungen die Größe, die Art der Geschäftstätigkeit, das Geschäftsvolumen, die Höhe der Risiken und die Erträge der Organisationseinheit, der der jeweilige Mitarbeiter angehört sowie die Tätigkeit, die Stellung und die Höhe der bisherigen Vergütung des Mitarbeiters und eine ausgeprägte Wettbewerbssituation auf dem Arbeitsmarkt.[80]

In der Literatur ist die Frage aufgeworfen worden, ob als Risk Taker nur solche Mitarbeiter einzuordnen seien, die bilanziell zu erfassende Risikopositionen aktiv aufbauen.[81] Dann wäre nach Risk Takern nur in den geschäftsinitiierenden Organisationseinheiten zu suchen, nicht jedoch in den instituts-/ unternehmensinternen Kontrolleinheiten, die auf die Abwehr von Risiken hinarbeiten.

Dem Wortlaut von § 5 Abs. 1 Satz 1 InstitutsVergV und § 4 Abs. 1 Satz 1 VersVergV sind keine Anhaltspunkte für eine derart enge Auslegung zu entnehmen. Es wird in den Vorschriften allein darauf abgestellt, ob der Mitarbeiter im Institut/ Unternehmen Tätigkeiten verrichtet, die „einen wesentlichen Einfluss auf das Gesamtrisikoprofil haben". Ein aktiver, also durch den Mitarbeiter selbst initiierter Aufbau von Risikopositionen wird nicht vorausgesetzt.

Angeführt werden können hier auch historische Argumente. In der Begründung zur VersVergV wird darauf hingewiesen, dass Mitarbeiter, deren Tätigkei-

---

79   *Däubler*, AuR 2012, 380, 382; *Fröhlich*, ArbRB 2010, 312, 313; *Heuchemer/Kloft*, WM 2010, 2241, 2245; *Müller-Bonanni/Mehrens*, NZA 2010, 792, 793.

80   Der Referentenentwurf zur Neufassung der InstitutsVergV sieht eine Änderung in Bezug auf die für die Einstufung eines Mitarbeiters als Risk Taker bei der Risikoanalyse zu verwendenden Kriterien vor. Nach dem § 17 Abs. 2 Satz 2 des Referentenentwurfs bestimmen sich die für die Risikoanalye zu verwendenden Kriterien nach dem technischen Regulierungsstandard gemäß Art. 94 Abs. 2 der CRD IV (Richtlinie 2013/36/EU) zu qualitativen und angemessenen quantitativen Kriterien für die Identifikation von Mitarbeitern, deren Tätigkeiten einen wesentlichen Einfluss auf das Gesamtrisikoprofil haben.

81   *Armbrüster*, VW 2011, 401, 402; *ders.*, VersR 2011, 1, 7; vgl. auch *Wolf*, VW 2010, 506, 508 zu den vor Inkrafttreten der InstitutsVergV und der VersVergV geltenden BaFin- Rundschreiben 22/2009 (BA) und 23/2009 (VA) jeweils vom 21.12.2009.

ten einen wesentlichen Einfluss auf das Gesamtrisikoprofil haben können, typischerweise solche sind, die unmittelbar und aktiv Risiken im Sinne einer Bilanzverantwortung eingehen können. Es wird aber gleichzeitig nicht ausgeschlossen, dass auch Mitarbeiter mit Kontrollfunktionen gegebenenfalls als Risk Taker einzustufen sind.[82] Auch in der Begründung zur InstitutsVergV wird ausdrücklich klargestellt, dass in den Kontrolleinheiten tätige Mitarbeiter grundsätzlich ebenfalls als Mitarbeiter, deren Tätigkeiten einen wesentlichen Einfluss auf das Gesamtrisikoprofil haben, in Betracht kommen.[83] Nach dem Willen des Verordnungsgebers muss die Risikoanalyse sämtliche Organisationseinheiten des Instituts/ Unternehmens abdecken.[84]

Im Ergebnis ist nach Mitarbeitern mit wesentlichem Einfluss auf das Gesamtrisikoprofil des Instituts/ Unternehmens folglich nicht nur in den geschäftsinitiierenden Organisationseinheiten, sondern auch in all den Organisationseinheiten zu suchen, die in irgendeiner Form in den Entscheidungsprozess zur Eingehung von Risiken eingebunden oder für die Weiterentwicklung risikorelevanter Prozesse verantwortlich sind.[85] In Instituten kommen als Risk Taker daher neben Mitarbeitern, die Kredit-, Garantie- oder Wertpapiergeschäfte tätigen und in diesem Bereich mit weitreichenden Kompetenzen ausgestattet sind, auch solche Mitarbeiter in Betracht, die Entscheidungsträger in der Marktfolge Aktiv oder Passiv sind oder die eine leitende Position mit hoher Verantwortung im Risikocontrolling, in der Internen Revision oder in Organisationseinheiten mit Compliance-Funktionen inne haben. In Versicherungsunternehmen kommen als Risk Taker neben den Entscheidungsträgern im Kapitalanlage- und Underwriting- Bereich auch solche Mitarbeiter in Betracht, die aktuarielle Tätigkeiten

---

82 Begründung zur VersVergV, in der Fassung v. 6.10.2010, Besonderer Teil zu § 4, abrufbar unter http://www.bafin.de/SharedDocs/Aufsichtsrecht/DE/Verordnung/VersVerg V_101006_begruendung_va.html (31.10.2013).

83 Begründung zur InstitutsVergV, in der Fassung v. 6.10.2010, Besonderer Teil zu den §§ 5, 6 und 8, abrufbar unter http://www.bafin.de/SharedDocs/Aufsichtsrecht/DE/Verord nung/InstitutsVergV_Begruendung_ba.html (31.10.2013).

84 Begründung zur InstitutsVergV, in der Fassung v. 6.10.2010, Besonderer Teil zu den §§ 5, 6 und 8, abrufbar unter http://www.bafin.de/SharedDocs/Aufsichtsrecht/DE/Verord nung/InstitutsVergV_Begruendung_ba.html (31.10.2013) und Begründung zur Vers-VergV, in der Fassung v. 6.10.2010, Besonderer Teil zu § 4, abrufbar unter http://www. bafin.de/SharedDocs/Aufsichtsrecht/DE/Verordnung/VersVergV_101006_begruendung _va.html (31.10.2013).

85 *Braun/Wolfgarten*, in: Boos/Fischer/Schulte-Mattler, KWG, § 25a KWG Rn. 734.

verrichten, im Risikomanagement oder in der Internen Revision tätig sind und aufgrund ihrer Stellung ein hohes Maß an Verantwortung tragen.[86]

Die Verordnungsbegründungen geben noch weitere Hinweise für die Ermittlung der als Risk Taker einzustufenden Mitarbeiter in bedeutenden Instituten/ bedeutenden Unternehmen. So sollen Risk Taker mit hoher Wahrscheinlichkeit im Vorsitz wichtiger Ausschüsse, wie dem Risiko- oder Vergütungsausschuss zu finden sein. Auch bei Mitarbeitern, die direkt an die Geschäftsleitung berichten oder die Geschäfts- oder Kontrollbereichen vorstehen, soll eine hohe Wahrscheinlichkeit für eine Einstufung als Risk Taker gegeben sein. Dies gilt nach den Verordnungsbegründungen auch für diejenigen Mitarbeiter, die eine mindestens vergleichbar hohe Vergütung wie ein bereits vom Institut/ Unternehmen als Risk Taker identifizierter Mitarbeiter erhalten.[87]

Die Hinweise in den Verordnungsbegründungen sollen den Instituten und Unternehmen die Ermittlung ihrer Risk Taker erleichtern. Für die Einstufung eines Mitarbeiters als Risk Taker ist letztlich jedoch allein maßgeblich, dass dieser einen erheblichen eigenen Entscheidungsspielraum hat, der einen nicht unwesentlichen Einfluss auf das Gesamtrisikoprofil des Instituts/ Unternehmens ermöglicht. Risk Taker sind Mitarbeiter, die der Unternehmensleitung nahe ste-

---

86 Der Aktuar und der Leiter des Risikomanagements werden beispielhaft angeführt in der Begründung zur VersVergV, in der Fassung v. 6.10.2010, Besonderer Teil zu § 4, abrufbar unter http://www.bafin.de/SharedDocs/Aufsichtsrecht/DE/Verordnung/VersVerg V_101006_begruendung_va.html (31.10.2013).

87 Begründung zur InstitutsVergV, in der Fassung v. 6.10.2010, Besonderer Teil zu den §§ 5, 6 und 8, abrufbar unter http://www.bafin.de/SharedDocs/Aufsichtsrecht/DE/Verord nung/InstitutsVergV_Begruendung_ba.html (31.10.2013) und Begründung zur Vers-VergV, in der Fassung v. 6.10.2010, Besonderer Teil zu § 4, abrufbar unter http://www. bafin.de/SharedDocs/Aufsichtsrecht/DE/Verordnung/VersVergV_101006_begruendung _va.html (31.10.2013).

hen und die daher aus arbeitsrechtlicher Sicht häufig leitende Angestellte im Sinne von § 5 Abs. 3 BetrVG sind.[88]

III. Sachlicher Anwendungsbereich

In sachlicher Hinsicht beziehen sich die neuen Vorgaben auf die Vergütungssysteme der vorgenannten Geschäftsleiter, Mitarbeiter und Risk Taker in den Instituten und Versicherungsunternehmen.

1. Der Begriff des Vergütungssystems

§ 2 Nr. 2 InstitutsVergV und § 2 Nr. 3 VersVergV definieren Vergütungssysteme als die instituts-/ unternehmensinternen Regelungen zur Vergütung sowie deren tatsächliche Umsetzung und Anwendung durch das Institut/ Unternehmen.

Aufgrund der Formulierung „Regelungen zur Vergütung" könnte man zunächst zu der Annahme gelangen, dass mit den Vergütungssystemen die Rechtsgrundlagen von Vergütungen gemeint sind.[89] Und zwar zum einen die Vergütungsansprüche einer größeren Anzahl von Mitarbeitern begründenden Kollektivvereinbarungen und zum anderen die übereinstimmend für die Geschäftsleiter oder für mehrere Mitarbeiter geltenden, Vergütungsansprüche begründenden Regelungen in den einzelvertraglichen Vereinbarungen.

Auf der anderen Seite könnte unter einem Vergütungssystem auch das Gesamtkonzept zur Vergütung zu verstehen sein, das sich aus sämtlichen instituts-/ unternehmensinternen Regelungen zur Vergütung und ihrer Umsetzung und

---

88 Der Begriff des Risk Takers im Sinne der InstitutsVergV/ VersVergV und der Begriff des leitenden Angestellten im Sinne des § 5 Abs. 3 BetrVG sind damit jedoch nicht gleichzusetzen.
Nach *Lunk* und *Besenthal* unterscheidet sich der Begriff des von den Vergütungsregelungen der CRD IV (Richtlinie 2013/36/EU) erfassten „Bankers" (Banker ist nach *Lunk* und *Besenthal* der Mitarbeiter, der hohe Risikopositionen eingehen kann [Risikoträger] bzw. der Mitarbeiter, dessen berufliche Tätigkeit sich wesentlich auf das Risikoprofil des Instituts auswirkt – Art. 92 Abs. 2 der Richtlinie 2013/36/EU) deutlich von dem nationalen Begriff des „leitenden Angestellten" nach § 14 Abs. 2 KSchG und § 5 Abs. 3 BetrVG. Denn im Gegensatz zu den letztgenannten Normen komme es nicht auf die Personalbefugnisse an und auch geringere interne Befugnisse dürften ausreichen, jemanden zum Risikoträger zu machen. (*Lunk/Besenthal*, NZG 2013, 1010, 1011).
89 *Groeger*, RdA 2011, 287, 289.

Anwendung ergibt. Dieses Verständnis wird durch den allgemeinen Sprachgebrauch nahegelegt, wonach ein System ein aus mehreren Dingen zusammengesetztes Ganzes ist, ein sinnvoll gegliedertes Ganzes, dessen einzelne Teile in einem zweckmäßigen Zusammenhang stehen oder unter einem höheren Prinzip, einer Idee, einem Gesetz sich zu einer Einheit zusammenordnen.[90]

Die systematische und historische Auslegung des § 2 Nr. 2 InstitutsVergV und des § 2 Nr. 3 VersVergV spricht für letzteres und damit für das Verständnis des Begriffs „Vergütungssystem" als Gesamtkonzept zur Vergütung.[91] In der InstitutsVergV sollen nach der Verordnungsermächtigung in § 25a Abs. 5 KWG (§ 25a Abs. 6 KWG n.F.) die Einzelheiten zur Ausgestaltung der Vergütungssysteme im Sinne von § 25a Abs. 1 Satz 3 Nr. 4 KWG (§ 25a Abs. 1 Satz 3 Nr. 6 KWG n.F. und § 25a Abs. 5 KWG n.F.) festgelegt werden. In der VersVergV sollen nach der Verordnungsermächtigung in § 64b Abs. 5 VAG die Einzelheiten zur Ausgestaltung der Vergütungssysteme im Sinne von § 64b Abs. 1 VAG geregelt werden. Nach der Gesetzesbegründung umfasst der Begriff des Vergütungssystems in diesen Normen des KWG und des VAG die inhaltliche, organisatorische und prozessuale Ausgestaltung der Gesamtheit aller vom Unternehmen zu erbringenden materiellen beziehungsweise monetären und monetär bewertbaren Leistungen für die Arbeitsleistungen der Geschäftsleiter und Mitarbeiter.[92] Es wird hier also nicht auf die einzelnen Rechtsgrundlagen von Vergütungen abgestellt. Das Vergütungssystem wird als übergeordnetes Gesamtkonzept zur Vergütung verstanden.

Damit übereinstimmend beziehen sich auch die Regelungen in Anhang V Abschnitt 11 Nr. 23 der Richtlinie 2006/48/EG, die durch die InstitutsVergV praktisch vorab in nationales Recht umgesetzt wurden,[93] auf die höhere Ebene der Vergütungspolitik im Institut und nicht unmittelbar auf die einzelnen Vergütungsregelungen.

---

90 *Grimm/Grimm*, Deutsches Wörterbuch, Bd. 10 Abt. 4, Sp. 1433; vgl. *Groeger*, RdA 2011, 287, 289.

91 Zur systematischen Auslegung siehe *Bydlinski*, Juristische Methodenlehre, S. 442 ff.; *Larenz/Canaris*, Methodenlehre, S. 145 ff.; *Rüthers/Fischer/Birk*, Rechtstheorie, Rn. 139 ff., 276 ff., 744 ff.; *Wank*, Die Auslegung von Gesetzen, S. 55 ff.

92 Begründung der Bundesregierung zum Entwurf des Vergütungs-SystG v. 31.3.2010, BT-Drucks. 17/1291, S. 11, 12.

93 Vgl. Begründung zur InstitutsVergV, in der Fassung v. 6.10.2010, Allgemeiner Teil, abrufbar unter http://www.bafin.de/SharedDocs/Aufsichtsrecht/DE/Verordnung/InstitutsVergV_Begruendung_ba.html (31.10.2013).

Es ist unwahrscheinlich, dass der Verordnungsgeber beim Erlass der InstitutsVergV und der VersVergV und damit der Konkretisierung von § 25a Abs. 1 Satz 3 Nr. 4 KWG (§ 25a Abs. 1 Satz 3 Nr. 6 KWG n.f.) beziehungsweise § 64b Abs. 1 VAG dem Begriff des Vergütungssystems eine andere Bedeutung beimessen wollte. Anderenfalls könnten die Verordnungen auch ihren Zweck, angemessene, transparente und auf eine nachhaltige Entwicklung des Instituts/ Unternehmens ausgerichtete Vergütungssysteme im Sinne von § 25a Abs. 1 Satz 3 Nr. 4 KWG (§ 25a Abs. 1 Satz 3 Nr. 6 KWG n.f.) beziehungsweise § 64b Abs. 1 VAG zu definieren und ihre Voraussetzungen festzulegen, nicht erfüllen. Wären mit den Vergütungssystemen, auf die die Verordnungen stets abstellen, die Rechtsgrundlagen von Vergütungen gemeint, wären als Vergütungssysteme Betriebs-, Dienst- und Sprecherausschussvereinbarungen und Allgemeine Geschäftsbedingungen anzusehen. Individuelle Vergütungsvereinbarungen wären dagegen nicht erfasst.[94] Durch sie könnte folglich die Vorgabe, die Vergütungssysteme der Geschäftsleiter und Mitarbeiter im Sinne von § 25a Abs. 1 Satz 3 Nr. 4 KWG (§ 25a Abs. 1 Satz 3 Nr. 6 KWG n.F.) beziehungsweise § 64b Abs. 1 VAG so auszugestalten, dass sie angemessen, transparent und auf eine nachhaltige Entwicklung des Instituts/ Unternehmens ausgerichtet sind, unterlaufen werden.[95]

Wie bei § 25a Abs. 1 Satz 3 Nr. 4 KWG (§ 25a Abs. 1 Satz 3 Nr. 6 KWG n.F.) und § 64b Abs. 1 VAG ist daher auch bei der InstitutsVergV und der VersVergV unter dem Vergütungssystem eines Geschäftsleiters oder Mitarbeiters das auf diesen bezogene Gesamtkonzept zur Vergütung zu verstehen. Zu diesem Gesamtkonzept gehören die den Geschäftsleiter beziehungsweise Mitarbeiter betreffenden instituts-/ unternehmensinternen Vergütungsregeln, -richtlinien und -praktiken und grundsätzlich sämtliche vor ihrem Hintergrund geschlossenen, die Vergütungsansprüche des Geschäftsleiters beziehungsweise Mitarbeiters begründenden Verträge und Vereinbarungen.[96]

---

94 Vgl. *Groeger*, RdA 2011, 287, 289; vgl. auch *Langen/Schielke/Zöll*, BB 2009, 2479, 2483 zum Begriff des Vergütungssystems in den Mindestanforderungen an das Risikomanagement (MaRisk) der BaFin vom 14.8.2009.

95 Vgl. *Groeger*, RdA 2011, 287, 289.

96 So auch *Groeger*, RdA 2011, 287, 289; a.A. *Langen/Schielke/Zöll*, BB 2009, 2479, 2483, jedoch noch in Bezug auf den Begriff des Vergütungssystems in den Mindestanforderungen an das Risikomanagement (MaRisk) der BaFin vom 14.8.2009.

2. Die Vergütung

Unter dem Begriff der Vergütung sind gemäß § 2 Nr. 1 InstitutsVergV und § 2 Nr. 2 VersVergV sämtliche finanziellen Leistungen und Sachbezüge, gleich welcher Art, zu verstehen.[97] Erfasst werden daneben auch ausdrücklich Leistungen von dritter Seite, die ein Geschäftsleiter oder Mitarbeiter im Hinblick auf seine berufliche Tätigkeit bei dem Institut/ Unternehmen erhält. Damit erstreckt sich der Vergütungsbegriff insbesondere auch auf finanzielle Leistungen, die die Konzernmutter den Beschäftigten der Tochterunternehmen gewährt, wie etwa Aktienoptionen oder Carried- Interest.[98] Auch die Verordnungsbegründungen führen als Beispiel für finanzielle Leistungen von dritter Seite Erfolgsbeteiligungen im Rahmen von Carried- Interest- Modellen an.[99]

Nicht als Vergütung gelten nach den Verordnungen finanzielle Leistungen oder Sachbezüge, die von dem Institut/ Unternehmen kraft einer allgemeinen, das heißt personenunabhängigen,[100] ferner ermessensunabhängigen (*nach der InstitutsVergV*: und institutsweiten) Regelung gewährt werden und keine Anreizwirkung zur Eingehung von Risiken entfalten. Hierzu sollen insbesondere Rabatte, betriebliche Versicherungs- und Sozialleistungen sowie bei Mitarbeitern die Beiträge zur gesetzlichen Rentenversicherung im Sinne des Sechsten Buches Sozialgesetzbuch (SGB VI) und zur betrieblichen Altersversorgung im Sinne des Betriebsrentengesetzes (BetrAVG) zählen. Die Begründung zur

---

97 Im Referentenentwurf zur Neufassung der InstitutsVergV wird ausrücklich klargestellt, dass zu den finanziellen Leistungen und Sachbezügen, gleich welcher Art, auch die Leistungen für die Altersversorgung gehören. Auch diese fallen unter den Vergütungsbegriff. In der Begründung heißt es, dass damit verdeutlicht werden soll, dass zum Beispiel Pensionsrückstellungen aus Pensionszusagen an Geschäftsleiter oder das höhere Management als Vergütung anzusehen sind, sofern sie nicht einer unternehmensweiten Altersvorsorgeregelung unterliegen.

98 *Annuß/Sammet*, BB 2011, 115, 116; vgl. auch *Fröhlich*, ArbRB 2010, 312, 313; *Müller-Bonanni/Mehrens*, NZA 2010, 792, 793; *Reichel/Böhm*, AuA 2010, 568, 570; *Simon/Koschker*, BB 2011, 120, 121.

99 Begründung zur InstitutsVergV und Begründung zur VersVergV, jeweils in der Fassung v. 6.10.2010, Besonderer Teil zu § 2, abrufbar unter http://www.bafin.de/SharedDocs/ Aufsichtsrecht/DE/Verordnung/InstitutsVergV_Begruendung_ba.html beziehungsweise unter http://www.bafin.de/SharedDocs/Aufsichtsrecht/DE/Verordnung/VersVergV_101 006_begruendung_va.html (31.10.2013).

100 Begründung zur InstitutsVergV, in der Fassung v. 6.10.2010, Besonderer Teil zu § 2, abrufbar unter http://www.bafin.de/SharedDocs/Aufsichtsrecht/DE/Verordnung/Insti tutsVergV_Begruendung_ba.html (31.10.2013).

VersVergV nennt in diesem Zusammenhang noch das 13. und 14. Monatsgehalt, das Urlaubs- und Weihnachtsgeld und Fahrtkostenzuschüsse.[101] Aus dem Umkehrschluss zu § 2 Nr. 1 InstitutsVergV und § 2 Nr. 2 VersVergV folgt, dass der Verordnungsgeber davon ausgeht, dass die Betriebsrenten der Geschäftsleiter grundsätzlich eine Anreizwirkung zur Eingehung von Risiken entfalten und somit vom Vergütungsbegriff erfasst sind.[102]

Die Verordnungen unterscheiden bei der Vergütung zwischen variabler und fixer Vergütung. Die variable Vergütung ist gemäß § 2 Nr. 3 InstitutsVergV und § 2 Nr. 4 VersVergV der Teil der Gesamtvergütung, dessen Gewährung oder Höhe im Ermessen des Instituts/ Unternehmens steht oder vom Eintritt vereinbarter Bedingungen abhängt. Hierzu gehören Leistungen unter Freiwilligkeitsvorbehalt, Leistungen, die lediglich der Sache, jedoch nicht der Höhe nach vertraglich zugesagt sind und vor allem leistungs- und/oder erfolgsbezogene Vergütungen, wie die Provision, die Zielvergütung, die Umsatz- und die Gewinnbeteiligung. Ausdrücklich auch unter den Begriff der variablen Vergütung fallen gemäß § 2 Nr. 3 InstitutsVergV und § 2 Nr. 4 VersVergV die ermessensabhängigen Leistungen zur Altersversorgung. Hierbei handelt es sich gemäß § 2 Nr. 4 InstitutsVergV und § 2 Nr. 5 VersVergV um sämtliche finanzielle Leistungen, die zum Zwecke der Altersversorgung im Hinblick auf eine konkret bevorstehende Beendigung des Beschäftigungsverhältnisses beim Institut/ Unternehmen vereinbart werden. Die ermessensabhängigen Leistungen zur Altersversorgung stellen nach den Verordnungsbegründungen jedoch ausschließlich einen rechnerischen Teil der variablen Vergütung dar.[103] Das bedeutet, dass sie von den einzelnen Vorgaben der Verordnungen im Hinblick auf die variable Vergütung

---

101 Begründung zur VersVergV in der Fassung v. 6.10.2010, Besonderer Teil zu § 2, abrufbar unter http://www.bafin.de/SharedDocs/Aufsichtsrecht/DE/Verordnung/VersVergV _101006_begruendung_va.html (31.10.2013).

102 Vgl. *Heuchemer/Kloft*, WM 2010, 2241, 2242 (Fn. 19); vgl. auch *Löw*, BB 2010 Die erste Seite Heft Nr. 41 noch zu den Verordnungsentwürfen und *Mosch/Rosenau*, NJW-Spezial 2010, 498; *Müller-Bonanni/Mehrens*, NZA 2010, 792, 794; *Simon/Koschker*, BB 2011, 120, 121 f. Zum Umkehrschluss (argumentum e contrario) siehe *Larenz/Canaris*, Methodenlehre, S. 209 f.; *Rüthers/Fischer/Birk*, Rechtstheorie, Rn. 899 ff.; *Wank*, Die Auslegung von Gesetzen, S. 89.

103 Begründung zur InstitutsVergV und Begründung zur VersVergV, jeweils in der Fassung v. 6.10.2010, Besonderer Teil zu § 2, abrufbar unter http://www.bafin.de/SharedDocs/ Aufsichtsrecht/DE/Verordnung/InstitutsVergV_Begruendung_ba.html beziehungsweise unter http://www.bafin.de/SharedDocs/Aufsichtsrecht/DE/Verordnung/VersVergV_101 006_begruendung_va.html (31.10.2013).

selbst nicht betroffen sind. Sie sind nur rechnerisch, zum Beispiel bei der Ermittlung eines angemessenen Verhältnisses von fixer und variabler Vergütung und des zurückzubehaltenden Teils der variablen Vergütung, mit zu berücksichtigen.[104] Welchen Anforderungen die ermessensabhängigen Leistungen zur Altersversorgung entsprechen müssen, regeln die Verordnungen an gesonderter Stelle.

Bei der fixen Vergütung handelt es sich gemäß § 2 Nr. 5 InstitutsVergV und § 2 Nr. 6 VersVergV um den Teil der Gesamtvergütung, der nicht der variablen Vergütung zuzurechnen ist. Hiermit ist im Wesentlichen der Zeitlohn gemeint, also der Lohn, der dem Mitarbeiter fest und grundsätzlich gleichbleibend entweder pro Stunde, pro Woche oder, wie in der Regel, pro Monat für die Erbringung der Arbeitsleistung gezahlt wird. Für den Zeitlohn sind Quantität und Qualität der Arbeitsleistung unerheblich. Lediglich das tage- oder stundenweise unentschuldigte Fehlen kann, sofern die Leistung nicht nachgeholt werden kann, zu einer zeitanteiligen Kürzung des Lohns führen.[105]

3. Aus dem Anwendungsbereich ausgenommene Vergütungen

Aus dem Anwendungsbereich der Regelungen ausdrücklich ausgenommen sind Vergütungen, die durch Tarifvertrag oder in seinem Geltungsbereich durch Vereinbarung der Arbeitsvertragsparteien über die Anwendung der tarifvertraglichen Regelungen oder aufgrund eines Tarifvertrags in einer Betriebs- oder Dienstvereinbarung vereinbart sind *(§ 25a Abs. 1 Satz 3 Nr. 4 Halbs. 2 KWG [§ 25a Abs. 1 Satz 3 Nr. 6 Halbs. 2 KWG n.F.] und § 1 Abs. 3 InstitutsVergV sowie § 64b Abs. 6 VAG und § 1 Abs. 3 VersVergV)*.

Wie vorstehend erläutert beziehen sich die Vorgaben auf die Vergütungssysteme in den Instituten und Unternehmen, das heißt nach der oben stehenden Definition des Begriffs Vergütungssystem, auf die innerhalb der Institute und Unternehmen bestehenden, auf die einzelnen Geschäftsleiter und Mitarbeiter bezogenen Gesamtkonzepte zur Vergütung. Die Vorschriften finden also keine unmittelbare Anwendung auf die einzelnen Teile des Systems und damit auch nicht auf die Vergütungsregelungen in Verträgen und Vereinbarungen.[106] Dass

---

104 Begründung zur InstitutsVergV, in der Fassung v. 6.10.2010, Besonderer Teil zu § 2, abrufbar unter http://www.bafin.de/SharedDocs/Aufsichtsrecht/DE/Verordnung/Insti tutsVergV_Begruendung_ba.html (31.10.2013).
105 *Preis*, in: ErfK, § 611 BGB Rn. 390.
106 Siehe oben 1. Teil A. III. 1. (S. 29 ff.) und *Groeger*, RdA 2011, 287, 289.

Vergütungen, die durch Tarifvertrag oder in seinem Geltungsbereich durch Vereinbarung der Arbeitsvertragsparteien über die Anwendung der tarifvertraglichen Regelungen oder aufgrund eines Tarifvertrags in einer Betriebs- oder Dienstvereinbarung vereinbart sind, aus dem Anwendungsbereich der Vorschriften ausgenommen sind, bedeutet daher, dass diese Vergütungsregelungen nicht als Teil der Vergütungssysteme anzusehen sind. Sie stehen außen vor.

a) Vergütungsregelungen in Tarifverträgen

Die Regelungen in § 25a Abs. 1 Satz 3 Nr. 4 Halbs. 2 KWG (§ 25a Abs. 1 Satz 3 Nr. 6 Halbs. 2 KWG n.F.) und § 1 Abs. 3 InstitutsVergV sowie in § 64b Abs. 6 VAG und § 1 Abs. 3 VersVergV wurden mit Blick auf die durch Art. 9 Abs. 3 GG geschützte Tarifautonomie aufgenommen.[107] Tarifverträge seien das Ergebnis autonomer Verhandlungen der Tarifvertragsparteien. Ihnen komme wegen des Kräfteausgleichs zwischen den Tarifvertragsparteien bei den Verhandlungen grundsätzlich eine Richtigkeitsgewähr zu.[108] Diese Richtigkeitsgewähr soll sich offenbar auch darauf erstrecken, dass die Vergütungen in dem Sinne angemessen ausgestaltet sind, dass durch sie keine Anreize zur Eingehung übermäßiger Risiken geschaffen werden.[109] Hanau weist in seiner Stellungnahme für die Anhörung des Finanzausschusses des Deutschen Bundestages am 9. Juni 2010 zu dem Entwurf des Vergütungs-SystG darauf hin, dass den Gewerkschaften nicht daran liege, die Vergütungen der Mitarbeiter in größerem Umfang variabel und risikoaffin auszugestalten.[110] So wird die Herausnahme der Tarifverträge aus dem Anwendungsbereich der Vorschriften auch damit begründet, dass Tarifverträge bislang nur in sehr geringem Umfang erfolgsabhängige und damit variable Vergütungen vorgesehen haben.[111]

---

107 Vgl. Beschlussempfehlung und Bericht des Finanzausschusses zu dem Vergütungs-SystG-Entwurf der Bundesregierung v. 16.6.2010, BT-Drucks. 17/2181, S. 11; *Groeger*, RdA 2011, 287, 290; *Heuchemer/Kloft*, WM 2010, 2241, 2242; *Insam/Hinrichs/Hörtz*, DB 2012, 1568.

108 Beschlussempfehlung und Bericht des Finanzausschusses zu dem Vergütungs-SystG-Entwurf der Bundesregierung v. 16.6.2010, BT-Drucks. 17/2181, S. 11.

109 Vgl. *Insam/Hinrichs/Hörtz*, DB 2012, 1568.

110 Stellungnahme für die Anhörung des Finanzausschusses des Deutschen Bundestages am 9.6.2010 zu dem Entwurf eines Gesetzes über die aufsichtsrechtlichen Anforderungen an die Vergütungssysteme von Instituten und Versicherungsunternehmen (BT-Drucks. 17/1291), S. 5, abrufbar unter http://www.bundestag.de/bundestag/ausschuesse17/a07/anhoerungen/2010/017/Stellungnahmen/09Prof__Hanau.pdf (31.10.2013).

111 *Däubler*, AuR 2012, 380, 381; vgl. auch *Rubner/Leuering*, NJW-Spezial 2010, 463.

Die Vergütungsregelungen eines Tarifvertrags sind nach den Vorschriften auch dann nicht Bestandteil des Vergütungssystems eines Arbeitnehmers und fallen nicht in den Anwendungsbereich der aufsichtsrechtlichen Anforderungen an Vergütungssysteme, wenn sie lediglich aufgrund einer Vereinbarung im Arbeitsvertrag auf den Arbeitnehmer Anwendung finden.

b) Vergütungsregelungen in Betriebs- oder Dienstvereinbarungen

Aus dem Umkehrschluss zu § 25a Abs. 1 Satz 3 Nr. 4 Halbs. 2 KWG (§ 25a Abs. 1 Satz 3 Nr. 6 Halbs. 2 KWG n.F.) und § 1 Abs. 3 InstitutsVergV beziehungsweise zu § 64b Abs. 6 VAG und § 1 Abs. 3 VersVergV folgt, dass Vergütungen, die nicht aufgrund eines Tarifvertrages in einer Betriebs- oder Dienstvereinbarung vereinbart sind, in den Anwendungsbereich der Vorschriften fallen.[112] Sie sind folglich, wie die Vergütungsregelungen im Übrigen, Teil der Vergütungssysteme, auf die sich die Anforderungen beziehen.[113]

Einer Klärung bedarf die Frage, wann die Voraussetzung für das Eingreifen der Ausnahmeregelung des § 25a Abs. 1 Satz 3 Nr. 4 Halbs. 2 KWG (§ 25a Abs. 1 Satz 3 Nr. 6 Halbs. 2 KWG n.F.) und des § 1 Abs. 3 InstitutsVergV beziehungsweise des § 64b Abs. 6 VAG und des § 1 Abs. 3 VersVergV, dass die Vergütung aufgrund eines Tarifvertrags in der Betriebs- oder Dienstvereinbarung vereinbart ist, als erfüllt anzusehen ist.

Die Voraussetzung liegt in jedem Fall vor, wenn die Vergütungsregelung in der Betriebs- oder Dienstvereinbarung auf einer qualifizierten tarifvertraglichen Öffnungsklausel beruht und mit den in ihr enthaltenen Vorgaben im Einklang steht.[114] Wird beispielsweise eine variable Vergütung in einer Betriebs- oder Dienstvereinbarung auf der Grundlage von § 10 Abs. 4 des Manteltarifvertrags für das private Bankgewerbe und die öffentlichen Banken (MTV)[115] vereinbart, sind dabei die Anforderungen in § 25a Abs. 1 Satz 3 Nr. 4 KWG (§ 25a Abs. 1 Satz 3 Nr. 6 KWG n.F.) und der konkretisierenden InstitutsVergV nicht zu be-

---

112 So im Ergebnis auch *Groeger*, RdA 2011, 287, 290; *Heuchemer/Kloft*, WM 2010, 2241, 2242; *Insam/Hinrichs/Hörtz*, DB 2012, 1568 f.
113 Vgl. *Groeger*, RdA 2011, 287, 290.
114 Vgl. *Insam/Hinrichs/Hörtz*, DB 2012, 1568, 1569.
115 Siehe Arbeitgeberverband des privaten Bankgewerbes e.V., Tarifverträge für das private Bankgewerbe und die öffentlichen Banken, S. 9-39, Stand Juni 2012, abrufbar unter https://www.hanseaticbank.de/uploads/tx_sbdownloader/Tarifvertrag.pdf (31.10. 2013).

achten.[116] Nach § 10 Abs. 4 MTV kann durch Betriebs- oder Dienstvereinbarung geregelt werden, dass der Anspruch auf Sonderzahlungen der Höhe nach teilweise vom Unternehmenserfolg abhängig ist. Die Norm enthält Vorgaben zur Bandbreite, innerhalb derer sich die Sonderzahlungen in Abhängigkeit von der wirtschaftlichen Situation einer Unternehmenssparte oder des Unternehmens erhöhen oder verringern können, zur Bewertung der wirtschaftlichen Situation und zum Auszahlungszeitpunkt des variablen Teils der Sonderzahlungen.

Unklar ist, ob auch bei einer Vergütungsregelung in einer Betriebs- oder Dienstvereinbarung, die nicht auf einer solchen qualifizierten, sondern auf einer allgemeinen tarifvertraglichen Öffnungsklausel beruht, die Ausnahmeregelung des § 25a Abs. 1 Satz 3 Nr. 4 Halbs. 2 KWG (§ 25a Abs. 1 Satz 3 Nr. 6 Halbs. 2 KWG n.F.) und des § 1 Abs. 3 InstitutsVergV beziehungsweise des § 64b Abs. 6 VAG und des § 1 Abs. 3 VersVergV eingreift. Bei einer allgemeinen tarifvertraglichen Öffnungsklausel wird die Regelungsbefugnis vollständig übertragen. Der Tarifvertrag enthält keine den Regelungsgegenstand betreffenden Rahmenvorgaben, die bei Abschluss der Betriebs- oder Dienstvereinbarung zu beachten wären.

Der Wortlaut von § 25a Abs. 1 Satz 3 Nr. 4 Halbs. 2 KWG (§ 25a Abs. 1 Satz 3 Nr. 6 Halbs. 2 KWG n.F.) und § 1 Abs. 3 InstitutsVergV sowie von § 64b Abs. 6 VAG und § 1 Abs. 3 VersVergV steht der Herausnahme einer lediglich auf einer allgemeinen tarifvertraglichen Öffnungsklausel beruhenden Vergütungsregelung in einer Betriebs- oder Dienstvereinbarung aus dem Anwendungsbereich der Vorschriften nicht entgegen.[117] Dennoch gilt die Ausnahmeregelung für derartige Vergütungsregelungen nicht.[118] Die Herausnahme der in den Normen aufgezählten Vergütungsregelungen beruht allein auf der, den Tarifverträgen zukommenden Richtigkeitsgewähr, auch in Bezug auf die angemessene und risikoadäquate Ausgestaltung der Vergütung. Die Richtigkeitsgewähr kann jedoch nur für solche Vergütungsregelungen außerhalb eines Tarifvertrags beansprucht werden, die Gegenstand der Verhandlungen der Tarifvertragsparteien gewesen sind und die inhaltlich durch im Tarifvertrag festgelegte Rahmenbedingungen zumindest grob vorgegeben wurden.[119]

---

116 Vgl. *Insam/Hinrichs/Hörtz*, DB 2012, 1568, 1569.
117 Vgl. *Insam/Hinrichs/Hörtz*, DB 2012, 1568, 1569.
118 Vgl. *Insam/Hinrichs/Hörtz*, DB 2012, 1568, 1569.
119 Vgl. *Insam/Hinrichs/Hörtz*, DB 2012, 1568, 1569.

Wären auch die aufgrund einer allgemeinen tarifvertraglichen Öffnungs-klausel in einer Betriebsvereinbarung vereinbarten Vergütungen von der Aus-nahmeregelung des § 25a Abs. 1 Satz 3 Nr. 4 Halbs. 2 KWG (§ 25a Abs. 1 Satz 3 Nr. 6 Halbs. 2 KWG n.F.) und § 1 Abs. 3 InstitutsVergV sowie des § 64b Abs. 6 VAG und § 1 Abs. 3 VersVergV erfasst, würde dies wegen des in § 77 Abs. 3 BetrVG geregelten Tarifvorbehalts im Ergebnis bedeuten, dass jede wirksame Betriebsvereinbarung aus dem Anwendungsbereich der Vorschriften ausge-nommen ist.[120] Der Verordnungsgeber ist jedoch den gelegentlichen Aufforde-rungen, die Vergütungsregelungen in Betriebsvereinbarungen generell aus dem Anwendungsbereich der Vorschriften herauszunehmen,[121] nicht gefolgt, sondern hat sich für ihre Einbeziehung entschieden.[122] Dieser Entscheidung Rechnung tragend, sind von der Ausnahmeregelung des § 25a Abs. 1 Satz 3 Nr. 4 Halbs. 2 KWG (§ 25a Abs. 1 Satz 3 Nr. 6 Halbs. 2 KWG n.F.) und § 1 Abs. 3 Instituts-VergV sowie des § 64b Abs. 6 VAG und § 1 Abs. 3 VersVergV ausschließlich solche Vergütungen als erfasst und damit vom Anwendungsbereich der Vor-schriften als ausgenommen anzusehen, die aufgrund einer qualifizierten tarifver-traglichen Öffnungsklausel in einer Betriebs- oder Dienstvereinbarung verein-bart sind.

4. Bestandteile der Vergütungssysteme

Die Vergütungssysteme der Geschäftsleiter und Mitarbeiter sind Anknüpfungs-punkt der aufsichtsrechtlichen Anforderungen in § 25a Abs. 1 Satz 3 Nr. 4 KWG (§ 25a Abs. 1 Satz 3 Nr. 6 KWG n.F.) und der konkretisierenden Insti-tutsVergV sowie in § 64b Abs. 1 VAG und der konkretisierenden VersVergV. Da ein Vergütungssystem den Anforderungen nur dann entspricht, wenn sämtli-che seiner einzelnen Bestandteile den Anforderungen entsprechen, ist für die

---

120 Vgl. *Insam/Hinrichs/Hörtz*, DB 2012, 1568, 1569.
121 Vgl. etwa die Stellungnahme des Deutschen Gewerkschaftsbundes zum Regierungsent-wurf eines Gesetzes über die aufsichtsrechtlichen Anforderungen an die Vergütungssys-teme von Instituten und Versicherungsunternehmen (BT-Drucks. 17/1291, 17/1457) v. 7.6.2010, S. 5, abrufbar unter http://www.bundestag.de/bundestag/ausschuesse17/a07/ anhoerungen/2010/017/Stellungnahmen/04_DGB.pdf (31.10.2013) und die Stellung-nahme von Hanau für die Anhörung des Finanzausschusses des Deutschen Bundestages am 9.6.2010 zu dem Entwurf eines Gesetzes über die aufsichtsrechtlichen Anforderun-gen an die Vergütungssysteme von Instituten und Versicherungsunternehmen (BT-Drucks. 17/1291), S. 6 f., abrufbar unter http://www.bundestag.de/bundestag/ausschues se17/a07/anhoerungen/2010/017/Stellungnahmen/09Prof__Hanau.pdf (31.10.2013).
122 Vgl. *Insam/Hinrichs/Hörtz*, DB 2012, 1568, 1569.

Institute und Unternehmen von entscheidender Bedeutung, was nach den oben stehenden Ausführungen alles als Bestandteil des Vergütungssystems eines Geschäftsleiters und des Vergütungssystems eines Mitarbeiters anzusehen ist.

a) Bestandteile des Vergütungssystems eines Geschäftsleiters

Bestandteil des Vergütungssystems eines Geschäftsleiters sind die ihn betreffenden, instituts-/ unternehmensinternen Vergütungsregeln, -richtlinien und -praktiken und die mit ihm geschlossenen, seine Vergütungsansprüche begründenden Vereinbarungen, insbesondere die Vergütungsregelungen in seinem Anstellungsvertrag. Die Anstellungsverträge, die die Institute und Unternehmen mit ihren Geschäftsleitern abschließen, sind in aller Regel als Dienstverträge im Sinne der §§ 611 ff. BGB zu qualifizieren.[123]

b) Bestandteile des Vergütungssystems eines Mitarbeiters

Als Bestandteil des Vergütungssystems eines Mitarbeiters kommen neben den seine Person betreffenden, instituts-/ unternehmensinternen Vergütungsregeln, -richtlinien und -praktiken die folgenden Rechtsgrundlagen von Vergütungen in Betracht:

---

123 Im Hinblick auf die Anstellungsverträge von Organen juristischer Personen im Allgemeinen: BGH v. 11.7.1953, Z 10, 187, 191; *Müller-Glöge*, in: MünchKomm. BGB, § 611 BGB Rn. 146 ff.; *Richardi/Fischinger*, in: Staudinger, Vorbem zu §§ 611 ff. BGB Rn. 327 ff., 332; *Schmidt*, GesellschaftsR, § 14 III 2 b; *Weidenkaff*, in: Palandt, Einf v § 611 BGB Rn. 23. Im Hinblick auf die Anstellungsverträge der Vorstandsmitglieder einer AG: *Dauner-Lieb*, in: Henssler/Strohn, GesellschaftsR, § 84 AktG Rn. 15; *Kraft/Kreutz*, GesellschaftsR, S. 334; *Spindler*, in: MünchKomm. AktG, § 84 AktG Rn. 51 ff.; *Hüffer*, AktG, § 84 AktG Rn. 11. Im Hinblick auf die Anstellungsverträge der GmbH-Geschäftsführer: BAG v. 21.2.1994, AP Nr. 17 zu § 5 ArbGG 1979 (unter II. 3. b) bb) (1) der Gründe); *Altmeppen*, in: Roth/Altmeppen, GmbHG, § 6 GmbHG Rn. 73 ff.; *Jaeger*, in: MünchKomm. GmbHG, § 35 GmbHG Rn. 278 ff.; *Kraft/Kreutz*, GesellschaftsR, S. 378; *Oetker*, in: Henssler/Strohn, GesellschaftsR, § 35 GmbHG Rn. 77; *Wimmer*, DStR 1997, 247. Im Hinblick auf die Anstellungsverträge der Vorstandsmitglieder einer eG: *Fandrich*, in: Pöhlmann/Fandrich/Bloehs, GenG, § 24 GenG Rn. 34; *Geibel*, in: Henssler/Strohn, GesellschaftsR, § 24 GenG Rn. 13. Im Hinblick auf die Anstellungsverträge der Vorstandsmitglieder von Anstalten des öffentlichen Rechts: BAG v. 20.8.1998, 2 AZR 12/98 n.V. (unter 3. c) der Gründe); BGH v. 10.1.2000, AP Nr. 15 zu § 611 BGB Organvertreter (unter II. 1. der Gründe).

- die Vergütungsregelungen in den Vereinbarungen, die mit ihm geschlossen worden sind, insbesondere etwa die Vergütungsregelungen in seinem Arbeits-, Geschäftsbesorgungs- oder Dienstvertrag,

- die Vergütungsregelungen in nicht auf einer qualifizierten tarifvertraglichen Öffnungsklausel beruhenden Betriebs- oder Dienstvereinbarungen,

- die Vergütungsregelungen in Sprecherausschussvereinbarungen im Sinne von § 28 Abs. 2 Satz 1 SprAuG.

Der wohl überwiegende Teil der Mitarbeiter in den Instituten und Unternehmen ist in die Arbeitsorganisation des Instituts/ Unternehmens eingegliedert, übt eine weisungsgebundene Tätigkeit aus und ist somit unselbständig beziehungsweise persönlich abhängig.[124] Es handelt sich um Arbeitnehmer. Die mit ihnen geschlossenen Verträge sind Arbeitsverträge.

B. Überblick zum Inhalt der Vorschriften

I. Die Ausgangsregelungen im KWG und VAG

Nach dem durch das Vergütungs-SystG in das KWG eingefügten § 25a Abs. 1 Satz 3 Nr. 4 (§ 25a Abs. 1 Satz 3 Nr. 6 KWG n.F.) sind angemessene, transparente und auf eine nachhaltige Entwicklung des Instituts ausgerichtete Vergütungssysteme für Geschäftsleiter und Mitarbeiter Voraussetzung für ein angemessenes und wirksames Risikomanagement und damit letztlich auch für eine ordnungsgemäße Geschäftsorganisation des Instituts. Auch der durch das Vergütungs-SystG in das VAG eingefügte § 64b Abs. 1 VAG verlangt als besondere Pflicht der Unternehmen im Zusammenhang mit einer ordnungsgemäßen Geschäftsorganisation, dass die Vergütungssysteme für Geschäftsleiter und Mitarbeiter angemessen, transparent und auf eine nachhaltige Entwicklung des Unternehmens ausgerichtet sind.

---

124 Zur Abgrenzung des Arbeitsvertrages vom freien Dienstvertrag (und damit auch vom Geschäftsbesorgungsvertrag im Sinne von § 675 Abs. 1 BGB) siehe *Brox/Rüthers/Henssler*, ArbR, Rn. 49 ff.; *Preis*, in: ErfK, § 611 BGB Rn. 8, 34 ff., 50 ff.; *Zöllner/Loritz/Hergenröder*, ArbR, § 4 III 5.

Diese in § 25a Abs. 1 Satz 3 Nr. 4 KWG (§ 25a Abs. 1 Satz 3 Nr. 6 KWG n.F.) und § 64b Abs. 1 VAG normierten Anforderungen an die Vergütungssysteme von Instituten und Versicherungsunternehmen werden in der Instituts-VergV und der VersVergV konkretisiert. Inhaltlich stimmen die InstitutsVergV und die VersVergV in weiten Teilen überein. Sie bestehen im Wesentlichen aus zwei Teilen: Den allgemeinen Anforderungen an die Vergütungssysteme der Geschäftsleiter und Mitarbeiter in sämtlichen Instituten/ sämtlichen Unternehmen und den besonderen Anforderungen an die Vergütungssysteme der Geschäftsleiter und als Risk Taker eingestuften Mitarbeiter bedeutender Institute/ bedeutender Unternehmen.

II. Allgemeine Anforderungen an Vergütungssysteme

Die allgemeinen Anforderungen an Vergütungssysteme in § 3 InstitutsVergV und § 3 VersVergV betreffen die Vergütungssysteme der Geschäftsleiter und Mitarbeiter in sämtlichen Instituten/ sämtlichen Versicherungsunternehmen, unabhängig von ihrer Größe und Bedeutung für den deutschen Finanzmarkt.

Eine der zentralen Anforderungen ist, dass die Vergütungssysteme der Geschäftsleiter und Mitarbeiter auf die Erreichung der in den Strategien des Instituts/ Unternehmens niedergelegten Ziele ausgerichtet sein müssen. Daneben erläutern die Verordnungen, wann Vergütungssysteme im Sinne von § 25a Abs. 1 Satz 3 Nr. 4 KWG (§ 25a Abs. 1 Satz 3 Nr. 6 KWG n.F.) beziehungsweise § 64b Abs. 1 VAG angemessen ausgestaltet sind. Hier kommt es vor allem darauf an, dass Anreize für die Geschäftsleiter und Mitarbeiter zur Eingehung unverhältnismäßig hoher Risiken vermieden werden. In der InstitutsVergV wird des Weiteren gefordert, dass die fixe und die variable Vergütung in einem angemessenen Verhältnis zueinander stehen und es wird vorgegeben, dass eine garantierte variable Vergütung nur im Rahmen der Aufnahme eines Dienst- oder Arbeitsverhältnisses und längstens für ein Jahr zulässig ist. Diese beiden Anforderungen werden in der VersVergV lediglich an die Vergütungssysteme der Geschäftsleiter und der als Risk Taker einzustufenden Mitarbeiter bedeutender Unternehmen gestellt. Dafür wird in der VersVergV zusätzlich verlangt, die Vergütungssysteme so auszugestalten, dass sie die wesentlichen Risiken und deren Zeithorizont angemessen berücksichtigen und dass bezüglich einzelner Organisationseinheiten auch der gesamte Erfolg des Unternehmens angemessen berücksichtigt wird.

Die Vergütung der Geschäftsleiter muss nach den Verordnungen abschließend im Anstellungsvertrag festgelegt werden. Bei der Festsetzung der Vergütung des einzelnen Geschäftsleiters hat das Verwaltungs- oder Aufsichtsorgan dafür zu sorgen, dass diese in einem angemessenen Verhältnis zu seinen Aufgaben und Leistungen sowie zur Lage des Instituts/ Unternehmens steht und die übliche Vergütung nicht ohne besondere Gründe übersteigt. Variable Vergütungen sollen daher eine mehrjährige Bemessungsgrundlage haben und für außerordentliche Entwicklungen soll eine Begrenzungsmöglichkeit vereinbart werden. Die VersVergV gibt bei den Anforderungen an die Vergütungssysteme der Geschäftsleiter darüber hinaus vor, dass die variable Vergütung der Geschäftsleiter eine Vergütung für den aus der Tätigkeit sich ergebenden nachhaltigen Erfolg des Unternehmens darstellen muss. Daher darf die variable Vergütung der Geschäftsleiter insbesondere nicht maßgeblich von der Gesamtbeitragseinnahme, vom Neugeschäft oder von der Vermittlung einzelner Versicherungsverträge abhängig sein.

Schließlich gibt es bei den allgemeinen Anforderungen der Verordnungen zwei Regelungen, die speziell die Vergütung der Mitarbeiter in den Kontrolleinheiten betreffen. Zum einen dürfen die Vergütungssysteme der Mitarbeiter nicht der Überwachungsfunktion der Kontrolleinheiten zuwiderlaufen. Darüber hinaus muss die Vergütung der Mitarbeiter in den Kontrolleinheiten so ausgestaltet sein, dass eine qualitativ und quantitativ angemessene Personalausstattung ermöglicht wird.

III. Besondere Anforderungen an Vergütungssysteme

Die besonderen Anforderungen an Vergütungssysteme aus § 5 InstitutsVergV und § 4 VersVergV gelten nur für die Vergütungssysteme der Geschäftsleiter und als Risk Taker eingestuften Mitarbeiter bedeutender Institute/ bedeutender Unternehmen. Sie beziehen sich hauptsächlich auf die variable Vergütung und auf ermessensabhängige Leistungen zur Altersversorgung und regeln die Art und Weise ihrer Berechnung und Gewährung.

Die Verordnungen geben etwa vor, dass bei der variablen Vergütung neben dem Gesamterfolg des Instituts/ Unternehmens beziehungsweise der Gruppe und dem Erfolgsbeitrag der Organisationseinheit auch der individuelle Erfolgsbeitrag des Geschäftsleiters oder Risk Takers zu berücksichtigen ist, soweit dieser mit vertretbarem Aufwand bestimmt werden kann. Für die Messung der Erfolge und Erfolgsbeiträge sind dabei insbesondere solche Vergütungsparameter, im

Sinne von quantitativen und qualitativen Bestimmungsfaktoren, zu verwenden, die dem Ziel eines nachhaltigen Erfolgs Rechnung tragen. Nach der Instituts-VergV ist der individuelle Erfolgsbeitrag des Geschäftsleiters oder Risk Takers auch anhand nicht finanzieller Parameter zu bestimmen, wie zum Beispiel der Beachtung der institutsinternen Regelwerke und Strategien, der Kundenzufriedenheit und erlangter Qualifikationen. Die VersVergV verlangt dies nicht, sondern weist nur auf die Möglichkeit hin.

Bei den Anforderungen im Hinblick auf die Art und Weise der Gewährung der variablen Vergütung gibt es bei der InstitutsVergV und der VersVergV einige Unterschiede. Letztlich darf jedoch nach beiden Verordnungen ein Teil der variablen Vergütung der Geschäftsleiter und Risk Taker nicht sofort und in bar ausgezahlt werden, sondern muss für einen bestimmten Zeitraum zurückbehalten werden und mindestens zur Hälfte von einer nachhaltigen Wertentwicklung des Instituts/ Unternehmens abhängen. Von einer nachhaltigen Wertentwicklung des Instituts müssen nach der InstitutsVergV auch mindestens 50 % der nicht zurückzubehaltenden variablen Vergütung abhängen.

Beide Verordnungen verlangen im Hinblick auf die variable Vergütung schließlich, dass negative Erfolgsbeiträge des Geschäftsleiters oder Risk Takers, negative Erfolgsbeiträge der Organisationseinheit, der er angehört, und ein negativer Gesamterfolg des Instituts/ Unternehmens beziehungsweise der Gruppe die Höhe seiner variablen Vergütung einschließlich der zurückbehaltenen Beträge verringern.

Bei den Anforderungen an die ermessensabhängigen Leistungen zur Altersversorgung differenzieren die Verordnungen zwischen Leistungen, die anlässlich einer ruhestandbedingten und einer nicht ruhestandsbedingten Beendigung des Arbeits-, Geschäftsbesorgungs- oder Dienstverhältnisses von Geschäftsleitern und Risk Takern gewährt werden. In beiden Fällen müssen die Leistungen von einer nachhaltigen Wertentwicklung des Instituts/ Unternehmens abhängen. Bei den ermessensabhängigen Leistungen zur Altersversorgung anlässlich einer ruhestandsbedingten Beendigung des Vertragsverhältnisses gilt, dass sie mit einer Frist von mindestens fünf Jahren versehen werden müssen, nach deren Verstreichen frühestens über sie verfügt werden darf. Die ermessensabhängigen Leistungen zur Altersversorgung anlässlich einer nicht ruhestandsbedingten Beendigung des Vertragsverhältnisses müssen über einen Zurückbehaltungszeitraum von mindestens fünf Jahren gestreckt werden und für den Fall, dass sich die für ihre Berechnung maßgeblichen Erfolgsbeiträge des Geschäftsleiters oder Risk Takers, die Erfolgsbeiträge seiner Organisationseinheit oder der Gesamterfolg des Instituts/ Unternehmens beziehungsweise der Gruppe nicht als nachhaltig erweisen, verringert werden.

C. Untersagungs- und Beschränkungsbefugnis der Aufsichtsbehörde

Neben den aufsichtsrechtlichen Anforderungen an die Vergütungssysteme von Instituten und Versicherungsunternehmen in § 25a Abs. 1 Satz 3 Nr. 4 KWG (§ 25a Abs. 1 Satz 3 Nr. 6 KWG n.F.) und § 64b Abs. 1 VAG, wurden durch das Vergütungs-SystG in das KWG und das VAG auch die Regelungen des § 45 Abs. 2 Satz 1 Nr. 6 KWG und des § 81b Abs. 1a Satz 1 VAG eingefügt.[125] Die Normen ermächtigen die Aufsichtsbehörde bei einer Unterschreitung bestimmter aufsichtsrechtlicher Anforderungen an die Eigenmittelausstattung durch das Institut/ Versicherungsunternehmen, die Auszahlung variabler Vergütungsbestandteile zu untersagen oder auf einen bestimmten Anteil des Jahresergebnisses zu beschränken. Angesichts der wirtschaftlichen Situation eines Instituts oder Versicherungsunternehmens unangemessen hohe Bonuszahlungen können so unterbunden werden.[126]

Aufsichtsbehörde ist im Geltungsbereich des KWG die BaFin. Die BaFin teilt sich mit der Deutschen Bundesbank die Bankenaufsicht. Die Zusammenarbeit von BaFin und Deutscher Bundesbank ist in § 7 KWG geregelt. Die Versicherungsaufsicht dagegen ist auf Bund und Länder aufgeteilt. Aufsichtsbehörde für die, in den Anwendungsbereich des VAG fallenden Versicherungsunternehmen ist, je nach ihrem örtlichen Tätigkeitsbereich und ihrer wirtschaftlichen Bedeutung, entweder die BaFin oder die Aufsichtsbehörde des jeweiligen Bundeslandes.

---

125 Die Regelung des § 45 Abs. 2 Satz 1 Nr. 6 KWG war ursprünglich in den § 45 Abs. 1 Satz 1 Nr. 4 KWG eingefügt worden. Durch das Restrukturierungsgesetz vom 9.12.2010 ist der § 45 KWG jedoch neu gefasst worden.
126 Begründung der Bundesregierung zum Entwurf des Vergütungs-SystG v. 31.3.2010, BT-Drucks. 17/1291, S. 2.

2. Teil Künftige Gestaltung von Vergütungsvereinbarungen

Die durch das Vergütungs-SystG in das KWG und das VAG eingefügten Regelungen sind seit dem 27. Juli 2010 und die konkretisierenden Regelungen in der InstitutsVergV und der VersVergV sind seit dem 13. Oktober 2010 für die Institute und Unternehmen in Deutschland geltendes, verbindliches Recht. Innerhalb der Institute und Unternehmen sind die Geschäftsleiter für die Einhaltung der Anforderungen an angemessene, transparente und auf eine nachhaltige Entwicklung des Instituts/ Unternehmens ausgerichtete Vergütungssysteme verantwortlich. Dies ergibt sich für die Geschäftsleiter der Institute aus § 25a Abs. 1 Satz 2 und Satz 3 Nr. 4 KWG (§ 25a Abs. 1 Satz 2 und Satz 3 Nr. 6 KWG n.F.) in Verbindung mit § 1 Abs. 2 Satz 1 KWG und für die Geschäftsleiter der Versicherungsunternehmen aus dem mit § 64b VAG in unmittelbarem Zusammenhang stehenden § 64a Abs. 1 Satz 1 und Satz 2 VAG in Verbindung mit § 7a Abs. 1 Satz 4 VAG.

Neben den instituts-/ unternehmensinternen Vergütungsregeln, -richtlinien und -praktiken müssen nunmehr vor allem auch die Vergütungsregelungen in Verträgen, die mit den Geschäftsleitern und Mitarbeitern geschlossen werden, die Vergütungsregelungen in Betriebs- und Dienstvereinbarungen, die nicht aufgrund einer qualifizierten tarifvertraglichen Öffnungsklausel mit dem Betriebsbeziehungsweise Personalrat vereinbart werden und die Vergütungsregelungen in Vereinbarungen im Sinne von § 28 Abs. 2 Satz 1 SprAuG, die mit dem Sprecherausschuss getroffen werden, den Anforderungen entsprechen. Wie die Verträge und Vereinbarungen konform mit den Anforderungen aus § 25a Abs. 1 Satz 3 Nr. 4 KWG (§ 25a Abs. 1 Satz 3 Nr. 6 KWG n.F.) und der InstitutsVergV beziehungsweise aus § 64b Abs. 1 VAG und der VersVergV ausgestaltet werden können, ist Gegenstand dieses zweiten Teils der Arbeit.

A. Rahmenbedingungen für die Gestaltung der Verträge und Vereinbarungen

Erforderlich ist zunächst eine generelle Auseinandersetzung mit den Rahmenbedingungen für die inhaltliche Gestaltung der Arbeits- und Dienstverträge sowie der Betriebs-, Dienst- und Sprecherausschussvereinbarungen.

I. Die verfassungsrechtlich gewährleistete Vertragsfreiheit

Im Grundsatz sind die Institute und Versicherungsunternehmen bei der inhaltlichen Gestaltung der Verträge mit ihren Geschäftsleitern und Mitarbeitern und den Vereinbarungen mit dem Betriebsrat und dem Sprecherausschuss beziehungsweise dem Personalrat frei. Die Freiheit der Gestaltung privatrechtlicher Verträge gehört wie die Freiheit des Abschlusses oder Nichtabschlusses von Verträgen zur Vertragsfreiheit.[127] Die Vertragsfreiheit ist grundsätzlich als Ausfluss der allgemeinen Handlungsfreiheit durch Art. 2 Abs. 1 GG gewährleistet.[128] Nach Auffassung des BVerfG und weiten Teilen der Lehre kann sie jedoch auch durch ein spezielleres Freiheitsgrundrecht garantiert sein.[129] Die allgemeine Gewährleistung der Vertragsfreiheit in Art. 2 Abs. 1 GG wird dann durch die spezielle Gewährleistung verdrängt.[130] Bei Tarifverträgen und sonstige Vereinbarungen zwischen Koalitionen zur Regelung der Arbeits- und Wirtschaftsbedingungen etwa, tritt Art. 2 Abs. 1 GG hinter Art. 9 Abs. 3 GG zurück und bei berufsbezogenen Verträgen geht Art. 12 Abs. 1 GG vor.[131] Im Hinblick

---

127 *Di Fabio*, in: Maunz/Dürig, GG, Art. 2 Rn. 101.
128 BVerfG v. 12.11.1958, E 8, 274, 328; BVerfG v. 16.5.1961, E 12, 341, 347; BVerfG v. 19.10.1983, E 65, 196, 210; BVerfG v. 4.6.1985, E 70, 115, 123; BVerfG v. 19.10.1993, E 89, 214, 231; *Di Fabio*, in: Maunz/Dürig, GG, Art. 2 Rn. 101; *Jarass*, in: Jarass/Pieroth, GG, Art. 2 Rn. 4; *Starck*, in: v. Mangoldt/Klein/Starck, GG, Art. 2 Abs. 1 Rn. 145.
129 BVerfG v. 12.11.1958, E 8, 274, 328; BVerfG v. 16.5.1961, E 12, 341, 347; BVerfG v. 4.6.1985, E 70, 115, 123; BVerfG v. 11.7.2006, E 116, 202, 221; BVerfG v. 12.12.2006, E 117, 163, 181; *Degenhart*, JuS 1990, 161, 165; *Di Fabio*, in: Maunz/Dürig, GG, Art. 2 Rn. 103; *Engels*, JZ 2008, 490, 495; *Höfling*, Vertragsfreiheit, S. 9 ff.; *Jarass*, in: Jarass/Pieroth, GG, Art. 2 Rn. 4; *Junker*, Grundkurs ArbR, Rn. 17; *Papier*, RdA 1989, 137, 138; *Preis*, Grundfragen der Vertragsgestaltung im ArbR, S. 38; *Söllner*, RdA 1989, 144, 147 f.; *Stütze*, Die Kontrolle der Entgelthöhe im ArbR, S. 90 f.; a.A. *Manssen*, in: v. Mangoldt/Klein/Starck, GG, Art. 12 Abs. 1 Rn. 70.
130 *Di Fabio*, in Maunz/Dürig, GG, Art. 2 Rn. 103; *Stütze*, Die Kontrolle der Entgelthöhe im ArbR, S. 90 f.
131 Vgl. *Di Fabio*, in Maunz/Düring, GG, Art. 2 Rn. 103; *Höfling*, Vertragsfreiheit, S. 9 ff., 17 f.; *Stütze*, Die Kontrolle der Entgelthöhe im ArbR, S. 90 f.; zu Art. 12 Abs. 1 GG siehe insbesondere BVerfG v. 11.7.2006, E 116, 202, 221; BVerfG v. 12.12.2006, E 117, 163, 181; *Engels*, JZ 2008, 490, 495; *Junker*, Grundkurs ArbR, Rn. 17; *Papier*, RdA 1989, 137, 138; *Söllner*, RdA 1989, 144, 147 f.; a.A. *Manssen*, in: v. Mangoldt/Klein/Starck, GG, Art. 12 Abs. 1 Rn. 70, nach dem die Vertragsfreiheit nicht Schutzgut des Art. 12 Abs. 1 GG ist, nur weil sie für die berufliche Tätigkeit wichtig ist. Sie sei als unbenanntes Freiheitsrecht dem Schutzbereich des Art. 2 Abs. 1 GG zuzuordnen.

auf Arbeitsverträge wird der Grundsatz der Vertragsfreiheit deklaratorisch in §
105 Satz 1 GewO bestätigt.[132]

Die Vertragsfreiheit ist, unabhängig von ihrer konkreten Verankerung im
Grundgesetz, nicht schrankenlos gewährleistet.[133] Sie wird durch zahlreiche gesetzliche Regelungen eingeschränkt. Diese betreffen entweder den Abschluss
oder Nichtabschluss von Verträgen, enthalten also Abschlussgebote oder -
verbote,[134] oder schränken die Freiheit der inhaltlichen Gestaltung ein. Die Verträge unterliegen damit einer gerichtlichen Kontrolle.

II. Vertragskontrolle

Die Vertragskontrolle umfasst nach dem in dieser Arbeit zugrunde gelegten
Verständnis zwei Bereiche.[135] Zum einen fällt darunter die Kontrolle des Vertrages anhand sämtlicher Maßstäbe, die den zulässigen Vertragsinhalt begrenzen,
also die Kontrolle der Wirksamkeit der einzelnen Vertragsbestimmungen (Wirksamkeitskontrolle). Zum anderen gehört dazu die Kontrolle der Ausübung eines
durch Vertrag wirksam begründeten Rechts (Ausübungskontrolle).

1. Wirksamkeitskontrolle

Bestandteil der Wirksamkeitskontrolle sind die allgemeine Rechtskontrolle, die
Sittenwidrigkeitskontrolle und die Inhaltskontrolle im engeren Sinne, auch Angemessenheitskontrolle genannt.[136]

---

132 Vgl. *Richardi/Fischinger*, in: Staudinger, § 611 BGB Rn. 28.
133 Zur Schrankensystematik der Vertragsfreiheit siehe *Stütze*, Die Kontrolle der Entgelt-
     höhe im ArbR, S. 96 ff.
134 Zu den Abschlussgeboten und –verboten im Arbeitsrecht siehe etwa *Hromad-
     ka/Maschmann*, ArbR Band 1, § 5 Rn. 82 ff; *Junker*, Grundkurs ArbR, Rn. 180 ff.;
     Zöllner/Loritz/Hergenröder, ArbR, § 12 III 1.
135 Die Terminologie zu den verschiedenen Arten der Kontrolle eines Vertrages und der
     Ausübung eines durch Vertrag wirksam begründeten Rechts ist uneinheitlich. Vgl. hier-
     zu *Hromadka/Maschmann*, ArbR Band 1, § 5 Rn. 103 ff.; *Preis*, Grundfragen der Ver-
     tragsgestaltung im ArbR, S. 147 f.; *Stütze*, Die Kontrolle der Entgelthöhe im ArbR, S.
     45.
136 Vgl. *Stütze*, Die Kontrolle der Entgelthöhe im ArbR, S. 74.

a) Allgemeine Rechtskontrolle

Bei dem Abschluss eines Vertrages und seiner inhaltlichen Ausgestaltung ist zunächst das zwingende Recht zu beachten. Dies gilt für jede Art von Vertrag und damit auch für die hier in Rede stehenden Arbeitsverträge, die Anstellungsverträge der Geschäftsleiter und die Betriebs-, Dienst- und Sprecherausschussvereinbarungen. Zum zwingenden Recht gehören alle Vorschriften, die der Disposition der Vertragsparteien entzogen sind, also Bestimmungen, die nicht ausgeschlossen oder abgeändert werden können.[137] Sie erkennt man häufig an ihrer Formulierung.[138] So deutet etwa die Aussage, dass etwas durch Rechtsgeschäft nicht vereinbart werden „kann" oder „darf" auf zwingendes Recht hin. Noch eindeutiger ist der zwingende Charakter einer Vorschrift, wenn in dieser zusätzlich darauf hingewiesen wird, dass eine abweichende Vereinbarung nichtig oder unwirksam ist.[139]

Zwingendes Recht enthalten insbesondere die gesetzlichen Verbote im Sinne von § 134 BGB.[140] Diese können wiederum in formellen Gesetzen des Bundes oder Landes oder in Rechtsverordnungen enthalten sein.[141] Gesetzliche Verbote finden sich im Arbeitsrecht vor allem in den zahlreichen Schutzgesetzen, wie dem MuSchG, dem JArbSchG, dem BUrlG und dem ArbZG.[142] Ob Tarifverträge und Betriebsvereinbarungen gesetzliche Verbote im Sinne von § 134 BGB enthalten, ist umstritten. In Bezug auf ihren normativen Teil wird dies in

---

137 Vgl. *Brox/Walker*, Allg Teil des BGB, Rn. 35; *Wolf/Neuner*, Allg Teil des Bürgerlichen Rechts, § 3 Rn. 11.

138 *Wolf/Neuner*, Allg Teil des Bürgerlichen Rechts, § 3 Rn. 10.

139 *Wolf/Neuner*, Allg Teil des Bürgerlichen Rechts, § 3 Rn. 10.

140 *Hefermehl*, in: Soergel, BGB, § 134 BGB Rn. 2. Zur Abgrenzung der zwingenden gesetzlichen Vorschriften, die Verbotsgesetze sind und solchen, die keine Verbotsgesetze im Sinne von § 134 BGB sind, sondern Einschränkungen der Gestaltungs- oder Verfügungsmacht, siehe *Ellenberger*, in: Palandt, § 134 BGB Rn. 5; *Hefermehl*, in: Soergel, BGB, § 134 BGB Rn. 2 f; *Sack/Seibl*, in: Staudinger, § 134 BGB Rn. 33.

141 *Ahrens*, in: Prütting/Wegen/Weinreich, BGB, § 134 BGB Rn. 5; *Armbrüster*, in: MünchKomm. BGB, § 134 BGB Rn. 30; *Ellenberger*, in: Palandt, § 134 BGB Rn. 2; *Sack/Seibl*, in: Staudinger, § 134 BGB Rn. 16.

142 *Preis*, in: ErfK, § 611 BGB Rn. 206, 334.

48

der Rechtsprechung und Literatur zum Teil bejaht.[143] In Anbetracht der Tatsache, dass Tarifnormen und Betriebsvereinbarungen keinen allgemeinen Geltungsanspruch haben, ist das zu bezweifeln.[144] Letztlich kann die Frage jedoch offen bleiben. Denn die Einwirkung der Tarifnormen und Betriebsvereinbarungen auf das Arbeitsverhältnis ist bereits sonderrechtlich in § 4 Abs. 1 und Abs. 3 TVG und § 77 Abs. 4 BetrVG geregelt.[145] Sie gelten unmittelbar und zwingend. Abweichende Abmachungen sind nur zulässig, soweit sie ausdrücklich gestattet sind oder soweit sie eine Änderung der Regelung zugunsten des Arbeitnehmers enthalten.[146] Tarifverträge und Betriebsvereinbarungen sind folglich, auch ohne dass es dabei auf den § 134 BGB ankäme, bei der Arbeitsvertragsgestaltung zu berücksichtigen.

Der Verstoß gegen ein gesetzliches Verbot hat regelmäßig die Nichtigkeit entweder des Vertrages insgesamt oder lediglich der einzelnen, verbotswidrigen Bestimmung zur Folge. Ergibt sich die Nichtigkeitsfolge nicht unmittelbar aus dem Verbotsgesetz, so folgt sie in der Regel aus § 134 BGB.[147] Ob Gesamtnichtigkeit oder Teilnichtigkeit eintritt, richtet sich nach dem Zweck der Verbotsnorm, der durch Auslegung zu ermitteln ist.[148]

---

143 LAG Saarbrücken v. 2.2.1966, NJW 1966, 2136, 2137; BGH v. 14.12.1999, NJW 2000, 1186, 1187; BAG v. 25.4.2007, AP Nr. 14 zu § 4 TzBfG, Rn. 11, 13; *Ahrens*, in: Prütting/Wegen/Weinreich, BGB, § 134 BGB Rn. 5; *Ellenberger*, in: Palandt, § 134 BGB Rn. 2; *Palm/Arnold*, in: Erman, BGB, § 134 BGB Rn. 8; *Wendtland*, in: Bamberger/Roth, BGB, § 134 BGB Rn. 6 f.; a.A. *Armbrüster*, in: MünchKomm. BGB, § 134 BGB Rn. 31; *Richardi/Buchner*, in: Münchener Handbuch zum ArbR, § 34 Rn. 4.

144 Vgl. *Armbrüster*, in: MünchKomm. BGB, § 134 BGB Rn. 31.

145 So auch *Sack/Seibl*, in: Staudinger, § 134 BGB Rn. 24 f.

146 Bei Betriebsvereinbarungen ist nur ihre unmittelbare und zwingende Geltung ausdrücklich normiert (§ 77 Abs. 4 BetrVG). Eine dem § 4 Abs. 3 TVG entsprechende Regelung enthält das BetrVG nicht. Dennoch ist seit der Entscheidung des Großen Senats des BAG v. 16.9.1986 (AP Nr. 17 zu § 77 BetrVG 1972) die Geltung des Günstigkeitsprinzips auch für das Verhältnis von Betriebsvereinbarungen und Arbeitsverträgen allgemein anerkannt. Vgl. *Kania*, in: ErfK, § 77 BetrVG Rn. 6, 68.

147 Auch die Nichtbeachtung zwingender gesetzlicher Vorschriften, die nicht Verbotsgesetze im Sinne von § 134 BGB sind, führt regelmäßig zur Nichtigkeit. Regeln die Vorschriften die Rechtsfolgen ihrer Nichtbeachtung nicht selbst, folgt die Rechtsunwirksamkeit „aus dem allgemeinen Grundsatz, dass die Rechtsordnung die Wirksamkeit von Rechtsgeschäften nur in den Grenzen zulässt, die sie der Gestaltungsfreiheit des Einzelnen durch ihre zwingenden Vorschriften setzt." – *Hefermehl*, in: Soergel, BGB, § 134 BGB Rn. 3.

148 *Ellenberger*, in: Palandt, § 134 BGB Rn. 13.

Neben dem zwingenden Recht gibt es auch lediglich halbzwingendes Recht.[149] Hierzu gehören vor allem Vorschriften die dem Schutz einer Vertragspartei dienen und von denen daher nicht zu Lasten, wohl aber zu Gunsten der geschützten Vertragspartei abgewichen werden kann.[150] Halbzwingende Vorschriften sind beispielsweise gemäß § 619 BGB die §§ 617, 618 BGB, gemäß § 622 Abs. 5 BGB der § 622 Abs. 1 BGB, gemäß § 12 EFZG die Vorschriften des EFZG und gemäß § 22 Abs. 1 TzBfG auch zahlreiche Vorschriften des TzBfG.[151] Wird in einem Vertrag von diesen Vorschriften zu Lasten der geschützten Partei abgewichen, so ist die Vereinbarung lediglich insoweit unwirksam. An ihre Stelle tritt die gesetzliche Regelung.[152]

b) Sittenwidrigkeitskontrolle

Über § 138 BGB muss der Inhalt der Verträge des Weiteren mit den guten Sitten vereinbar sein. § 138 BGB gilt wie § 134 BGB für Rechtsgeschäfte jeder Art und damit auch für Arbeitsverträge, Dienstverträge und Betriebs-, Dienst- und Sprecherausschussvereinbarungen.[153] Die größte Schwierigkeit im Rahmen der Sittenwidrigkeitskontrolle besteht darin, zu ermitteln, was unter den „guten Sitten" zu verstehen ist. In der Rechtsprechung und Literatur hat sich eine Formel eingebürgert, wonach ein Rechtsgeschäft gegen die guten Sitten verstößt, wenn es mit dem Anstandsgefühl aller billig und gerecht Denkenden unvereinbar ist.[154] Diese Formel trägt zur inhaltlichen Präzisierung des unbestimmten Rechtsbegriffs jedoch noch recht wenig bei. Der Begriff der guten Sitten wird inhaltlich sowohl durch rechtsethische als auch durch sozialethische Werte und Prinzipien bestimmt.[155] Die sozialethischen Werte und Prinzipien ergeben sich aus den Wertvorstellungen, die auf der gemeinsamen Überzeugung der überwie-

---

149 *Wolf/Neuner*, Allg Teil des Bürgerlichen Rechts, § 3 Rn. 19.

150 Vgl. *Wolf/Neuner*, Allg Teil des Bürgerlichen Rechts, § 3 Rn. 19.

151 Vgl. *Stütze*, Die Kontrolle der Entgelthöhe im ArbR, S. 46, 168 (Fn. 26).

152 *Stütze*, Die Kontrolle der Entgelthöhe im ArbR, S. 46.

153 Vgl. *Armbrüster*, in: MünchKomm. BGB, § 138 BGB Rn. 9; *Wendtland*, in: Bamberger/Roth, BGB, § 138 BGB Rn. 3.

154 RG v. 15.10.1912, Z 80, 219, 221; RG v. 9.2.1928, Z 120, 144, 148; BGH v. 9.7.1953, Z 10, 228, 232; BGH v. 15.2.1956, Z 20, 71, 74; BGH v. 29.9.1977, Z 69, 295, 297; BGH v. 6.2.2009, NJW 2009, 1346, 1347; *Armbrüster*, in: MünchKomm. BGB, § 138 BGB Rn. 14; *Jauernig*, in: ders., BGB, § 138 BGB Rn. 6; *Sack/Fischinger*, in: Staudinger, § 138 BGB Rn. 14; *Wendtland*, in: Bamberger/Roth, BGB, § 138 BGB Rn. 16.

155 Vgl. *Wendtland*, in: Bamberger/Roth, BGB, § 138 BGB Rn. 16 ff.; *Wolf/Neuner*, Allg Teil des Bürgerlichen Rechts, § 46 Rn. 12 ff.

genden Mehrheit der Angehörigen der Gesellschaft beruhen.[156] Es geht hier also um die in der Gesellschaft herrschende Moral.[157] Demgegenüber sind die rechtsethischen Werte und Prinzipien, die der Rechtsordnung selbst innewohnenden Werte und Prinzipien.[158] Hierzu gehören vor allem die in den Grundrechten enthaltenden Werte.[159] Über § 138 BGB findet folglich das im Grundgesetz verkörperte Wertsystem Eingang in das Privatrecht.[160] Daneben geht es aber auch um Wertungen und Grundsätze, die einzelnen Normen oder ganzen Rechtsgebieten als gesetzliche Leitideen zugrunde liegen.[161] Die rechtsethischen Werte und Prinzipien haben im Verhältnis zu den sozialethischen Werten und Prinzipien stets Vorrang.[162] Die Gerichte sind gemäß Art. 20 Abs. 3 GG in erster Linie an Gesetz und Recht gebunden. Die Maßstäbe der in der Gesellschaft herrschenden Moral dürfen sie daher nur insoweit heranziehen, wie diese mit den Grundprinzipien der Rechtsordnung übereinstimmen.[163]

Der Verstoß eines Rechtsgeschäfts gegen die guten Sitten kann sich entweder bereits aus seinem Inhalt oder aber erst aus einer Gesamtwürdigung ergeben, in die Inhalt, Beweggrund und Zweck des Rechtsgeschäfts einzubeziehen sind.[164] Der maßgebliche Zeitpunkt für die Beurteilung des Rechtsgeschäfts ist grundsätzlich der Zeitpunkt seiner Vornahme.[165]

---

156 Vgl. *Wendtland*, in: Bamberger/Roth, BGB, § 138 BGB Rn. 16.1; *Wolf/Neuner*, Allg Teil des Bürgerlichen Rechts, § 46 Rn. 14.

157 Vgl. *Ellenberger*, in: Palandt, § 138 BGB Rn. 2; *Wolf/Neuner*, Allg Teil des Bürgerlichen Rechts, § 46 Rn. 14.

158 Vgl. *Ellenberger*, in: Palandt, § 138 BGB Rn. 3; *Wendtland*, in: Bamberger/Roth, BGB, § 138 BGB Rn. 17; *Wolf/Neuner*, Allg Teil des Bürgerlichen Rechts, § 46 Rn. 13.

159 Vgl. *Sack/Fischinger*, in: Staudinger, § 138 BGB Rn. 53; *Wolf/Neuner*, Allg Teil des Bürgerlichen Rechts, § 46 Rn. 13.

160 *Ellenberger*, in: Palandt, § 138 BGB Rn. 4.

161 *Wendtland*, in: Bamberger/Roth, BGB, § 138 BGB Rn. 17; *Wolf/Neuner*, Allg Teil des Bürgerlichen Rechts, § 46 Rn. 13.

162 Vgl. *Ellenberger*, in: Palandt, § 138 BGB Rn. 6; *Wendtland*, in: Bamberger/Roth, BGB, § 138 BGB Rn. 18; *Wolf/Neuner*, Allg Teil des Bürgerlichen Rechts, § 46 Rn. 16.

163 *Wendtland*, in: Bamberger/Roth, BGB, § 138 BGB Rn. 18; *Wolf/Neuner*, Allg Teil des Bürgerlichen Rechts, § 46 Rn. 16.

164 *Ellenberger*, in: Palandt, § 138 BGB Rn. 7 f.; *Wendtland*, in: Bamberger/Roth, BGB, § 138 BGB Rn. 19; *Wolf/Neuner*, Allg Teil des Bürgerlichen Rechts, § 46 Rn. 18 ff.

165 Vgl. *Armbrüster*, in: MünchKomm. BGB, § 138 BGB Rn. 133; *Ellenberger*, in: Palandt, § 138 BGB Rn. 9.

Ein Sonderfall des sittenwidrigen Rechtsgeschäfts ist das in § 138 Abs. 2 BGB umschriebene wucherische Rechtsgeschäft.[166] Wucher im Sinne von § 138 Abs. 2 BGB setzt zum einen ein auffälliges Missverhältnis zwischen Leistung und Gegenleistung und zum anderen die Ausbeutung der Zwangslage, der Unerfahrenheit, des Mangels an Urteilsvermögen oder der erheblichen Willensschwäche des anderen durch den Wucherer voraus.

Sowohl das sittenwidrige als auch das wucherische Rechtsgeschäft ist nach § 138 BGB nichtig. Grundsätzlich erstreckt sich die Nichtigkeit auf das Rechtsgeschäft im Ganzen.[167] Beschränkt sich der Sittenverstoß jedoch eindeutig auf einen abtrennbaren Teil und verliert das Rechtsgeschäft ohne diesen Teil nicht seinen Sinn, kann es ausnahmsweise mit dem übrigen Inhalt aufrechterhalten werden. Dies gilt gemäß § 139 BGB dann, wenn die Aufrechterhaltung des Rechtsgeschäfts ohne den sittenwidrigen Teil dem mutmaßlichen Parteiwillen entspricht.[168]

Die starre Rechtsfolge des § 138 BGB, der generellen Nichtigkeit des Rechtsgeschäfts insgesamt, wird in der Literatur zunehmend kritisiert.[169] So gibt es immer mehr Bestrebungen über eine quantitative Teilnichtigkeit oder eine geltungserhaltende Reduktion oder Extension der sittenwidrigen Vereinbarung auf ein noch zulässiges, vertretbares oder übliches Maß, zu einer Aufrechterhaltung des Rechtsgeschäfts zu gelangen.[170] Die Rechtsprechung hat jedoch eine generelle Möglichkeit zur Einschränkung der sich aus § 138 BGB ergebenden Folge der Nichtigkeit des Rechtsgeschäfts insgesamt bisher nicht anerkannt.[171]

---

166 Vgl. *Armbrüster*, in: MünchKomm. BGB, § 138 BGB Rn. 140; *Wolf/Neuner*, Allg Teil des Bürgerlichen Rechts, § 46 Rn. 49.

167 *Ellenberger*, in: Palandt, § 138 BGB Rn. 19; *Palm/Arnold*, in: Erman, BGB, § 138 BGB Rn. 55.

168 Vgl. *Ahrens*, in: Prütting/Wegen/Weinreich, BGB, § 138 BGB Rn. 45; *Ellenberger*, in: Palandt, § 138 BGB Rn. 19; *Sack/Fischinger*, in: Staudinger, § 138 BGB Rn. 107.

169 Vgl. *Armbrüster*, in: MünchKomm. BGB, § 138 BGB Rn. 158 m.w.N.; *Palm/Arnold*, in: Erman, BGB, § 138 BGB Rn. 55; *Sack/Fischinger*, in: Staudinger, § 138 BGB Rn. 110 m.w.N.

170 Vgl. *Armbrüster*, in: MünchKomm. BGB, § 138 BGB Rn. 158 ff.; *Sack/Fischinger*, in: Staudinger, § 138 BGB Rn. 128 ff.

171 *Palm/Arnold*, in: Erman, BGB, § 138 BGB Rn. 55.

Sie kommt nur in bestimmten Einzelfällen unter Zuhilfenahme der §§ 139, 242 BGB zu anderen Ergebnissen.[172]

c) Inhaltskontrolle im engeren Sinne

Während die Sittenwidrigkeitskontrolle generell und bei allen Verträgen zur Anwendung kommt und lediglich eine Art Grobfilter zur Aussonderung der Extremfälle darstellt, hat die Inhaltskontrolle im engeren Sinne nur einen begrenzten Anwendungsbereich, in dem sie der Feinsteuerung dient.[173] Die Inhaltskontrolle im engeren Sinne wird auch als Angemessenheitskontrolle bezeichnet.[174]

aa) Anwendungsbereich

(1) Allgemeine Geschäftsbedingungen

Ausdrücklich normiert ist die Inhaltskontrolle nur in den §§ 307 ff. BGB. Danach unterliegen Allgemeine Geschäftsbedingungen der Inhaltskontrolle. Allgemeinen Geschäftsbedingungen sind gemäß § 305 Abs. 1 Satz 1 BGB alle für eine Vielzahl von Verträgen vorformulierten Vertragsbedingungen, die eine Vertragspartei der anderen Vertragspartei bei Abschluss eines Vertrages stellt. Keine Allgemeinen Geschäftsbedingungen sind gemäß § 305 Abs. 1 Satz 3 BGB die zwischen den Vertragsparteien im Einzelnen ausgehandelten Vertragsbedingungen.

Nicht bei allen Verträgen werden die Allgemeinen Geschäftsbedingungen einer gerichtlichen Kontrolle unterzogen. Tarifverträge, Betriebs- und Dienstvereinbarungen sind gemäß § 310 Abs. 4 Satz 1 BGB von vornherein aus dem Anwendungsbereich der §§ 305 ff. BGB ausgenommen. Auch die in § 310 Abs. 4 Satz 1 BGB nicht aufgeführten Sprecherausschussvereinbarungen im Sinne von § 28 Abs. 2 Satz 1 SprAuG fallen nicht in den Anwendungsbereich der §§ 305 ff. BGB. Aufgrund ihrer unmittelbaren und zwingenden Wirkung und der im Vergleich zu freiwilligen Betriebsvereinbarungen nicht anderen Sachlage, gilt die Bereichsausnahme in § 310 Abs. 4 Satz 1 BGB für Sprecher-

---

172 *Palm/Arnold*, in: Erman, BGB, § 138 BGB Rn. 55. Siehe zu diesen Einzelfällen *Hefermehl*, in: Soergel, BGB, § 138 BGB Rn. 49; *Palm/Arnold*, in: Erman, BGB, § 138 BGB Rn. 55; *Sack/Fischinger*, in: Staudinger, § 138 BGB Rn. 129 ff., 135-142.
173 Vgl. *Stütze*, Die Kontrolle der Entgelthöhe im ArbR, S. 51, 53 f.
174 Vgl. *Hromadka/Maschmann*, ArbR Band 1, § 5 Rn. 113 ff.

ausschussvereinbarungen entsprechend.[175] Auf Arbeitsverträge und die Anstellungsverträge der Geschäftsleiter sind die §§ 305 ff. BGB jedoch anwendbar. Sie fallen unter keine der in § 310 Abs. 4 Satz 1 BGB aufgezählten Bereichsausnahmen. Die Anstellungsverträge der Geschäftsleiter sind insbesondere keine Verträge auf dem Gebiet des Gesellschaftsrechts im Sinne von § 310 Abs. 4 Satz 1 BGB.[176] Bei der Anwendung der §§ 305 ff. BGB auf Arbeitsverträge sind nach § 310 Abs. 4 Satz 2 BGB die im Arbeitsrecht geltenden Besonderheiten angemessen zu berücksichtigen.[177]

Sind in die Verträge Allgemeine Geschäftsbedingungen wirksam einbezogen worden,[178] unterliegen gemäß § 307 Abs. 3 Satz 1 BGB grundsätzlich nur diejenigen Bestimmungen in ihnen der Inhaltskontrolle, die von Rechtsvorschriften abweichen oder diese ergänzen. Lediglich den Inhalt gesetzlicher Regelungen wiedergebende, sogenannte deklaratorische Klauseln sind daher nicht kontrollfähig.[179]

Darüber hinaus sind die leistungs- und gegenleistungsbestimmenden Klauseln und damit auch das Verhältnis von Leistung und Gegenleistung einer Inhaltskontrolle entzogen.[180] Auf eine Inhaltskontrolle der, die Hauptleistungspflichten festlegenden Klauseln zielen die §§ 305 ff. BGB nicht ab. Eine solche

---

175 *Hromadka/Sieg*, SprAuG, § 28 SprAuG Rn. 16; *Oetker*, in: ErfK, § 28 SprAuG Rn. 6; beachte in diesem Zusammenhang die Begründung der Bundesregierung zum Entwurf eines Gesetzes zur Modernisierung des Schuldrechts v. 31.8.2001, BT-Drucks. 14/6857, S. 54; a.A. *Däubler*, in: Däubler/Bonin/Deinert, AGB-Kontrolle im ArbR, § 310 BGB Rn. 36, nach dem bei Sprecherausschussvereinbarungen angesichts der nicht gesicherten Unabhängigkeit des Sprecherausschusses vom Arbeitgeber die notwendige Richtigkeitsgewähr fehle.

176 Vgl. hierzu *Khanian*, Die Inhaltskontrolle von Organanstellungsverträgen, S. 26-29 m.w.N.

177 Siehe hierzu *Lindemann*, Flexible Gestaltung von Arbeitsbedingungen, S. 139-152. Für eine Berücksichtigung der Besonderheiten des Dienstvertragsrechts bei den als Dienstvertrag zu qualifizierenden Anstellungsverträgen der Geschäftsleiter analog § 310 Abs. 4 Satz 2 BGB - *Khanian*, Die Inhaltskontrolle von Organanstellungsverträgen, S. 55 ff., 94 ff.

178 Die Einbeziehung Allgemeiner Geschäftsbedingungen in den Vertrag richtet sich je nach den an dem Vertrag Beteiligten (Unternehmer, Verbraucher) entweder nach § 305 Abs. 2, Abs. 3 BGB oder nach den allgemeinen Grundsätzen (§ 310 Abs. 1 Satz 2 BGB). Daneben sind die §§ 305a und 305c Abs. 1 BGB zu beachten.

179 *Wurmnest*, in: MünchKomm. BGB, § 307 BGB Rn. 1.

180 Vgl. *Däubler*, in: Däubler/Bonin/Deinert, AGB-Kontrolle im ArbR, § 307 BGB Rn. 248; *Fuchs*, in: Ulmer/Brandner/Hensen, AGB-Recht, § 307 BGB Rn. 18.

Inhaltskontrolle entspricht nicht dem Schutzzweck dieser Normen und steht darüber hinaus im Widerspruch zu einer die Prinzipien der freien Marktwirtschaft anerkennenden Rechtsordnung. Leistung und Gegenleistung richten sich nach dem Wettbewerb, dem Verhältnis von Angebot und Nachfrage.[181] So fehlt für eine Kontrolle der vertraglichen Hauptleistungspflichten in aller Regel auch ein rechtlicher Maßstab.[182] Entzogen sind der Inhaltskontrolle jedoch nur die Klauseln, die Art, Güte und Umfang der Hauptleistungen unmittelbar festlegen, ohne deren Vorliegen also mangels Bestimmtheit oder Bestimmbarkeit des wesentlichen Vertragsinhalts ein wirksamer Vertragsschluss nicht mehr angenommen werden kann. Klauseln, die das Hauptleistungsversprechen einschränken, verändern, ausgestalten oder modifizieren sind dagegen kontrollfähig.[183]

Im Hinblick auf die Intensität mit der die Allgemeinen Geschäftsbedingungen einer Überprüfung unterzogen werden, ist wie folgt zu differenzieren: Werden die Allgemeinen Geschäftsbedingungen von einem Unternehmer gegenüber einem Verbraucher verwendet, liegt also ein Verbrauchervertrag vor, so ist gemäß § 310 Abs. 3 BGB der Anwendungsbereich mit der höchsten Prüfungsintensität eröffnet. Als Verbraucherverträge behandelt die Rechtsprechung etwa Arbeitsverträge.[184] Darüber hinaus werden auch die Anstellungsverträge der Geschäftsleiter zum Teil als Verbraucherverträge angesehen.[185] Deutlich geringer ist demgegenüber die Prüfungsintensität, wenn Unternehmer untereinander Allgemeine Geschäftsbedingungen verwenden. Dies ergibt sich aus § 310 Abs. 1 Satz 1 BGB, der die §§ 308 und 309 BGB für unanwendbar erklärt.

181 Vgl. *Fuchs*, in: Ulmer/Brandner/Hensen, AGB-Recht, § 307 BGB Rn. 18; *Wurmnest*, in: MünchKomm. BGB, § 307 BGB Rn. 1, 12.

182 Vgl. *Coester*, in: Staudinger, § 307 BGB Rn. 284; *Däubler*, in: Däubler/Bonin/Deinert, AGB-Kontrolle im ArbR, § 307 BGB Rn. 248.

183 BGH v. 21.4.1993, NJW-RR 1993, 1049, 1050; BGH v. 30.6.1995, NJW 1995, 2637, 2638; BGH v. 24.10.2002, NJW 2003, 2014, 2015; BGH v. 29.4.2010, NJW 2010, 1958, 1959.

184 BAG v. 25.5.2005, AP Nr. 1 zu § 310 BGB (unter V. 1. der Gründe); BVerfG v. 23.11.2006, AP Nr. 22 zu § 307 BGB (unter II. 2. b) aa) (1) der Gründe); BAG v. 15.12.2011, NZA 2012, 674, 676.

185 Vgl. BAG v. 19.5.2010, AP Nr. 13 zu § 310 BGB, Rn. 20 ff. (im Hinblick auf den Anstellungsvertrag eines Fremdgeschäftsführers einer GmbH); *Däubler*, in: Däubler/Bonin/Deinert, AGB-Kontrolle im ArbR, Einleitung Rn. 47; *Khanian*, Die Inhaltskontrolle von Organanstellungsverträgen, S. 104 ff., 121.

(2) Individuell ausgehandelte Bestimmungen in den Arbeitsverträgen

Schätzungsweise 90 % der Arbeitsverträge sind Mustervertäge,[186] bestehen also aus Allgemeinen Geschäftsbedingungen im Sinne von § 305 Abs. 1 Satz 1 BGB und unterliegen damit einer Kontrolle nach den §§ 307 ff. BGB. Viele der restlichen, in Deutschland geschlossenen Arbeitsverträge bestehen aus vorformulierten Vertragsbedingungen, die anders als Allgemeine Geschäftsbedingungen nur zur einmaligen Verwendung bestimmt sind, auf deren Inhalt der Arbeitnehmer aufgrund der Vorformulierung aber ebenfalls keinen Einfluss nehmen konnte. Auch diese Verträge werden, da das BAG den Arbeitsvertrag als Verbrauchervertrag behandelt,[187] über § 310 Abs. 3 Nr. 2 BGB einer Inhaltskontrolle nach den §§ 307 ff. BGB unterzogen. Nur sehr wenige Arbeitsverträge dürften tatsächlich individuell ausgehandelte Vertragsbestimmungen enthalten. Hier greifen die §§ 307 ff. BGB nicht ein. Fraglich ist, ob sie einer Inhaltskontrolle durch die Gerichte damit entzogen sind.

Vor dem Erlass des Gesetzes zur Modernisierung des Schuldrechts kontrollierte das BAG nicht nur die vorformulierten Klauseln in den Arbeitsverträgen, sondern überprüfte auch die zwischen Arbeitgeber und Arbeitnehmer individuell ausgehandelten Vertragsbestimmungen auf ihre Angemessenheit.[188] Begründet wurde dies mit der sich aus der strukturellen Unterlegenheit des einzelnen Arbeitnehmers gegenüber dem Arbeitgeber ergebenden gestörten Vertragsparität.[189] Die Vertragspraxis sei dem freien Spiel der Kräfte nicht unbegrenzt ausgesetzt. In Fällen gestörter Vertragsparität bezeichne § 242 BGB eine immanente Grenze vertraglicher Gestaltungsmacht und begründe die Befugnis zu einer richterlichen Inhaltskontrolle.[190] Mit dem Gesetz zur Modernisierung des Schuldrechts und der Neuregelung der §§ 305 ff. BGB wurden dann die Allge-

---

186 Vgl. *Preis*, Grundfragen der Vertragsgestaltung im ArbR, S. 56 f.
187 BAG v. 25.5.2005, AP Nr. 1 zu § 310 BGB (unter V. 1. der Gründe); BAG v. 18.3.2008, AP Nr. 12 zu § 310 BGB, Rn. 17; BAG v. 15.12.2011, NZA 2012, 674, 676.
188 BAG v. 16.3.1994, AP Nr. 18 zu § 611 BGB Ausbildungsbeihilfe (unter A. II. 1. b) Gründe); BAG v. 26.10.1994, AP Nr. 19 zu § 611 BGB Ausbildungsbeihilfe (unter II. 1. der Gründe); BAG v. 6.5.1998, AP Nr. 28 zu § 611 BGB Ausbildungsbeihilfe (unter II. 4. a) der Gründe); BAG v. 21.11.2001, AP Nr. 31 zu § 611 BGB Ausbildungsbeihilfe (unter I. 2. a) der Gründe).
189 BAG v. 16.3.1994, AP Nr. 18 zu § 611 BGB Ausbildungsbeihilfe (unter A. II. 1. b) dd) der Gründe).
190 BAG v. 16.3.1994, AP Nr. 18 zu § 611 BGB Ausbildungsbeihilfe (unter A. II. 1. b) cc) der Gründe) unter Hinweis auf BVerfG v. 15.1.1958, E 7, 198, 206 und BVerfG v. 7.2.1990, E 81, 242, 256.

meinen Geschäftsbedingungen in Arbeitsverträgen der Inhaltskontrolle nach den §§ 307 ff. BGB unterworfen. Eine ausdrückliche Ermächtigung zur Inhaltskontrolle auch der individuell ausgehandelten Bestimmungen in den Arbeitsverträgen wurde demgegenüber nicht geschaffen. Hieraus könnte man den Schluss ziehen, dass diese kontrollfrei bleiben sollen. Auch der 5. Senat des BAG scheint dieser Ansicht zu sein. So stellte er in seiner Entscheidung vom 25. Mai 2005 fest, dass eine allgemeine Angemessenheitsprüfung nach § 242 BGB bei ausgehandelten Vertragsbedingungen nicht mehr stattfinde.[191]

Gegen die Annahme, dass mit der Kodifizierung der Inhaltskontrolle für vorformulierte Vertragsklauseln, die Inhaltskontrolle individuell ausgehandelter Vertragsbedingungen grundsätzlich ausgeschlossen werden sollte, spricht jedoch, dass der Gesetzgeber die Stellung des Arbeitnehmers mit dem Gesetz zur Modernisierung des Schuldrechts nicht verschlechtern wollte. Er wollte vielmehr umgekehrt ein seiner Auffassung nach im Arbeitsrecht bestehendes Schutzdefizit beseitigen.[192] Letztlich weist auch das BAG in seiner Entscheidung vom 25. Mai 2005 darauf hin, dass bei strukturellen Störungen der Vertragsparität eine richterliche Kontrolle am Maßstab des § 242 BGB weiterhin erforderlich sei und entschärft damit seine Aussage in Bezug auf die Kontrollfähigkeit individuell ausgehandelter Vertragsbedingungen.[193] Denn die Rechtsprechung nimmt eine strukturelle Unterlegenheit des einzelnen Arbeitnehmers gegenüber dem Arbeitgeber regelmäßig an.[194] Auch in Zukunft werden folglich die individuell ausgehandelten Bestimmungen in den Arbeitsverträgen einer Inhaltskontrolle nach § 242 BGB unterzogen, „wenn der Inhalt für den Arbeitnehmer ungewöhnlich belastend und als Interessenausgleich offensichtlich unangemessen ist."[195]

---

191 BAG v. 25.5.2005, AP Nr. 1 zu § 310 BGB (LS 4 und unter VI. 2. a) der Gründe).

192 Vgl. Begründung der Bundesregierung zum Entwurf eines Gesetzes zur Modernisierung des Schuldrechts v. 31.8.2001, BT-Drucks. 14/6857, S. 53 f.

193 BAG v. 25.5.2005, AP Nr. 1 zu § 310 BGB (unter VI. 2. b) der Gründe).

194 Vgl. BAG v. 16.3.1994, AP Nr. 18 zu § 611 BGB Ausbildungsbeihilfe (unter A. II. 1. b) dd) der Gründe); BAG v. 25.4.2007, AP Nr. 7 zu § 308 BGB, Rn. 22; BVerfG v. 26.6.1991, E 84, 212, 229; BVerfG v. 28.1.1992, E 85, 191, 213; BVerfG v. 15.7.1998, E 98, 365, 395; BVerfG v. 23.11.2006, AP Nr. 22 zu § 307 BGB (unter II. 2. b) aa) (2) (b) der Gründe).

195 BAG v. 25.5.2005, AP Nr. 1 zu § 310 BGB (unter VI. 2. b) der Gründe); *Hromadka/Maschmann*, ArbR Band 1, § 5 Rn. 119.

(3) Individuell ausgehandelte Bestimmungen in den Anstellungsverträgen der Geschäftsleiter

Der Einsatz von Standard- oder Musterverträgen ist auch bei den Anstellungsverträgen der Geschäftsleiter verbreitet.[196] Sie sind in diesem Bereich jedoch nicht die Regel.[197] Häufig werden die Vertragsbestimmungen in den Anstellungsverträgen aber dennoch vom Verwaltungs- oder Aufsichtsorgan vorformuliert und nicht vom Geschäftsleiter selbst vorgeschlagen oder im Rahmen der Vertragsverhandlungen gemeinsam formuliert. Ist der Anstellungsvertrag des Geschäftsleiters als Verbrauchervertrag zu behandeln,[198] findet dann über § 310 Abs. 3 Nr. 2 BGB eine Inhaltskontrolle nach den §§ 307 ff. BGB statt. Für die verbleibenden Fälle, insbesondere die Fälle, in denen tatsächlich individuell ausgehandelte Vertragsbestimmungen vorliegen, stellt sich die Frage, ob, wie bei den individuell ausgehandelten Bestimmungen in den Arbeitsverträgen, eine Inhaltskontrolle nach § 242 BGB in Betracht kommt.

Die richterliche Inhalts- oder Angemessenheitskontrolle von Verträgen nach § 242 BGB greift tief in die privatautonome Gestaltungsfreiheit der Parteien ein und ist daher nur unter besonderen Voraussetzungen gerechtfertigt.[199] Grundsätzlich ist ein Vertrag ein Regelungsverfahren, dem eine gewisse Richtigkeitsgewähr zukommt.[200] Es ist davon auszugehen, dass die Vertragsparteien im Rahmen der Vertragsverhandlungen zu einem Ergebnis gelangen, dass zumindest weitgehend einem angemessenen Interessenausgleich entspricht.[201] Dies gilt allerdings nur so lange, wie ein annähernd ausgewogenes Kräfteverhältnis der Parteien besteht.[202] Ist die Vertragsparität so schwerwiegend gestört, dass eine Seite den Vertragsinhalt faktisch bestimmen kann, entfällt die Richtigkeitsgewähr.[203] Hier ist es dann Aufgabe des an die Grundrechte gebundenen Zivilrich-

---

196 *Baeck/Götze/Arnold*, NZG 2009, 1121, 1126 (Fn. 46); *Oetker*, ZHR 175 (2011), 527, 553 (Fn. 122).

197 *Däubler*, in: Däubler/Bonin/Deinert, AGB-Kontrolle im ArbR, Einleitung Rn. 47.

198 Vgl. BAG v. 19.5.2010, AP Nr. 13 zu § 310 BGB, Rn. 20 ff. (im Hinblick auf den Anstellungsvertrag eines Fremdgeschäftsführers einer GmbH); *Däubler*, in: Däubler/Bonin/Deinert, AGB-Kontrolle im ArbR, Einleitung Rn. 47; *Khanian*, Die Inhaltskontrolle von Organanstellungsverträgen, S. 104 ff., 121.

199 *Looschelders/Olzen*, in: Staudinger, § 242 BGB Rn. 342, 466.

200 Vgl. *Looschelders/Olzen*, in: Staudinger, § 242 BGB Rn. 460.

201 Vgl. BVerfG v. 6.2.2001, E 103, 89, 100.

202 Vgl. BVerfG v. 7.2.1990, E 81, 242, 255; BVerfG v. 19.10.1993, E 89, 214, 233; *Looschelders/Olzen*, in: Staudinger, § 242 BGB Rn. 461.

203 Vgl. *Looschelders/Olzen*, in: Staudinger, § 242 BGB Rn. 461.

ters, „zu verhindern, dass der Vertrag von einem Mittel der beiderseitigen Selbstbestimmung zu einem solchen der Fremdbestimmung der schwächeren durch die stärkere Partei wird."[204] Eine richterliche Inhaltskontrolle eines Vertrages nach § 242 BGB kommt vor diesem Hintergrund in Betracht, wenn die Bestimmungen des Vertrages für einen Vertragsteil ungewöhnlich belastend und als Interessenausgleich offensichtlich unangemessen sind und sich feststellen lässt, dass sie Folge einer schwerwiegenden Störung der Vertragsparität sind.[205]

Anders als bei den Arbeitsverträgen, bei denen die Rechtsprechung regelmäßig eine strukturelle Unterlegenheit des Arbeitnehmers gegenüber dem Arbeitgeber annimmt, wird bei einem Anstellungsvertrag eine strukturelle Unterlegenheit des Geschäftsleiters gegenüber dem Verwaltungs- oder Aufsichtsorgan und damit eine schwerwiegende Störung der Vertragsparität wohl nur selten anzunehmen sein. Typischerweise ist hier das Kräfteverhältnis annähernd ausgeglichen. Sofern der Anwendungsbereich der Inhaltskontrolle nach den §§ 307 ff. BGB nicht eröffnet ist, wie eben bei den tatsächlich individuell ausgehandelten Vertragsbestimmungen, sind die Anstellungsverträge der Geschäftsleiter damit in aller Regel hinsichtlich ihres Inhalts kontrollfrei.

(4) Betriebs-, Dienst- und Sprecherausschussvereinbarungen

Betriebsvereinbarungen sind anders als Tarifverträge von der Rechtsprechung in der Vergangenheit einer inhaltlichen Überprüfung unterzogen worden. Gerechtfertigt wurde dies damit, dass bei den Betriebsräten Stärke und Unabhängigkeit nicht in gleicher Weise garantiert seien, wie bei den Tarifvertragsparteien.[206] Als Maßstab der Kontrolle, die zwar als Billigkeitskontrolle bezeichnet wurde, bei der tatsächlich jedoch die generelle Angemessenheit der Regelungen überprüft wurde,[207] dienten Treu und Glauben unter besonderer Berücksichtigung des Vertrauensschutzgedankens.[208] In späteren Entscheidungen wurde dann im Wesent-

---

204 *Looschelders/Olzen*, in: Staudinger, § 242 BGB Rn. 461; vgl. BVerfG v. 7.2.1990, E 81, 242, 254 f.; BVerfG v. 19.10.1993, E 89, 214, 234; BVerfG v. 6.2.2001, E 103, 89, 100 f.; BVerfG v. 26.7.2005, E 114, 73, 90.

205 BVerfG v. 19.10.1993, E 89, 214, 234.

206 BAG v. 30.1.1970, AP Nr. 142 zu § 242 BGB Ruhegehalt (unter B. IV. 3. b) der Gründe).

207 *Stütze*, Die Kontrolle der Entgelthöhe im ArbR, S. 59; *v. Hoyningen-Huene*, BB 1992, 1640, 1641.

208 BAG v. 30.1.1970, AP Nr. 142 zu § 242 BGB Ruhegehalt (unter B. IV. 3. b) der Gründe).

lichen § 75 BetrVG herangezogen.[209] Nach § 75 Abs. 1 BetrVG müssen alle im Betrieb tätigen Personen nach den Grundsätzen von Recht und Billigkeit behandelt werden.

Schon vor dem Gesetz zur Modernisierung des Schuldrechts und der Neuregelung der §§ 305 ff. BGB, in deren Rahmen Betriebsvereinbarungen gemäß § 310 Abs. 4 Satz 1 BGB ausdrücklich aus dem Anwendungsbereich ausgenommen worden sind und so eine Inhaltskontrolle nach den §§ 307 ff. BGB von vornherein ausgeschlossen wurde, ist die richterliche Inhaltskontrolle von Betriebsvereinbarungen in der Literatur kritisiert worden.[210] Jetzt stützt sich die Kritik auch hierauf. Es ist jedoch zu bezweifeln, dass die bisherige Rechtslage bei Betriebsvereinbarungen zu Lasten der regelungsbetroffenen Arbeitnehmer geändert werden sollte.[211] Der Schutz der Arbeitnehmer sollte vielmehr gestärkt werden.[212] Daher kann § 75 Abs. 1 BetrVG als lex specialis zu § 310 Abs. 4 Satz 1 BGB verstanden werden.[213] Auch das BAG hält an einer Kontrolle der Betriebsvereinbarungen am Maßstab des § 75 Abs. 1 BetrVG fest.[214] Es prüft vor seinem Hintergrund, ob die in den Grundrechten enthaltenen Wertungen und die gesetzlichen Grundentscheidungen beachtet wurden.[215] Der Sache nach handelt es sich also lediglich um eine Rechtskontrolle.[216] Über diese geht die Rechtspre-

---

209 BAG v. 11.3.1976, AP Nr. 11 zu § 242 BGB Ruhegehalt-Unverfallbarkeit (unter II. 2. a) der Gründe); BAG v. 9.12.1981, AP Nr. 14 zu § 112 BetrVG 1972 (unter II. 2. a) der Gründe).

210 Siehe zu der Kritik in der Literatur *Stütze*, Die Kontrolle der Entgelthöhe im ArbR, S. 60.

211 Vgl. *Däubler*, in: Däubler/Bonin/Deinert, AGB-Kontrolle im ArbR, § 310 BGB Rn. 33; *Stütze*, Die Kontrolle der Entgelthöhe im ArbR, S. 60.

212 Vgl. Begründung der Bundesregierung zum Entwurf eines Gesetzes zur Modernisierung des Schuldrechts v. 31.8.2001, BT-Drucks. 14/6857, S. 53 f.

213 *Stütze*, Die Kontrolle der Entgelthöhe im ArbR, S. 60; vgl. auch *Fuchs*, in: Ulmer/Brandner/Hensen, AGB-Recht, § 310 BGB Rn. 144.

214 BAG v. 1.2.2006, AP Nr. 28 zu § 77 BetrVG 1972 Betriebsvereinbarung, Rn. 28; BAG v. 12.12.2006, AP Nr. 94 zu § 77 BetrVG 1972, Rn. 23 ff.

215 Vgl. BAG v. 26.10.1994, AP Nr. 18 zu § 611 BGB Anwesenheitsprämie (unter II. 3. a) der Gründe); BAG v. 12.11.2002, AP Nr. 159 zu § 112 BetrVG 1972 (unter III. 1. und 3. der Gründe); BAG v. 18.7.2006, AP Nr. 15 zu § 850 ZPO, Rn. 34; BAG v. 12.12.2006, AP Nr. 94 zu § 77 BetrVG 1972, Rn. 23 ff.

216 Vgl. BAG v. 26.10.1994, AP Nr. 18 zu § 611 BGB Anwesenheitsprämie (unter II. 3. a) der Gründe); *Linck*, in: Schaub, ArbR-Handbuch, § 35 Rn. 19b; *Looschelders/Olzen*, in: Staudinger, § 242 BGB Rn. 481; *Preis*, in: ErfK, §§ 305-310 BGB Rn. 9.

chung bislang nicht hinaus.[217] Eine Inhalts- beziehungsweise Angemessenheitskontrolle im eigentlichen Sinne findet bei Betriebsvereinbarungen nicht statt.
Gleiches gilt für Dienstvereinbarungen.[218] Und auch Sprecherausschussvereinbarungen unterliegen nur einer Rechtskontrolle nach § 27 SprAuG.[219]

bb) Maßstab der Kontrolle

Im Rahmen der Inhaltskontrolle werden die Vertragsbestimmungen auf ihre Angemessenheit überprüft. Für die vorformulierten Vertragsbestimmungen ergibt
sich dies ausdrücklich aus § 307 Abs. 1 Satz 1 BGB. Danach sind Bestimmungen in Allgemeinen Geschäftsbedingungen unwirksam, wenn sie den Vertragspartner des Verwenders entgegen den Geboten von Treu und Glauben unangemessen benachteiligen. Der Kontrollmaßstab der unangemessenen Benachteiligung wird in den §§ 307 Abs. 2, 308 und 309 BGB konkretisiert.[220]

Zunächst sind die §§ 308 und 309 BGB heranzuziehen. § 309 BGB enthält
relativ konkrete Klauselverbote. Sie werden vom Gesetz daher als Klauselverbote ohne Wertungsmöglichkeit bezeichnet. Die Klauselverbote in § 308 BGB
enthalten dagegen unbestimmte Rechtsbegriffe, die einen Spielraum für Wertungen belassen und werden darum als Klauselverbote mit Wertungsmöglichkeit
bezeichnet.[221] Greift keines der Klauselverbote aus den §§ 308 und 309 BGB ein
oder sind die Normen gemäß § 310 Abs. 1 Satz 1 oder Abs. 2 Satz 1 BGB nicht
anwendbar, ist § 307 BGB heranzuziehen und zwar zunächst dessen Abs. 2. Danach ist eine unangemessene Benachteiligung im Zweifel anzunehmen, wenn
eine Bestimmung mit wesentlichen Grundgedanken der gesetzlichen Regelung,
von der abgewichen wird, nicht zu vereinbaren ist (§ 307 Abs. 2 Nr. 1) oder wesentliche Rechte und Pflichten, die sich aus der Natur des Vertrags ergeben, so
einschränkt, dass die Erreichung des Vertragszwecks gefährdet ist (§ 307 Abs. 2
Nr. 2). Erst zuletzt ist auf § 307 Abs. 1 BGB zurückzugreifen und zu fragen, ob
durch die konkrete Bestimmung eine Benachteiligung des Vertragspartners des

---

217 Vgl. *Kreutz*, in: GK-BetrVG, § 77 BetrVG Rn. 305; *Preis*, in: ErfK, §§ 305-310 BGB
    Rn. 9.
218 Vgl. *Däubler*, in: Däubler/Bonin/Deinert, AGB-Kontrolle im ArbR, § 310 BGB Rn. 37;
    Preis, in: ErfK, §§ 305-310 BGB Rn. 9.
219 *Hromadka/Sieg*, SprAuG, § 28 SprAuG Rn. 16; vgl. auch *Oetker*, in: ErfK, § 28
    SprAuG Rn. 6.
220 Vgl. *Coester*, in: Staudinger, § 307 BGB Rn. 8.
221 Tatsächlich ist aber auch bei den Klauselverboten in § 309 BGB dem Richter nicht jede
    Wertungsmöglichkeit versagt. Vgl. hierzu *Wurmnest*, in: MünchKomm. BGB, Vor §
    307 BGB Rn. 5, § 307 BGB Rn. 22.

Verwenders der Allgemeinen Geschäftsbedingungen von nicht unerheblichem Gewicht vorliegt, die unangemessen ist und den Geboten von Treu und Glauben widerspricht.[222] Für die Beantwortung dieser Frage bedarf es einer umfassenden Interessenabwägung bei der es jedoch nicht auf die konkreten Vertragsparteien und die Umstände des Einzelfalls ankommt.[223] Es ist vielmehr eine generalisierende, typisierende Betrachtungsweise geboten.[224] Zu beachten ist schließlich noch § 307 Abs. 1 Satz 2 BGB. Danach kann sich eine unangemessene Benachteiligung auch daraus ergeben, dass die Bestimmung nicht klar und verständlich ist, also ein Verstoß gegen das Transparenzgebot vorliegt.

Maßgeblicher Zeitpunkt für die Beurteilung der Angemessenheit einer Klausel ist grundsätzlich der Zeitpunkt des Vertragsschlusses.[225] Damit können spätere Änderungen tatsächlicher Art oder Änderungen in der Bewertung die Wirksamkeit einer in den Vertrag einbezogenen Allgemeinen Geschäftsbedingung grundsätzlich nicht mehr berühren.[226]

Sofern außerhalb des Anwendungsbereichs der §§ 307 ff. BGB eine Inhaltskontrolle vorgenommen wird, gelten die oben stehenden Regeln grundsätzlich entsprechend.[227]

cc) Rechtsfolgen

Wird im Rahmen der Inhaltskontrolle die Unangemessenheit einer Vertragsbestimmung festgestellt, so ist diese nichtig. Für unangemessene Bestimmungen in Allgemeinen Geschäftsbedingungen ergibt sich dies ausdrücklich aus § 307 Abs. 1 Satz 1 BGB. Der Vertrag bleibt jedoch gemäß § 306 Abs. 1 BGB im Übrigen wirksam. Die durch die Unwirksamkeit der Bestimmung im Vertrag entstandene Lücke ist gemäß § 306 Abs. 2 BGB durch die gesetzlichen Vorschriften zu füllen. Nur wenn das Festhalten an dem Vertrag eine unzumutbare Härte für eine Vertragspartei darstellen würde, ist der Vertrag gemäß § 306 Abs. 3 BGB insge-

---

222 Im Hinblick auf die Prüfungsreihenfolge siehe *Coester*, in: Staudinger, Vorbem zu §§ 307-309 BGB Rn. 23; *Grüneberg*, in: Palandt, § 307 BGB Rn. 2.
223 *Coester*, in: Staudinger, § 307 BGB Rn. 107, 109.
224 *Coester*, in: Staudinger, § 307 BGB Rn. 109.
225 *Fuchs*, in: Ulmer/Brandner/Hensen, AGB-Recht, § 307 BGB Rn. 117; *Grüneberg*, in: Palandt, § 307 BGB Rn. 7.
226 *Coester*, in: Staudinger, § 307 BGB Rn. 101; *Grüneberg*, in: Palandt, § 307 BGB Rn. 7.
227 Vgl. *Stütze*, Die Kontrolle der Entgelthöhe im ArbR, S. 64.

samt unwirksam. Auch diese Regeln können auf die Inhaltskontrolle außerhalb des Anwendungsbereichs der §§ 307 ff. BGB übertragen werden.[228]

2. Ausübungskontrolle

Im Anschluss an die oben beschriebene Wirksamkeitskontrolle folgt die Ausübungskontrolle. Hier wird geprüft, ob von dem wirksam vereinbarten Recht in zulässiger Weise Gebrauch gemacht wird.[229] Bestandteil der Ausübungskontrolle sind die Billigkeitskontrolle und die allgemeine Ausübungskontrolle.[230]

a) Billigkeitskontrolle

Normiert ist die Billigkeitskontrolle in den §§ 315 ff. BGB. Nach den §§ 315, 317 BGB haben die Vertragsparteien grundsätzlich die Möglichkeit eine Leistung, die geschuldet sein soll, nicht im Vertrag festzulegen, sondern zu vereinbaren, dass diese zu einem späteren Zeitpunkt durch einen von ihnen oder durch einen Dritten bestimmt werden soll.[231] Das Bestimmungsrecht kann sich auf die Leistung als solche, ihre Art und ihren Umfang oder auf die Leistungsmodalitäten, wie etwa Ort und Zeit beziehen.[232] Der Berechtigte muss gemäß der §§ 315 Abs. 1, 317 Abs. 1 BGB die Bestimmung der Leistung im Zweifel nach billigem Ermessen treffen. Was billigem Ermessen entspricht, ist über eine Abwägung zu ermitteln.[233] Die maßgeblichen Interessen beider Parteien sind unter Berücksichtigung aller tatsächlichen Umstände zu bewerten und zueinander zu gewichten.[234] Billigkeit bedeutet Einzelfallgerechtigkeit.[235] Das heißt jedoch nicht, dass es für den zur Bestimmung der Leistung Berechtigten nur eine richtige Entscheidung gäbe. Ihm steht vielmehr ein durch die Billigkeit begrenzter Spiel-

---

228 *Stütze*, Die Kontrolle der Entgelthöhe im ArbR, S. 65.
229 *Hromadka/Maschmann*, ArbR Band 1, § 5 Rn. 105.
230 Vgl. *Stütze*, Die Kontrolle der Entgelthöhe im ArbR, S. 74.
231 Vgl. *Rieble*, in: Staudinger, § 315 BGB Rn. 1, 6 ff., § 317 BGB Rn. 1.
232 *Hager*, in: Erman, BGB, § 315 BGB Rn. 11; *Stadler*, in: Jauernig, BGB, § 315 BGB Rn. 9; *Würdinger*, in: MünchKomm. BGB, § 315 BGB Rn. 23.
233 Vgl. *Rieble*, in: Staudinger, § 315 BGB Rn. 306.
234 Vgl. *Rieble*, in: Staudinger, § 315 BGB Rn. 306.
235 *Rieble*, in: Staudinger, § 315 BGB Rn. 305.

raum zur Verfügung, innerhalb dessen die Leistungsbestimmung erfolgen kann.[236]

Hat der Berechtigte die Grenzen des ihm eingeräumten Ermessens überschritten und entspricht die Bestimmung der Leistung damit nicht der Billigkeit, so ist sie gemäß der §§ 315 Abs. 3 Satz 1, 319 Abs. 1 Satz 1 BGB unverbindlich. Das angerufene Gericht nimmt die Leistungsbestimmung nach den §§ 315 Abs. 3 Satz 2, 319 Abs. 1 Satz 2 BGB dann ersatzweise vor.

b) Allgemeine Ausübungskontrolle

Neben die auf Leistungsbestimmungsrechte bezogene Billigkeitskontrolle nach den §§ 315 ff. BGB tritt die allgemeine Ausübungskontrolle. Sie betrifft sämtliche in privatrechtlichen Verträgen wirksam begründeten Rechte. Ihre Grundlage hat die allgemeine Ausübungskontrolle in dem Verbot des individuellen Rechtsmissbrauchs, als Ausprägung des Grundsatzes von Treu und Glauben aus § 242 BGB.[237] Geprüft wird, ob die Ausübung eines bestehenden Rechts nach Abwägung im Einzelfall auf Grund des Verhaltens des Rechtsinhabers gegen Treu und Glauben verstoßen würde und ihm daher zu verwehren ist.[238] Bei der Abwägung zur Feststellung eines missbilligten Verhaltens ist auf den Zeitpunkt abzustellen, in dem das Recht geltend gemacht wird.[239]

Es haben sich Fallgruppen herausgebildet, in denen ein rechtsmissbräuchliches Verhalten zumindest naheliegt. Hierzu gehören insbesondere der unredliche Erwerb der eigenen Rechtsstellung, die Verletzung eigener Pflichten, das Fehlen eines schutzwürdigen Eigeninteresses, Unverhältnismäßigkeit bei geringfügigen Pflichtverletzungen und widersprüchliches Verhalten.[240] Dabei handelt es sich jedoch lediglich um Indizien. Eine sorgfältige Abwägung im Einzelfall bleibt stets erforderlich. Wird festgestellt, dass die Ausübung des Rechts auf

---

236 Ganz h.M. BAG v. 12.10.1961, NJW 1962, 268, 269 f.; BGH v. 8.11.1985, NJW 1986, 845; *Grüneberg*, in: Palandt, § 315 BGB Rn. 10; *Hager*, in: Erman, BGB, § 315 BGB Rn. 19; *Würdinger*, in: MünchKomm. BGB, § 315 BGB Rn. 29; *Rieble*, in: Staudinger, § 315 BGB Rn. 299 ff. mit einer ausführlichen Darstellung des Meinungsstreits.

237 *Stütze*, Die Kontrolle der Entgelthöhe im ArbR, S. 72; vgl. *Looschelders/Olzen*, in: Staudinger, § 242 BGB Rn. 214 ff.

238 *Stütze*, Die Kontrolle der Entgelthöhe im ArbR, S. 72; vgl. *Looschelders/Olzen*, in: Staudinger, § 242 BGB Rn. 218.

239 *Looschelders/Olzen*, in: Staudinger, § 242 BGB Rn. 219.

240 Vgl. *Grüneberg*, in: Palandt, § 242 BGB Rn. 42-59; *Schmidt-Kessel*, in: Prütting/Wegen/Weinreich, BGB, § 242 BGB Rn. 39-58; *Sutschet*, in: Bamberger/Roth, BGB, § 242 BGB Rn. 57.

Grund des Verhaltens des Rechtsinhabers gegen Treu und Glauben verstoßen würde, hat dies zur Folge, dass diesem die Ausübung zeitweilig oder auf Dauer verwehrt ist. Das Recht als solches bleibt unberührt.[241]

III. Relevanz der aufsichtsrechtlichen Anforderungen an Vergütungssysteme im System der Vertragskontrolle

Abschließend stellt sich die Frage, an welcher Stelle in dem obenstehend aufgezeigten System der Vertragskontrolle die aufsichtsrechtlichen Anforderungen an Vergütungssysteme aus dem KWG und der InstitutsVergV sowie dem VAG und der VersVergV relevant werden. Es geht mit anderen Worten um die rechtliche Wirkung der Regelungen.

1. Relevanz im Rahmen der allgemeinen Rechtskontrolle von Verträgen

In Betracht gezogen werden könnte zunächst, dass die Normen im Rahmen der allgemeinen Rechtskontrolle von Verträgen zum Tragen kommen. In der Literatur wird vertreten, dass zumindest einige der Normen in den Verordnungen konkrete Vorgaben in Bezug auf einzelne Vergütungsabreden beinhalten würden. Bei diesen Vorgaben handele es sich um Verbotsgesetze. Ein Verstoß führe zur Nichtigkeit nach § 134 BGB. Angenommen wird dies beispielsweise bei § 3 Abs. 1 Satz 2 Nr. 3 VersVergV und § 4 Abs. 3 Nr. 3 und Nr. 4 VersVergV.[242]

Bei § 25a Abs. 1 Satz 3 Nr. 4 KWG (§ 25a Abs. 1 Satz 3 Nr. 6 KWG n.F.) und den Vorschriften der InstitutsVergV sowie § 64b Abs. 1 VAG und den Vorschriften der VersVergV handelt es sich um zwingendes Recht. Die Institute und Unternehmen sind bei der Ausgestaltung der Vergütungssysteme ihrer Geschäftsleiter und Mitarbeiter an die Vorgaben gebunden. Die Vorgaben können nicht durch eine Vereinbarung zwischen dem Institut/ Unternehmen und dem einzelnen Geschäftsleiter oder Mitarbeiter abbedungen werden. Weder § 25a KWG/ § 64b VAG noch die InstitutsVergV/ die VersVergV enthalten jedoch eine Rechtsfolgenanordnung für den Fall, dass Vergütungsvereinbarungen getroffen werden, die mit den in ihnen enthaltenen Vorgaben nicht im Einklang stehen. Die Vorgaben beziehen sich nach ihrer Formulierung auch nicht unmit-

---

241 Vgl. *Stütze*, Die Kontrolle der Entgelthöhe im ArbR, S. 73 f.
242 *Armbrüster*, VersR 2011, 1, 8; *ders.*, VW 2011, 401, 402.

telbar auf die Vergütungsregelungen in Verträgen und Vereinbarungen, sondern lediglich auf die höhere Ebene der Vergütungssysteme. Die auf die Geschäftsleiter und Mitarbeiter bezogenen Gesamtkonzepte zur Vergütung sind Anknüpfungspunkt der Regelungen.[243] Das gilt nicht nur für die allgemein gehaltenen und mit unbestimmten Rechtsbegriffen versehenen Regelungen, sondern auch für die konkreter formulierten Vorgaben. Sie sind mit den allgemeiner gehaltenen Vorgaben unter dem Titel „Aufsichtsrechtliche Anforderungen an Vergütungssysteme" zusammengefasst. Einzelne Vergütungsabreden betreffen sie wie die allgemeiner gehaltenen Vorgaben nur insofern, als ein Vergütungssystem einer Anforderung nur dann entsprechen kann, wenn seine einzelnen Bestandteile, also neben den instituts-/ unternehmensinternen Vergütungsregeln, -richtlinien und -praktiken auch die einzelnen Vergütungsabreden, sowohl im Zusammenspiel mit den anderen als auch bereits für sich genommen, den Anforderungen entsprechen. Mit anderen Worten sind die Vergütungsregelungen in Verträgen und Vereinbarungen nur mittelbar betroffen. Zwingende Vorgaben enthalten § 25a Abs. 1 Satz 3 Nr. 4 KWG (§ 25a Abs. 1 Satz 3 Nr. 6 KWG n.F.) und die InstitutsVergV sowie § 64b Abs. 1 VAG und die VersVergV nur für die Gesamtkonzepte zur Vergütung der Geschäftsleiter und Mitarbeiter, die Vergütungssysteme.

Neben dem Anknüpfungspunkt der Regelungen spricht auch der systematische Zusammenhang, in dem die Regelungen stehen, gegen die Annahme, es handele sich bei ihnen um, im Rahmen der allgemeinen Rechtskontrolle von Verträgen und Vereinbarungen zu berücksichtigende Verbotsgesetze im Sinne von § 134 BGB. Die Verordnungen legen die einzelnen Anforderungen fest, die Vergütungssysteme erfüllen müssen, damit sie im Sinne von § 25a Abs. 1 Satz 3 Nr. 4 KWG (§ 25a Abs. 1 Satz 3 Nr. 6 KWG n.F.) beziehungsweise § 64b Abs. 1 VAG angemessen, transparent und auf eine nachhaltige Entwicklung des Instituts/ Unternehmens ausgerichtet sind. Angemessene, transparente und auf eine nachhaltige Entwicklung des Instituts ausgerichtete Vergütungssysteme für Geschäftsleiter und Mitarbeiter im Sinne von § 25a Abs. 1 Satz 3 Nr. 4 KWG (§ 25a Abs. 1 Satz 3 Nr. 6 KWG n.F.) sind Voraussetzung für ein angemessenes und wirksames Risikomanagement, das seinerseits wiederum Voraussetzung für eine ordnungsgemäße Geschäftsorganisation des Instituts ist. Nach der Konzeption des VAG gehören angemessene, transparente und auf eine nachhaltige Entwicklung des Unternehmens ausgerichtete Vergütungssysteme für Geschäftsleiter, Mitarbeiter und Aufsichtsratmitglieder im Sinne von § 64b Abs. 1 VAG

---

243 Siehe oben 1. Teil A. III. 1. (S. 29 ff.).

neben einer ordnungsgemäßen Geschäftsorganisation im Sinne von § 64a Abs. 1 VAG zu den besonderen Pflichten der Unternehmen. Die aufsichtsrechtlichen Anforderungen an Vergütungssysteme im KWG und in der InstitutsVergV sowie im VAG und in der VersVergV richten sich also schon nach ihrem systematischen Standort ausschließlich an die Institute und Unternehmen und innerhalb dieser an die für die Vergütungssysteme der Mitarbeiter verantwortlichen Geschäftsleiter und das für die Vergütungssysteme der Geschäftsleiter wiederum verantwortliche Verwaltungs- oder Aufsichtsorgan.[244]

Dass die Mitarbeiter und die Geschäftsleiter, in ihrer Rolle als Partei des Anstellungsvertrages, von den Regelungen nicht direkt betroffen sein sollten, wird darüber hinaus auch am Ende der Verordnungen, in § 10 InstitutsVergV und § 6 VersVergV deutlich. Nach diesen Normen haben die Institute und Unternehmen darauf hinzuwirken, dass die mit den Geschäftsleitern und Mitarbeitern bestehenden Verträge angepasst werden. Vertragliche Vereinbarungen, die mit den Vorgaben der Verordnungen nicht im Einklang stehen, werden durch die Verordnungen also nicht außer Kraft gesetzt oder abgeändert. Darauf weisen auch die Verordnungsbegründungen ausdrücklich hin.[245] Der Verordnungsgeber wollte weder in bestehende Vertragsverhältnisse eingreifen, noch wollte er durch konkrete Vorgaben die künftigen Vertragsverhältnisse mitgestalten.

Dass die aufsichtsrechtlichen Anforderungen an Vergütungssysteme in § 25a Abs. 1 Satz 3 Nr. 4 KWG (§ 25a Abs. 1 Satz 3 Nr. 6 KWG n.F.) und in der InstitutsVergV sowie in § 64b Abs. 1 VAG und in der VersVergV ausschließlich an die Institute und Unternehmen gerichtet sind und ihre Einhaltung allein im Verhältnis Institut beziehungsweise Unternehmen und Banken- beziehungsweise Versicherungsaufsicht relevant wird,[246] lässt sich schließlich auch aus der Begründung zum Vergütungs-SystG und den Verordnungsbegründungen ableiten. Danach wurden die Regelungen vor dem Hintergrund der Vergütungspraxis der Institute und Unternehmen in der Vergangenheit und deren Mitursächlich-

---

244 Vgl. § 3 Abs. 1 Satz 1 InstitutsVergV/ § 3 Abs. 1 Satz 4 VersVergV und § 3 Abs. 1 Satz 2 InstitutsVergV/ § 3 Abs. 1 Satz 5 VersVergV.

245 Begründung zur InstitutsVergV, in der Fassung v. 6.10.2010, Besonderer Teil zu § 10, abrufbar unter http://www.bafin.de/SharedDocs/Aufsichtsrecht/DE/Verordnung/InstitutsVergV_Begruenung_ba.html (31.10.2013) und Begründung zur VersVergV, in der Fassung v. 6.10.2010, Besonderer Teil zu § 6, abrufbar unter http://www.bafin.de/SharedDocs/Aufsichtsrecht/DE/Verordnung/VersVergV_101006_begruendung_va.html (31.10.2013).

246 Vgl. *Binder*, Steuerung und Kontrolle von Vergütungssystemen durch die BaFin, S. 98.

keit für die Finanzmarktkrise geschaffen. Die in ihnen enthaltenen Rahmenbedingungen für die Ausgestaltung der Vergütung der Geschäftsleiter und Mitarbeiter dienen dem Schutz der Stabilität des einzelnen Instituts/ Unternehmens und der Stabilität des gesamten Finanzmarktes.[247]

Nach dem Anknüpfungspunkt der Regelungen, der Art und Weise der Ausgestaltung der Regelungen, dem systematischen Standort der Regelungen im Banken- beziehungsweise Versicherungsaufsichtsrecht und dem Adressatenkreis der Regelungen haben diese nicht den Sinn und Zweck bestimmte Vergütungsabreden im Verhältnis zu den Geschäftsleitern und Mitarbeitern zu verbieten und ihre Unwirksamkeit zu bewirken.[248]

Bei den aufsichtsrechtlichen Anforderungen an Vergütungssysteme in § 25a Abs. 1 Satz 3 Nr. 4 KWG (§ 25a Abs. 1 Satz 3 Nr. 6 KWG n.F.) und in der InstitutsVergV sowie in § 64b Abs. 1 VAG und in der VersVergV handelt es sich folglich nicht um Verbotsgesetze im Sinne von § 134 BGB.[249] Im Rahmen der

---

247 Vgl. Begründung der Bundesregierung zum Entwurf des Vergütungs-SystG v. 31.3.2010, BT-Drucks. 17/1291, S. 1 f.; Begründung zur InstitutsVergV, in der Fassung v. 6.10.2010, Allgemeiner Teil, abrufbar unter http://www.bafin.de/SharedDocs/Auf sichtsrecht/DE/Verordnung/InstitutsVergV_Begruendung_ba.html (31.10.2013) und Begründung zur VersVergV, in der Fassung v. 6.10.2010, Allgemeiner Teil, abrufbar unter http://www.bafin.de/SharedDocs/Aufsichtsrecht/DE/Verordnung/VersVergV_101 006_begruendung_va.html (31.10.2013).

248 Zu den Kriterien eines Verbotsgesetzes siehe *Armbrüster*, in: MünchKomm. BGB, § 134 BGB Rn. 41 ff.

249 So in Bezug auf die aufsichtsrechtlichen Anforderungen an Vergütungssysteme in den Verordnungen auch *Däubler*, AuR 2012, 380, 382; *Diller/Arnold*, ZIP 2011, 837; vgl. auch *Binder*, Steuerung und Kontrolle von Vergütungssystemen durch die BaFin, S. 98.

allgemeinen Rechtskontrolle von Verträgen spielen die Vorschriften keine Rolle.[250]

2. Relevanz im Rahmen der Inhaltskontrolle nach den §§ 307 ff. BGB

Die aufsichtsrechtlichen Anforderungen an Vergütungssysteme in der Instituts-VergV und in der VersVergV könnten jedoch bei der Inhaltskontrolle nach den §§ 307 ff. BGB relevant werden. Sie könnten für die Frage der Überprüfbarkeit von Vergütungsbestimmungen in Allgemeinen Geschäftsbedingungen und vorformulierten Vertragsbedingungen in Verbraucherverträgen nach den §§ 307 ff. BGB entscheidend sein oder Maßstäbe für die inhaltliche Überprüfung dieser Vergütungsbestimmungen setzen.

a) Überprüfbarkeit von Vergütungsbestimmungen nach den §§ 307 ff. BGB

Nach § 307 Abs. 3 Satz 1 BGB findet nur bei solchen Bestimmungen in Allgemeinen Geschäftsbedingungen eine Inhaltskontrolle statt, durch die von Rechtsvorschriften abweichende oder diese ergänzende Regelungen vereinbart werden. Lediglich den Wortlaut einer gesetzlichen Regelung wiedergebende oder inhaltlich mit der gesetzlichen Regelung vollkommen übereinstimmende Klauseln sind kontrollfrei.[251] Würden solche Klauseln einer Inhaltskontrolle unterzogen, würde damit mittelbar das Gesetz selbst zum Gegenstand der richterlichen Kontrolle gemacht. Dabei soll gerade umgekehrt das Gesetz den Maßstab für die richterliche Kontrolle bilden.[252]

---

250 Auch die ab dem 1.1.2014 in § 25a Abs. 5 Satz 2 KWG enthaltene Regelung, dass die variable Vergütung vorbehaltlich eines Beschlusses nach Satz 5 jeweils 100 % der fixen Vergütung für jeden einzelnen Mitarbeiter oder Geschäftsleiter nicht überschreiten darf, ist kein zur Nichtigkeit führendes Verbotsgesetz. Auch diese Norm bezieht sich nicht unmittelbar auf die Vergütungsregelungen in Verträgen und Vereinbarungen, sondern lediglich auf die höhere Ebene der Vergütungssysteme. Nach dem zum 1.1.2014 in Kraft tretenden § 25a Abs. 1 Satz 3 Nr. 6 KWG sind angemessene, transparente und auf eine nachhaltige Entwicklung des Instituts ausgerichtete Vergütungssysteme für Geschäftsleiter und Mitarbeiter *nach Maßgabe von Abs. 5* Voraussetzung für ein angemessenes und wirksames Risikomanagement und damit Voraussetzung für eine ordnungsgemäße Geschäftsorganisation, für welche die Geschäftsleiter der Institute die Verantwortung tragen. Die Einhaltung der neuen Vorgabe in § 25a Abs. 5 Satz 2 KWG wird allein im Verhältnis Institut und Bankenaufsicht relevant. Ein Verstoß gegen den § 25a Abs. 5 Satz 2 KWG bewirkt nicht die Unwirksamkeit der Vergütungsabrede mit dem Geschäftsleiter oder Mitarbeiter.
251 Vgl. *Fuchs*, in: Ulmer/Brandner/Hensen, AGB-Recht, § 307 BGB Rn. 17.
252 Vgl. *Fuchs*, in: Ulmer/Brandner/Hensen, AGB-Recht, § 307 BGB Rn. 17.

Zu den Rechtsvorschriften im Sinne des § 307 Abs. 3 Satz 1 BGB gehören alle Gesetze im materiellen Sinne, also neben förmlichen Gesetzen auch Rechtsverordnungen, wie die InstitutsVergV und die VersVergV.[253] Voraussetzung für die Kontrollfreiheit einer Bestimmung in Allgemeinen Geschäftsbedingungen gemäß § 307 Abs. 3 Satz 1 BGB ist, dass die Bestimmung sich mit einer Rechtsvorschrift nach Wortlaut oder Sinn deckt, die ohnehin auf den Vertrag anzuwenden wäre, sofern man sich die wort- oder inhaltsgleiche Bestimmung wegdenkt.[254] Gibt eine Rechtsvorschrift für die vertragliche Gestaltung lediglich die Richtung oder einen ausfüllungsbedürftigen Rahmen vor, handelt es sich bei einer Bestimmung in Allgemeinen Geschäftsbedingungen, die eine sich im Rahmen der Rechtsvorschrift bewegende, konkrete Regelung trifft, um eine rechtsergänzende Bestimmung.[255] Rechtsergänzende Bestimmungen unterliegen gemäß § 307 Abs. 3 Satz 1 BGB der Inhaltskontrolle nach den §§ 307 ff. BGB.

Die InstitutsVergV und die VersVergV enthalten keine Vorschriften, die auf die mit den Geschäftleitern und Mitarbeitern in den Instituten und Unternehmen geschlossenen Verträge unmittelbar anzuwenden sind. Es handelt sich nicht um rechtliche Regelungen, die im Falle des Fehlens einer vertraglichen Vereinbarung gelten. Dies ergibt sich aus ihrem systematischen Standort im Banken- beziehungsweise Versicherungsaufsichtsrecht, ihrem Anknüpfungspunkt und ihrer Ausgestaltung. Die Vorschriften der InstitutsVergV und der VersVergV geben den Instituten und Unternehmen lediglich einen Rahmen für die Ausgestaltung der Vergütungssysteme ihrer Geschäftsleiter und Mitarbeiter vor und mittelbar damit auch für die Ausgestaltung der Vergütungsvereinbarungen. Bestimmungen zur Vergütung in Allgemeinen Geschäftsbedingungen und vorformulierten Vertragsbedingungen in Verbraucherverträgen, die auf einer Vorgabe der InstitutsVergV/ der VersVergV beruhen und sich in dem von ihr festgelegten Rahmen halten, unterliegen folglich als rechtsergänzende Bestimmungen im Sinne von § 307 Abs. 3 Satz 1 BGB einer Inhaltskontrolle nach den §§ 307 ff. BGB.

b) Maßstäbe für die inhaltliche Überprüfung

Die Überprüfbarkeit von Vergütungsbestimmungen in Allgemeinen Geschäftsbedingungen und vorformulierten Vertragsbedingungen in Verbraucherverträgen nach den §§ 307 ff. BGB wird nicht dadurch berührt, dass diese auf eine

---

253 Vgl. *Grüneberg*, in: Palandt, § 307 BGB Rn. 51.
254 Vgl. *Wurmnest*, in: MünchKomm. BGB, § 307 BGB Rn. 6.
255 Vgl. BGH v. 19.11.2002, NJW 2003, 507, 208; BGH v. 22.1.2004, NJW 2004, 1104, 1107; *Coester*, in: Staudinger, § 307 BGB Rn. 306; *Wurmnest*, in: MünchKomm. BGB, § 307 BGB Rn. 11.

Vorgabe der InstitutsVergV/ der VersVergV zurückgehen. Die Vorschriften der InstitutsVergV und der VersVergV könnten jedoch Maßstäbe für die inhaltliche Überprüfung der Vergütungsbestimmungen setzen.

In der Literatur wird vertreten, dass es sich bei den Vorschriften der InstitutsVergV und der VersVergV um gesetzliche Regelungen im Sinne der Zweifelsregelung des § 307 Abs. 2 Nr. 1 BGB handelt. Würde in einer Bestimmung in Allgemeinen Geschäftsbedingungen oder vorformulierten Vertragsbedingungen eines Verbrauchervertrages entsprechend § 5 Abs. 2 Nr. 4 InstitutsVergV geregelt, dass 40 % der variablen Vergütung des Mitarbeiters des bedeutenden Instituts über einen Zurückbehaltungszeitraum von drei Jahren gestreckt werden (dreijährige Bindung), läge keine Abweichung von dem wesentlichen Grundgedanken der gesetzlichen Regelung vor, so dass auch keine unangemessene Benachteiligung gegeben sei.[256]

Nach § 307 Abs. 2 Nr. 1 BGB ist eine unangemessene Benachteiligung des Vertragspartners des Verwenders der Allgemeinen Geschäftsbedingungen im Zweifel anzunehmen, wenn eine Bestimmung mit wesentlichen Grundgedanken der gesetzlichen Regelung, von der abgewichen wird, nicht zu vereinbaren ist. Zu den gesetzlichen Regelungen im Sinne des § 307 Abs. 2 Nr. 1 BGB gehören alle Gesetze im materiellen Sinne, also neben förmlichen Gesetzen auch Rechtsverordnungen, wie die InstitutsVergV und die VersVergV.[257]

§ 307 Abs. 2 Nr. 1 BGB ist der Rechtsprechung zur Leitbildfunktion des dispositiven Rechts nachgebildet.[258] Das Gesetz ist grundsätzlich auf einen angemessenen Interessenausgleich der Vertragsparteien ausgerichtet und stellt damit ein Gerechtigkeitsmodell für die jeweilige Regelungsthematik bereit, das als Maßstab für die Inhaltskontrolle herangezogen werden kann.[259] Als gesetzliche Regelungen im Sinne des § 307 Abs. 2 Nr. 1 BGB werden von der herrschenden Lehre zu Recht grundsätzlich nur die dispositiven Gesetze angesehen, also die Gesetze, die eingreifen, wenn eine abweichende Vereinbarung nicht getroffen wurde. Nicht einbezogen sind die Gesetze, die zum zwingenden Recht gehö-

---

256 So *Müller-Bonanni/Mehrens*, NZA 2010, 792, 796 und mit Verweis auf diese *Braun/Wolfgarten*, in: Boos/Fischer/Schulte-Mattler, KWG, § 25a KWG Rn. 751.
257 *Bonin*, in: Däubler/Bonin/Deinert, AGB-Kontrolle im ArbR, § 307 BGB Rn. 217; *Grüneberg*, in: Palandt, § 307 BGB Rn. 29.
258 *Bonin*, in: Däubler/Bonin/Deinert, AGB-Kontrolle im ArbR, § 307 BGB Rn. 217.
259 *Coester*, in: Staudinger, § 307 BGB Rn. 229.

ren.[260] Abweichungen vom zwingenden Recht sind entweder unmittelbar oder über § 134 BGB unwirksam.[261] Sie können sinnvollerweise keiner weiteren inhaltlichen Kontrolle unterzogen werden.[262] Eine Ausnahme von dem Grundsatz, dass zwingende Vorschriften nicht zu den gesetzlichen Regelungen im Sinne des § 307 Abs. 2 Nr. 1 BGB gehören, ist jedoch dann zu machen, wenn die zwingenden Vorschriften auf die fragliche Bestimmung in den Allgemeinen Geschäftsbedingungen nicht unmittelbar anwendbar sind. In einem solchen Fall können die, in den zwingenden Vorschriften zum Ausdruck kommenden gesetzlichen Wertungen als Leitbild bei der Abwägung der Interessen der Vertragsparteien herangezogen werden.[263]

Die Vorschriften in der InstitutsVergV und der VersVergV können nicht durch eine Vereinbarung zwischen den Instituten/ Unternehmen und ihren Geschäftsleitern und Mitarbeitern abbedungen werden. Es handelt sich um zwingendes Recht. Allerdings beziehen sich die Vorschriften lediglich auf die Gesamtkonzepte zur Vergütung der Geschäftsleiter und Mitarbeiter, die Vergütungssysteme. Auf Vergütungsvereinbarungen sind sie nicht unmittelbar anwendbar. Es handelt sich bei ihnen daher auch nicht um Verbotsgesetze mit Nichtigkeitsfolge im Sinne des § 134 BGB. Die Tatsache, dass die InstitutsVergV und die VersVergV auf Vergütungsregelungen in Verträgen keine unmittelbare Anwendung finden, führt zum Eingreifen der oben beschriebenen Ausnahme von dem Grundsatz, dass zwingende Vorschriften nicht zu den gesetzlichen Regelungen im Sinne des § 307 Abs. 2 Nr. 1 BGB gehören. Die Vorschriften der InstitutsVergV und der VersVergV enthalten für die Institute und Unternehmen verbindliche Vorgaben für die Ausgestaltung der Vergütungssysteme ihrer Geschäftsleiter und Mitarbeiter und damit letztlich auch für die Vergütungsregelungen in den Verträgen, die mit diesen geschlossen werden. Die in den Vorschriften zum Ausdruck kommenden gesetzlichen Wertungen sind daher als Leitbild bei der Abwägung der Interessen der Vertragsparteien heranzuziehen.

---

260 *Bonin*, in: Däubler/Bonin/Deinert, AGB-Kontrolle im ArbR, § 307 BGB Rn. 217 f.; *Coester*, in: Staudinger, § 307 BGB Rn. 232; *Fuchs*, in: Ulmer/Brandner/Hensen, AGB-Recht, § 307 BGB Rn. 208; *Grüneberg*, in: Palandt, § 307 BGB Rn. 29.
261 *Coester*, in: Staudinger, § 307 BGB Rn. 232.
262 *Coester*, in: Staudinger, § 307 BGB Rn. 232.
263 *Fuchs*, in: Ulmer/Brandner/Hensen, AGB-Recht, § 307 BGB Rn. 209; vgl. auch *Coester*, in: Staudinger, § 307 BGB Rn 232.

Im Ergebnis setzen also die aufsichtsrechtlichen Anforderungen an Vergütungssysteme der InstitutsVergV und der VersVergV Maßstäbe für die inhaltliche Überprüfung von Vergütungsbestimmungen in Allgemeinen Geschäftsbedingungen und vorformulierten Vertragsbedingungen in Verbraucherverträgen
nach den §§ 307 ff. BGB. Bei der Heranziehung der Regelungen im Rahmen der
Interessenabwägung ist ihr Sinn und Zweck zu beachten. Die Regelungen bezwecken einen Selbstschutz der Institute und Unternehmen. Angesichts der aus
der Finanzmarktkrise gezogenen Lehren sollen die Institute und Unternehmen
bestimmte Vorgaben bei der Ausgestaltung der Vergütungssysteme ihrer Geschäftsleiter und Mitarbeiter beachten. Die Vergütungssysteme sollen so ausgestaltet werden, dass sie angemessen, transparent und auf eine nachhaltige Entwicklung des Instituts/ Unternehmens ausgerichtet sind. Auf kurzfristige Parameter ausgerichtete, einseitig den Erfolg belohnende, Misserfolge nicht ausreichend sanktionierende Vergütungspraktiken soll es nicht mehr geben dürfen.
Anreize zur Eingehung unverhältnismäßig hoher Risiken, die die Stabilität des
Instituts/ Unternehmens gefährden könnten, sollen so vermieden werden.[264]
Aufgrund ihres Sinn und Zwecks und ihrer Ausgestaltung können den Vorschriften in der InstitutsVergV und der VersVergV folglich keine Anhaltspunkte
für das Vorliegen einer unangemessenen Benachteiligung der Geschäftsleiter
und Mitarbeiter als Vertragspartner der Institute und Unternehmen entnommen
werden. Die Vorschriften können nur umgekehrt Anhaltspunkte dafür liefern,
wann eine unangemessene Benachteiligung der Geschäftsleiter und Mitarbeiter
nicht vorliegt.

3. Ergebnis

Die aufsichtsrechtlichen Anforderungen an Vergütungssysteme in § 25a Abs. 1
Satz 3 Nr. 4 KWG (§ 25a Abs. 1 Satz 3 Nr. 6 KWG n.F.) und in der Instituts-
VergV sowie in § 64b Abs. 1 VAG und in der VersVergV geben den Instituten
und Unternehmen lediglich einen Rahmen für die Ausgestaltung der Vergütung-
systeme ihrer Geschäftsleiter und Mitarbeiter vor. Die Nichteinhaltung der Vorschriften bei der Ausgestaltung der Vergütungssysteme der Geschäftsleiter und

---

264 Vgl. Begründung der Bundesregierung zum Entwurf des Vergütungs-SystG v.
31.3.2010, BT-Drucks. 17/1291, S. 1, 9; Begründung zur InstitutsVergV und Begründung zur VersVergV, jeweils in der Fassung v. 6.10.2010, Allgemeiner Teil, abrufbar
unter http://www.bafin.de/SharedDocs/Aufsichtsrecht/DE/Verordnung/InstitutsVergV_
Begruendung_ba.html beziehungsweise unter http://www.bafin.de/SharedDocs/Auf
sichtsrecht/DE/Verordnung/VersVergV_101006_begruendung_va.html (31.10.2013).

Mitarbeiter ist für die zivilrechtliche Wirksamkeit der mit diesen geschlossenen Vergütungsvereinbarungen nicht von Bedeutung. Bei den Vorschriften der InstitutsVergV und der VersVergV handelt es sich nicht um Verbotsgesetze mit Nichtigkeitsfolge im Sinne des § 134 BGB. Im Rahmen der allgemeinen Rechtskontrolle der Verträge der Geschäftsleiter und Mitarbeiter in Instituten und Versicherungsunternehmen kommen die Vorschriften folglich nicht zum Tragen.

Die Vorschriften setzen jedoch Maßstäbe für die Inhaltskontrolle von Vergütungsbestimmungen in Allgemeinen Geschäftsbedingungen und vorformulierten Vertragsbedingungen in Verbraucherverträgen nach den §§ 307 ff. BGB. Die in ihnen zum Ausdruck kommenden gesetzlichen Wertungen sind als Leitbild bei der Abwägung der Interessen der Vertragsparteien heranzuziehen.

Im Übrigen sind die Vorschriften bei der Vertragskontrolle durch die Gerichte nicht relevant. Sie betreffen allein das Verhältnis Institut beziehungsweise Unternehmen und Banken- beziehungsweise Versicherungsaufsicht. Ihre Einhaltung wird nur aufsichtsrechtlich geprüft.[265] So weist auch Groeger darauf hin, dass für die nicht nur rechtliche, sondern auch tatsächliche Geltung der neuen Vorgaben in den Instituten und Unternehmen die Effektivität aufsichtsrechtlicher Instrumente eine entscheidende Rolle spielt.[266]

B. Mitbestimmungsrechte eines Betriebs- beziehungsweise Personalrates, Mitwirkungsrechte eines Sprecherausschusses

Wenn die Institute und Unternehmen Arbeitsverträge ausarbeiten und dabei die Vergütungsregelungen entsprechend der Vorgaben in § 25a Abs. 1 Satz 3 Nr. 4 KWG (§ 25a Abs. 1 Satz 3 Nr. 6 KWG n.F.) und in der InstitutsVergV beziehungsweise in § 64b Abs. 1 VAG und in der VersVergV gestalten, müssen sie die oben aufgeführten Rahmenbedingungen im Blick behalten. Unter Umständen haben sie daneben auch das Mitbestimmungsrecht eines bei ihnen bestehenden Betriebsrates und/ oder Mitwirkungsrechte eines bei ihnen bestehenden Sprecherausschusses beziehungsweise, im Falle eines öffentlich-rechtlichen In-

---

265 Vgl. *Binder*, Steuerung und Kontrolle von Vergütungssystemen durch die BaFin, S. 98; *Groeger*, RdA 2011, 287, 290.
266 *Groeger*, RdA 2011, 287, 290.

stituts/ Versicherungsunternehmens, das Mitbestimmungsrecht eines bei ihnen bestehenden Personalrates zu beachten.

I. Mitbestimmungsrechte eines Betriebsrates

Gemäß § 87 Abs. 1 BetrVG hat der Betriebsrat mitzubestimmen, wenn es um Fragen der betrieblichen Lohngestaltung, insbesondere die Aufstellung von Entlohnungsgrundsätzen und die Einführung und Anwendung von neuen Entlohnungsmethoden sowie deren Änderung (Abs. 1 Nr. 10) und um die Festsetzung der Akkord- und Prämiensätze und vergleichbarer leistungsbezogener Entgelte, einschließlich der Geldfaktoren (Abs. 1 Nr. 11) geht.

Zunächst stellt sich die Frage, bei der Umsetzung welcher Vorgaben der InstitutsVergV und der VersVergV ein Mitbestimmungsrecht des Betriebsrates überhaupt in Betracht kommt. Bei der Umsetzung der ausschließlich auf die Geschäftsleiter der Institute und Unternehmen bezogenen Vorgaben der Verordnungen scheidet ein Mitbestimmungsrecht des Betriebsrates von vornherein aus. Die Geschäftsleiter gelten nach § 5 Abs. 2 Nr. 1 und Nr. 2 BetrVG nicht als Arbeitnehmer im Sinne des BetrVG. Im Hinblick auf die Vorgaben zur Ausgestaltung der Vergütung der Mitarbeiter der Institute und Unternehmen ist wie folgt zu differenzieren. Bei der Umsetzung der Vorgaben, die lediglich die als Risk Taker einzustufenden Mitarbeiter betreffen, namentlich der Umsetzung der Vorgaben in § 5 InstitutsVergV/ § 4 VersVergV, besteht in der Regel kein Mitbestimmungsrecht des Betriebsrates. Risk Taker, also Mitarbeiter, deren Tätigkeiten einen wesentlichen Einfluss auf das Gesamtrisikoprofil des Instituts/ Unternehmens haben, besitzen einen erheblichen eigenen Entscheidungsspielraum. Sie stehen der Unternehmensleitung nahe und sind daher häufig leitende Angestellte im Sinne von § 5 Abs. 3 BetrVG.[267] Auf leitende Angestellte findet das BetrVG nach dessen § 5 Abs. 3 Satz 1 grundsätzlich keine Anwendung. Bei der Umsetzung der Vorgaben der InstitutsVergV und der VersVergV, die für sämtliche Mitarbeiter der Institute und Unternehmen gelten, kommt dagegen ein Mitbestimmungsrecht des Betriebsrates grundsätzlich in Betracht. Denn zu diesen Mitarbeitern gehören auch solche, die als Arbeitnehmer im Sinne von § 5 Abs. 1 BetrVG zu qualifizieren sind.

---

267   Siehe oben unter 1. Teil A. II. 3. (S. 25 ff., 28 f.).

Zu den Vorgaben der Verordnungen, die für Arbeitnehmer im Sinne des BetrVG gelten und bei deren Umsetzung daher ein Mitbestimmungsrecht des Betriebsrates nach § 87 Abs. 1 Nr. 10 beziehungsweise Nr. 11 BetrVG grundsätzlich in Betracht kommt, zählen die folgenden Vorgaben:

- Ausrichtung der Vergütung auf die Erreichung der in den Strategien des Instituts/ Unternehmens niedergelegten Ziele (§ 3 Abs. 1 Satz 3 InstitutsVergV/ § 3 Abs. 1 Satz 2 Nr. 1 VersVergV)

- angemessene Ausgestaltung der Vergütung durch Vermeidung von ihr ausgehender negativer Anreize, insbesondere von Anreizen zur Eingehung unverhältnismäßig hoher Risiken (§ 3 Abs. 3 InstitutsVergV/ § 3 Abs. 1 Satz 2 Nr. 2 VersVergV)

- angemessenes Verhältnis von fixer und variabler Vergütung, keine signifikante Abhängigkeit von variabler Vergütung (§ 3 Abs. 4 Satz 1 Nr. 1 und Abs. 5 InstitutsVergV)

- keine garantierte variable Vergütung, außer im Rahmen der Aufnahme eines Arbeitsverhältnisses und dann auch nur längstens für ein Jahr (§ 3 Abs. 7 InstitutsVergV)

- angemessene Berücksichtigung der wesentlichen Risiken und deren Zeithorizont bei der Vergütung (§ 3 Abs. 1 Satz 2 Nr. 4 InstitutsVergV)

- bei den Arbeitnehmern in den Kontrolleinheiten der Institute und Unternehmen: keine Gestaltung der Vergütung in einer Weise, dass diese, etwa durch das Hervorrufen von Interessenkonflikten, der Überwachungsfunktion der Kontrolleinheiten zuwiderläuft (§ 3 Abs. 3, Abs. 6 Satz 1 InstitutsVergV/ § 3 Abs. 1 Satz 2 Nr. 2 VersVergV)

Ob und inwieweit ein in dem Institut/ Unternehmen bestehender Betriebsrat bei der Umsetzung dieser Vorgaben tatsächlich mitzubestimmen hat, hängt noch von weiteren Umständen ab. Ein erzwingbares Mitbestimmungsrecht des Betriebsrates besteht nach dem Eingangssatz des § 87 Abs. 1 BetrVG nur, soweit eine gesetzliche oder tarifliche Regelung nicht besteht. Mit den gesetzlichen Regelungen sind alle Gesetze im materiellen Sinne gemeint, also neben förmlichen

Gesetzen auch Rechtsverordnungen, wie die InstitutsVergV und die Vers-VergV.[268] Existiert eine gesetzliche Regelung, so sind durch diese die Interessen des Arbeitnehmers bereits hinreichend geschützt. Es besteht dann kein Bedürfnis mehr für einen weiteren Schutz durch Mitbestimmungsrechte.[269] Voraussetzung ist nach der ganz herrschenden Meinung in der Rechtsprechung und Literatur, dass die gesetzliche Regelung zwingender Natur ist.[270] Dem dispositiven Recht kommt keine Sperrwirkung zu. Die zwingende gesetzliche Vorschrift muss die mitbestimmungspflichtige Angelegenheit abschließend regeln.[271] Verbleibt für den Arbeitgeber ein Regelungsspielraum ist das Mitbestimmungsrecht nicht gänzlich ausgeschlossen, sondern bleibt im gleichen Umfang erhalten. Das Mitbestimmungsrecht wird in diesem Fall also nur partiell verdrängt.[272] Dies folgt schon aus der Formulierung, dass der Betriebsrat mitzubestimmen hat, *soweit* eine gesetzliche oder tarifliche Regelung nicht besteht.

§ 3 InstitutsVergV und § 3 VersVergV enthalten zwingende Vorgaben für die Ausgestaltung der Vergütung der Arbeitnehmer in den Instituten und Unternehmen. Zwar handelt es sich bei diesen, auf die Gesamtkonzepte zur Vergütung der Arbeitnehmer bezogenen und nur mittelbar die Vergütungsvereinbarungen betreffenden Vorgaben nicht um Verbotsgesetze mit Nichtigkeitsfolge im Sinne von § 134 BGB.[273] Gleichwohl sind die Geschäftsleiter der Institute und Unternehmen bei der Ausgestaltung der Vergütung der Arbeitnehmer an die

---

268 Vgl. *Bender*, in: Wlotzke/Preis/Kreft, BetrVG, § 87 BetrVG Rn. 20.

269 BAG v. 28.5.2002, AP Nr. 10 zu § 87 BetrVG 1972 Urlaub (unter II. 2. c) cc) der Gründe); *Fitting*, BetrVG, § 87 BetrVG Rn. 28; *Kania*, in: ErfK, § 87 BetrVG Rn. 10.

270 BAG v. 29.3.1977, AP Nr. 1 zu § 87 BetrVG 1972 Provision (unter IV. 1. a) der Gründe); BAG v. 3.12.1991, AP Nr. 51 zu § 87 BetrVG 1972 Lohngestaltung (unter C. II. 1. b) der Gründe); BAG v. 14.12.1993, AP Nr. 65 zu § 87 BetrVG 1972 Lohngestaltung (unter B. II. 2. der Gründe); BAG v. 28.5.2002, AP Nr. 10 zu § 87 BetrVG 1972 Urlaub (unter II. 2. c) cc) der Gründe); *Bender*, in: Wlotzke/Preis/Kreft, BetrVG, § 87 BetrVG Rn. 20; *Fitting*, BetrVG, § 87 BetrVG Rn. 29; *Klebe*, in: Däubler u.a., BetrVG, § 87 BetrVG Rn. 32; *Löwisch/Kaiser*, BetrVG, § 87 BetrVG Rn. 5; *Richardi*, in: ders., BetrVG, § 87 BetrVG Rn. 146; *Wiese*, in: GK-BetrVG, § 87 BetrVG Rn. 58 m.w.N.; a.A. *Kania*, in: ErfK, § 87 BetrVG Rn. 11.

271 BAG v. 3.12.1991, AP Nr. 51 zu § 87 BetrVG 1972 Lohngestaltung (unter C. II. 1. b) der Gründe); BAG v. 25.1.2000, AP Nr. 34 zu § 87 BetrVG 1972 Ordnung des Betriebes (unter B. I. 2. b) cc) (1) der Gründe).

272 Vgl. *Bender*, in: Wlotzke/Preis/Kreft, BetrVG, § 87 BetrVG Rn. 23; *Kania*, in: ErfK, § 87 BetrVG Rn. 13; *Richardi*, in: ders., BetrVG, § 87 BetrVG Rn. 144; *Wiese*, in: GK-BetrVG, § 87 BetrVG Rn. 69.

273 Siehe oben unter 2. Teil A. III. 1. (S. 65 ff.).

Vorgaben gebunden. Die Vorgaben können nicht durch eine Vereinbarung zwischen dem Institut/ Unternehmen und dem einzelnen Arbeitnehmer abbedungen werden. Es handelt sich um zwingendes Recht.

Dass es sich bei den Normen nicht um Schutznormen zugunsten der Arbeitnehmer handelt, sondern die Normen umgekehrt gerade dem Schutz der Stabilität der Institute und Unternehmen als Arbeitgeber dienen, steht der Annahme einer gesetzlichen Regelung im Sinne des Eingangssatzes von § 87 Abs. 1 BetrVG nicht entgegen. Der Zweck des Gesetzesvorbehalts erfordert nicht, dass die gesetzliche Regelung dem Schutz der Interessen der Arbeitnehmer dient. Es genügt, wenn die gesetzliche Regelung dem Arbeitgeber keinen Regelungsspielraum belässt.[274] Unabhängig von dem Schutzzweck der gesetzlichen Regelung kann dann davon ausgegangen werden, dass den berechtigten Interessen der Arbeitnehmer Rechnung getragen worden ist.[275]

Die Regelungen in § 3 InstitutsVergV und § 3 VersVergV sind sehr allgemein gehalten und belassen den Instituten und Unternehmen noch einen weiten Spielraum bei der Gestaltung der Vergütung ihrer Arbeitnehmer. Durch sie werden die Mitbestimmungsrechte des Betriebsrates nach § 87 Abs. 1 Nr. 10 und Nr. 11 BetrVG daher nicht ausgeschlossen, sondern nur partiell verdrängt.[276]

Im Ergebnis haben die Institute und Unternehmen bei der Ausgestaltung der Vergütung ihrer Arbeitnehmer entsprechend der Vorgaben in § 3 Instituts-VergV/ § 3 VersVergV einen bei ihnen bestehenden Betriebsrat einzubeziehen. Beachten sie die Mitbestimmungsrechte des Betriebsrates nach § 87 Abs. 1 Nr. 10 und Nr. 11 BetrVG nicht, hat dies nach der vom BAG in ständiger Rechtsprechung und von weiten Teilen der Lehre vertretenen Theorie der notwendigen Mitbestimmung (auch Theorie der Wirksamkeitsvoraussetzung) zur Folge, dass die mit den Arbeitnehmern geschlossenen einzelvertraglichen Vereinba-

---

274 Vgl. *Wiese*, in: GK-BetrVG, § 87 BetrVG Rn. 57.
275 Vgl. BAG v. 28.5.2002, AP Nr. 10 zu § 87 BetrVG 1972 Urlaub (unter II. 2. c) cc) der Gründe).
276 Vgl. *Richardi*, in: ders., BetrVG, § 87 BetrVG Rn. 862, der sich an dieser Stelle mit dem Umfang, in dem die Regelungen in §§ 25a, 45 KWG und in der InstitutsVergV sowie in §§ 64b, 81b VAG und in der VersVergV die Mitbestimmungsrechte eines Betriebsrates verdrängen, nicht näher auseinandersetzt. Nach *Däubler*, AuR 2012, 380, 382 bleibt das Mitbestimmungsrecht des Betriebsrates nach § 87 Abs. 1 Nr. 10 und Nr. 11 BetrVG formal unberührt. Allerdings hätte die Einigungsstelle die Regelungen der InstitutsVergV und der VersVergV als verbindlich zugrunde zu legen.

rungen unwirksam sind.[277] Kann mit dem Betriebsrat eine Einigung nicht erzielt werden, besteht für die Institute und Unternehmen gemäß § 76 Abs. 5 Satz 1 BetrVG die Möglichkeit, die Einigungsstelle anzurufen. Die Einigungsstelle hat bei ihren Entscheidungen zwingendes vorrangiges Recht zu beachten.[278] Sie ist also an die Vorgaben der InstitutsVergV/ der VersVergV zur Ausgestaltung der Vergütung der Arbeitnehmer gebunden. Ihr Spruch ersetzt gemäß § 87 Abs. 2 Satz 2 BetrVG die Einigung zwischen dem Betriebsrat und dem Institut/ Unternehmen als Arbeitgeber.

II. Mitwirkungsrechte eines Sprecherausschusses

Ein im Institut/ Unternehmen bestehender Sprecherausschuss hat bei der Umsetzung der Vorgaben der InstitutsVergV/ der VersVergV, die für die Ausgestaltung der Vergütung der leitenden Angestellten gelten, kein erzwingbares Mitbestimmungsrecht. Werden die Verträge der als Risk Taker eingestuften Mitarbeiter in den Instituten und Unternehmen neu ausgearbeitet und dabei die Vergütungsregelungen entsprechend der Vorgaben der InstitutsVergV/ der VersVergV, insbesondere entsprechend der Vorgaben in § 5 InstitutsVergV/ § 4 VersVergV gestaltet, ist der Sprecherausschuss nach § 30 Satz 1 Nr. 1 SprAuG über diese Änderung der Gehaltsgestaltung nur rechtzeitig zu unterrichten und die vorgesehenen Maßnahmen sind nach § 30 Satz 2 SprAuG mit ihm zu beraten.

III. Mitbestimmungsrechte eines Personalrates

In öffentlich-rechtlichen Instituten und Unternehmen gilt schließlich das Folgende.

Gemäß § 75 Abs. 3 BPersVG hat der Personalrat, soweit eine gesetzliche oder tarifliche Regelung nicht besteht, mitzubestimmen über Zeit, Ort und Art der Auszahlung der Dienstbezüge und Arbeitsentgelte (Abs. 3 Nr. 2) und über

---

277 Vgl. zur Theorie der notwendigen Mitbestimmung nur *Wiese*, in: GK-BetrVG, § 87 BetrVG Rn. 98 ff. m.w.N. sowie Rn. 119 ff.

278 Vgl. BAG v. 29.6.2004, AP Nr. 41 zu § 87 BetrVG 1972 Überwachung (unter B. I. der Gründe); *Berg*, in: Däubler u.a., BetrVG, § 76 BetrVG Rn. 138; *Fitting*, BetrVG, § 76 BetrVG Rn. 117; *Kania*, in: ErfK, § 76 BetrVG Rn. 24; *Kreutz*, in: GK-BetrVG, § 76 BetrVG Rn. 126.

Fragen der Lohngestaltung innerhalb der Dienststelle, insbesondere die Aufstellung von Entlohnungsgrundsätzen, die Einführung und Anwendung von neuen Entlohnungsmethoden und deren Änderung sowie die Festsetzung der Akkord- und Prämiensätze und vergleichbarer leistungsbezogener Entgelte, einschließlich der Geldfaktoren (Abs. 3 Nr. 4). Entsprechende Mitbestimmungsrechte finden sich auch in den meisten Landespersonalvertretungsgesetzen.[279]

Die Situation ist folglich vergleichbar mit der in privatrechtlichen Instituten und Unternehmen. In privatrechtlichen Instituten und Unternehmen kommt ein Mitbestimmungsrecht des Betriebsrates jedoch in der Regel nur bei der Umsetzung einiger der in § 3 InstitutsVergV/ § 3 VersVergV enthalten Vorgaben in Betracht. § 3 InstitutsVergV und § 3 VersVergV enthalten Vorgaben zur Ausgestaltung der Vergütung der Arbeitnehmer in den Instituten und Unternehmen, die in den Anwendungsbereich des BetrVG fallen. Die anderen Vergütungsvorgaben der Verordnungen gelten nur für Risk Taker, die häufig als leitende Angestellte zu qualifizieren sein werden. Das BetrVG findet nach dessen § 5 Abs. 3 Satz 1 auf leitende Angestellte grundsätzlich keine Anwendung. Die Personalvertretungsgesetze enthalten eine solche Einschränkung ihres personellen Anwendungsbereichs nicht. Zu den Beschäftigten, auf deren Angelegenheiten sich die Mitbestimmungsrechte des Personalrats nach § 75 Abs. 3 Nr. 2 und Nr. 4 BPersVG beziehungsweise den entsprechenden landespersonalvertretungsrechtlichen Regelungen beziehen, gehören auch die leitenden Angestellten. Es kommt somit grundsätzlich ein Mitbestimmungsrecht des Personalrates nicht nur bei der Umsetzung der in § 3 InstitutsVergV/ § 3 VersVergV enthaltenen Vorgaben zur Ausgestaltung der Vergütung sämtlicher Mitarbeiter im Institut/ Unternehmen, sondern auch bei der Umsetzung der in § 5 InstitutsVergV/ § 4

---

279 § 75 Abs. 4 Satz 1 Nr. 2 und Nr. 4 BayPVG, § 66 Nr. 3 und Nr. 5 PersVG BRB, § 74 Abs. 1 Nr. 10 und Nr. 13 HPVG, §§ 68 Abs. 1 Nr. 22 und 70 Abs. 1 Nr. 12 PersVG MV, § 72 Abs. 4 Satz 1 Nr. 3 und Nr. 5 LPVG NRW, § 80 Abs. 1 Satz 1 Nr. 8 und Nr. 9 LPersVG RPF, § 85 Abs. 1 Satz 1 Nr. 3 und Nr. 10 PersVG BLN, § 78 Abs. 1 Nr. 2 und Nr. 4 SPersVG, § 79 Abs. 1 Satz 1 Nr. 5 LPVG BW; das BremPVG führt nur Beispiele für die Mitbestimmung in sozialen, personellen und organisatorischen Angelegenheiten an und enthält in seinem § 63 Abs. 1 g) nur eine dem § 87 Abs. 1 Nr. 4 BetrVG entsprechende Regelung; nur eine dem § 87 Abs. 1 Nr. 10 und Nr. 11 BetrVG entsprechende Regelung enthalten das SächsPersVG (§ 81 Abs. 2 Nr. 4 SächsPersVG), das NPersVG (§ 66 Abs. 1 Nr. 5 NPersVG), das HmbPersVG (§ 86 Abs. 1 Nr. 5 Hmb-PersVG) und das ThürPersVG (§ 74 Abs. 2 Nr. 3 ThürPersVG); keine entsprechenden Regelungen enthalten das MBG Schl.-H. und das PersVG LSA.

VersVergV enthaltenen Vorgaben zur Ausgestaltung der Vergütung der als Risk Taker eingestuften Mitarbeiter in Betracht.

Da nach dem Eingangssatz in § 75 Abs. 3 BPersVG und den entsprechenden landespersonalvertretungsrechtlichen Regelungen der Personalrat nur mitzubestimmen hat, soweit eine gesetzliche oder tarifliche Regelung nicht besteht, hängt der Umfang des Mitbestimmungsrechts des Personalrats wiederum von der Reichweite der zwingenden Vorgaben in § 3 InstitutsVergV/ § 3 VersVergV und § 5 InstitutsVergV/ § 4 VersVergV ab. Wie § 3 InstitutsVergV und § 3 VersVergV regeln auch § 5 InstitutsVergV und § 4 VersVergV die mitbestimmungspflichtigen Angelegenheiten nicht abschließend. Sie enthalten zwar konkretere Vorgaben zur Ausgestaltung der Vergütung der Beschäftigten im Sinne des Personalvertretungsrechts als § 3 InstitutsVergV und § 3 VersVergV, belassen den Instituten und Unternehmen aber ebenfalls noch einen Regelungsspielraum. Das Mitbestimmungsrecht des Personalrates bleibt in diesem Umfang erhalten.

Die öffentlich-rechtlichen Institute und Unternehmen haben folglich bei der Ausgestaltung der Vergütung ihrer Beschäftigten entsprechend der Vorgaben in § 3 InstitutsVergV/ § 3 VersVergV und § 5 InstitutsVergV/ § 4 VersVergV einen bei ihnen bestehenden Personalrat einzubeziehen. Werden die Mitbestimmungsrechte des Personalrates nach § 75 Abs. 3 Nr. 2 und Nr. 4 BPersVG beziehungsweise der entsprechenden Norm des Landespersonalvertretungsgesetzes nicht beachtet, hat dies zur Folge, dass die mit den Beschäftigten geschlossenen einzelvertraglichen Vereinbarungen unwirksam sind.[280] Kann mit dem Personalrat eine Einigung nicht erzielt werden, besteht für die Institute und Unternehmen, wenn der Instanzenzug im Mitbestimmungsverfahren erschöpft ist, die Möglichkeit, die Einigungsstelle anzurufen. Diese muss sich mit ihrem Beschluss gemäß § 71 Abs. 3 Satz 4 BPersVG im Rahmen der geltenden Rechtsvorschriften halten. Die Einigungsstelle ist also an die Vorgaben der InstitutsVergV/ der VersVergV zur Ausgestaltung der Vergütung der Beschäftigten im Sinne des Personalvertretungsrechts gebunden.

---

280 Das BAG hat in einigen seiner Entscheidungen im Bereich der Mitbestimmung des Personalrats in sozialen Angelegenheiten die Theorie der notwendigen Mitbestimmung (Theorie der Wirksamkeitsvoraussetzung) aus dem Betriebsverfassungsrecht übertragen. BAG v. 7.4.1992, AP Nr. 4 zu § 75 LPVG Niedersachsen (unter II. 2. e) der Gründe); BAG v. 28.7.1998, AP Nr. 9 zu § 79 LPVG Baden-Württemberg (unter I. 5. der Gründe); vgl. *Weber*, in: Richardi/Dörner/Weber, PersonalvertretungsR, § 69 BPersVG Rn. 127.

C. Vertragliche Umsetzung der einzelnen aufsichtsrechtlichen Anforderungen an Vergütungssysteme

I. Allgemeine Anforderungen an Vergütungssysteme

Bei den allgemeinen Anforderungen an Vergütungssysteme in § 3 Instituts-VergV und § 3 VersVergV gibt es Anforderungen an die Vergütungssysteme der Geschäftsleiter und Mitarbeiter im Allgemeinen, spezielle Anforderungen an die Vergütungssysteme der Mitarbeiter in den Kontrolleinheiten und spezielle Anforderungen an die Vergütungssysteme der Geschäftsleiter.

1. Anforderungen an die Vergütungssysteme im Allgemeinen

a) Ausrichtung an den Strategien und Zielen des Instituts/ Unternehmens

Die erste und zugleich wohl wichtigste Anforderung in der InstitutsVergV und in der VersVergV ist, die Vergütungssysteme der Geschäftsleiter und Mitarbeiter auf die Erreichung der in den Strategien des Instituts/ Unternehmens niedergelegten Ziele auszurichten *(§ 3 Abs. 1 Satz 3 Halbs. 1 InstitutsVergV und § 3 Abs. 1 Satz 2 Nr. 1 Halbs. 1 VersVergV).*[281]

aa) Vergütungssysteme als Instrument zur Unternehmenssteuerung

Aus Sicht der Unternehmen ist die Vergütung zunächst schlicht der Preis, der je nach der (Arbeits-)Marktsituation für die Tätigkeit des Geschäftsleiters oder Mitarbeiters zu zahlen ist. Ihr kann darüber hinaus aber noch eine andere Bedeutung zukommen. Bei entsprechender Ausgestaltung kann die Vergütung die Verhaltensweise des Geschäftsleiters oder Mitarbeiters beeinflussen.[282] Sie kann nicht nur auf den Grad seiner Anstrengungen bei Verrichtung der Tätigkeit für das Institut/ Unternehmen Einfluss nehmen, sondern seine Anstrengungen vor allem auch in bestimmte Richtungen lenken. Die Geschäftsleiter und Mitarbeiter können, zumindest in einem gewissen Umfang, über die Vergütung gesteuert

---

281 Vgl. *Buscher*, BaFinJournal 01/2011, 13, 16.
282 Vgl. *CEBS*, Guidelines on Remuneration Policies and Practices v. 10.12.2010, S. 39, abrufbar unter http://www.eba.europa.eu/documents/10180/106961/Guidelines.pdf (31.10.2013).

werden und damit letztlich auch das gesamte Institut/ Unternehmen. Vergütungssysteme sind auch ein Instrument zur Unternehmenssteuerung.[283]

Die Steuerung des Verhaltens der Geschäftsleiter und Mitarbeiter wird durch das Schaffen von Anreizen möglich. Anreize werden bei den Geschäftsleitern und Mitarbeitern dadurch geschaffen, dass ihnen die Möglichkeit gegeben wird, auf die Höhe ihrer Vergütung Einfluss zu nehmen. Die Höhe ihrer Vergütung können die Geschäftsleiter und Mitarbeiter direkt oder indirekt beeinflussen, wenn ihnen zusätzlich zu einem festen Grundgehalt eine leistungsbezogene und/oder erfolgsbezogene variable Vergütung gewährt wird. Je nach der Art und der konkreten Ausgestaltung der variablen Vergütung gehen von dieser unterschiedliche Verhaltensanreize aus. Nach der oben stehenden Anforderung haben die Institute und Unternehmen bei der Wahl und Ausgestaltung der variablen Vergütung zu beachten, dass es darum geht Verhaltensanreize zu schaffen, die zu den Strategien, die sie verfolgen und den Zielen, die sie erreichen möchten, passen und auch mit ihren sonstigen Werten und langfristigen Interessen im Einklang stehen.[284] Eine derartige Abstimmung der variablen Vergütung und damit der Vergütungssysteme ist bei den Instituten und Unternehmen in der Vergangenheit häufig nicht erfolgt.[285] Die Vergütungssysteme vermittelten vielmehr den Eindruck, als ginge es den Instituten und Unternehmen allein darum, über ein attraktives Vergütungsniveau die sogenannten „hot talents" an sich zu binden.[286] Mit der InstitutsVergV und der VersVergV soll nun sichergestellt werden, dass die variable Vergütung der Geschäftsleiter und Mitarbeiter so ausgestaltet wird, dass sie einen effektiven Beitrag zur Erreichung der in den

---

283 Begründung zur InstitutsVergV, in der Fassung v. 6.10.2010, Besonderer Teil zu den §§ 3, 4 und 7, abrufbar unter http://www.bafin.de/SharedDocs/Aufsichtsrecht/DE/Verord nung/InstitutsVergV_Begruendung_ba.html (31.10.2013); vgl. auch *FSF*, Principles for Sound Compensation Practices v. 2.4.2009, S. 4 f., abrufbar unter http://www.financial stabilityboard.org/publications/r_0904b.pdf (31.10.2013).

284 Vgl. Anhang V Abschnitt 11 Nr. 23 b) der Richtlinie 2006/48/EG; *CEBS*, Guidelines on Remuneration Policies and Practices v. 10.12.2010, S. 38, abrufbar unter http://www. eba.europa.eu/documents/10180/106961/Guidelines.pdf (31.10.2013).

285 Vgl. Begründung zur InstitutsVergV, in der Fassung v. 6.10.2010, Besonderer Teil zu den §§ 3, 4 und 7, abrufbar unter http://www.bafin.de/SharedDocs/Aufsichtsrecht/DE/ Verordnung/InstitutsVergV_Begruendung_ba.html (31.10.2013); vgl. auch *Buscher*, BaFinJournal 01/2011, 13, 16.

286 *Buscher*, BaFinJournal 01/2011, 13, 16, vgl. auch *FSF*, Principles for Sound Compensation Practices v. 2.4.2009, S. 5, abrufbar unter http://www.financialstabilityboard.org/ publications/r_0904b.pdf (31.10.2013).

Strategien des Instituts/ Unternehmens niedergelegten Ziele leisten kann.[287] Mit den Strategien eines Instituts/ Unternehmens sind insbesondere eine nachhaltige Geschäftsstrategie und eine dazu widerspruchsfreie Risikostrategie gemeint.[288]

bb) Variable Vergütungsformen, Ausgestaltungsmöglichkeiten und Anreizwirkungen

Um die variablen Vergütungen der Geschäftsleiter und Mitarbeiter auf die Erreichung der in den Strategien des Instituts/ Unternehmens niedergelegten Ziele ausrichten zu können, ist es erforderlich zu wissen, welche variablen Vergütungsformen und Ausgestaltungsmöglichkeiten es gibt und welche Anreizwirkungen damit geschaffen werden können. Zu den potenziell Anreize erzeugenden, variablen Vergütungen gehören die leistungs- und erfolgsbezogenen variablen Vergütungen. Die im Banken- und Versicherungsbereich anzutreffenden leistungs- und/oder erfolgsbezogenen variablen Vergütungen sind die Provision, die Zielvergütung, die Umsatz- und Gewinnbeteiligung sowie Aktienoptionen.

(1) Provision

Die Provision ist gemäß der §§ 87 ff. HGB die typische Vergütung für den, nicht als Mitarbeiter im Sinne der Vorschriften anzusehenden, Handelsvertreter. Sie wird als Vergütungsform aber auch für den im Vertrieb tätigen Handlungsgehilfen (vgl. § 65 HGB) und für andere Arbeitnehmer vereinbart.[289] In dem Fall werden die §§ 65, 87 ff. HGB weitgehend analog angewandt.[290]

Bei der Provision wird der Mitarbeiter prozentual am Wert der Geschäfte beteiligt, die unmittelbar oder mittelbar auf seine Tätigkeit zurückzuführen sind.[291] Es gibt verschiedene Formen. Die klassische Provision ist die Vermittlungs- oder Abschlussprovision. Hier wird die Provision dadurch ausgelöst, dass der Mitarbeiter persönlich Geschäfte mit Dritten vermittelt oder abschließt.[292] Auch wenn der Mitarbeiter Anspruch auf die Provision nach § 65 HGB in Verbindung

---

287 Begründung zur InstitutsVergV, in der Fassung v. 6.10.2010, Besonderer Teil zu den §§ 3, 4 und 7, abrufbar unter http://www.bafin.de/SharedDocs/Aufsichtsrecht/DE/Verordnung/InstitutsVergV_Begruendung_ba.html (31.10.2013).

288 *Buscher*, BaFinJournal 01/2011, 13, 16. Der Referentenentwurf zur Neufassung der InstitutsVergV stellt ausdrücklich auf die in den Geschäfts- und Risikostrategien des Instituts niedergelegten Ziele ab.

289 *Oberthür*, in: Lunk, AnwaltFormulare ArbR, § 1 Rn. 691.

290 Vgl. *Diepold*, Die leistungsbezogene Vergütung, S. 53 f.; *Oberthür*, in: Lunk, Anwalt-Formulare ArbR, § 1 Rn. 691; *Oetker*, in: ErfK, § 65 HGB Rn. 4 f.

291 *Preis*, in: ErfK, § 611 BGB Rn. 493.

292 *Richardi/Fischinger*, in: Staudinger, § 611 BGB Rn. 803.

mit §§ 87 Abs. 1, 87a HGB erst dann erhält, wenn das Geschäft auch tatsächlich zustande kommt, das Unternehmen, für das er tätig ist, es ausführt und der Dritte die Gegenleistung erbringt, hat er doch einen sehr direkten Einfluss auf die Höhe seiner Vergütung. Dementsprechend besteht für ihn auch ein hoher Anreiz, möglichst viele Geschäfte, mit einem möglichst hohen Wert für das Institut/ Unternehmen abzuschließen oder zu vermitteln. Neben der Vermittlungs- und der Abschlussprovision gibt es die Bezirksprovision und die Anteilsprovision. Bei der Bezirksprovision wird der Mitarbeiter an dem Wert der Geschäfte beteiligt, die mit Kunden aus einem bestimmten Bezirk zustandekommen.[293] Er profitiert nicht nur von den Geschäften die er selbst abschließt oder vermittelt, sondern auch von den Geschäften die von Dritten mit Kunden aus dem ihm zugewiesenen Bezirk abgeschlossen oder vermitteln werden. Für den Mitarbeiter wird bei der Bezirksprovision also eine Art Kunden- oder Gebietsschutz begründet.[294] Die Anreizwirkung bei der Bezirksprovision entspricht der bei der klassischen Vermittlungs- oder Abschlussprovision. Bei der Anteilsprovision erhält der Mitarbeiter einen Anteil an den Vermittlungs- oder Abschlussprovisionen der Mitarbeiter, die ihm unterstellt sind.[295] Mit ihr wird bei dem Betroffenen folglich ein Anreiz geschaffen, die ihm unterstellten Mitarbeiter so zu schulen, anzuleiten und zu motivieren, dass diese möglichst viele Geschäfte, mit einem möglichst hohen Wert abschließen oder vermitteln. Zu erwähnen sind schließlich noch die Zusatz- oder Sonderprovisionen. Hierzu gehören Provisionen, die die Mitarbeiter für besondere Aufgaben, wie den Einzug von Forderungen (Inkassoprovision) oder die Betreuung der Bestandskunden (Bestandspflegeprovision) erhalten.[296] Auch hier besteht, aufgrund der direkten Einflussmöglichkeit, ein hoher, an dem jeweiligen Anknüpfungspunkt der Provision ausgerichteter Verhaltensanreiz für den betroffenen Mitarbeiter.

(2) Zielvergütung

Weit verbreitet vor allem im Bankenbereich ist die Gewährung eines Zielbonus zusätzlich zu der festen Vergütung.[297] Der Zielbonus ist ein Bonus, den der Mitarbeiter erhält, wenn er in einem vorgegebenen Zeitraum bestimmte Ziele erreicht. Häufig wird auch schon bei nur teilweiser Zielerreichung ein Bonus ge-

---

293 *Richardi/Fischinger*, in: Staudinger, § 611 BGB Rn. 803.
294 Vgl. *Oberthür*, in: Lunk, AnwaltFormulare ArbR, § 1 Rn. 693.
295 *Richardi/Fischinger*, in: Staudinger, § 611 BGB Rn. 803.
296 Vgl. *Richardi/Fischinger*, in: Staudinger, § 611 BGB Rn. 803; *v. Hoyningen-Huene*, in: MünchKomm. HGB, § 87 HGB Rn. 14.
297 Vgl. *Lindena*, diebank 2009, 76, 77.

währt, dessen Höhe sich dann nach dem Grad der Zielerreichung bemisst.[298] Die Ziele werden in regelmäßigen Abständen, zum Beispiel quartalsweise, halbjährlich oder für ein Geschäfts- oder Kalenderjahr, entweder gemeinsam mit dem einzelnen Mitarbeiter in einer Zielvereinbarung oder einseitig durch einen Vorgesetzen in einer Zielvorgabe festgelegt.[299] Die Bandbreite der möglichen Ziele ist sehr groß. Es können persönliche und unternehmensbezogene Ziele vereinbart oder vorgegeben werden.[300] Bei den persönlichen Zielen werden „harte" Ziele, wie der Abschluss eines Projekts zu einem bestimmten Zeitpunkt, der erzielte Umsatz und Akquisitionserfolge und „weiche", das heißt wertend festzustellende Ziele, wie Kundenzufriedenheit, Personalführungskompetenz, Mitarbeiterzufriedenheit und Teamfähigkeit unterschieden. Zu den unternehmensbezogenen Zielen gehören etwa Umsatz, Gewinn und die Erreichung eines bestimmten Marktanteils.[301] Sind die Ziele ausschließlich an den Unternehmenserfolg gekoppelt und damit unabhängig von der individuellen Leistung des Mitarbeiters, liegt keine Zielvergütung, sondern eine Tantieme vor.[302]

Nach der Begründung zur InstitutsVergV sind im Bankenbereich in der Vergangenheit teilweise vergütungsrelevante Ziele festgelegt worden, die leicht zu erreichen waren und nicht zu den Zielen passten, die sich das Institut in seinen Strategien gesetzt hatte.[303] Zudem seien selbst dann, wenn diese oftmals wenig ambitionierten vergütungsrelevanten Ziele nicht erreicht worden sind, vereinzelt dennoch nachträglich variable Vergütungen unter Hinweis beispielsweise auf exogene Effekte gewährt worden.[304] Das hat schließlich zu einer Verstetigung der variablen Vergütungsbestandteile geführt.[305] Die Vergütungssysteme sind mit anderen Worten nicht effektiv im Interesse des Instituts zur Steue-

---

298 Vgl. *Leder*, in: Lunk, AnwaltFormulare ArbR, § 1 Rn. 1592, 1598; *Linck*, in: Schaub, ArbR-Handbuch, § 77 Rn. 1, 15.

299 Vgl. *Leder*, in: Lunk, AnwaltFormulare ArbR, § 1 Rn. 1592 f.

300 Vgl. *Linck*, in: Schaub, ArbR-Handbuch, § 77 Rn. 14.

301 Vgl. *Linck*, in: Schaub, ArbR-Handbuch, § 77 Rn. 14; *Reiserer*, NJW 2008, 609.

302 *Leder*, in: Lunk, AnwaltFormulare ArbR, § 1 Rn. 1593.

303 Begründung zur InstitutsVergV, in der Fassung v. 6.10.2010, Besonderer Teil zu den §§ 3, 4 und 7, abrufbar unter http://www.bafin.de/SharedDocs/Aufsichtsrecht/DE/Verordnung/InstitutsVergV_Begruendung_ba.html (31.10.2013); vgl. auch *Geffken*, NZA 2000, 1033, 1035.

304 Begründung zur InstitutsVergV, in der Fassung v. 6.10.2010, Besonderer Teil zu den §§ 3, 4 und 7, abrufbar unter http://www.bafin.de/SharedDocs/Aufsichtsrecht/DE/Verordnung/InstitutsVergV_Begruendung_ba.html (31.10.2013).

305 *Braun/Wolfgarten*, in: Boos/Fischer/Schulte-Mattler, KWG, § 25a KWG Rn. 684.

rung des Verhaltens der Mitarbeiter eingesetzt worden.[306] Mit der Anforderung aus § 3 Abs. 1 Satz 3 Halbs. 1 InstitutsVergV soll dem entgegengewirkt werden.

(a) Zielvergütung bei den Mitarbeitern

Die Ausrichtung der Vergütungssysteme auf die Erreichung der in den Strategien des Instituts/ Unternehmens niedergelegten Ziele ist mit Hilfe der Zielvergütung im Grunde recht einfach möglich. Hat das Institut/ Unternehmen die Strategien, die es verfolgen und die damit verbundenen Ziele, die es erreichen möchte, festgelegt, können in einem zweiten Schritt diese Ziele bezogen auf einzelne Unternehmensbereiche, Abteilungen, Mitarbeitergruppen und schließlich auch den einzelnen Mitarbeiter dargestellt werden. Die Ziele werden dafür von Ebene zu Ebene immer weiter heruntergebrochen und konkretisiert. Prinzipiell jedes Ziel, das sich ein Institut oder Unternehmen setzt, kann auf diese Weise in den Vergütungssystemen berücksichtigt werden.

Im Hinblick auf die Art der Ziele, die mit den Mitarbeitern vereinbart oder ihnen vorgegeben werden können, bestehen grundsätzlich keine Einschränkungen.[307] Die Art der Ziele wird erst relevant bei der Frage, in welchem Umfang die Vergütung an ihre Erreichung gekoppelt werden kann.[308] Wenn es um persönliche Ziele geht, gibt es bei den Mitarbeitern so viele Anknüpfungspunkte für Zielvereinbarungen und Zielvorgaben, wie es für sie Aufgaben gibt.[309] Die den Mitarbeitern gemachten Zielvorgaben müssen sich jedoch nach § 315 BGB in den Grenzen billigen Ermessens halten.[310] Bei den Zielvereinbarungen werden die Ziele oft ebenfalls einseitig festgelegt und nicht tatsächlich individuell ausgehandelt.[311] Dazu kommt es vor allem dann, wenn die Ziele entsprechend der oben stehenden Ausführungen aus den Zielen des Instituts/ Unternehmens abgeleitet werden. In diesem Fall sind die §§ 305 ff. BGB zu beachten. Zwar unter-

---

306 Siehe dazu auch *Lindena*, diebank 2009, 76, 78 und *Neumann/Stettler*, Kreditwesen 2013, 390, 391.

307 Vgl. *Krause*, in: Münchener Handbuch zum ArbR, § 57 Rn. 39; *Leder*, in: Lunk, AnwaltFomulare ArbR, § 1 Rn. 1595.

308 Siehe dazu *Krause*, in: Münchener Handbuch zum ArbR, § 57 Rn. 40 f. sowie unten 2. Teil C. I. 1. c) aa) (1) (a) (bb) (S. 99 ff.).

309 Vgl. *Fonk*, NZG 2011, 321, 324.

310 BAG v. 12.12.2007, AP Nr. 7 zu § 280 BGB, Rn. 16; *Annuß*, NZA 2007, 290; *Linck*, in: Schaub, ArbR-Handbuch, § 77 Rn. 3; *Krause*, in: Münchener Handbuch zum ArbR, § 57 Rn. 39.

311 Vgl. *Däubler*, in: Däubler/Bonin/Deinert, AGB-Kontrolle im ArbR, Anhang zu § 307 BGB Rn. 76 sowie *Leder*, in: Lunk, AnwaltFormulare ArbR, § 1 Rn. 1596.

liegen die Zielvereinbarungen grundsätzlich keiner allgemeine Inhaltskontrolle nach den §§ 307 ff. BGB, weil es bei ihnen um die Ausgestaltung des Gegenleistungsverhältnisses geht.[312] Nach § 307 Abs. 3 Satz 2 in Verbindung mit Abs. 1 Satz 2 in Verbindung mit Abs. 1 Satz 1 BGB ist bei den Zielvereinbarungen aber auf eine klare und verständliche Formulierung und damit auf die Einhaltung des Transparenzgebots zu achten.[313] Letzteres ist insbesondere bei den weichen Zielen nicht unproblematisch.[314] Definitionen und Rechenbeispiele können zur Transparenz der Vereinbarung beitragen.[315]

(b) Zielvergütung bei den Geschäftsleitern

Wie mit den Mitarbeitern, kann auch mit den Geschäftsleitern der Institute und Unternehmen grundsätzlich eine Zielvergütung vereinbart werden. Abhängig von der Rechtsform des Instituts oder Versicherungsunternehmens bestehen jedoch Grenzen im Hinblick auf die Art der Ziele, die mit den Geschäftsleitern vereinbart oder ihnen vorgegeben werden können. Diese Grenzen ergeben sich aus der Kompetenzverteilung zwischen Vorstand und Aufsichtsrat.[316] In einem Institut oder einem Versicherungsunternehmen in der Rechtsform einer AG haben nach § 76 Abs. 1 AktG die Vorstandsmitglieder die Gesellschaft unter eigener Verantwortung zu leiten. Der Aufsichtsrat ist gemäß § 111 Abs. 1 AktG auf die Überwachungstätigkeit beschränkt. Ihm können nach § 111 Abs. 4 Satz 1 AktG Maßnahmen der Geschäftsführung nicht übertragen werden. Der Aufsichtsrat hat sich folglich aller Eingriffe in den Bereich der Geschäftsführung zu enthalten. Er hat kein Weisungsrecht gegenüber dem Vorstand.[317] Ein solches darf auch nicht indirekt über die Vergütung eingeführt werden.[318]

Vergütungsregelungen können eine weisungsähnliche Bedeutung haben, wenn mit ihnen Anreize erzeugt werden, die das Vorstandshandeln beeinflussen

---

312 Vgl. BAG v. 12.12.2007, AP Nr. 7 zu § 280 BGB, Rn. 16; *Annuß*, NZA 2007, 290; *Horcher*, BB 2007, 2065, 2066; *Linck*, in: Schaub, ArbR-Handbuch, § 77 Rn. 13; *Richardi/Fischinger*, in: Staudinger, § 611 BGB Rn. 816.

313 BAG v. 12.12.2007, AP Nr. 7 zu § 280 BGB, Rn. 16; *Linck*, in: Schaub, ArbR-Handbuch, § 77 Rn. 13; *Richardi/Fischinger*, in: Staudinger, § 611 BGB Rn. 816.

314 Siehe dazu *Horcher*, BB 2007, 2065, 2066.

315 *Reichel/Böhm*, AuA 2010, 568.

316 Vgl. *Fonk*, NZG 2011, 321, 323.

317 Vgl. *Hüffer*, AktG, § 76 AktG Rn. 10; *Spindler*, in: MünchKomm. AktG, § 76 AktG Rn. 22; *Weber*, in: Hölters, AktG, § 67 AktG Rn. 35 f.

318 *Fonk*, NZG 2011, 321, 324; vgl. auch *Spindler*, in: MünchKomm. AktG, § 87 AktG Rn. 42.

sollen.[319] Der Einwand, der Vorstand bleibe jedoch rechtlich völlig frei, ist unbeachtlich. Auch Vergütungsregelungen haben die Kompetenzverteilung zwischen Vorstand und Aufsichtsrat zu beachten.[320] In Bezug auf Zielvergütungen und Zielvereinbarungen bedeutet dies, dass der Vorstand nur allgemein in der Ausrichtung seiner Geschäftspolitik beeinflusst werden darf, indem ihm abstrakte Ziele vorgegeben werden. Der Weg zur Erreichung dieser Ziele muss für den Vorstand stets offen bleiben.[321] Bilanz- und Finanzkennzahlen können daher unproblematisch Anknüpfungspunkt für Zielvereinbarungen und Zielvorgaben sein.[322] Unzulässig sind jedoch Ziele, wie anzustrebende Mitarbeiterzahlen, Kosten- oder Erlösvorgaben, Vorgaben für das durchschnittliche Lohnniveau und Vorgaben bezogen auf die Aktivitäten der Gesellschaft. Sie betreffen alle das „Wie" der Arbeit des Vorstandsmitglieds.[323] Auch weiche Ziele, wie Verbesserung der Personalführungskompetenz, Erhöhung der Teamfähigkeit, Verbesserung der Werte bei Kunden- oder Mitarbeiterzufriedenheit sind vor diesem Hintergrund unzulässig.[324]

Die wegen ihres Eingriffs in die Weisungsunabhängigkeit des Vorstandes unzulässigen Ziele in Zielvereinbarungen und Zielvorgaben sind nichtig. Es ist eine Teilnichtigkeit der Zielvereinbarung beziehungsweise Zielvorgabe im Sinne der §§ 134, 139 BGB anzunehmen.[325]

Die vorstehenden Ausführungen gelten auch bei einem Versicherungsunternehmen in der Rechtsform eines VVaG. Über die §§ 34 Satz 1, 35 Abs. 3 Satz 1 VAG finden § 76 Abs. 1 AktG auf den Vorstand des VVaG und § 111 AktG auf den Aufsichtsrat des VVaG entsprechend Anwendung.

Schließlich ist die Kompetenzverteilung zwischen Vorstand und Aufsichtsrat auch bei der Festlegung der vergütungsrelevanten Ziele in Instituten in der Rechtsform einer eG zu beachten. Auch hier gilt eine strikte Trennung zwischen dem Vorstand als Leitungsorgan und dem Aufsichtsrat als Überwachungsorgan. Der Aufsichtsrat hat gegenüber dem Vorstand kein Weisungsrecht.[326]

---

319 Vgl. *Fonk*, NZG 2011, 321, 324 mit Verweis auf *Martens*, ZHR 169 (2005), 124, 142.
320 Vgl. *Fonk*, NZG 2011, 321, 324.
321 *Fonk*, NZG 2011, 321, 324 f.
322 *Fonk*, NZG 2011, 321, 325.
323 *Fonk*, NZG 2011, 321, 325.
324 *Fonk*, NZG 2011, 321, 326.
325 *Fonk*, NZG 2011, 321, 326.
326 *Fandrich*, in: Pöhlmann/Fandrich/Bloehs, GenG, § 36 GenG Rn. 1, § 38 GenG Rn. 1.

(3) Umsatzbeteiligung

Bei der Umsatzbeteiligung wird dem Geschäftsleiter oder Mitarbeiter zusätzlich zur fixen Vergütung eine Leistung zugesagt, die in ihrer Höhe vom Umsatz des Instituts/ Unternehmens insgesamt oder bei einem Mitarbeiter auch vom Umsatz der Abteilung, in der er tätig ist, abhängt.[327] Die Umsatzbeteiligung wird auch als Umsatzprovision bezeichnet. Der Betroffene wird durch sie an dem Wert sämtlicher Geschäfte des Instituts/ Unternehmens beziehungsweise der Abteilung beteiligt.[328] Gewinn und Verlust beeinflussen die Höhe der Leistung nicht.

Die von der Umsatzbeteiligung ausgehende Anreizwirkung hängt stark von den Aufgaben des Betroffenen und seiner Position im Institut/ Unternehmen ab. Denn daraus folgt, welche Einflussmöglichkeiten er auf den Umsatz des Instituts/ Unternehmens insgesamt beziehungsweise der Abteilung hat. Während bei den Geschäftsleitern und den Leitern der geschäftsinitiierenden Organisationseinheiten die Einflussmöglichkeiten am größten und damit auch die Anreizwirkungen am stärksten sind, nimmt die Anreizwirkung bis hin zu den einzelnen Mitarbeitern im Bereich Markt und Handel stark ab.

(4) Gewinnbeteiligung

Bei der als Tantieme bezeichneten Gewinnbeteiligung hängt die Höhe der dem Geschäftsleiter oder Mitarbeiter zusätzlich zum Fixgehalt zugesagten Leistung von dem durch das Institut/ Unternehmen erzielten Gewinn ab.[329] Die echte Tantieme wird prozentual nach dem Unternehmensgewinn berechnet.[330] Herangezogen wird für die Berechnung in der Regel der sich aus der nach kaufmännischen Grundsätzen erstellen Handelsbilanz ergebende Reingewinn.[331]

Im Hinblick auf die Anreizwirkung der Gewinnbeteiligung gilt das zur Umsatzbeteiligung Gesagte entsprechend. Auch hier kommt es entscheidend auf die Aufgaben des Betroffenen und seine Position im Institut/ Unternehmen an. Anders als bei der Umsatzbeteiligung wird bei der Gewinnbeteiligung jedoch neben dem Anreiz einen möglichst hohen Umsatz zu erzielen, auch der Anreiz geschaffen, die den Gewinn schmälernden Kosten gering zu halten.

---

327 Vgl. *Lindemann*, Flexible Gestaltung von Arbeitsbedingungen, S. 322.
328 Vgl. *Oetker*, in: ErfK, § 65 HGB Rn. 2.
329 Vgl. *Lindemann*, Flexible Gestaltung von Arbeitsbedingungen, S. 322.
330 *Oberthür*, in: Lunk, AnwaltFormulare ArbR, § 1 Rn. 1333.
331 Vgl. *Krause*, in: Münchener Handbuch zum ArbR, § 58 Rn. 46; *Müller-Glöge*, in: MünchKomm. BGB, § 611 BGB Rn. 763; *Preis*, in: ErfK, § 611 BGB Rn. 497.

Einen Sonderfall stellt die Ermessenstantieme dar. Hier ist die Höhe der Tantieme in das Ermessen des Instituts/ Unternehmens gestellt, das seine Entscheidung gemäß § 315 BGB nach billigem Ermessen zu treffen hat. Neben dem vom Institut/ Unternehmen erzielten Gewinn ist dabei Kriterium für die Ausübung des Ermessens der vom Mitarbeiter hierzu geleistete Beitrag.[332] Dadurch wird bei den Mitarbeitern, die aufgrund ihrer Stellung nur einen sehr geringen Einfluss auf den Gewinn des Instituts/ Unternehmens insgesamt haben, ein größerer Anreiz geschaffen über eine Steigerung der persönlichen Leistungen zur Gewinnsteigerung einen Beitrag zu leisten.

(5) Aktienoptionen

Schließlich gehören zu den im Banken- und Versicherungsbereich anzutreffenden variablen Vergütungen die Aktienoptionen (Stock Options). Mit der Gewährung von Aktienoptionen an die Geschäftsleiter oder Mitarbeiter erhalten diese das Recht, nach Ablauf einer Wartefrist und bei Erreichen zuvor festgelegter Erfolgsziele, Aktien des Instituts/ Unternehmens, für das sie tätig sind, oder Aktien eines mit diesem verbundenen Unternehmens, zum Beispiel des Mutterkonzerns, zu einem vorher festgelegten Ausübungspreis zu erwerben.[333] Bei den Erfolgszielen sind unterschiedliche Varianten denkbar. So können die Optionen zum Beispiel unmittelbar an eine Mindestentwicklung des eigenen Aktienkurses gebunden sein oder sich an der Entwicklung des eigenen Aktienkurses im Vergleich zum Branchendurchschnitt oder einem Aktienindex, wie dem DAX orientieren.[334] Die Ausübung der Option und damit der Erwerb der Aktien ist nur innerhalb des vorab definierten Ausübungszeitraums möglich.[335] Für den Fall, dass die Option in diesem Zeitraum „im Geld" ist, kann der Geschäftsleiter oder Mitarbeiter von der Differenz zwischen Ausübungspreis und Börsenkurs profitieren.[336]

Mit Aktienoptionen sollen die Geschäftsleiter und Mitarbeiter langfristig an dem Wert des Instituts/ Unternehmens beteiligt werden, soweit sich dieser aus dem Aktienkurs ergibt.[337] Während bei den Geschäftsleitern und den Leitern der

---

332 Vgl. *Oberthür*, in: Lunk, AnwaltFormulare ArbR, § 1 Rn. 1343.
333 Vgl. *Krause*, in: Münchener Handbuch zum ArbR, § 58 Rn. 53; *Röller*, in: Küttner, Personalbuch, Aktienoptionen Rn. 1.
334 *Krause*, in: Münchener Handbuch zum ArbR, § 58 Rn. 55; *Röller*, in: Küttner, Personalbuch, Aktienoptionen Rn. 1.
335 *Röller*, in: Küttner, Personalbuch, Aktienoptionen Rn. 1.
336 *Krause*, in: Münchener Handbuch zum ArbR, § 58 Rn. 53.
337 Vgl. *Krause*, in: Münchener Handbuch zum ArbR, § 58 Rn. 52.

verschiedenen Organisationseinheiten dabei die Anreizwirkung, im Interesse eines nachhaltigen Erfolgs des Instituts/ Unternehmens zu handeln, im Vordergrund steht, geht es bei den sonstigen Mitarbeitern eher darum, diese an das Institut/ Unternehmen zu binden und ihre Betriebstreue zu belohnen.[338] Oftmals werden Haltefristen oder Veräußerungssperren vereinbart, so dass die Gewinne durch den Verkauf der Aktien nicht sofort realisiert werden können und die Anreizwirkungen über einen längeren Zeitraum erhalten bleiben.[339]

In der Praxis sind zum Teil auch virtuelle Aktienoptionsprogramme anzutreffen. Die Inhaber virtueller Aktienoptionen (phantom stock options oder virtual stock options) erhalten keine Aktien, sondern eine Zahlung, deren Höhe sich aus der Differenz zwischen dem, bei Gewährung der virtuellen Aktienoptionen vereinbarten Bezugspreis und dem im fiktiven Fall der Optionsausübung gegebenen Aktienkurs ergibt.[340] Es erfolgt also keine echte Beteiligung der Geschäftsleiter oder Mitarbeiter an dem Institut/ Unternehmen. Diese erhalten lediglich eine zusätzliche, an der Entwicklung des Aktienkurses orientierte, variable Vergütung.[341] Die Anreizwirkung entspricht jedoch der bei den echten Aktienoptionen.

b) Anpassung bei Strategieänderungen

Ändert das Institut/ Unternehmen seine Strategien und damit auch seine Ziele, muss nach der InstitutsVergV und der VersVergV die Ausgestaltung der Vergütungssysteme der Geschäftsleiter und Mitarbeiter überprüft und erforderlichenfalls angepasst werden *(§ 3 Abs. 1 Satz 3 Halbs. 2 InstitutsVergV und § 3 Abs. 1 Satz 2 Nr. 1 Halbs. 2 VersVergV).*

Eine Anpassung der Vergütungssysteme an geänderte und neu festgesetzte Strategien und Ziele setzt eine Anpassung der Verhaltensanreize erzeugenden und damit eine Steuerung der Geschäftsleiter und Mitarbeiter ermöglichenden, variablen Vergütung voraus. Die Anforderung betrifft im Wesentlichen die Zielvergütung.[342] Diese bietet nicht nur die Möglichkeit, mehrere, ganz individuell auf die Ziele des Instituts/ Unternehmens abgestimmte Verhaltensanreize bei

---

338 Vgl. *Krause*, in: Münchener Handbuch zum ArbR, § 58 Rn. 52.
339 Vgl. *Krause*, in: Münchener Handbuch zum ArbR, § 58 Rn. 55, 60.
340 *Oberthür*, in: Lunk, AnwaltFormulare ArbR, § 1 Rn. 243.
341 Vgl. *Oberthür*, in: Lunk, AnwaltFormulare ArbR, § 1 Rn. 243.
342 Vgl. Begründung zur InstitutsVergV, in der Fassung v. 6.10.2010, Besonderer Teil zu den §§ 3, 4 und 7, abrufbar unter http://www.bafin.de/SharedDocs/Aufsichtsrecht/DE/ Verordnung/InstitutsVergV_Begruendung_ba.html (31.10.2013).

den Geschäftsleitern und Mitarbeitern zu erzeugen. Dadurch, dass die vergütungsrelevanten Ziele der Geschäftsleiter und Mitarbeiter stets nur für einen bestimmten Zeitraum festgelegt, in regelmäßigen Abständen also neu ausgehandelt
und vereinbart oder vorgegeben werden, besteht für die Institute und Unternehmen auch die Möglichkeit, in regelmäßigen Abständen neu darüber zu entscheiden, welche Verhaltensanreize sie bei ihren Geschäftsleitern und Mitarbeitern
erzeugen wollen. Von dieser Möglichkeit sollen die Institute und Unternehmen
Gebrauch machen. Ändern sie ihre Strategien und Ziele, müssen sie bei der
nächsten Zielvereinbarung oder Zielvorgabe auch die vergütungsrelevanten Ziele der Geschäftsleiter und Mitarbeiter entsprechend anpassen.

Dabei ist zu beachten, dass sich die Ziele in den Zielvereinbarungen und
Zielvorgaben in dem Rahmen halten müssen, der durch die, zumeist im Arbeits-
oder Dienstvertrag enthaltene Rahmenvereinbarung vorgegeben ist. Die Rahmenvereinbarung legt nicht nur fest, dass eine Zielvergütung gewährt wird, sie
enthält regelmäßig auch Grundsätze, die für alle späteren Zielvereinbarungen
oder –Vorgaben gelten.[343] Werden in der Rahmenvereinbarung die möglichen
Ziele bereits grob charakterisiert, können später keine Ziele außerhalb dieser
Grenzen vereinbart oder vorgegeben werden. Bei der Rahmenvereinbarung sollte daher darauf geachtet werden, dass sie zwar Streitigkeiten bei den Zielvereinbarungen oder –Vorgaben vermeiden helfen,[344] aber andererseits im Hinblick
auf die Art der Ziele und damit auf den Einsatz der Zielvergütung zur Mitarbei-
tersteuerung auch noch eine ausreichende Flexibilität bieten soll.

Eine nachträgliche Änderung der zu Beginn eines Bemessungszeitraums, also etwa am Anfang eines Quartals vereinbarten oder vorgegebenen Ziele, ist
nicht zulässig.[345] Sie wäre auch mit dem mit der Zielvergütung verfolgten Ziel,
der Steuerung des Verhaltens der Mitarbeiter, nicht vereinbar. Bei der Zielvergütung sind Anpassungen an geänderte Strategien und Ziele des Instituts/ Unternehmens folglich nur in den Abständen möglich, in denen Ziele nach der Rahmenvereinbarung neu vereinbart oder vorgegeben werden. Die Zeiträume, für
die mit den Geschäftsleitern und Mitarbeitern Ziele vereinbart oder ihnen vorge-

---

343 Vgl. *Leder*, in: Lunk, AnwaltFormulare ArbR, § 1 Rn. 1594.
344 Vgl. *Leder*, in: Lunk, AnwaltFormulare ArbR, § 1 Rn. 1594.
345 Vgl. Begründung zur InstitutsVergV, in der Fassung v. 6.10.2010, Besonderer Teil zu
     den §§ 3, 4 und 7, abrufbar unter http://www.bafin.de/SharedDocs/Aufsichtsrecht/DE/
     Verordnung/InstitutsVergV_Begruendung_ba.html (31.10.2013); *Braun/Wolfgarten*, in:
     Boos/Fischer/Schulte-Mattler, KWG, § 25a KWG Rn. 685.

geben werden, sollten daher auf die Zeitabstände abgestimmt werden, in denen das Institut/ Unternehmen seine Strategien und Ziele überprüft und überarbeitet.

c) Angemessene Ausgestaltung

Die Vergütungssysteme der Geschäftsleiter und Mitarbeiter müssen nicht nur auf die Erreichung der in den Strategien des Instituts/ Unternehmens niedergelegten Ziele ausgerichtet, sie müssen auch angemessen ausgestaltet werden (*§ 25a Abs. 1 Satz 3 Nr. 4 KWG [§ 25a Abs. 1 Satz 3 Nr. 6 KWG n.F.] in Verbindung mit § 3 Abs. 1 Satz 1, Abs. 3 InstitutsVergV und § 64b Abs. 1 VAG*).

Nach § 3 Abs. 3 InstitutsVergV sind die Vergütungssysteme angemessen ausgestaltet, wenn Anreize für die Geschäftsleiter und Mitarbeiter zur Eingehung unverhältnismäßig hoher Risiken vermieden werden und die Vergütungssysteme nicht der Überwachungsfunktion der Kontrolleinheiten zuwiderlaufen. Auch die VersVergV, die zwar auf eine Definition der Angemessenheit von Vergütungssystemen verzichtet, nennt in ihrem § 3 Abs. 1 Satz 2 Nr. 2 diese Kriterien und verlangt, dass sie bei der Ausgestaltung der Vergütungssysteme beachtet werden.

aa) Vermeidung von Anreizen zur Eingehung unverhältnismäßig hoher Risiken

Anreize zur Eingehung unverhältnismäßig hoher Risiken können zum einen von der variablen Vergütung ausgehen und zum anderen von bestimmten, einzelvertraglich begründeten Ansprüchen auf Leistungen für den Fall der Beendigung der Tätigkeit (*vgl. § 3 Abs. 4 Satz 1 InstitutsVergV*).

(1) Anreize durch die variable Vergütung

Variable Vergütungen sollen positive, den Zielen und Interessen des Instituts/ Unternehmens dienliche Verhaltensanreize erzeugen. Je nach ihrer Ausgestaltung können sie aber auch zu verschiedenen negativen Anreizen führen.[346] Mit der Honorierung eines hohen Umsatzes des Instituts/ Unternehmens insgesamt, eines hohen Umsatzes des einzelnen Unternehmensbereichs, der Abteilung oder Mitarbeitergruppe oder eines hohen persönlichen Umsatzes wird bei den Geschäftsleitern und Mitarbeitern zwangsläufig auch der Anreiz geschaffen, Risiken für das Institut/ Unternehmen zu begründen. Das stellt grundsätzlich kein Problem dar, wenn und soweit das Risikomanagement- und Kontrollsystem des

---

346 *Braun/Wolfgarten*, in: Boos/Fischer/Schulte-Mattler, KWG, § 25a KWG Rn. 690; vgl. auch *CEBS*, Guidelines on Remuneration Policies and Practices v. 10.12.2010, S. 45 (Nr. 78), abrufbar unter http://www.eba.europa.eu/documents/10180/106961/Guidelines.pdf (31.10.2013).

Instituts/ Unternehmens, das an dieser Stelle entgegensteuert, so gut funktio-
niert, dass die Risiken die eingegangen werden, in dem Rahmen bleiben, den das
Institut/ Unternehmen sich gesetzt hat und als angemessen erachtet.[347] In der
Praxis haben jedoch alle Risikomanagement- und Kontrollsysteme ihre Grenzen
und können, wie die Finanzmarktkrise gezeigt hat, ihr Ziel, das Institut/ Unternehmen vor zu hohen oder unkalkulierbaren Risiken zu schützen, verfehlen.[348]
Der Reiz die eigene Vergütung zu erhöhen ist groß. Daher gibt es auch immer
wieder Versuche seitens der Mitarbeiter die Risikokontrollsysteme zu überwäl-
tigen oder zu umgehen.[349] Hinzu kommt, dass die mit den Geschäften verbundenen Risiken in den vergangenen Jahren immer komplexer wurden, was eine Risikokontrolle weiter erschwerte.[350] Da die Risikomanagement- und -kontroll-
systeme allein keinen ausreichenden Schutz bieten, soll nun schon einen Schritt
zuvor, bei der, einen Anreiz zur Eingehung von Risiken erzeugenden, variablen
Vergütung angesetzt werden. Anreize zur Eingehung unverhältnismäßig hoher
Risiken sollen vermieden werden.

(a) Keine signifikante Abhängigkeit von variabler Vergütung

Je höher die mögliche variable Vergütung im Vergleich zur Fixvergütung ist,
desto stärker ist der Anreiz, die für ihren Erhalt erforderliche Leistung zu erbringen und desto stärker ist auch der Anreiz, die Risiken, die dafür eingegangen
werden müssen, tatsächlich einzugehen.[351] Dort, wo das Verhältnis so zu Lasten
der Fixvergütung geht, dass eine signifikante Abhängigkeit der Geschäftsleiter
und Mitarbeiter von der variablen Vergütung besteht, ist die Gefahr besonders
groß, dass diese, um für sich eine gewisse Vergütungshöhe zu erzielen, die internen Richtlinien umgehen oder schlicht ignorieren und Risiken begründen, die
über das vom Institut/ Unternehmen tolerierte Maß hinausgehen.

---

347 Vgl. *FSF*, Principles for Sound Compensation Practices v. 2.4.2009, S. 5, abrufbar unter
     http://www.financialstabilityboard.org/publications/r_0904b.pdf (31.10.2013).
348 Vgl. *FSF*, Principles for Sound Compensation Practices v. 2.4.2009, S. 5, abrufbar unter
     http://www.financialstabilityboard.org/publications/r_0904b.pdf (31.10.2013).
349 Vgl. *FSF*, Principles for Sound Compensation Practices v. 2.4.2009, S. 5, abrufbar unter
     http://www.financialstabilityboard.org/publications/r_0904b.pdf (31.10.2013).
350 Vgl. *FSF*, Principles for Sound Compensation Practices v. 2.4.2009, S. 5, abrufbar unter
     http://www.financialstabilityboard.org/publications/r_0904b.pdf (31.10.2013).
351 Vgl. *CEBS*, Guidelines on Remuneration Policies and Practices v. 10.12.2010, S. 45
     (Nr. 78), abrufbar unter http://www.eba.europa.eu/documents/10180/106961/Guide
     lines.pdf (31.10.2013); vgl. auch *Friebel/Langenbucher*, GWR 2011, 103.

Nach § 3 Abs. 4 Nr. 1 InstitutsVergV sind insbesondere durch eine signifikante Abhängigkeit der Geschäftsleiter und Mitarbeiter von variabler Vergütung, Anreize zur Eingehung unverhältnismäßig hoher Risiken gegeben. In der VersVergV wurde auf diesen Hinweis verzichtet. Beide Verordnungen verlangen jedoch an anderer Stelle, dass die fixe und die variable Vergütung in einem angemessenen Verhältnis zueinander stehen müssen. Das Verhältnis soll angemessen sein, wenn einerseits keine signifikante Abhängigkeit von der variablen Vergütung besteht, die variable Vergütung aber andererseits einen wirksamen Verhaltensanreiz setzen kann *(§ 3 Abs. 5 Satz 1 und Satz 2 InstitutsVergV und § 4 Abs. 2 Satz 1 und Satz 2 VersVergV)*. Anders als in der InstitutsVergV, ist in der VersVergV diese Anforderung jedoch erst bei den besonderen Anforderungen an die Vergütungssysteme der Geschäftsleiter und als Risk Taker einzustufenden Mitarbeiter in bedeutenden Unternehmen normiert.

(aa) Möglichkeit des vollständigen Abschmelzens

Wann eine signifikante Abhängigkeit der Geschäftsleiter und Mitarbeiter von variabler Vergütung besteht, wird in den Verordnungen nicht näher erläutert. Die Begründung zur InstitutsVergV führt in diesem Zusammenhang nur an, dass eine signifikante Abhängigkeit der Geschäftsleiter und Mitarbeiter von variabler Vergütung dann nicht besteht, wenn der Anteil der fixen Vergütung an der Gesamtvergütung so hoch ist, dass das Institut eine in jeder Hinsicht flexible Vergütungspolitik betreiben kann, was auch ein vollständiges Abschmelzen der variablen Vergütung mit einschließt.[352] Eine ähnliche Formulierung findet sich in dem, mit der InstitutsVergV praktisch vorab in nationales Recht umgesetzten, Anhang V Abschnitt 11 Nr. 23 l) der Richtlinie 2006/48/EG. Auch dort wird verlangt, dass die festen und variablen Bestandteile der Gesamtvergütung in einem angemessenen Verhältnis zueinander stehen. Der Anteil der festen Komponente muss so hoch sein, dass eine flexible Politik in Bezug auf die variablen Vergütungskomponenten uneingeschränkt möglich ist, einschließlich der Möglichkeit keine variable Vergütung zu zahlen.

Mit der Möglichkeit einer flexiblen Politik in Bezug auf die variable Vergütung ist nicht gemeint, dass die Institute/ Unternehmen stets einseitig über Gewährung und Höhe der variablen Vergütung entscheiden können müssen. So heißt es in der Begründung zur InstitutsVergV weiter, dass abhängig von dem

---

352 Begründung zur InstitutsVergV, in der Fassung v. 6.10.2010, Besonderer Teil zu den §§ 3, 4 und 7, abrufbar unter http://www.bafin.de/SharedDocs/Aufsichtsrecht/DE/Verordnung/InstitutsVergV_Begruendung_ba.html (31.10.2013).

Gesamterfolg des Instituts beziehungsweise der Gruppe, dem Erfolgsbeitrag der Organisationseinheit und dem individuellen Erfolgsbeitrag, die realistische Möglichkeit bestehen muss, dass die variable Vergütung vollständig abgeschmolzen wird.[353] Erfolgsbeiträge sind nach der Legaldefinition in § 2 Nr. 8 InstitutsVergV und § 2 Nr. 9 VersVergV die auf der Grundlage von Vergütungsparametern, also von quantitativen und qualitativen Bestimmungsfaktoren, ermittelten tatsächlichen Leistungen und Erfolge von Geschäftsleitern, Mitarbeitern und instituts-/ unternehmensinternen Organisationseinheiten. Sie können positiv aber auch negativ sein, wenn Vorgaben nicht erfüllt werden.[354]

Auch den, bei der Auslegung und Konkretisierung der Regelungen für eine solide Vergütungspolitik in Anhang V Abschnitt 11 Nr. 23 der Richtlinie 2006/48/EG heranzuziehenden Guidelines on Remuneration Policies and Practices des CEBS ist zu entnehmen, dass es nicht darum geht, Gewährung und Höhe der variablen Vergütung in das Ermessen der Institute zu stellen. Negative Erfolgsbeiträge und ein negativer Gesamterfolg des Instituts sollen bei der variablen Vergütung berücksichtigt werden und zu einer entsprechenden Reduzierung führen. Die Reduzierung soll uneingeschränkt möglich sein. Es soll daher auch dazu kommen können, dass gar keine variable Vergütung gezahlt wird.[355]

Zunächst ist anzumerken, dass in der InstitutsVergV und in der VersVergV an keiner Stelle im Rahmen der allgemeinen Anforderungen verlangt wird, dass in die Berechnung der Höhe der variablen Vergütung der Geschäftsleiter und Mitarbeiter sowohl der Gesamterfolg des Instituts/ Unternehmens beziehungsweise der Gruppe, der Erfolgsbeitrag der Organisationseinheit als auch der individuelle Erfolgsbeitrag einfließen müssen. Dass § 3 Abs. 1 Satz 2 Nr. 5 VersVergV vorschreibt, bezüglich einzelner Organisationseinheiten auch den gesamten Erfolg des Unternehmens angemessen zu berücksichtigen, bedeutet nicht, dass bei der variablen Vergütung stets auf den Erfolgsbeitrag der Organisationseinheit und den Erfolg des Unternehmens abzustellen ist. Eine variable Vergü-

---

353 Begründung zur InstitutsVergV, in der Fassung v. 6.10.2010, Besonderer Teil zu den §§ 3, 4 und 7, abrufbar unter http://www.bafin.de/SharedDocs/Aufsichtsrecht/DE/Verordnung/InstitutsVergV_Begruendung_ba.html (31.10.2013).
354 Begründung zur InstitutsVergV, in der Fassung v. 6.10.2010, Besonderer Teil zu § 2, abrufbar unter http://www.bafin.de/SharedDocs/Aufsichtsrecht/DE/Verordnung/InstitutsVergV_Begruendung_ba.html (31.10.2013).
355 *CEBS*, Guidelines on Remuneration Policies and Practices v. 10.12.2010, S. 44 (Nr. 76), S. 47 (Nr. 84), abrufbar unter http://www.eba.europa.eu/documents/10180/106961/Guidelines.pdf (31.10.2013).

tung, die ausschließlich an dem individuellen Erfolg des Mitarbeiters anknüpft, wie die „klassische" Provision im Sinne der §§ 87 ff. HGB, bleibt weiterhin zulässig. Nur für den Fall, dass stattdessen oder daneben auf den Erfolg der Organisationseinheit abgestellt wird, der der Mitarbeiter angehört, ist zu beachten, dass dann auch der gesamte Erfolg des Unternehmens angemessen zu berücksichtigen ist. Zweck der Regelung ist es, zu verhindern, dass die variable Vergütung in einzelnen, erfolgreichen Abteilungen sich unverhältnismäßig zu Lasten der wirtschaftlichen Situation des Unternehmens auswirkt, wenn dieses insgesamt ein negatives Ergebnis erzielt hat.[356] Eine Berücksichtigung des Gesamterfolgs des Instituts/ Unternehmens beziehungsweise der Gruppe, des Erfolgsbeitrags der Organisationseinheit und des individuellen Erfolgsbeitrags bei der variablen Vergütung wird sowohl in der InstitutsVergV als auch in der VersVergV erst im Rahmen der besonderen Anforderungen verlangt. Für nicht bedeutende Institute und nicht bedeutende Unternehmen gilt diese Anforderung also nicht.

Dennoch lassen sich den Erläuterungen in der Begründung zur Instituts-VergV und den Guidelines on Remuneration Policies and Practices des CEBS Anhaltspunkte für die Beantwortung der Frage entnehmen, wann keine signifikante Abhängigkeit der Geschäftsleiter und Mitarbeiter von variabler Vergütung besteht. Im Kern kommt es darauf an, dass ein vollständiges Abschmelzen der variablen Vergütung möglich sein muss. Daher muss der fixe Teil der Gesamtvergütung der Geschäftsleiter und Mitarbeiter so hoch sein, dass er unter Berücksichtigung des Aufgabenbereichs und der Position, der beruflichen Qualifikation, der Kenntnisse und Fähigkeiten, der Berufserfahrung, des Dienstalters, der Region etc., eine ausreichende Basis zu ihrer Entlohnung bildet.[357] Durch die fixe Vergütung müssen die Geschäftsleiter und Mitarbeiter bereits ein in Bezug auf ihre Person und ihre berufliche Situation akzeptables Vergütungsniveau erreichen. Die variable Vergütung darf lediglich ein „Plus" darstellen, einen Bonus, auf den sie nicht angewiesen sind.

---

356 Vgl. *GDV*, Auslegungshilfe zu den Anforderungen an Vergütungssysteme in der Versicherungswirtschaft, Stand Februar 2011, S. 10, abrufbar unter http://www.gdv.de/2011/ 02/gdv-auslegungshilfe-zur-versicherungs-verguetungsverordnung/ (31.10.2013) sowie *Bartel/Bilobrk/Zopf*, BB 2011, 1269, 1272.

357 Vgl. *Braun/Wolfgarten*, in: Boos/Fischer/Schulte-Mattler, KWG, § 25a KWG Rn. 691; *CEBS*, Guidelines on Remuneration Policies and Practices v. 10.12.2010, S. 44 (Nr. 76), abrufbar   unter   http://www.eba.europa.eu/documents/10180/106961/Guidelines.pdf (31.10.2013); vgl. auch *Wallner*, BankPraktiker 2011, 211, 212.

(bb) Variabilisierung der Vergütung bei Arbeitnehmern

Bei den als Arbeitnehmer zu qualifizierenden Mitarbeitern der Institute und Unternehmen gilt ohnehin, dass ihre Vergütung nicht in beliebigem Umfang variabilisiert werden kann. Eine vollständige Variabilisierung der Vergütung ist nur zulässig, wenn dem Arbeitnehmer damit ausschließlich das Risiko einer eigenen Minderleistung aufgebürdet wird.[358] Dies ist zum Beispiel beim Akkordlohn der Fall oder auch bei einer Zielvergütung, bei der die Zielerreichung allein in der Hand des Arbeitnehmers liegt und die Ziele bei durchschnittlicher Leistung erfüllbar sind.[359] Voraussetzung ist stets, dass der Arbeitnehmer durch eine Normalleistung eine Vergütung in sittengerechter Höhe erlangen kann und dem übernommenen Risiko der eigenen Minderleistung die Chance gegenübersteht, durch überdurchschnittliche Leistungen eine höhere Vergütung zu erzielen.[360]

Bei einer Zielvergütung, bei der die Zielerreichung auch von Dritteinflüssen abhängt, wie zum Beispiel wirtschaftlichen Faktoren und den Leistungen, Erfolgen, Entscheidungen und Geschicken Dritter, muss dagegen gewährleistet sein, dass der Arbeitnehmer eine bestimmte Mindestvergütung erhält.[361] Die unterste Grenze für diese Mindestvergütung bildet die Grenze der Sittenwidrigkeit (§ 138 BGB). Diese wird durch einen Vergleich des Leistungsversprechens des Arbeitnehmers mit dem Leistungsversprechen des Arbeitgebers ermittelt. Der Wert des Leistungsversprechens des Arbeitgebers hängt dabei davon ab, in welchem Maß der Arbeitnehmer bei der Zielvergütung Einfluss auf die Zielerreichung hat und, zum Teil damit zusammenhängend, mit welchen Wahrscheinlichkeitsgraden welche Vergütungshöhen erreicht werden können.[362] Auch oberhalb der Grenze der Sittenwidrigkeit ist jedoch noch keine beliebige Variabilisierung zulässig. Zu berücksichtigen ist an dieser Stelle noch der Aspekt der Risikotragung im Arbeitsverhältnis.[363] Das Wirtschaftsrisiko ist grundsätzlich vom Arbeitgeber zu tragen und darf nicht in unzulässiger Weise auf den Arbeitnehmer verlagert werden.[364] Hinzu kommt, dass dem Arbeitnehmer keine Erfolgsgarantie auferlegt werden darf. Das wäre mit dem Wesen des Arbeitsvertrages, nach dem der

---

358 Vgl. *Krause*, in: Münchener Handbuch zum ArbR, § 57 Rn. 40.
359 *Krause*, in: Münchener Handbuch zum ArbR, § 57 Rn. 40.
360 *Krause*, in: Münchener Handbuch zum ArbR, § 57 Rn. 40.
361 *Krause*, in: Münchener Handbuch zum ArbR, § 57 Rn. 40.
362 *Krause*, in: Münchener Handbuch zum ArbR, § 57 Rn. 40.
363 *Krause*, in: Münchener Handbuch zum ArbR, § 57 Rn. 41.
364 *Krause*, in: Münchener Handbuch zum ArbR, § 57 Rn. 41.

Arbeitnehmer lediglich die Arbeitsleistung, nicht aber einen bestimmten Erfolg schuldet, unvereinbar.[365]

Starre Grenzen, wie etwa die von der Rechtsprechung zu den Widerrufsvorbehalten entwickelten, kann es für das Verhältnis zwischen festen und variablen Vergütungsbestandteilen nicht geben.[366] Die Grenze ist vielmehr individuell danach zu bestimmen, in welchem Umfang die Höhe der variablen Vergütung des Arbeitnehmers von Umständen abhängt, die von ihm direkt, die von ihm nur mittelbar und/oder die von ihm im Grunde gar nicht mehr beeinflusst werden können.

Auszugehen ist von dem Grundsatz, dass gegen eine vollständige Variabilisierung der Vergütung eines Arbeitnehmers dann keine Bedenken bestehen, wenn für die Höhe der variablen Vergütung nur die Leistungen des Arbeitnehmers entscheidend sind, er mit einer Normalleistung eine Vergütung in sittengerechter Höhe erlangen kann und somit nur das Risiko einer eigenen Minderleistung trägt.

Wird die Höhe der variablen Vergütung des Arbeitnehmers nicht nur von seinen Leistungen abhängig gemacht, sondern darüber hinaus von seinen, auch von der allgemeinen Marktsituation abhängigen, Erfolgen, ist eine vollständige Variabilisierung seiner Vergütung nicht mehr zulässig. Nach Krause ist dann, je nach der Stellung des Arbeitnehmers und der Höhe seiner sonstigen Bezüge von einem Anteil von 25 % bis 75 % der Gesamtvergütung auszugehen, der variabel gestellt werden kann.[367]

Soll die Höhe der variablen Vergütung nicht nur von den Leistungen und Erfolgen des Arbeitnehmers, also seinem individuellen Erfolgsbeitrag, sondern darüber hinaus auch von dem Erfolgsbeitrag der Organisationseinheit, der er angehört und dem Gesamterfolg des Instituts/ Unternehmens beziehungsweise der Gruppe abhängig gemacht werden, hat dies zur Folge, dass von dem Arbeitnehmer nicht beeinflussbare Faktoren eine noch größere Rolle spielen. Die Höhe der variablen Vergütung des Arbeitnehmers hängt dann zusätzlich von den Leistungen, Erfolgen, Entscheidungen und Geschicken Dritter ab. Je nach der Ge-

---

365 Vgl. *Griese*, in: Küttner, Personalbuch, Leistungsorientierte Vergütung Rn. 4; *Leder*, in: Lunk, AnwaltFormulare ArbR, § 1 Rn. 1600.

366 *Krause*, in: Münchener Handbuch zum ArbR, § 57 Rn. 41; vgl. auch *Leder*, in: Lunk, AnwaltFormulare ArbR, § 1 Rn. 1600.

367 *Krause*, in: Münchener Handbuch zum ArbR, § 57 Rn. 41.

wichtung der einzelnen Elemente (individueller Erfolgsbeitrag, Erfolgsbeitrag der Organisationseinheit, Gesamterfolg des Instituts/ Unternehmens beziehungsweise der Gruppe) ist nur noch von einem Anteil von 25 % bis 40 % der Gesamtvergütung auszugehen, der variabel gestellt werden kann. Je mehr von dem Arbeitnehmer nicht beeinflussbare Faktoren bei der Höhe seiner variablen Vergütung eine Rolle spielen und seine individuellen Leistungen und Erfolge in den Hintergrund rücken, desto mehr nähert sich die Grenze der von der Rechtsprechung für Widerrufsvorbehalte entwickelten an. Der fixe Vergütungsteil muss in einem solchen Fall bereits ein ausreichendes Äquivalent zur Arbeitsleistung bilden.

(b) Angemessenes Verhältnis zwischen der fixen und der variablen Vergütung

Bisher ist nur etwas darüber gesagt, wie hoch die fixe Vergütung sein muss, damit keine signifikante Abhängigkeit der Geschäftsleiter und Mitarbeiter von der variablen Vergütung besteht. Für das von den Verordnungen geforderte angemessene Verhältnis zwischen der fixen und der variablen Vergütung ist jedoch auch von Bedeutung, dass die variable Vergütung noch einen wirksamen Verhaltensanreiz bei den Geschäftsleitern und Mitarbeitern setzen kann. Daher muss sie zumindest so hoch sein, dass Leistungssteigerungen für den Geschäftsleiter oder Mitarbeiter noch lohnend erscheinen.[368] Allerdings gilt auch dann noch, wenn der Geschäftsleiter oder Mitarbeiter eine so hohe Fixvergütung erhält, dass er von der variablen Vergütung nicht signifikant abhängig ist, dass mit der Höhe der möglichen variablen Vergütung nicht nur der Anreiz steigt, die für ihren Erhalt erforderliche Leistung zu erbringen, sondern gleichzeitig auch die Bereitschaft, Risiken einzugehen.

Von den Instituten wird in § 3 Abs. 5 Satz 3 InstitutsVergV verlangt, eine angemessene Obergrenze für das Verhältnis zwischen fixer und variabler Vergütung festzulegen.[369] Nach der Begründung zur InstitutsVergV können gegebenenfalls auch unterschiedliche maximale Verhältniszahlen für verschiedene Mit-

---

368 Anreize werden nicht geschaffen, wenn bei guter oder schlechter Leistung die monetären Unterschiede kaum spürbar sind, vgl. *Neumann/Stettler*, Kreditwesen 2013, 390, 391.

369 Mit dem CRD IV – Umsetzungsgesetz wurde diese Vorgabe direkt in das KWG aufgenommen und zwar in den § 25a Abs. 5 Satz 1 KWG. Sie tritt dort zum 1.1.2014 in Kraft.

arbeitergruppen vorgegeben werden.[370] Die zur Auslegung und Konkretisierung der Regelungen für eine solide Vergütungspolitik in der Richtlinie 2006/48/EG heranzuziehenden Guidelines on Remuneration Policies and Practices des CEBS sehen dies nicht als bloße Möglichkeit an, sondern fordern ausdrücklich, dass zwischen den verschiedenen Mitarbeitergruppen differenziert wird und für diese unterschiedliche Obergrenzen festgelegt werden. Durch eine hinreichende Differenzierung bei der Festlegung der Obergrenzen soll vermieden werden, dass von diesen später doch wieder abgewichen wird.[371]

Tatsächlich kann die Frage eines angemessenen Verhältnisses von fixer und variabler Vergütung nicht generell und für alle Mitarbeiter gleich beantwortet werden.[372] Welcher Kategorie der Mitarbeiter angehört (Mitarbeiter im Bereich Markt und Handel, Mitarbeiter einer Kontrolleinheit etc.), welche Position er innerhalb der Organisation einnimmt, was für einen Tätigkeits- und Verantwortungsbereich er hat, seine Fähigkeit Risiken zu begründen und die Art der Risiken, die durch ihn begründet werden können (kurz- und langfristige Risiken), spielen bei der Frage eine große Rolle. Nach den Guidelines on Remuneration Policies and Practices des CEBS ist das richtige Verhältnis außerdem abhängig von der Qualität der Leistungs- und Erfolgsmessung, dem Maß, in dem Risiken berücksichtigt werden (der Risikoadjustierung), der Länge des Zeitraums über den die variable Vergütung unter Umständen zurückbehalten wird, der rechtlichen Struktur des Instituts sowie Art und Umfang der Geschäftsaktivitäten.[373]

Schon 2012 wurde auf EU- Ebene die Festlegung einer gesetzlichen Obergrenze für das Verhältnis zwischen variabler und fixer Vergütung diskutiert.[374] In die CRD IV (Richtlinie 2013/36/EU) ist eine Obergrenze nun aufgenommen

---

370 Begründung zur InstitutsVergV, in der Fassung v. 6.10.2010, Besonderer Teil zu den §§ 3,4 und 7, abrufbar unter http://www.bafin.de/SharedDocs/Aufsichtsrecht/DE/Verord nung/InstitutsVergV_Begruendung_ba.html (31.10.2013).

371 *CEBS*, Guidelines on Remuneration Policies and Practices v. 10.12.2010, S. 45 f. (Nr. 79), abrufbar unter http://www.eba.europa.eu/documents/10180/106961/Guidelines.pdf (31.10.2013).

372 Vgl. *Müller-Bonanni/Mehrens*, NZA 2010, 792, 795; *Simon/Koschker*, BB 2011, 120, 122.

373 *CEBS*, Guidelines on Remuneration Policies and Practices v. 10.12.2010, S. 46 (Nr. 82), abrufbar unter http://www.eba.europa.eu/documents/10180/106961/Guidelines.pdf (31.10.2013).

374 Vgl. die Pressemitteilung des Committee on Economic and Monetary Affairs v. 11.5.2012, S. 1, abrufbar unter http://www.europarl.europa.eu/pdfs/news/expert/info press/20120511IPR44896/20120511IPR44896_en.pdf (31.10.2013).

worden. Das CRD IV – Umsetzungsgesetz sieht die Einfügung der Obergrenzenregelung aus der EU – Richtlinie in den § 25a Abs. 5 KWG vor. Künftig darf gemäß § 25a Abs. 5 Satz 2 KWG die variable Vergütung grundsätzlich jeweils 100 % der fixen Vergütung für jeden einzelnen Mitarbeiter oder Geschäftsleiter nicht überschreiten. Hierbei kann für bis zu 25 % der variablen Vergütung der zukünftige Wert auf den Zeitpunkt der Mitteilung an die jeweiligen Mitarbeiter oder Geschäftsleiter über die Höhe der variablen Vergütung für einen Bemessungszeitraum abgezinst werden, wenn dieser Teil der variablen Vergütung für die Dauer von mindestens fünf Jahre nach dieser Mitteilung zurückbehalten wird. Nach dem künftigen § 25a Abs. 5 Satz 5 KWG können die Anteilseigner, die Eigentümer, die Mitglieder oder die Träger des Instituts über die Billigung einer höheren variablen Vergütung als nach Satz 2, die 200 % der fixen Vergütung für jeden einzelnen Mitarbeiter oder Geschäftsleiter nicht überschreiten darf, beschließen. Die Norm enthält des Weiteren Regelungen für einen entsprechenden Beschlussvorschlag und für die Beschlussfassung, insbesondere für die erforderliche Mehrheit. In § 6 des Referentenentwurfs zur Neufassung der InstitutsVergV werden die vorstehenden Regelungen zum Teil wiedergegeben und in Bezug genommen. § 6 Abs. 4 des Referentenentwurfs schreibt vor, dass, wenn eine Erhöhung des Verhältnisses der variablen zur fixen Vergütung nach § 25a Abs. 5 Satz 2 KWG angestrebt wird, das Institut in der Lage sein muss, der BaFin nachzuweisen, dass das vorgeschlagene höhere Verhältnis nicht die Verpflichtungen des Instituts nach der Verordnung (EU) Nr. 575/2013, dem KWG und der InstitutsVergV beeinträchtigt, wobei besonderes Augenmerk auf die Eigenmittelverpflichtungen des Instituts zu legen ist. Damit wird die Anforderung in Art. 94 Abs. 1 lit. g) (ii) 4. Spiegelstrich der CRD IV (Richtlinie 2013/36/EU) umgesetzt.

(c) Berücksichtigung der Risiken bei der variablen Vergütung

Mit der Verhinderung einer signifikanten Abhängigkeit der Geschäftsleiter und Mitarbeiter von variabler Vergütung und der Schaffung eines angemessenen Verhältnisses zwischen dem fixen und dem variablen Teil der Vergütung, können Anreize zur Eingehung unverhältnismäßig hoher Risiken vermieden werden. Ein weiterer, wichtiger Ansatz zur Eindämmung der Anreize, Risiken einzugehen, ist, die Risiken bei der Ermittlung der Höhe der variablen Vergütung mit einzubeziehen.

In § 3 Abs. 1 Satz 2 Nr. 4 VersVergV wird ausdrücklich gefordert, dass bei der Ausgestaltung der Vergütungssysteme die wesentlichen Risiken und deren Zeithorizont angemessen berücksichtigt werden. Auch in Anhang V Abschnitt 11 Nr. 23 a) und n) der Richtlinie 2006/48/EG und an verschiedenen Stellen in den Guidelines on Remuneration Policies and Practices des CEBS[375] und den, sämtlichen dieser Vergütungsregelungen auf nationaler und EU- Ebene zugrunde liegenden, Principles for Sound Compensation Practices des FSF[376] wird die Herstellung einer Verbindung zwischen den Risiken und der Vergütung verlangt. Zwei Mitarbeiter, die den gleichen kurzfristigen Erfolg generieren, dabei aber in unterschiedlichem Umfang Risiken für das Institut/ Unternehmen begründen, sollen im Hinblick auf ihre Vergütung nicht gleich behandelt werden.[377] Nach Anhang V Abschnitt 11 Nr. 23 n) der Richtlinie 2006/48/EG sollen bei der variablen Vergütung alle Arten von laufenden und künftigen Risiken und die Kosten der geforderten Eigenkapital- und Liquiditätsausstattung berücksichtigt werden.

Eine Berücksichtigung der Risiken bei der variablen Vergütung kann auf verschiedenen Wegen erfolgen. Bei der Zielvergütung können die Risiken, die ein Mitarbeiter begründet, direkt bei der Ermittlung der Höhe seiner variablen Vergütung mit einbezogen werden. So können neben Zielen für bestimmte Geschäftsabschlüsse auch individuelle Risikoziele vereinbart oder vorgeben werden. Die in den Risikostrategien des Instituts/ Unternehmens niedergelegten Ziele können, wie die in den Geschäftsstrategien niedergelegten Ziele, bis hin zu den einzelnen Mitarbeitern konkretisiert werden. Nicht ganz einfach ist lediglich die Messung der verschiedenen Risiken.[378]

Bei der Provision werden die Risiken der Geschäfte zumindest in einem gewissen Umfang über die Stornohaftung des im Außendienst angestellten Mitarbeiters berücksichtigt.[379] Wenn bei einem vermittelten oder abgeschlossenen Geschäft feststeht, dass der Dritte nicht leistet, entfällt gemäß § 87a Abs. 2 Halbs. 1 HGB der Anspruch auf die Provision. Ist die Provision bereits an den Mitarbeiter ausgezahlt worden, hat er sie gemäß § 87a Abs. 2 Halbs. 2 HGB zurückzuzahlen. In diesem Fall sind die §§ 346 ff. BGB anzuwenden, so dass sich

---

375 *CEBS*, Guidelines on Remuneration Policies and Practices v. 10.12.2010, S. 38 f., 41, 48 f., abrufbar unter http://www.eba.europa.eu/documents/10180/106961/Guidelines.pdf (31.10.2013).

376 *FSF*, Principles for Sound Compensation Practices v. 2.4.2009, S. 2, 5, 9, abrufbar unter http://www.financialstabilityboard.org/publications/r_0904b.pdf (31.10.2013).

377 *FSF*, Principles for Sound Compensation Practices v. 2.4.2009, S. 2, abrufbar unter http://www.financialstabilityboard.org/publications/r_0904b.pdf (31.10.2013).

378 *FSF*, Principles for Sound Compensation Practices v. 2.4.2009, S. 9, abrufbar unter http://www.financialstabilityboard.org/publications/r_0904b.pdf (31.10.2013).

379 Vgl. *Bartel/Bilobrk/Zopf*, BB 2011, 1269, 1272.

der betroffene Mitarbeiter nicht auf den Wegfall der Bereicherung berufen kann.[380] Dass der Dritte nicht leistet steht fest, wenn er von einem Rücktrittsrecht Gebrauch gemacht hat, wenn er durch Urteil von seiner Leistung befreit worden ist oder er die Leistung verweigert und ein klageweises Vorgehen gegen ihn unzumutbar ist, etwa weil er zahlungsunfähig ist und es voraussehbar auf Zeit bleibt.[381] In der vertraglichen Vereinbarung mit dem Mitarbeiter können nähere Bestimmungen getroffen werden im Hinblick darauf, wann feststehen soll, dass der Dritte nicht leistet.[382] So kann auch vereinbart werden, dass der Arbeitgeber grundsätzlich nicht klageweise gegen den Dritten vorzugehen braucht.[383]

(2) Anreize durch bestimmte, einzelvertraglich begründete Ansprüche auf Leistungen für den Fall der Beendigung der Tätigkeit

Nicht nur durch die variable Vergütung können Anreize zur Eingehung unverhältnismäßig hoher Risiken geschaffen werden, die dazu führen, dass das Vergütungssystem des Geschäftsleiters oder Mitarbeiters nicht angemessen ausgestaltet ist. Nach der InstitutsVergV sind Anreize zur Eingehung unverhältnismäßig hoher Risiken insbesondere auch durch einzelvertraglich begründete Ansprüche auf Leistungen für den Fall der Beendigung der Tätigkeit gegeben, auf die trotz individueller negativer Erfolgsbeiträge ein der Höhe nach unveränderter Anspruch besteht *(§ 3 Abs. 4 Satz 1 Nr. 2 InstitutsVergV)*.

(a) Leistungen für den Fall der Beendigung der Tätigkeit

Was unter einzelvertraglich begründeten Ansprüchen auf Leistungen für den Fall der Beendigung der Tätigkeit zu verstehen ist, wird in der InstitutsVergV nicht näher erläutert. Die Verordnungsbegründung gibt hierzu nur an, dass darunter auch ermessensabhängige Leistungen zur Altersversorgung im Sinne von § 2 Nr. 4 InstitutsVergV fallen.[384] Ausgenommen sind im Umkehrschluss die ermessensunabhängigen Leistungen zur Altersversorgung.[385]

---

380 *Oetker*, in: ErfK, § 87a HGB Rn. 9.
381 Vgl. *Krause*, in: Münchener Handbuch zum ArbR, § 58 Rn. 18; *Oetker*, in: ErfK, § 87a HGB Rn. 8.
382 *Krause*, in: Münchener Handbuch zum ArbR, § 58 Rn. 18; *Vogelsang*, in: Schaub, ArbR-Handbuch, § 75 Rn. 39.
383 *Vogelsang*, in: Schaub, ArbR-Handbuch, § 75 Rn. 39.
384 Begründung zur InstitutsVergV, in der Fassung v. 6.10.2010, Besonderer Teil zu den §§ 3,4 und 7, abrufbar unter http://www.bafin.de/SharedDocs/Aufsichtsrecht/DE/Verordnung/InstitutsVergV_Begruendung_ba.html (31.10.2013).
385 *Insam/Hinrichs/Hörtz*, DB 2012, 1568, 1570.

In erster Linie ist bei „Leistungen für den Fall der Beendigung der Tätigkeit" an Abfindungen zu denken. Abfindungsansprüche aus Sozialplänen bleiben von der Regelung in § 3 Abs. 4 Satz 1 Nr. 2 InstitutsVergV jedoch unberührt, da sie nicht „einzelvertraglich begründet" sind, sondern auf einer zwischen Arbeitgeber und Betriebsrat getroffenen Vereinbarung beruhen.[386] Bezweifeln könnte man auch die Erfassung der durch Aufhebungsvertrag begründeten Abfindungsansprüche.[387] Denn bei enger Wortlautauslegung geht es in § 3 Abs. 4 Satz 1 Nr. 2 InstitutsVergV um die einzelvertragliche Vereinbarung einer Leistung für eine in der Zukunft liegende, noch ungewisse Beendigung der Tätigkeit. Gegenstand der einen Abfindungsanspruch begründenden Aufhebungsverträge ist dagegen die konkrete Beendigung des ursprünglich geschlossenen Arbeits- oder Dienstvertrages zu einem genau bezeichneten Zeitpunkt.[388]

Gegen eine derart enge Auslegung sprechen jedoch historische Argumente. Mit der InstitutsVergV sollten die, durch die CRD III (Richtlinie 2010/76/EU) in die Richtlinie 2006/48/EG eingefügten Regelungen zur Vergütungspolitik noch vor ihrem Inkrafttreten in nationales Recht umgesetzt werden.[389] In der, § 3 Abs. 4 Satz 1 Nr. 2 InstitutsVergV entsprechenden Regelung in Anhang V Abschnitt 11 Nr. 23 m) der Richtlinie 2006/48/EG ist die Rede von „Zahlungen im Zusammenhang mit der vorzeitigen Beendigung eines Vertrages". Darunter fallen eindeutig auch und gerade Abfindungen aus Aufhebungsverträgen.

Hinzu kommt, dass § 3 Abs. 4 Satz 1 Nr. 2 InstitutsVergV ausdrücklich die Vermeidung von Anreizen zur Eingehung unverhältnismäßig hoher Risiken bezweckt. Solche können durch Abfindungen in Aufhebungsverträgen in der Zeit bis zur Beendigung der Tätigkeit gegeben sein. Denn wer weiß, dass seine Tätigkeit für das Institut endet und dass er bei der Beendigung in jedem Fall eine bestimmte Abfindung erhält, wird nicht gerade dazu angehalten noch im Interes-

---

386 Vgl. *Fröhlich*, ArbRB 2010, 312, 313 f.; *Mosch/Rosenau*, NJW-Spezial 2010, 498; *Müller-Bonanni/Mehrens*, NZA 2010, 792, 794.
387 Vgl. *Heuchemer/Kloft*, WM 2010, 2241, 2243; *Müller-Bonanni/Mehrens*, NZA 2010, 792, 794.
388 Vgl. *Däubler*, in: Däubler u.a., ArbR Handkommentar, § 611 BGB Rn. 591; *Müller-Glöge*, in: ErfK, § 620 BGB Rn. 5; *Wank*, in: Münchener Handbuch zum ArbR, § 94 Rn. 16.
389 Vgl. Begründung zur InstitutsVergV, in der Fassung v. 6.10.2010, Allgemeiner Teil, abrufbar unter http://www.bafin.de/SharedDocs/Aufsichtsrecht/DE/Verordnung/InstitutsVergV_Begruendung_ba.html (31.10.2013).

se eines nachhaltigen Erfolgs des Instituts zu handeln.[390] Die Erfassung der durch Aufhebungsvertrag begründeten Abfindungen entspricht mithin auch dem Sinn und Zweck des § 3 Abs. 4 Satz 1 Nr. 2 InstitutsVergV.

Darüber hinaus zielt die Regelung in § 3 Abs. 4 Satz 1 Nr. 2 InstitutsVergV vor allem auf die unmittelbar im Arbeits- beziehungsweise Dienstvertrag vereinbarten, also zu Vertragsbeginn festgeschriebenen Abfindungen ab. In der Praxis kommt es bei den Geschäftsleitern nicht selten vor, dass im Anstellungsvertrag eine Regelung aufgenommen wird, wonach der Geschäftsleiter für den Fall, dass sein Vertrag nach Ablauf der Vertragslaufzeit nicht verlängert wird, eine Abfindung erhält.[391] Auch enthalten die Anstellungsverträge der Geschäftsleiter oft sogenannte „golden parachute"-Zusagen oder auch „change of control"-Klauseln. Hierbei handelt es sich um das Versprechen einer regelmäßig sehr hohen Abfindung für den Fall, dass der Anstellungsvertrag des Geschäftsleiters infolge einer Fusion oder Übernahme des Unternehmens und des damit verbundenen Kontrollwechsels vorzeitig beendet wird.[392] Zum Teil kommt es dabei nicht einmal darauf an, ob die Beendigung der Anstellung auf Veranlassung des Übernehmers oder durch eine Eigenkündigung des Geschäftsleiters erfolgt.[393] Gerade auch durch bereits zu Vertragsbeginn festgeschriebene Abfindungen kann die Risikobereitschaft der Geschäftsleiter und Mitarbeiter erhöht werden.

(b) Ziel und Reichweite der Regelung des § 3 Abs. 4 Satz 1 Nr. 2 InstitutsVergV

Aus der Regelung in § 3 Abs. 4 Satz 1 Nr. 2 InstitutsVergV folgt indirekt, dass sowohl bei der Vereinbarung einer Abfindung bereits unmittelbar im Arbeits- oder Dienstvertrag als auch bei der Vereinbarung einer Abfindung in einem Aufhebungsvertrag eine Klausel stets sicherstellen muss, dass individuelle negative Erfolgsbeiträge die Höhe des Abfindungsanspruchs verringern. Die Regelung suggeriert, dass auf diese Weise gewährleistet wird, dass keine Anreize zur Eingehung unverhältnismäßig hoher Risiken gegeben sind. Deren Vermeidung

---

390 Vgl. *CEBS*, Guidelines on Remuneration Policies and Practices v. 10.12.2010, S. 42 (Nr. 70), abrufbar unter http://www.eba.europa.eu/documents/10180/106961/Guidelines.pdf (31.10.2013).

391 Vgl. *Jaeger*, NZA 2010, 128, 133; *Nussbaum*, Abfindungen und Anerkennungsprämien, S. 40 (Fn. 155).

392 Vgl. *Nussbaum*, Abfindungen und Anerkennungsprämien, S. 31 ff., 42 ff. sowie *Müller-Bonanni/Mehrens*, NZA 2010, 792, 793 f.

393 Vgl. *Heuchemer/Kloft*, WM 2010, 2241, 2243; *Nussbaum*, Abfindungen und Anerkennungsprämien, S. 33.

ist gemäß § 3 Abs. 3 InstitutsVergV Voraussetzung für eine angemessene Ausgestaltung der Vergütungssysteme der Geschäftsleiter und Mitarbeiter.

Wird die Höhe des Abfindungsanspruchs von den individuellen Erfolgsbeiträgen des Betroffenen in der Vergangenheit abhängig gemacht, führt dies jedoch nicht zwingend dazu, dass keine Anreize zur Eingehung unverhältnismäßig hoher Risiken gegeben sind. Individuelle negative Erfolgsbeiträge entstehen dann, wenn der Geschäftsleiter beziehungsweise Mitarbeiter mit seinen tatsächlichen Leistungen und Erfolgen hinter den Vorgaben zurück bleibt.[394] Die Risiken, die der Geschäftsleiter beziehungsweise Mitarbeiter für das Institut eingeht, fließen bei der Ermittlung seiner Erfolgsbeiträge nicht immer mit ein. Eine Berücksichtigung der Risiken, ihrer Laufzeiten sowie der Kapital- und Liquiditätskosten bei der Ermittlung der individuellen Erfolgsbeiträge wird in der InstitutsVergV erst im Rahmen der besonderen Anforderungen verlangt. Wenn die Risiken, die von einem Geschäftsleiter oder Mitarbeiter eingegangen werden, nicht indirekt über seine Erfolgsbeiträge bei der Berechnung der Höhe des Abfindungsanspruchs berücksichtigt werden, muss eine Klausel sicherstellen, dass sie direkt in die Berechnung der Höhe des Abfindungsanspruchs einfließen. Nur so kann auch in diesem Fall dem Ziel der Regelung des § 3 Abs. 4 Satz 1 Nr. 2 InstitutsVergV, durch Abfindungsansprüche gegebene Anreize zur Eingehung unverhältnismäßig hoher Risiken zu vermeiden, tatsächlich entsprochen werden.

Die vorstehenden Ausführungen zur Verringerung der Höhe von, für den Fall der Beendigung der Tätigkeit zugesagten, Leistungen bei individuellen negativen Erfolgsbeiträgen offenbaren noch ein weiteres, vielleicht noch bedeutenderes Ziel der Regelung in § 3 Abs. 4 Satz 1 Nr. 2 InstitutsVergV. Es soll vermieden werden, dass schlechte Leistungen nachträglich belohnt werden. Dieses Ziel kommt in der entsprechenden Regelung in Anhang V Abschnitt 11 Nr. 23 m) der Richtlinie 2006/48/EG klarer zum Ausdruck. Dort heißt es, dass Zahlungen im Zusammenhang mit der vorzeitigen Beendigung eines Vertrages den Erfolg im Laufe der Zeit widerspiegeln und so gestaltet sein müssen, dass sie Versagen nicht belohnen. Sinn und Zweck der Regelung in § 3 Abs. 4 Satz 1 Nr. 2 InstitutsVergV ist also neben der Vermeidung von Anreizen zur Eingehung unverhältnismäßig hoher Risiken vor allem auch die Vermeidung der nachträglichen Belohnung von Schlechtleistungen.

---

394 Vgl. Begründung zur InstitutsVergV, in der Fassung v. 6.10.2010, Besonderer Teil zu § 2, abrufbar unter http://www.bafin.de/SharedDocs/Aufsichtsrecht/DE/Verordnung/Insti tutsVergV_Begruendung_ba.html (31.10.2013).

Ausgehend von diesem Sinn und Zweck stellt sich die Frage, ob bei der Vereinbarung einer Abfindung unmittelbar im Arbeits- oder Dienstvertrag oder später in einem Aufhebungsvertrag deren Höhe nun stets und in vollem Umfang von den individuellen Erfolgsbeiträgen des Geschäftsleiters beziehungsweise Mitarbeiters abhängig sein muss. Die Regelung könnte teleologisch zu reduzieren sein.[395]

Abfindungen haben unterschiedliche Funktionen. Wird im Rahmen eines Aufhebungsvertrages eine Abfindung vereinbart, ist diese praktisch die vom Unternehmen zu erbringende Gegenleistung dafür, dass der Mitarbeiter beziehungsweise Geschäftsleiter sich auf die vorzeitige Beendigung des ursprünglich geschlossenen Arbeits- beziehungsweise Dienstvertrages einlässt.[396] Üblicherweise handelt es sich um eine zumindest teilweise Kapitalisierung der Vergütung, die bei voller Erfüllung des befristeten Vertrages oder beim unbefristeten Vertrag bis zum Ablauf der Kündigungsfrist, vereinbarungsgemäß noch angefallen wäre.[397] Die Abfindung geht also auf den Grundsatz pacta sunt servanda zurück.[398] Darüber hinaus sollen Abfindungen in der Regel ein Sicherheitsnetz schaffen.[399] Das gilt prinzipiell sowohl für die im Aufhebungsvertrag, als auch für die bereits unmittelbar im Arbeits- beziehungsweise Dienstvertrag vereinbarten Abfindungen. Sie sollen die Betroffenen für die, mit dem Verlust der Anstellung beziehungsweise des Arbeitsplatzes verbundenen, wirtschaftlichen und immateriellen Nachteile entschädigen (Entschädigungsfunktion) und die sich unter Umständen anschließende einkommenslose Zeit überbrücken helfen (Überbrückungsfunktion).[400] Sie können auch einen Betrag zum Ausgleich eines vereinbarten, nachvertraglichen Wettbewerbsverbots beinhalten.[401] Mit Arbeit-

---

395 Zur teleologischen Reduktion siehe *Bydlinski*, Juristische Methodenlehre, S. 480 f.; *Larenz/Canaris*, Methodenlehre, S. 210 ff.; *Rüthers/Fischer/Birk*, Rechtstheorie, Rn. 902 ff.; *Wank*, Die Auslegung von Gesetzen, S. 89 f.
396 Vgl. *Jaeger*, NZA 2010, 128, 134; *Nussbaum*, Abfindungen und Anerkennungsprämien, S. 19 ff.; *Richardi/Fischinger*, in: Staudinger, § 613 BGB Rn. 17.
397 Vgl. *Müller-Bonanni/Mehrens*, NZA 2010, 792, 794; *Nussbaum*, Abfindungen und Anerkennungsprämien, S. 20 f.
398 Vgl. *Langen/Schielke/Zöll*, BB 2009, 2479, 2485.
399 *CEBS*, Guidelines on Remuneration Policies and Practices v. 10.12.2010, S. 42 (Nr. 71), abrufbar unter http://www.eba.europa.eu/documents/10180/106961/Guidelines.pdf (31.10.2013).
400 *Kreßel*, NZA 1997, 1138, 1140 f.
401 Vgl. *CEBS*, Guidelines on Remuneration Policies and Practices v. 10.12.2010, S. 42 (Nr. 71), abrufbar unter http://www.eba.europa.eu/documents/10180/106961/Guidelines.pdf (31.10.2013).

nehmern, die in den Vorstand berufen werden, wird oftmals eine Abfindung vereinbart, die der Abfindung entspricht, die sie als Arbeitnehmer im Falle ihrer Entlassung erwarten konnten.[402] Diese Abfindung dient der Kompensation des mit der Organstellung verbundenen Verlustes des Kündigungsschutzes.[403]

Bei Abfindungen geht es vom Grundsatz her also nicht darum den Geschäftsleiter oder Mitarbeiter für seine Tätigkeit in der Vergangenheit nachträglich zu belohnen.[404] Dies gilt jedoch nur insoweit, wie die Abfindungen sich in dem Rahmen halten, der sich aus den oben stehenden Funktionen ergibt. In den Banken wurden in der Vergangenheit jedoch häufig deutlich höhere Abfindungen vereinbart, als mit Blick auf die oben stehenden Funktionen erforderlich oder angemessen. Sehr hohe Abfindungen fanden sich vor allem in den Anstellungsverträgen der Geschäftsleiter. Sie wurden als Bestandteil des Gesamtvergütungspakets angesehen, mit welchem begehrte Geschäftsleiter von Unternehmen angeworben wurden.[405] In diesen Fällen konnte es zur nachträglichen Belohnung von Schlechtleistungen kommen. Aus alle dem folgt, dass § 3 Abs. 4 Satz 1 Nr. 2 InstitutsVergV teleologisch dahingehend zu reduzieren ist, dass nur dann, wenn eine Abfindung sich nicht mehr in dem durch ihre eigentlichen Funktionen vorgegebenen Rahmen hält, eine Vertragsklausel sicherstellen muss, dass Gewährung und Höhe der den Rahmen übersteigenden Beträge von den tatsächlichen Leistungen und Erfolgen des Betroffenen abhängig sind. Diese Einschränkung des Anwendungsbereichs der Regelung in § 3 Abs. 4 Satz 1 Nr. 2 InstitutsVergV wird auch durch die Ausführungen des CEBS in den Guidelines on Remuneration Policies and Practices zu der entsprechenden Regelung in Anhang V Abschnitt 11 Nr. 23 m) der Richtlinie 2006/48/EG gestützt. Dort werden die Funktionen, die Abfindungen grundsätzlich erfüllen sollen, erläutert. Die Institute werden aufgefordert einen Rahmen festzulegen, innerhalb dessen Abfindun-

---

402 *Müller-Bonanni/Mehrens*, NZA 2010, 792, 794.

403 *Müller-Bonanni/Mehrens*, NZA 2010, 792, 794.

404 Vgl. *Heuchemer/Kloft*, WM 2010, 2241, 2243, die jedoch aus der Entschädigungsfunktion der Abfindungen sogar schließen, dass diese nicht Teil der Vergütung und schon gar nicht des Vergütungssystems sind und damit von vornherein nicht unter § 3 Abs. 4 Satz 1 Nr. 2 InstitutsVergV fallen. Dem kann schon mit Blick auf die Weite des Vergütungsbegriffs der Verordnung nicht gefolgt werden. Ablehnend im Ergebnis auch *Insam/Hinrichs/Hörtz*, DB 2012, 1568, 1570 (Fn. 18).

405 Vgl. zu den Abfindungen in den Dienstverträgen von Vorstandsmitgliedern im Allgemeinen *Jaeger*, NZA 2010, 128, 134.

gen vereinbart werden können. Dieser Rahmen soll sicherstellen, dass es nicht zu einer Belohnung von Misserfolgen oder Versagen kommt.[406]

Im Ergebnis geht es bei der Regelung in § 3 Abs. 4 Satz 1 Nr. 2 Instituts-VergV darum, dass eine Anerkennungsprämie nur erhalten soll, wer sie sich durch seine Leistungen in der Vergangenheit und durch ein Handeln im Interesse eines nachhaltigen und langfristigen Erfolgs des Instituts auch verdient hat.

(c) Referentenentwurf zur Neufassung der InstitutsVergV

Der Referentenentwurf zur Neufassung der InstitutsVergV sieht in Bezug auf den vorstehenden Themenkomplex zwei differenzierende Regelungen vor. Ausweislich der im Referentenentwurf enthaltenen Begründung soll die eine Regelung den Fall betreffen, dass die Beendingung des Arbeitsverhältnisses noch nicht bevorsteht und die andere Regelung den Fall, dass die vorzeitige Beendigung des Beschäftigungsverhältnisses eingetreten ist.[407]

Die dem derzeitigen § 3 Abs. 4 Satz 1 Nr. 2 InstitutsVergV entsprechende, nach dem Referentenentwurf künftig in § 5 Abs. 3 Nr. 2 zu findende Regelung, nach welcher Anreize unverhältnismäßig hohe Risiken einzugehen insbesondere gegeben sind, wenn einzelvertraglich für den Fall der Beendigung der Tätigkeit Leistungen vereinbart werden, auf die trotz individueller negativer Erfolgsbeiträge ein der Höhe nach unveränderter Anspruch besteht, soll auf den jetzigen Arbeitsvertrag abstellen, bei dem die Beendigung des Arbeitsverhältnisses noch nicht bevorsteht. Sie soll den Fall der vorherigen Vereinbarung von Leistungen für den Fall der Beendigung der Tätigkeit behandeln. Mit anderen Worten soll diese Regelung verhindern, dass durch unmittelbar im Arbeits- beziehungsweise Dienstvertrag vereinbarte, also bereits zu Vertragsbeginn festgeschriebene Abfindungen, Anreize zur Eingehung unverhältnismäßig hoher Risiken geschaffen werden.

Eine neue Regelung in § 5 Abs. 7 des Referentenentwurfs schreibt vor, dass Zahlungen im Zusammenhang mit der vorzeitigen Beendigung eines Anstellungs- oder Beschäftigungsverhältnisses der Leistung im Zeitverlauf Rechnung

---

406 Vgl. *CEBS*, Guidelines on Remuneration Policies and Practices v. 10.12.2010, S. 42 (Nr. 71), abrufbar unter http://www.eba.europa.eu/documents/10180/106961/Guide lines.pdf (31.10.2013).

407 Referentenentwurf zur Neufassung der InstitutsVergV, S. 16 f. (zu § 5), abrufbar auf der Internetseite der BaFin http://www.bafin.de/SharedDocs/Veroeffentlichungen/DE/Mel dung/2013/meldung_130903_konsultation_instvergv_bmf.html (31.10.2013).

tragen müssen und negative Erfolgsbeiträge oder Fehlverhalten des Geschäftsleiters oder Mitarbeiters nicht belohnen dürfen. Bei dieser Regelung ist nach der im Referentenentwurf enthaltenen Begründung die vorzeitige Beendigung des Beschäftigungsverhältnisses schon gegeben, hier soll es nicht nur um die vorherige Vereinbarung von Leistungen gehen, sondern um möglicherweise erst anlässlich der Beendigung und damit nachträglich vereinbarte und vorgenommene Zahlungen. Diese Regelung bezieht sich mithin insbesondere auf Abfindungen in Aufhebungsverträgen, zwingt dazu, diese leistungsbezogen zu bemessen und hat damit das Ziel, zu verhindern, dass mit Abfindungen in Aufhebungsverträgen nachträglich Schlechtleistungen belohnt werden.

bb) Vermeidung sonstiger, negativer Anreize

Zu den in § 3 Abs. 1 Satz 2 Nr. 2 VersVergV angesprochenen negativen Anreizen, die durch die variable Vergütung bei den Geschäftsleitern und Mitarbeitern erzeugt werden können und die vermieden werden müssen, gehört nicht nur der Anreiz Risiken einzugehen für das Institut/ Unternehmen. Ein weiteres Beispiel ist der Anreiz, für den Erhalt einer höheren Vergütung den Kunden auch solche Produkte zu verkaufen, die nicht zu ihrer Interessenlage, ihrem Risikoprofil oder ihren Einkommens- und Vermögensverhältnissen passen.[408] Gemeint ist der Anreiz zur Falschberatung. Diesem negativen Anreiz kann dadurch entgegengewirkt werden, dass bei der Ermittlung der Höhe der variablen Vergütung auch die nachhaltige Kundenzufriedenheit einbezogen wird, indem mit dem Mitarbeiter etwa ein entsprechendes Ziel vereinbart wird.[409]

cc) Nicht der Überwachungsfunktion der Kontrolleinheiten zuwiderlaufend

Für eine angemessene Ausgestaltung der Vergütungssysteme ist neben der Vermeidung von negativen Anreizen des Weiteren erforderlich, dass die Vergütungssysteme nicht der Überwachungsfunktion der Kontrolleinheiten zuwiderlaufen.

Die Kontrolleinheiten sind gemäß § 2 Nr. 9 InstitutsVergV und § 2 Nr. 10 VersVergV diejenigen instituts-/ unternehmensinternen Organisationseinheiten, die die geschäftsinitiierenden Organisationseinheiten, also insbesondere die Bereiche Markt und Handel, überwachen. Hierzu zählen die Bereiche Marktfolge, Risikocontrolling und Einheiten mit Compliance-Funktionen sowie die Interne Revision. Nach § 3 Abs. 6 InstitutsVergV laufen die Vergütungssysteme der Überwachungsfunktion der Kontrolleinheiten insbesondere dann zuwider, wenn

---

408 *Braun/Wolfgarten*, in: Boos/Fischer/Schulte-Mattler, KWG, § 25a KWG Rn. 690.
409 *Braun/Wolfgarten*, in: Boos/Fischer/Schulte-Mattler, KWG, § 25a KWG Rn. 690.

sich die Höhe der variablen Vergütung der Mitarbeiter der Kontrolleinheiten und der Mitarbeiter der von ihnen kontrollierten Organisationseinheiten maßgeblich nach gleichlaufenden Vergütungsparametern bestimmt und dadurch die Gefahr eines Interessenkonflikts besteht. Gleichlaufende Vergütungsparameter sind damit nicht generell, sondern nur für den Fall, dass die Gefahr eines Interessenkonflikts auch tatsächlich besteht, unzulässig. Sie sind nach den Verordnungsbegründungen ein Indiz für einen vorliegenden Interessenkonflikt, den das Institut/ Unternehmen im Einzelfall zu widerlegen hat.[410]

Sollen die Mitarbeiter in den Kontrolleinheiten nicht nur eine Fixvergütung sondern darüber hinaus auch eine variable Vergütung erhalten, so kommt als leistungsbezogene Vergütung nur die Zielvergütung in Betracht. Bei dieser ist aufgrund der vorstehenden Anforderung zu beachten, dass den Mitarbeitern Ziele gesetzt werden müssen, die auf ihre eigenen Leistungen bezogen sind, also die Leistungen, die sie erbringen, um die ihnen übertragenen Aufgaben zu erfüllen. Von den Leistungen und Erfolgen anderer Organisationseinheiten, insbesondere den Leistungen und Erfolgen der von ihnen kontrollierten, geschäftsinitiierenden Organisationseinheiten muss ihre Vergütung unabhängig sein.[411] Nur so kann gewährleistet werden, dass bei den Mitarbeitern kein Anreiz zu einer verminderten Kontrollleistung geschaffen wird und sie in einen Interessenkonflikt geraten.[412]

Die Mitarbeiter in den Kontrolleinheiten ermitteln, prüfen und bewerten die mit den Geschäften und Transaktionen verbundenen Risiken, entscheiden darüber, ob diese durchgeführt werden oder geben eine entsprechende Empfehlung. Sie haben damit Einfluss auf die Erfolgsbeiträge der von ihnen Überwachten. Ein Interessenkonflikt lässt sich, wenn die Höhe ihrer Vergütung von einer er-

---

410 Begründung zur InstitutsVergV, in der Fassung vom 6.10.2010, Besonderer Teil zu den §§ 3, 4 und 7, abrufbar unter http://www.bafin.de/SharedDocs/Aufsichtsrecht/DE/Verordnung/InstitutsVergV_Begruendung_ba.html (31.10.2013) und Begründung zur VersVergV, in der Fassung vom 6.10.2010, Besonderer Teil zu § 3, abrufbar unter http://www.bafin.de/SharedDocs/Aufsichtsrecht/DE/Verordnung/VersVergV_101006_begruendung_va.html (31.10.2013).
411 Vgl. Anhang V Abschnitt 11 Nr. 23 e) der Richtlinie 2006/48/EG; *CEBS*, Guidelines on Remuneration Policies and Practices v. 10.12.2010, S. 35 (Nr. 60), abrufbar unter http://www.eba.europa.eu/documents/10180/106961/Guidelines.pdf (31.10.2013); *FSB*, Principles for Sound Compensation Practices - Implementation Standards v. 25.9.2009, S. 2 (Nr. 2), abrufbar unter http://www.financialstabilityboard.org/publications/r_090925c.pdf (31.10.2013).
412 Vgl. *Wallner*, BankPraktiker 2011, 211, 212.

folgreichen Geschäftstätigkeit der von ihnen Überwachten abhängig gemacht wird, kaum widerlegen. Die Objektivität der Mitarbeiter in den Kontrolleinheiten und damit die Qualität ihrer Kontrollleistungen darf nicht gefährdet werden. Mit den Mitarbeitern in den Kontrolleinheiten sind daher ausschließlich Ziele zu vereinbaren, die auf ihre Funktion abgestimmt sind und bei ihnen den Anreiz schaffen, sich für die Erreichung der mit ihren Kontrollaufgaben verbundenen Ziele einzusetzen. „Weiche" Ziele dürften vor diesem Hintergrund bei den Mitarbeitern in den Kontrolleinheiten eine größere Rolle spielen.[413]

Der Grundsatz der Vermeidung von Interessenkonflikten ist nach § 3 Abs. 1 Satz 2 Nr. 2 VersVergV allgemein bei der Ausgestaltung der Vergütungssysteme zu beachten. Nicht nur die Mitarbeiter in den Kontrolleinheiten sondern auch die Mitarbeiter in den anderen Organisationseinheiten des Unternehmens sind daher grundsätzlich allein entsprechend der Erreichung der mit ihren Aufgaben verbundenen Ziele zu entlohnen.

d) Anpassung bei Feststellung der Unangemessenheit

Gemäß § 3 Abs. 11 Satz 3 InstitutsVergV und § 3 Abs. 1 Satz 3 VersVergV müssen die Vergütungssysteme der Geschäftsleiter und Mitarbeiter zumindest einmal jährlich auf ihre Angemessenheit überprüft und gegebenenfalls angepasst werden.[414] Entsprechend der vorstehenden Erläuterungen zur angemessenen Ausgestaltung der Vergütungssysteme sind diese darauf hin zu untersuchen, ob negative Anreize, insbesondere Anreize zur Eingehung unverhältnismäßig hoher Risiken und Interessenkonflikte vermieden werden und die Vergütungssysteme nicht der Überwachungsfunktion der Kontrolleinheiten zuwiderlaufen. Stellen die Institute/ Unternehmen bei der jährlichen Überprüfung fest, dass diese Anforderungen an die Vergütungssysteme der Geschäftsleiter und Mitarbeiter bei ihnen noch nicht richtig umgesetzt wurden, müssen sie die Vergütungssysteme anpassen. Welche Möglichkeiten ihnen zur Anpassung der nicht verordnungskonformen Vergütungsregelungen in den Verträgen und Vereinbarungen zur Verfügung stehen, wird im dritten Teil dieser Arbeit dargestellt.

---

413 *Braun/Wolfgarten*, in: Boos/Fischer/Schulte-Mattler, KWG, § 25a KWG Rn. 701.

414 Nach § 12 des Referentenentwurfs zur Neufassung der InstitutsVergV müssen die Vergütungssysteme und die zugrunde gelegten Vergütungsparameter von dem Institut nicht nur einmal jährlich auf ihre Angemessenheit, sondern insbesondere auch hinsichtlich ihrer Vereinbarkeit mit den Strategien überprüft und erforderlichenfalls angepasst werden.

e) Unzulässigkeit garantierter variabler Vergütungen

Eine garantierte variable Vergütung ist, wie sich aus dem Umkehrschluss zu § 3 Abs. 7 InstitutsVergV und § 4 Abs. 2 Satz 3 VersVergV ergibt, grundsätzlich unzulässig. So darf sie nach diesen Normen (in der Regel [*§ 4 Abs. 2 Satz 3 VersVergV*]) nur im Rahmen der Aufnahme eines Dienst- oder Arbeitsverhältnis und längstens für ein Jahr vereinbart werden.[415] Nach den Erläuterungen in der Begründung zur InstitutsVergV und Nr. 11 der Principles for Sound Compensation Practices – Implementation Standards des FSB, welche mit den Verordnungen in nationales Recht umgesetzt werden sollten,[416] stehen garantierte variable Vergütungen nicht in Einklang mit einem angemessenen Risikomanagement und dem Prinzip einer leistungsorientierten Vergütung.[417]

Mit einer garantierten variablen Vergütung ist zum einen eine Leistung gemeint, die dem Geschäftsleiter oder Mitarbeiter für den Fall zugesagt wird, dass eine bestimmte Bedingung eintritt, wobei die Herbeiführung des Bedingungseintritts allein in seiner Hand liegt. Hierzu gehören der Willkommens-Bonus, der sign-on Bonus und der Retention-Bonus.

---

415 Diese Regelung ist in der VersVergV, anders als in der InstitutsVergV, nicht Bestandteil der allgemeinen Anforderungen, sondern Bestandteil der besonderen Anforderungen und daher nur in bedeutenden Unternehmen und nur in Bezug auf Geschäftsleiter und Risk Taker zu beachten.
Im Referentenentwurf zur Neufassung der InstitutsVergV wird die Regelung vor dem Hintergrund des Art. 94 Abs. 1 lit. e) der CRD IV (Richtlinie 2013/36/EU) und den Praxiserfahrungen der Aufsicht verschärft. Nach § 5 Abs. 6 InstitutsVergV (Neufassungsentwurf) darf eine variable Vergütung nur garantiert werden, für die ersten zwölf Monate nach Aufnahme eines Dienst- oder Arbeitsverhältnisses bei dem Institut (Nr. 1) und unter der Bedingung, dass das Institut zum Zeitpunkt der Auszahlung über eine angemessene Eigenmittel- und Liquiditätsausstattung sowie hinreichend Kapital zur Sicherstellung der Risikotragfähigkeit verfügt (Nr. 2).

416 Vgl. Begründung zur InstitutsVergV und die Begründung zur VersVergV, jeweils in der Fassung v. 6.10.2010, Allgemeiner Teil, abrufbar unter http://www.bafin.de/Shared Docs/Aufsichtsrecht/DE/Verordnung/InstitutsVergV_Begruendung_ba.html beziehungsweise unter http://www.bafin.de/SharedDocs/Aufsichtsrecht/DE/Verordnung/Vers VergV_101006_begruendung_va.html (31.10.2013).

417 Begründung zur InstitutsVergV, in der Fassung v. 6.10.2010, Besonderer Teil zu den §§ 3, 4 und 7, abrufbar unter http://www.bafin.de/SharedDocs/Aufsichtsrecht/DE/Verord nung/InstitutsVergV_Begruendung_ba.html (31.10.2013); *FSB*, Principles for Sound Compensation Practices - Implementation Standards v. 25.9.2009, S. 4 (Nr. 11), abrufbar unter http://www.financialstabilityboard.org/publications/r_090925c.pdf (31.10. 2013).

Bei dem Willkommens-Bonus und dem sign-on Bonus handelt es sich um einen Bonus, den ein potenzieller Mitarbeiter oder Geschäftsleiter erhalten soll, wenn er für das Institut/ Unternehmen tätig wird und mit diesem einen Arbeits- oder Dienstvertrag abschließt. Ein solcher, ausschließlich im Zusammenhang mit der Einstellung und damit auch nur im ersten Jahr der Beschäftigung gewährter Bonus bleibt weiterhin zulässig.[418]

Bei dem auch als Halte- oder Bleibeprämie bezeichneten Retention-Bonus handelt es sich um einen Bonus, den Institute/ Unternehmen ausgewählten Mitarbeitern, etwa Mitarbeitern in Schlüsselpositionen, in Krisenzeiten oder bei geplanten Umstrukturierungsmaßnahmen versprechen, um sie an das Unternehmen zu binden.[419] Die Auszahlung des Bonus hängt allein davon ab, dass der betroffene Geschäftsleiter oder Mitarbeiter bis zu einem bestimmten Zeitpunkt im Institut/ Unternehmen verbleibt. Nach § 3 Abs. 7 InstitutsVergV ist ein Retention-Bonus unzulässig.[420] Der Wortlaut der Norm in der InstitutsVergV ist eindeutig und lässt kein anderes Ergebnis zu.[421] Die generelle Unzulässigkeit von Retention-Boni in Instituten kommt darüber hinaus auch in der Begründung zur InstitutsVergV zum Ausdruck.[422] Nach § 4 Abs. 2 Satz 3 VersVergV ist dagegen eine garantierte variable Vergütung lediglich „in der Regel" nur im Rahmen der Aufnahme eines Dienst- oder Arbeitsverhältnisses und längstens für ein Jahr zulässig. So gibt es Stimmen in der Literatur, die Retention-Boni in Versicherungsunternehmen weiterhin für zulässig erachten.[423] Sie hätten regelmäßig das anerkennenswerte unternehmerische Ziel, das Unternehmen in kritischen Sanierungs- und Umstrukturierungsphasen zu stabilisieren und würden damit dem

---

418 So auch *Friebel/Langenbucher*, GWR 2011, 103, 104.
419 Vgl. *Müller-Bonanni/Mehrens*, NZA 2010, 792, 795. So versprach die HSH Nordbank nach Angaben des Hamburger Abendblatts 2009 ausgewählten Mitarbeitern Bleibeprämien bis zu einem Betrag von 120.000 Euro. Siehe dazu den online-Artikel des Hamburger Abendblatts v. 13.8.2009, abrufbar unter http://www.abendblatt.de/hamburg/kommunales/article1137052/Empoerung-ueber-Nordbank-Bleibepraemien.html (31.10.2013).
420 So auch *Heuchemer/Kloft*, WM 2010, 2241, 2244; *Löw*, BB 2012 Die erste Seite Heft Nr. 9; vgl. auch *Fröhlich*, ArbRB 2010, 312, 314 und *Müller-Bonanni/Mehrens*, NZA 2010, 792, 795 noch zum Verordnungsentwurf.
421 So auch *Insam/Hinrichs/Hörtz*, DB 2012, 1568, 1570.
422 Begründung zur InstitutsVergV, in der Fassung v. 6.10.2010, Besonderer Teil zu den §§ 3, 4 und 7, abrufbar unter http://www.bafin.de/SharedDocs/Aufsichtsrecht/DE/Verordnung/InstitutsVergV_Begruendung_ba.html (31.10.2013).
423 So etwa *Bartel/Bilobrk/Zopf*, BB 2011, 1269, 1275; vgl. auch *Annuß/Sammet*, BB 2011, 115, 117.

Gedanken der Entwicklung eines langfristigen und nachhaltigen Erfolgs des Unternehmens Rechnung tragen.[424] Bei guten, qualifizierten und verantwortungsvollen Mitarbeitern in Schlüsselpositionen verleiten Retention-Boni nicht zur Eingehung unverhältnismäßiger Risiken und belohnen auch keine schlechten Leistungen. Sie verhindern, dass diese Mitarbeiter das Unternehmen in einer schwierigen Phase verlassen, was Risiken erst begründen und erhebliche Schäden verursachen könnte.[425] Bei Retention-Boni ist daher ein Abweichen von der Grundsatzregelung in § 4 Abs. 2 Satz 3 VersVergV möglich. In Ausnahmefällen können diese auch in bedeutenden Versicherungsunternehmen weiterhin zugesagt werden. Eine Öffnung für besondere Situationen, wie bei § 4 Abs. 2 Satz 3 VersVergV, wäre auch bei der starren Regelung in § 3 Abs. 7 InstitutsVergV wünschenswert gewesen.[426]

Die Regelung in § 3 Abs. 7 InstitutsVergV und § 4 Abs. 2 Satz 3 VersVergV zielt vor allem auf garantierte Boni oder Minimum Boni ab. In der Vergangenheit haben die Institute und Unternehmen, wenn sie mit ihren Geschäftsleitern und Mitarbeitern eine leistungsbezogene Vergütung vereinbart haben, einen bestimmten Teil dieser variablen Vergütung für eine bestimmte Zeit, meist einige Jahre, fest zugesichert.[427] Auf diese Weise sollte neuen Mitarbeitern die Aufnahme ihrer Tätigkeit erleichtert werden.[428] Bei zuvor bereits für das Institut/ Unternehmen tätigen Mitarbeitern wurde dadurch die notwendige Bereitschaft zur Vereinbarung der neuen leistungsbezogenen Vergütung geschaffen. Außer im Rahmen der Einstellung und für das erste Beschäftigungsjahr dürfen mit den Geschäftsleitern und Mitarbeitern nach § 3 Abs. 7 InstitutsVergV und § 4 Abs. 2 Satz 3 VersVergV nun jedoch keine Vereinbarungen mehr getroffen werden,

---

424 Vgl. *Bartel/Bilobrk/Zopf*, BB 2011, 1269, 1275; vgl. zu den positiven Effekten von Retention-Boni auch *Heuchemer/Kloft*, WM 2010, 2241, 2244; *Insam/Hinrichs/Hörtz*, DB 2012, 1568, 1570; *Löw*, BB 2010 Die erste Seite Heft Nr. 41.

425 Vgl. *Heuchemer/Kloft*, WM 2010, 2241, 2244; *Löw*, BB 2010 Die erste Seite Heft Nr. 41.

426 *Heuchemer/Kloft*, WM 2010, 2241, 2244.

427 Vgl. *CEBS*, Guidelines on Remuneration Policies and Practices v. 10.12.2010, S. 41 (Nr. 69), abrufbar unter http://www.eba.europa.eu/documents/10180/106961/Guidelines.pdf (31.10.2013).

428 *Insam/Hinrichs/Hörtz*, DB 2012, 1568, 1570.

wonach diese unabhängig von ihren Leistungen und Erfolgen einen garantierten Bonus oder Minimum Bonus erhalten.[429]

Nicht erfasst ist von § 3 Abs. 7 InstitutsVergV und § 4 Abs. 2 Satz 3 Vers-VergV der Vergütungsbestandteil, der ursprünglich variabel war, dann jedoch endgültig in einen fixen Vergütungsbestandteil umgewandelt worden ist. Bei der nicht nur vorübergehenden, sondern endgültigen Umwandlung eines variablen Vergütungsbestandteils in einen fixen Vergütungsbestandteil kann nicht mehr vor einer garantierten variablen Vergütung gesprochen werden.[430] Auch an keiner anderen Stelle in der InstitutsVergV und der VersVergV gibt es eine Regelung, die verhindert, dass die Institute und Unternehmen variable Vergütungsbestandteile endgültig in fixe umwandeln.

2. Anforderungen an die Vergütungssysteme der Mitarbeiter in den Kontrolleinheiten

Neben den Anforderungen an die Vergütungssysteme der Geschäftsleiter und Mitarbeiter im Allgemeinen gibt es auch spezielle, nur an die Vergütungssysteme der Mitarbeiter in den Kontrolleinheiten gerichtete Anforderungen. Im Rahmen der Anforderung: „Angemessene Ausgestaltung der Vergütungssysteme" wurde bereits die Vorgabe erläutert, dass sich die Höhe der variablen Vergütung von Mitarbeitern der Kontrolleinheiten und den Mitarbeitern der von ihnen kontrollierten Organisationseinheiten grundsätzlich nicht maßgeblich nach gleichlaufenden Vergütungsparametern bestimmen darf.[431] Anreize zu einer verminderten Kontrollleistung und Interessenkonflikte sollen so vermieden werden.

In § 3 Abs. 6 Satz 2 InstitutsVergV und § 3 Abs. 1 Satz 2 Nr. 6 VersVergV wird des Weiteren verlangt, die Vergütung der Mitarbeiter der Kontrolleinheiten so auszugestalten, dass eine qualitativ und quantitativ angemessene Personalausstattung ermöglicht wird. Um qualifizierte und erfahrene Mitarbeiter für die Kontrollaufgaben gewinnen und diese auch im Institut/ Unternehmen halten zu können, ist ein ausreichend attraktives Vergütungsniveau erforderlich.[432] Die Mitarbeiter in den Kontrolleinheiten müssen eine Vergütung erhalten, die im

---

429 Vgl. *CEBS*, Guidelines on Remuneration Policies and Practices v. 10.12.2010, S. 41 (Nr. 69), abrufbar unter http://www.eba.europa.eu/documents/10180/106961/Guide lines.pdf (31.10.2013).

430 Vgl. *Insam/Hinrichs/Hörtz*, DB 2012, 1568, 1570 f.

431 Siehe oben 2. Teil C. I. 1. c) cc) (S. 112 ff.).

432 Vgl. *Annuß/Sammet*, BB 2011, 115, 116.

Hinblick auf ihre Schlüsselrolle im Institut/ Unternehmen, ihre Aufgaben und im Hinblick auf die Autorität, die sie zur Erfüllung ihrer Aufgaben benötigen, angemessen ist.[433]

Nach § 9 Abs. 2 des Referentenentwurfs zur Neufassung der InstitutsVergV ist bei der Ausgestaltung der Vergütung der Mitarbeiter der Kontrolleinheiten künftig zudem sicherzustellen, dass der Schwerpunkt auf der fixen Vergütung liegt. Nach der im Referentenentwurf enthaltenen Begründung soll mit dieser Regelung eine Vorgabe im Abschnitt 2.3.3 der Guidelines on Remuneration Policies and Practices des CEBS umgesetzt werden.

3. Anforderungen an die Vergütungssysteme der Geschäftsleiter

Spezielle Anforderungen stellen die Verordnungen auch an die Vergütungssysteme der Geschäftsleiter.

a) Abschließende Festlegung der Vergütung im Anstellungsvertrag

Bei den Geschäftsleitern muss gemäß § 3 Abs. 2 Satz 1 InstitutsVergV und § 3 Abs. 3 Satz 1 VersVergV die Vergütung, die diese für ihre berufliche Tätigkeit bei dem Institut/ Unternehmen erhalten, abschließend im Anstellungsvertrag festgelegt werden. Der Anstellungsvertrag und spätere Änderungen bedürfen nach § 3 Abs. 2 Satz 2 InstitutsVergV und § 3 Abs. 3 Satz 2 VersVergV der Schriftform.

Mit einem Blick soll die gesamte Vergütung des Geschäftsleiters ermittelt werden können.[434] Die Regelung soll Transparenz schaffen und eine Kontrolle durch die Aufsichtsbehörde erleichtern.[435] Dennoch bleiben Anlagen zum Anstellungsvertrag, wie Vereinbarungen mit vergütungsrelevanten Inhalten, die auf den Anstellungsvertrag des Geschäftsleiters bezogen sind und diesen konkretisieren oder ergänzen, weiterhin zulässig.[436] Mit den Geschäftsleitern kann etwa eine Zielvergütung nach wie vor in der Weise vereinbart werden, dass im Anstellungsvertrag lediglich eine Rahmenregelung aufgenommen wird, die durch spätere Zielvereinbarungen konkretisiert wird. Sinn und Zweck der Normen erfordern nicht, dass die Vergütungsregelungen vollständig in einem einzigen Ver-

---

433 Vgl. *FSF*, Principles for Sound Compensation Practices v. 2.4.2009, S. 7, abrufbar unter http://www.financialstabilityboard.org/publications/r_0904b.pdf (31.10.2013).
434 *Wallner*, BankPraktiker 2011, 211.
435 *Simon/Koschker*, BB 2011, 120, 123; *Wallner*, BankPraktiker 2011, 211.
436 *Wallner*, BankPraktiker 2011, 211.

tragsdokument enthalten sind.[437] Das wäre bloßer Formalismus.[438] Bei einem Anstellungsverhältnis, als einem in der Regel auf längere Zeit angelegten Vertragsverhältnis, müssen im Hinblick auf sich ständig ändernde Rahmenbedingungen einvernehmliche Anpassungen, Konkretisierungen und Ergänzungen möglich sein. Die konkretisierenden oder ergänzenden Vereinbarungen müssen aber, wie der Anstellungsvertrag, dem Schriftformerfordernis des § 3 Abs. 2 Satz 2 InstitutsVergV beziehungsweise des § 3 Abs. 3 Satz 2 VersVergV genügen.

Die rechtliche Einordnung dieses Schriftformerfordernisses ist umstritten. Zum Teil wird angenommen es handele sich dabei um ein gesetzliches Schriftformerfordernis im Sinne des § 126 BGB, bei dessen Nichtbeachtung aus § 125 Satz 1 BGB die Nichtigkeit der Abrede folgt.[439] Rechtsverordnungen, wie die InstitutsVergV und die VersVergV, sind Gesetze im Sinne von Art. 2 EG-BGB.[440] § 126 BGB gilt jedoch nur für Fälle, in denen die Schriftform durch das BGB oder eine sonstige Vorschrift des Privatrechts angeordnet ist.[441] Bei der InstitutsVergV und der VersVergV müsste es sich folglich um privatrechtliche Vorschriften handeln.

Für die Abgrenzung von Privatrecht und Öffentlichem Recht sind verschiedene Theorien entwickelt worden.[442] Die wohl herrschende Abgrenzungstheorie ist die modifizierte Subjektstheorie, auch Sonderrechtstheorie genannt.[443] Danach gehören dem Privatrecht die für jedermann geltenden Rechtssätze an. Normen des öffentlichen Rechts sind demgegenüber Normen, die einen Träger hoheitlicher Gewalt berechtigen oder verpflichten, sich also an den Staat oder

---

437 *Wallner*, BankPraktiker 2011, 211.
438 *Wallner*, BankPraktiker 2011, 211.
439 So *Annuß/Sammet*, BB 2011, 115, 116; *Armbrüster*, VersR 2011, 1, 6, 8.
440 Vgl. *Annuß/Sammet*, BB 2011, 115, 116 (Fn. 16); *Merten*, in: Staudinger, Art. 2 EGBGB Rn. 22; *Thorn*, in: Palandt, EG 2 (IPR) Einl v EGBGB Rn. 1.
441 *Einsele*, in: MünchKomm. BGB, § 126 BGB Rn. 3; *Ellenberger*, in: Palandt, § 126 BGB Rn. 1; *Hertel*, in: Staudinger, § 126 BGB Rn. 7; *Arnold*, in: Erman, BGB, § 126 BGB Rn. 2.
442 Vgl. zu den einzelnen Theorien *Ehlers*, in: Erichsen/Ehlers, Allg VerwR, § 3 Rn. 14 ff.; *Erbguth*, Allg VerwR, § 5 Rn. 7 ff.; *Ipsen*, Allg VerwR, Rn. 15 ff.; *Maurer*, Allg VerwR, § 3 Rn. 10 ff.; *Storr/Schröder*, Allg VerwR, Rn. 21 ff.
443 Zurückgehend auf *Wolff*, AöR 76 (1950/51), 205, 208 ff.; vgl. *Ehlers*, in: Erichsen/Ehlers, Allg VerwR, § 3 Rn. 19 ff.; *Erbguth*, Allg VerwR, § 5 Rn. 10; *Ipsen*, Allg VerwR, Rn. 29 ff.; *Maurer*, Allg VerwR, § 3 Rn. 13; *Storr/Schröder*, Allg VerwR, Rn. 24 ff.

einen sonstigen Hoheitsträger in eben dieser Funktion richten.[444] Die auf der Grundlage von § 25a Abs. 5 KWG (§ 25a Abs. 6 KWG n.f.) erlassene Instituts VergV und die auf der Grundlage von § 64b Abs. 5 VAG erlassene Vers VergV konkretisieren die durch das Vergütungs-SystG in § 25a Abs. 1 Satz 3 Nr. 4 KWG (§ 25a Abs. 1 Satz 3 Nr. 6 KWG n.f.) beziehungsweise in § 64b Abs. 1 VAG eingefügten Vorgaben zur Ausgestaltung der Vergütungssysteme. Die BaFin, als Träger hoheitlicher Gewalt, überwacht die Einhaltung der im KWG, im VAG, in der Instituts VergV und in der Vers VergV geregelten Anforderungen und hat bei Verstößen die ihr nach dem KWG und dem VAG zustehenden Befugnisse. Durch die Instituts VergV und die Vers VergV wird folglich ein Träger hoheitlicher Gewalt berechtigt. Es handelt sich also nicht um privatrechtliche Vorschriften, sondern um öffentliches Recht.

§ 3 Abs. 2 Satz 2 Instituts VergV und § 3 Abs. 3 Satz 2 Vers VergV stellen somit kein gesetzliches Schriftformerfordernis im Sinne des § 126 BGB dar, so dass auch § 125 Satz 1 BGB nicht zur Anwendung kommt.[445] Die Einhaltung der Vorgabe wird allein im Verhältnis Institut beziehungsweise Unternehmen und Banken- beziehungsweise Versicherungsaufsicht relevant.

b) Anforderungen an die Vergütung als solche

Nach § 3 Abs. 4 Satz 2 und Satz 3 Instituts VergV und § 3 Abs. 2 Satz 1 und Satz 2 Vers VergV hat das Verwaltungs- oder Aufsichtsorgan bei der Festsetzung der Vergütung des einzelnen Geschäftsleiters dafür zu sorgen, dass diese in einen angemessenen Verhältnis zu den Aufgaben und Leistungen des Geschäftsleiters sowie zur Lage des Instituts/ Unternehmens steht und die übliche Vergütung nicht ohne besondere Gründe übersteigt. Variable Vergütungen sollen daher eine mehrjährige Bemessungsgrundlage haben und für außerordentliche Entwicklungen soll das Verwaltungs- oder Aufsichtsorgan eine Begrenzungsmöglichkeit vereinbaren.

Bei der Auslegung dieser Regelung zur Vergütung der Geschäftsleiter ist zu beachten, dass das BaFin-Rundschreiben 23/2009 (VA) vom 21. Dezember 2009, der Entwurf der Instituts VergV und der Entwurf der Vers VergV noch einen allgemeinen Verweis auf den, durch das VorstAG neu gefassten § 87 AktG enthielten, welcher die Grundsätze für die Bezüge der Vorstandsmitglieder in

---

444 *Erbguth*, Allg VerwR, § 5 Rn. 10; vgl. auch *Maurer*, Allg VerwR, § 3 Rn. 13.
445 So auch *Bartel/Bilobrk/Zopf*, BB 2011, 1269, 1274.

Aktiengesellschaften festlegt.[446] Dieser Verweis wurde jedoch auf vielfache Kritik, die sich insbesondere auf Unklarheiten im Hinblick auf seine Reichweite bezog, entfernt und durch die oben stehende Regelung ersetzt.[447] Sie entspricht nahezu wörtlich dem § 87 Abs. 1 Satz 1 und Satz 3 AktG. Zur Konkretisierung der Regelung kann daher auf die zum VorstAG und zu § 87 Abs. 1 Satz 1 und Satz 3 AktG entwickelten Grundsätze und Auslegungsregeln zurückgegriffen werden.[448]

aa) Angemessenheit der Vergütung der Geschäftsleiter

Ob die Vergütung eines Geschäftsleiters gemäß § 3 Abs. 4 Satz 2 InstitutsVergV und § 3 Abs. 2 Satz 1 VersVergV in einem angemessenen Verhältnis zu seinen Aufgaben und Leistungen sowie zu der Lage des Instituts/ Unternehmens steht, kann naturgemäß nur im jeweiligen Einzelfall entschieden werden.[449] Hierbei spielt auch die Marktsituation, also das Verhältnis von Angebot und Nachfrage eine Rolle.[450] Bei der Festsetzung der Vergütung im Rahmen einer Vertragsverlängerung sollen nicht nur die künftigen Leistungen des Geschäftsleiters, sondern auch seine bisherigen persönlichen Leistungen berücksichtigt werden.[451] Mit der Lage des Instituts/ Unternehmens ist dessen wirtschaftliche Gesamtsitu-

---

446 Vgl. *Bartel/Bilobrk/Zopf*, BB 2011, 1269, 1273; *GDV*, Auslegungshilfe zu den Anforderungen an Vergütungssysteme in der Versicherungswirtschaft, Stand Februar 2011, S. 11, abrufbar unter http://www.gdv.de/2011/02/gdv-auslegungshilfe-zur-versicherungsverguetungsverordnung/ (31.10.2013); *Heuchemer/Kloft*, WM 2010, 2241, 2243; *Löw*, BB 2010 Die erste Seite Heft Nr. 41; *Müller-Bonanni/Mehrens*, NZA 2010, 792, 794.

447 Vgl. *Bartel/Bilobrk/Zopf*, BB 2011, 1269, 1273; *GDV*, Auslegungshilfe zu den Anforderungen an Vergütungssysteme in der Versicherungswirtschaft, Stand Februar 2011, S. 11, abrufbar unter http://www.gdv.de/2011/02/gdv-auslegungshilfe-zur-versicherungsverguetungsverordnung/ (31.10.2013); *Heuchemer/Kloft*, WM 2010, 2241, 2243; *Müller-Bonanni/Mehrens*, NZA 2010, 792, 794.

448 Vgl. *Annuß/Sammet*, BB 2011, 115, 116; *Heuchemer/Kloft*, WM 2010, 2241, 2243. Im Hinblick auf die zum VorstAG und zu § 87 Abs. 1 Satz 1 und Satz 3 AktG entwickelten Grundsätze und Auslegungsregeln siehe etwa *Bauer/Arnold*, AG 2009, 717 ff.; *Dauner-Lieb*, Der Konzern 2009, 583 ff.; *Fleischer*, NZG 2009, 801 ff.; *Hohaus/Weber*, DB 2009, 1515 ff., *Hüffer*, AktG, § 87 AktG Rn. 2 ff.; *Lingemann*, BB 2009, 1918 ff.; *Seibert*, WM 2009, 1489 ff.; *Seibt*, in: Schmidt/Lutter, AktG, § 87 AktG Rn. 8 ff.; *Thüsing*, AG 2009, 517 ff.

449 Vgl. *Hüffer*, AktG, § 87 AktG Rn. 3; *Spindler*, in: MünchKomm. AktG, § 87 AktG Rn. 20, 22.

450 Vgl. *Spindler*, in: MünchKomm. AktG, § 87 AktG Rn. 20.

451 Vgl. Begründung der Fraktionen der CDU/CSU und SPD zum Entwurf des VorstAG v. 17.3.2009, BT-Drucks. 16/12278, S. 5.

ation gemeint, also insbesondere die Vermögens- und Ertragslage und die zukünftige Entwicklung.[452] Befindet sich ein Institut/ Unternehmen in wirtschaftlichen Schwierigkeiten folgt daraus jedoch nicht zwingend, dass nur eine niedrige Vergütung mit den Geschäftsleitern vereinbart werden darf. So kann auch eine höhere Vergütung angemessen sein, wenn diese erforderlich ist, um eine Person für die Geschäftsleiterposition zu gewinnen, die in der Lage ist das Institut/ Unternehmen aus der Krise zu führen.[453] Neben den in § 3 Abs. 4 Satz 2 Instituts-VergV und § 3 Abs. 2 Satz 1 VersVergV genannten Kriterien für die Beurteilung der Angemessenheit der Geschäftsleiter-Vergütung sind des Weiteren als Kriterien anerkannt: die fachliche und persönliche Qualifikation, die Reputation, die Kenntnisse, Fähigkeiten und Erfahrungen des Geschäftsleiters, die Dauer seiner Zugehörigkeit zum Unternehmen, seine familiären Verhältnisse und seine Verhandlungsposition.[454]

Das Verwaltungs- oder Aufsichtsorgan hat dafür Sorge zu tragen, dass die Vergütung des Geschäftsleiters die übliche Vergütung nicht ohne besondere Gründe übersteigt. Die Üblichkeit der Vergütung des Geschäftsleiters bestimmt sich nach dem Vergleichsumfeld.[455] In erster Linie kommt es auf das horizontale Vergleichsumfeld und damit auf die Branchen-, Größen- und Landesüblichkeit an. Die Geschäftsleiter-Vergütung der in den Anwendungsbereich der neuen Regelungen fallenden Institute/ Unternehmen ähnlicher Größe und Komplexität sind zu vergleichen.[456] Darüber hinaus ist aber auch das Vertikalverhältnis, also das Lohn- und Gehaltsgefüge im Institut/ Unternehmen heranzuziehen. Es ist darauf zu achten, dass bei der Vergütungsstaffelung die Vergütung der Ge-

452 Vgl. *Spindler*, in: MünchKomm. AktG, § 87 AktG Rn. 31.
453 Vgl. *Bürgers/Israel*, in: Bürgers/Körber, AktG, § 87 AktG Rn. 6; *Heuchemer/Kloft*, WM 2010, 2241, 2243; *Spindler*, in: MünchKomm. AktG, § 87 AktG Rn. 33.
454 Vgl. *Hüffer*, AktG, § 87 AktG Rn. 2; *Mertens/Cahn*, in: Kölner Kommentar zum AktG, § 87 AktG Rn. 14; *Spindler*, in: MünchKomm. AktG, § 87 AktG Rn. 28 f.; *Weber*, in: Hölters, AktG, § 87 AktG Rn. 27; siehe auch *CEBS*, Guidelines on Remuneration Policies and Practices v. 10.12.2010, S. 29 (Nr. 46), abrufbar unter http://www.eba.europa. eu/documents/10180/106961/Guidelines.pdf (31.10.2013).
455 Vgl. Begründung der Fraktionen der CDU/CSU und SPD zum Entwurf des VorstAG v. 17.3.2009, BT-Drucks. 16/12278, S. 5; Beschlussempfehlung und Bericht des Rechtsausschusses zum VorstAG-Entwurf der Fraktionen der CDU/CSU und SPD v. 17.6.2009, BT-Drucks. 16/13433, S. 10.
456 Vgl. Beschlussempfehlung und Bericht des Rechtsausschusses zum VorstAG-Entwurf der Fraktionen der CDU/CSU und SPD v. 17.6.2009, BT-Drucks. 16/13433, S. 10.

schäftsleiter nicht Maß und Bezug zu den im Übrigen im Institut/ Unternehmen gewährten Vergütungen verliert.[457]

bb) Mehrjährige Bemessungsgrundlage für die variable Vergütung

Variable Vergütungen sollen nach § 3 Abs. 4 Satz 3 Halbs. 1 InstitutsVergV und § 3 Abs. 2 Satz 2 Halbs. 1 VersVergV bei den Geschäftsleitern eine mehrjährige Bemessungsgrundlage haben. Die Formulierung „mehrjährige Bemessungsgrundlage" ist unglücklich gewählt.[458] Bei einer variablen Vergütung stellen die vereinbarten Parameter, anhand derer die Höhe der variablen Vergütung berechnet wird, die Bemessungsgrundlage dar. Diese sind nicht mehrjährig. Gemeint ist, dass der Bemessungszeitraum bei der variablen Vergütung mehrjährig sein muss.[459]

Wann eine „Mehrjährigkeit" gegeben ist, wird weder in den Verordnungen selbst, noch in den Verordnungsbegründungen konkretisiert. In der Literatur zu § 87 Abs. 1 Satz 3 Halbs. 1 AktG wird der Zeitraum unterschiedlich definiert. Rein sprachlich genügt ein Zeitraum von zwei Jahren, vielfach wird jedoch eher zu drei bis fünf Jahren tendiert.[460] Die in einem Dialog zwischen der BaFin und dem Gesamtverband der Deutschen Versicherungswirtschaft e.V. (GDV) erarbeitete Auslegungshilfe zu den Anforderungen an Vergütungssysteme in der Versicherungswirtschaft gibt an, dass eine dreijährige Periode ausreichend sein dürfte und erklärt zugleich, dass es als Begründung der Mehrjährigkeit nicht ausreicht, dass Management-Entscheidungen des betrachteten Jahres Auswirkungen auf die folgenden Jahre haben.[461] Die Auszahlung der variablen Vergütung darf auch nicht einfach nur über den Mehrjahreszeitraum hinausgeschoben

---

457 Vgl. Beschlussempfehlung und Bericht des Rechtsausschusses zum VorstAG-Entwurf der Fraktionen der CDU/CSU und SPD v. 17.6.2009, BT-Drucks. 16/13433, S. 10.

458 So zur nahezu wortgleichen Regelung in § 87 Abs. 1 Satz 3 AktG *Hohenstatt/Kuhnke*, ZIP 2009, 1981, 1984.

459 Vgl. *Hohenstatt/Kuhnke*, ZIP 2009, 1981, 1984.

460 *Bauer/Arnold*, AG 2009, 717, 722 f. (3 Jahre); *Bürgers/Israel*, in: Bürgers/Körber, AktG, § 87 AktG Rn. 9b (4 Jahre); *Fleischer*, NZG 2009, 801, 803 (3-5 Jahre); *Gaul/Janz*, NZA 2009, 809, 810 (4 Jahre); *Hüffer*, AktG, § 87 AktG Rn. 4d (3-4 Jahre); *Seibert*, WM 2009, 1489, 1490 (3-4 Jahre); *Seibt*, in: Schmidt/Lutter, AktG, § 87 AktG Rn. 12 (3 Jahre); *Thüsing*, AG 2009, 517, 521 (5 Jahre); *Weber*, in: Hölters, AktG, § 87 AktG Rn. 37 (3 Jahre).

461 *GDV*, Auslegungshilfe zu den Anforderungen an Vergütungssysteme in der Versicherungswirtschaft, Stand Februar 2011, S. 11, abrufbar unter http://www.gdv.de/2011/02/gdv-auslegungshilfe-zur-versicherungs-verguetungsverordnung/ (31.10.2013).

beziehungsweise gestreckt werden,[462] vielmehr muss die variable Vergütung so bemessen werden, dass negative Entwicklungen während des gesamten Mehrjahreszeitraumes berücksichtigt werden und die Höhe der variablen Vergütung entsprechend beeinflussen.[463] Die Gestaltungsmöglichkeiten sind vielfältig.

(1) Performance- Betrachtung über einen Mehrjahreszeitraum

In Betracht kommt zum Beispiel eine Performance- Betrachtung über einen Mehrjahreszeitraum.[464] Grundsätzlich können mit einem Geschäftsleiter Ziele nicht nur für ein Quartal, Geschäfts- oder Kalenderjahr, sondern auch für einen Mehrjahreszeitraum vereinbart werden. Die Feststellung der Zielerreichung und die Auszahlung des Zielbonus erfolgen dann erst nach Ablauf des Mehrjahreszeitraums. Voraussetzung dafür ist jedoch, dass die Rahmenvereinbarung im Anstellungsvertrag ausdrücklich Zielvereinbarungen für mehrere Jahre vorsieht.[465]

(2) Bonus-Malus-Systeme

Auch Bonus-Malus-Systeme werden als Gestaltungsmöglichkeit genannt.[466] Hierbei handelt es sich um eine Spielart der mehrjährigen Performance-Betrachtung.[467] Über mehrere Jahre werden positive Erfolgsbeiträge durch Bonus-Punkte honoriert und negative Erfolgsbeiträge durch Malus-Punkte sanktioniert. Die variable Vergütung wird nach Ablauf des Mehrjahreszeitraums an-

---

462 So aber offenbar das Verständnis von *Heuchemer/Kloft*, WM 2010, 2241, 2243.

463 Vgl. *GDV*, Auslegungshilfe zu den Anforderungen an Vergütungssysteme in der Versicherungswirtschaft, Stand Februar 2011, S. 11 f., abrufbar unter http://www.gdv.de/2011/02/gdv-auslegungshilfe-zur-versicherungs-verguetungsverordnung/ (31.10.2013); vgl. zur entsprechenden Regelung in § 87 Abs. 1 Satz 3 Halbs. 1 AktG Beschlussempfehlung und Bericht des Rechtsausschusses zum VorstAG-Entwurf der Fraktionen der CDU/CSU und SPD v. 17.6.2009, BT-Drucks. 16/13433, S. 10; *Hüffer*, AktG, § 87 AktG Rn. 4d; *Seibt*, in: Schmidt/Lutter, AktG, § 87 AktG Rn. 12.

464 *GDV*, Auslegungshilfe zu den Anforderungen an Vergütungssysteme in der Versicherungswirtschaft, Stand Februar 2011, S. 12, abrufbar unter http://www.gdv.de/2011/02/gdv-auslegungshilfe-zur-versicherungs-verguetungsverordnung/ (31.10.2013); *Bartel/Bilobrk/Zopf*, BB 2011, 1269, 1273; *Fröhlich*, ArbRB 2010, 312, 314.

465 *Dzida/Naber*, BB 2011, 2613, 2614.

466 *GDV*, Auslegungshilfe zu den Anforderungen an Vergütungssysteme in der Versicherungswirtschaft, Stand Februar 2011, S. 12, abrufbar unter http://www.gdv.de/2011/02/gdv-auslegungshilfe-zur-versicherungs-verguetungsverordnung/ (31.10.2013); *Bartel/Bilobrk/Zopf*, BB 2011, 1269, 1273; *Fröhlich*, ArbRB 2010, 312, 314; *Heuchemer/Kloft*, WM 2010, 2241, 2243.

467 *Dzida/Naber*, BB 2011, 2613, 2615.

hand des Saldos des Bonus-/Malus-Kontos errechnet und ausgezahlt. Möglich ist auch, dass am Ende eines jeden Geschäftsjahres eine anteilige Abschlagszahlung erfolgt, deren Höhe sich nach dem Saldo des Bonus-/Malus-Kontos zu diesem Zeitpunkt richtet.[468] Bei dem Bonus-Malus-System kommt es letztlich zu einer Verrechnung positiver und negativer Erfolgsbeiträge über mehrere Jahre.[469]

Mit Blick auf § 307 Abs. 3 Satz 2 in Verbindung mit Abs. 1 Satz 2 in Verbindung mit Abs. 1 Satz 1 BGB ist auf eine klare und verständliche Formulierung und damit auf die Transparenz der Regelung im Anstellungsvertrag beziehungsweise einer diesen ergänzenden Vereinbarung zu achten. Für den Geschäftsleiter muss eindeutig erkennbar sein, wann er Bonus-Punkte und wann er Malus-Punkte erhält.[470]

(3) Auszahlungshürden und Rückzahlungsverpflichtungen

Eine weitere, im Rahmen von § 87 AktG in der Literatur angesprochene Möglichkeit besteht darin, den Anspruch auf (vollständige) Auszahlung einer ermittelten variablen Vergütung, also zum Beispiel einer jährlichen Tantieme oder eines jährlichen Zielbonus, von der Erfüllung bestimmter Voraussetzungen in den nachfolgenden Jahren abhängig zu machen.[471] Voraussetzung könnte etwa sein, dass auch in den darauffolgenden Jahren jeweils ein Gewinn erwirtschaftet wird beziehungsweise, dass die Ziele in den nachfolgenden Jahren bestätigt werden.[472]

Erwogen wird auch, die Erfüllung der Vorgabe einer mehrjährigen Bemessungsgrundlage für die variable Vergütung mit Hilfe von Rückzahlungs-Klauseln, sogenannten „claw back"-Klauseln zu erreichen.[473] Hierbei handelt es sich um Klauseln, die es ermöglichen sollen, eine bereits ausgezahlte variable Vergütung ganz oder in Teilen zurückzufordern, wenn bestimmte Ereignisse

---

468 *Dzida/Naber*, BB 2011, 2613, 2615.
469 *Dzida/Naber*, BB 2011, 2613, 2615.
470 Vgl. *Dzida/Naber*, BB 2011, 2613, 2615.
471 Vgl. *Dzida/Naber*, BB 2011, 2613, 2614; *Hoffmann-Becking/Krieger*, NZG 2009, Beilage zu Heft 26, 1, 3 (Rn. 22); *Hohenstatt/Kuhnke*, ZIP 2009, 1981, 1984 f.; *Weber*, in: Hölters, AktG, § 87 AktG Rn. 36.
472 Vgl. *Hohenstatt/Kuhnke*, ZIP 2009, 1981, 1984 f.; *Weber*, in: Hölters, AktG, § 87 AktG Rn. 36.
473 Vgl. *Bauer/Arnold*, AG 2009, 717, 723; *Hohenstatt/Kuhnke*, ZIP 2009, 1981, 1985; *Weber*, in: Hölters, AktG, § 87 AktG Rn. 36.

eintreten.[474] Mit den Geschäftsleitern könnte etwa vereinbart werden, dass am Ende eines jeden Geschäftsjahres eine Tantieme errechnet und an sie ausgezahlt wird, die jedoch ganz oder in Teilen zurückzuzahlen ist, wenn der Gewinn des Instituts/ Unternehmens in den zwei darauffolgenden Jahren nicht eine gewisse Mindesthöhe erreicht.[475] Ebenso könnte vereinbart werden, dass ein jährlich zu errechnender und zu gewährender Zielbonus bei Nichterreichung der Ziele in den darauffolgenden Jahren (anteilig) zurückzuzahlen ist.[476]

Zunächst könnte man in Zweifel ziehen, ob bei diesen beiden Gestaltungsvarianten die Vorgabe des § 3 Abs. 4 Satz 3 Halbs. 1 InstitutsVergV/ des § 3 Abs. 2 Satz 2 Halbs. 1 VersVergV überhaupt erfüllt ist. Denn die Höhe der variablen Vergütung des Geschäftsleiters richtet sich hier allein nach dem Ergebnis eines Geschäftsjahres. Im Rahmen des nahezu wortgleichen § 87 Abs. 1 Satz 3 AktG sind die Gestaltungsvarianten jedoch anerkannt.[477] Es wird auf die Gesetzesbegründung verwiesen.[478] Danach gibt es zahlreiche denkbare Vertragsgestaltungen zur Umsetzung des Erfordernisses einer mehrjährigen Bemessungsgrundlage für variable Vergütungsbestandteile. Entscheidend kommt es darauf an, dass die variablen Vergütungsbestandteile an negativen Entwicklungen im gesamten Bemessungszeitraum teilnehmen.[479] Damit sei eine Performance-Betrachtung über die Gesamtlaufzeit gerade nicht zwingend vorgeschrieben. Es genüge, wenn durch einen ausreichenden zeitlichen Abstand eine sinnvolle ex-post Betrachtung des unter dem Strich erreichten Ergebnisses ermöglicht wird.[480]

Es bleibt dann jedoch die Frage, ob die Gestaltungsvarianten in Allgemeinen Geschäftsbedingungen oder vorformulierten Vertragsbedingungen, in einem als Verbrauchervertrag zu qualifizierenden Anstellungsvertrag, zulässig wären.

---

474 *Dzida/Naber*, BB 2011, 2613, 2615.
475 Vgl. *Hohenstatt/Kuhnke*, ZIP 2009, 1981, 1985.
476 Vgl. *Weber*, in: Hölters, AktG, § 87 AktG Rn. 36.
477 In Bezug auf Auszahlungshürden: *Dzida/Naber*, BB 2011, 2613, 2614; *Hoffmann-Becking/Krieger*, NZG 2009, Beilage zu Heft 26, 1, 3 (Rn. 22); *Hohenstatt/Kuhnke*, ZIP 2009, 1981, 1984 f.; *Weber*, in: Hölters, AktG, § 87 AktG Rn. 36. In Bezug auf Rückzahlungsklauseln: *Bauer/Arnold*, AG 2009, 717, 723; *Hohenstatt/Kuhnke*, ZIP 2009, 1981, 1985; *Weber*, in: Hölters, AktG, § 87 AktG Rn. 36.
478 *Hohenstatt/Kuhnke*, ZIP 2009, 1981, 1984.
479 Beschlussempfehlung und Bericht des Rechtsausschusses zum VorstAG-Entwurf der Fraktionen der CDU/CSU und SPD v. 17.6.2009, BT-Drucks. 16/13433, S. 10.
480 *Hohenstatt/Kuhnke*, ZIP 2009, 1981, 1984 unter Hinweis auf *Thüsing*, AG 2009, 517, 521.

127

Werden dort für die nach Ablauf eines Jahres errechnete Tantieme oder für den nach Ablauf des vereinbarten Zeitraums errechneten Zielbonus zusätzliche Anspruchsvoraussetzungen festgelegt oder wird für diese eine an bestimmte Voraussetzungen geknüpfte Rückzahlungsverpflichtung begründet, könnte darin eine unangemessene Benachteiligung im Sinne von § 307 Abs. 1 Satz 1 in Verbindung mit Abs. 2 Nr. 1 BGB liegen.

Aus § 611 Abs. 1 BGB folgt, dass derjenige, der die versprochenen Dienste leistet, einen Anspruch auf Gewährung der vereinbarten Vergütung hat. Die Gewährung der verdienten Vergütung ist nicht von der Erfüllung weiterer Voraussetzungen abhängig.[481] Eine Klausel durch die dem freien Dienstnehmer beziehungsweise dem Arbeitnehmer die bereits erarbeitete Vergütung entzogen oder durch die von dem freien Dienstnehmer beziehungsweise dem Arbeitnehmer die erarbeitete und ausgezahlte Vergütung wieder herausverlangt werden kann, ist daher grundsätzlich kritisch zu betrachten. Ein Vergleich kann hier zu der Rechtsprechung des BAG im Hinblick auf die Verbindung von Sonderzahlungen mit Stichtags- oder auch Rückzahlungsklauseln gezogen werden. In seiner Entscheidung vom 18. Januar 2012 hat der 10. Senat des BAG klargestellt, dass eine Sonderzahlung, die jedenfalls auch Vergütung für bereits erbrachte Arbeitsleistung darstellt, in Allgemeinen Geschäftsbedingungen nicht vom ungekündigten Bestand des Arbeitsverhältnisses zu einem Zeitpunkt außerhalb des Bezugszeitraums, in dem die Arbeitsleistung erbracht wurde, abhängig gemacht werden kann.[482] Dem Arbeitnehmer würde bereits erarbeiteter Lohn entzogen. Die Stichtagsklausel stünde daher im Widerspruch zum Grundgedanken des § 611 Abs. 1 BGB. Ein berechtigtes Interesse des Arbeitgebers, dem Arbeitnehmer den Lohn für die geleistete Arbeit gegebenenfalls vorenthalten zu können, sei nicht ersichtlich.[483] Durch das bloße Verharren des Arbeitnehmers im Arbeitsverhältnis werde der Wert der einmal erbrachten Arbeitsleistung nicht nachträglich erhöht.[484] Umgekehrt führt ein Ausscheiden aus dem Arbeitsverhältnis nicht zu einer Verringerung des Wertes der einmal erbrachten Arbeitsleistung.

Bei den beiden hier in Rede stehenden Varianten zur Gestaltung der variablen Vergütung der Geschäftsleiter besteht jedoch ein berechtigtes Interesse der Institute und Unternehmen, den Geschäftsleitern die Leistung gegebenenfalls (zum Teil) vorenthalten beziehungsweise ihre (anteilige) Rückzahlung verlan-

---

481 Vgl. BAG v. 7.6.2011, AP Nr. 55 zu § 77 BetrVG 1972, Rn. 37.
482 BAG v. 18.1.2012, NZA 2012, 561.
483 BAG v. 18.1.2012, NZA 2012, 561, 562.
484 BAG v. 18.1.2012, NZA 2012, 561, 563.

gen zu können. Anders als das bloße Verharren des Betroffenen im Unternehmen für eine gewisse Zeit nach Ablauf des Bemessungszeitraums, haben die Ergebnisse und Zielerreichungsgrade der sich dem Bemessungszeitraum anschließenden Jahre einen Einfluss auf den Wert der im Bemessungszeitraum erbrachten Leistungen. Der Wert der Leistungen des Geschäftsleiters im Bemessungszeitraum kann sich durch die Ergebnisse und Zielerreichungsgrade der sich an den Bemessungszeitraum unmittelbar anschließenden Jahre verringern. So können die Gewinne der darauffolgenden Jahre etwa den Rückschluss zulassen, dass der im Bemessungszeitraum erzielte Gewinn auf einem auf Kosten der nachhaltigen Entwicklung entfachten Strohfeuer beruht.[485] Und die Zielerreichungsgrade der nachfolgenden Jahre können Aufschluss darüber geben, ob der Geschäftsleiter bei der Zielerreichung im Bemessungszeitraum langfristig gedacht und gehandelt hat oder kurzfristig, auf Kosten eines nachhaltigen Erfolgs und damit auch der Zielerreichung in den kommenden Jahren.

Es ist daher mit dem wesentlichen Grundgedanken des § 611 BGB als vereinbar anzusehen, wenn bei einem Geschäftsleiter die jährliche Tantieme/ der jährliche Zielbonus von den Ergebnissen/ Zielerreichungsgraden der nachfolgenden Jahre abhängig gemacht wird oder wenn in Bezug auf die jährliche Tantieme/ den jährlichen Zielbonus eine, von den Ergebnissen/ Zielerreichungsgraden der nachfolgenden Jahre abhängige Rückzahlungsverpflichtung begründet wird. Dies vor allem auch mit Blick auf die in § 3 Abs. 4 Satz 3 Halbs. 1 InstitutsVergV und § 3 Abs. 2 Satz 2 Halbs. 1 VersVergV enthaltene Regelung. Eine unangemessene Benachteiligung des Geschäftsleiters nach § 307 Abs. 1 Satz 1 in Verbindung mit Abs. 2 Nr. 1 BGB ist bei einer solchen Gestaltung nicht gegeben.

Unabhängig davon wird jedoch die Vereinbarung einer jährlichen Tantieme oder eines jährlichen Zielbonus in Verbindung mit einer von bestimmten Ereignissen in den darauffolgenden Jahren abhängigen (teilweisen) Rückzahlungsverpflichtung vielfach nicht für empfehlenswert gehalten. Bedenken werden zum einen geäußert im Hinblick auf die Durchsetzbarkeit der Rückforderungsansprüche.[486] Darüber hinaus könnte es für den Geschäftsleiter problematisch sein, wenn er eine Leistung erhält, über die er angesichts des Risikos der Ver-

---

485 Vgl. *Thüsing*, AG 2009, 517, 521.
486 *Bauer/Arnold*, AG 2009, 717, 723; *Weber*, in: Hölters, AktG, § 87 AktG Rn. 36; vgl. aber auch *Hohenstatt/Kuhnke*, ZIP 2009, 1981, 1985.

129

pflichtung zur Rückzahlung letztlich nicht frei disponieren kann.[487] Auch steuerrechtliche Nachteile ergeben sich durch diese Gestaltung.[488]

(4) Aktienkursorientierte variable Vergütungen

Der Vorgabe einer mehrjährigen Bemessungsgrundlage für die variable Vergütung soll nach der Literatur zu § 87 Abs. 1 Satz 3 Halbs. 1 AktG schließlich dann genügt werden, wenn eine jährliche Tantieme oder ein jährlicher Zielbonus in Form von Aktien der Gesellschaft gewährt wird (Sachtantieme) oder die Verpflichtung besteht, diese vollständig oder zu einem erheblichen Teil in Aktien der Gesellschaft anzulegen (share-ownership-guidelines) und die Aktien erst nach Ablauf einer mehrjährigen Sperrfrist veräußert werden dürfen (restricted shares).[489]

(5) Zulässigkeit variabler Vergütungen ohne mehrjährige Bemessungsgrundlage

Bei der Vorgabe einer mehrjährigen Bemessungsgrundlage für die variable Vergütung gemäß § 3 Abs. 4 Satz 3 Halbs. 1 InstitutsVergV und § 3 Abs. 2 Satz 2 Halbs. 1 VersVergV handelt es sich um eine „Soll-Vorgabe", von der abgewichen werden kann, sofern und soweit sachliche Gründe dies rechtfertigen.[490] Dies ist im Rahmen einer Einzelfallprüfung festzustellen, bei der auch die Höhe der jeweiligen variablen Vergütung eine Rolle spielt.[491] Als sachlicher, eine Abweichung rechtfertigender Grund kommt beispielsweise die kurze Laufzeit des Geschäftsleitervertrages, etwa bei der Bestellung eines Interims-Vorstands in Betracht.[492] Nicht zweckmäßig wäre eine mehrjährige Bemessungsgrundlage für eine variable Vergütung auch dann, wenn der erfolgreiche Verlauf kurzfristiger, aber für das Unternehmen entscheidender Projekte, wie zum Beispiel der Kauf eines anderen Unternehmens, angestrebt wird.[493] Hier werden kurzfristige Verhaltensanreize benötigt. Von praktischer Relevanz ist die Erkenntnis, dass in

---

487 Vgl. *Hohenstatt/Kuhnke*, ZIP 2009, 1981, 1985.
488 Vgl. *Hohenstatt/Kuhnke*, ZIP 2009, 1981, 1985.
489 *Fleischer*, NZG 2009, 801, 803; *Hoffmann-Becking/Krieger*, NZG 2009, Beilage zu Heft 26, 1, 3 f. (Rn. 24); *Weber*, in: Hölters, AktG, § 87 AktG Rn. 36.
490 Vgl. *GDV*, Auslegungshilfe zu den Anforderungen an Vergütungssysteme in der Versicherungswirtschaft, Stand Februar 2011, S. 11, abrufbar unter http://www.gdv.de/2011/02/gdv-auslegungshilfe-zur-versicherungs-verguetungsverordnung/ (31.10.2013).
491 *GDV*, Auslegungshilfe zu den Anforderungen an Vergütungssysteme in der Versicherungswirtschaft, Stand Februar 2011, S. 11, abrufbar unter http://www.gdv.de/2011/02/gdv-auslegungshilfe-zur-versicherungs-verguetungsverordnung/ (31.10.2013).
492 *Hohenstatt/Kuhnke*, ZIP 2009, 1981, 1987.
493 *Hohenstatt/Kuhnke*, ZIP 2009, 1981, 1987.

begründeten Ausnahmefällen von der Vorgabe einer mehrjährigen Bemessungsgrundlage für die variable Vergütung abgewichen werden kann auch im Hinblick auf einmalige Sonderzahlungen, wie etwa Anerkennungsprämien für in der Vergangenheit erbrachte, besondere Leistungen.[494]

Fraglich ist, ob abgesehen von den begründeten Ausnahmefällen alle variablen Vergütungsbestandteile bei den Geschäftsleitern eine mehrjährige Bemessungsgrundlage haben müssen. Der Wortlaut des § 3 Abs. 4 Satz 3 Halbs. 1 InstitutsVergV und des § 3 Abs. 2 Satz 2 Halbs. 1 VersVergV legt dies nahe. Ein klassischer jährlicher Zielbonus oder eine jährliche Tantieme wären somit unzulässig. Analog der Rechtslage unter dem § 87 Abs. 1 Satz 3 Halbs. 1 AktG gilt jedoch, dass derartige variable Vergütungen dann noch vereinbart werden können, wenn sie mit anderen variablen Vergütungen, die eine mehrjährige Bemessungsgrundlage haben, kombiniert werden.[495] Voraussetzung ist lediglich, dass eine Vergütungsstruktur geschaffen wird, die insgesamt einen ausreichenden Anreiz zu langfristigem Handeln erzeugt und damit das Ziel einer nachhaltigen Entwicklung des Unternehmens fördert.[496] Dies folgt daraus, dass die Regelung in § 87 Abs. 1 Satz 3 Halbs. 1 AktG als konkretisierende Regelung im Zusammenhang mit dem übergeordneten § 87 Abs. 1 Satz 2 AktG zu lesen ist, wonach die Vergütungsstruktur auf eine nachhaltige Unternehmensentwicklung auszurichten ist.

Von den Instituten und Unternehmen ist bei der variablen Vergütung im Ergebnis darauf zu achten, dass auch unter Einbeziehung der begründeten Aus-

---

494 Vgl. GDV, Auslegungshilfe zu den Anforderungen an Vergütungssysteme in der Versicherungswirtschaft, Stand Februar 2011, S. 11 (Fn. 2), abrufbar unter http://www.gdv. de/2011/02/gdv-auslegungshilfe-zur-versicherungs-verguetungsverordnung/ (31.10. 2013) sowie *Bartel/Bilobrk/Zopf*, BB 2011, 1269, 1273.

495 Vgl. GDV, Auslegungshilfe zu den Anforderungen an Vergütungssysteme in der Versicherungswirtschaft, Stand Februar 2011, S. 12, abrufbar unter http://www.gdv.de/ 2011/02/gdv-auslegungshilfe-zur-versicherungs-verguetungsverordnung/ (31.10.2013). Zur Rechtslage unter dem § 87 Abs. 1 Satz 3 Halbs. 1 AktG siehe *Bauer/Arnold*, AG 2009, 717, 722; *Fleischer*, in: Spindler/Stilz, AktG, § 87 AktG Rn. 33, 36; *Hohenstatt/Kuhnke*, ZIP 2009, 1981, 1986 f.; *Seibt*, in: Schmidt/Lutter, AktG, § 87 AktG Rn. 12; *Thüsing*, AG 2009, 517, 520; *Weber*, in: Hölters, AktG, § 87 AktG Rn. 35; *WeberRey*, WM 2009, 2255, 2259.

496 Vgl. GDV, Auslegungshilfe zu den Anforderungen an Vergütungssysteme in der Versicherungswirtschaft, Stand Februar 2011, S. 12, abrufbar unter http://www.gdv.de/ 2011/02/gdv-auslegungshilfe-zur-versicherungs-verguetungsverordnung/ (31.10.2013) sowie *Bartel/Bilobrk/Zopf*, BB 2011, 1269, 1273.

nahmefälle, in denen von der Soll-Vorgabe abgewichen wird, die Vergütungsbestandteile mit mehrjähriger Bemessungsgrundlage diejenigen ohne mehrjährige Bemessungsgrundlage übersteigen und ausreichend langfristige Verhaltensanreize erzeugt werden, die das Ziel einer nachhaltigen Unternehmensentwicklung fördern.[497]

cc) Begrenzungsmöglichkeit für außerordentliche Entwicklungen

Die Reichweite der weiteren „Soll-Vorgabe" des § 3 Abs. 4 Satz 3 Halbs. 2 InstitutsVergV und des § 3 Abs. 2 Satz 2 Halbs. 2 VersVergV, bei der variablen Vergütung für außerordentliche Entwicklungen eine Begrenzungsmöglichkeit zu vereinbaren, bedarf ebenfalls einer näheren Konkretisierung unter Heranziehung der zu dem wortgleichen § 87 Abs. 1 Satz 3 Halbs. 2 AktG entwickelten Grundsätze.

Der Gesetzgeber hatte bei der Neufassung des § 87 Abs. 1 Satz 3 Halbs. 2 AktG im Rahmen des VorstAG so genannte „Windfall-Profits" vor Augen.[498] Der Vorstand solle zwar an einer positiven Entwicklung der Parameter, welche als Berechnungsgrundlage für seine variable Vergütung vereinbart wurden, teilhaben, von außerordentlichen Entwicklungen jedoch nicht ohne Beschränkungsmöglichkeit profitieren.[499] Als außerordentliche Entwicklungen werden dabei Unternehmensübernahmen, die Veräußerung von Unternehmensteilen, die Hebung stiller Reserven und externe Einflüsse bezeichnet.[500] Der Vorgabe wird vom Wortlaut her bereits dann genügt, wenn in den Anstellungsvertrag ein Vorbehalt aufgenommen wird, wonach es im Ermessen des Verwaltungs- oder Aufsichtsorgans liegt, die variable Vergütung dann nicht in Gänze auszuzahlen, wenn dies zur Neutralisierung einer außerordentlichen Entwicklung erforderlich

---

497 Vgl. *Hohenstatt/Kuhnke*, ZIP 2009, 1981, 1987.

498 Vgl. Beschlussempfehlung und Bericht des Rechtsausschusses zum VorstAG-Entwurf der Fraktionen der CDU/CSU und SPD v. 17.6.2009, BT-Drucks. 16/13433, S. 10; *Seibt*, in: Schmidt/Lutter, AktG, § 87 AktG Rn. 12.

499 Vgl. Beschlussempfehlung und Bericht des Rechtsausschusses zum VorstAG-Entwurf der Fraktionen der CDU/CSU und SPD v. 17.6.2009, BT-Drucks. 16/13433, S. 10.

500 Vgl. Beschlussempfehlung und Bericht des Rechtsausschusses zum VorstAG-Entwurf der Fraktionen der CDU/CSU und SPD v. 17.6.2009, BT-Drucks. 16/13433, S. 10.

ist.[501] Bei der Formulierung eines solchen Vorbehalts ist das in § 307 Abs. 1 Satz 2 BGB verankerte Transparenzgebot zu beachten. Die außerordentlichen Entwicklungen, die zu einer Herabsetzung der ermittelten variablen Vergütung führen können, sollten zumindest grob umschrieben und anhand von Beispielen konkretisiert werden.

Vielfach wird über den Wortlaut hinaus die Vereinbarung einer festen höhenmäßigen Begrenzung, eines sogenannten „Cap" als vom Gesetzgeber gewollt angesehen oder zumindest für sinnvoll erachtet.[502] Mit der Begrenzung der variablen Vergütung durch einen „Cap" kann ebenfalls erreicht werden, dass der Geschäftsleiter nicht unverhältnismäßig von außerordentlichen Entwicklungen profitiert. Darüber hinaus kann durch einen fest definierten Maximalbetrag für die variable Vergütung sichergestellt werden, dass der Anteil der variablen Vergütung an der Gesamtvergütung einen bestimmten Prozentsatz nicht übersteigt und dass die Gesamtvergütung des Geschäftsleiters keine unangemessene Höhe erreicht.[503]

In § 3 Abs. 4 Satz 3 Halbs. 2 InstitutsVergV und § 3 Abs. 2 Satz 2 Halbs. 2 VersVergV wird lediglich eine Begrenzungsmöglichkeit für das Verwaltungs- oder Aufsichtsorgan gefordert. Ein „Cap" im Sinne eines fest definierten Maximalbetrags für die variable Vergütung ist nach den Normen nicht erforderlich. Da es sich bei diesem jedoch um ein „Mehr" im Vergleich zu einer Begrenzungsmöglichkeit handelt, kann mit seiner Hilfe die Anforderung des § 3 Abs. 4 Satz 3 Halbs. 2 InstitutsVergV/ des § 3 Abs. 2 Satz 2 Halbs. 2 VersVergV ebenfalls erfüllt werden.[504] Die Vereinbarung eines „Cap" zur Erfüllung der Anforderung ist den Instituten und Unternehmen zu empfehlen. Bei der Vereinbarung „lediglich" einer Begrenzungsmöglichkeit für das Verwaltungs- oder Aufsichts-

---

501 Vgl. *GDV*, Auslegungshilfe zu den Anforderungen an Vergütungssysteme in der Versicherungswirtschaft, Stand Februar 2011, S. 13, abrufbar unter http://www.gdv.de/2011/02/gdv-auslegungshilfe-zur-versicherungs-verguetungsverordnung/ (31.10.2013); vgl. zur wortgleichen Regelung in § 87 Abs. 1 Satz 3 Halbs. 2 AktG *Hoffmann-Becking/Krieger*, NZG 2009, Beilage zu Heft 26, 1, 4; *Hohenstatt/Kuhnke*, ZIP 2009, 1981, 1988; *Weber*, in: Hölters, AktG, § 87 AktG Rn. 39.
502 *Heuchemer/Kloft*, WM 2010, 2241, 2243; vgl. zur wortgleichen Regelung in § 87 Abs. 1 Satz 3 Halbs. 2 AktG *Hoffmann-Becking/Krieger*, NZG 2009, Beilage zu Heft 26, 1, 4; *Hüffer*, AktG, § 87 AktG Rn. 4d, *Seibt*, in: Schmidt/Lutter, AktG, § 87 AktG Rn. 12; *Weber*, in: Hölters, AktG, § 87 AktG Rn. 39.
503 *Hohenstatt/Kuhnke*, ZIP 2009, 1981, 1988.
504 Vgl. zur wortgleichen Regelung in § 87 Abs. 1 Satz 3 Halbs. 2 AktG *Hohenstatt/Kuhnke*, ZIP 2009, 1981, 1988.

organ kann über die Frage, ob eine außerordentliche Entwicklung vorliegt, die die Herabsetzung der ermittelten variablen Vergütung rechtfertigt, leicht Streit entstehen.[505]

c) Zusätzliche Anforderungen in der VersVergV

Die VersVergV enthält in ihrem § 3 Abs. 1 Satz 2 Nr. 3 und Abs. 6 Satz 1 weitere Regelungen betreffend die Vergütungssysteme der Geschäftsleiter.

Nach § 3 Abs. 1 Satz 2 Nr. 3 VersVergV muss bei den Geschäftsleitern der variable Teil der Vergütung eine Vergütung für den aus der Tätigkeit sich ergebenden nachhaltigen Erfolg des Unternehmens darstellen. Die variable Vergütung darf insbesondere nicht maßgeblich von der Gesamtbeitragseinnahme, vom Neugeschäft oder von der Vermittlung einzelner Versicherungsverträge abhängig sein. So sollen „Fehlanreize zum Aufbau eines großen Geschäftsvolumens anstelle eines soliden und nachhaltigen Bestandes" vermieden werden.[506] Die Verordnungsbegründung konkretisiert die Vorgabe dahingehend, dass der variable Vergütungsteil maximal zu 30 % von den genannten Kriterien abhängen darf, sofern und soweit er weiterhin eine Vergütung für den aus der Tätigkeit sich ergebenden nachhaltigen Erfolg des Unternehmens darstellt.[507] Dies dient jedoch nur einer ungefähren Orientierung, ist also eher als Richtwert, denn als starre prozentuale Grenze zu verstehen. Legt man die Regelung im Lichte der Verordnungsermächtigung in § 64b Abs. 5 VAG aus, deren inhaltliche Reichweite durch § 64b Abs. 1 VAG bestimmt wird, so folgt daraus, dass es lediglich darauf ankommt, dass im Ergebnis die variable Vergütung zu einer nachhaltigen Unternehmensentwicklung beiträgt.[508]

Mit dem Kriterium „Vermittlung einzelner Versicherungsverträge" ist nach der Verordnungsbegründung nicht das Vermittlungsergebnis des einzelnen Ge-

---

505 Vgl. *Hoffmann-Becking/Krieger*, NZG 2009, Beilage zu Heft 26, 1, 4; *Weber*, in: Hölters, AktG, § 87 AktG Rn. 39.

506 Begründung zur VersVergV, in der Fassung v. 6.10.2010, Besonderer Teil zu § 3, abrufbar unter http://www.bafin.de/SharedDocs/Aufsichtsrecht/DE/Verordnung/VersVerg V_101006_begruendung_va.html (31.10.2013).

507 Begründung zur VersVergV, in der Fassung v. 6.10.2010, Besonderer Teil zu § 3, abrufbar unter http://www.bafin.de/SharedDocs/Aufsichtsrecht/DE/Verordnung/VersVerg V_101006_begruendung_va.html (31.10.2013).

508 *Annuß/Sammet*, BB 2011, 115, 116.

schäftsleiters, sondern das des gesamten Unternehmens gemeint.[509] Daher steht die Regelung des § 3 Abs. 1 Satz 2 Nr. 3 VersVergV auch nicht im Widerspruch zu der Vorgabe in § 3 Abs. 6 Satz 1 VersVergV. Nach § 3 Abs. 6 Satz 1 Vers-VergV dürfen Unternehmen ihren Geschäftsleitern und im Übrigen auch den Aufsichtsratsmitgliedern in der Regel überhaupt keine Vergütung im Zusammenhang mit der Vermittlung von Versicherungsverträgen gewähren. Diese Vorgabe basiert nach der Verordnungsbegründung auf seit Jahrzehnten bewährten aufsichtsrechtlichen Grundsätzen zur Vermeidung von Interessenkollisionen, die durch mehrfache Tätigkeiten von Geschäftsleitern und Aufsichtsratsmitgliedern entstehen oder entstehen können.[510] Umfasst ist davon insbesondere auch die grundsätzliche Unzulässigkeit des Abschlusses eines Agenturvertrages zwischen Geschäftsleitern und Aufsichtsratsmitgliedern einerseits und den von ihnen geführten beziehungsweise kontrollierten Unternehmen andererseits.[511]

Aus dem Wortlaut des § 3 Abs. 6 Satz 1 VersVergV folgt, dass die Zahlung einer Vergütung im Zusammenhang mit der Vermittlung von Versicherungsverträgen nicht generell unzulässig ist. Es kommt darauf an, ob die Prüfung des jeweiligen Einzelfalles ergibt, dass es zu Interessenkonflikten kommen kann oder nicht.[512] So kann unter Umständen insbesondere bei der nebenberuflichen Vermittlung von Versicherungsverträgen durch den Geschäftsleiter oder das Aufsichtsratsmitglied die Gewährung einer Vergütung für diese Tätigkeit auch ausnahmsweise zulässig sein.[513] Im Rahmen der Einzelfallprüfung können Kriterien wie die Vermittlungsart, die Höhe der Provision pro Vermittlung, die Anzahl der

---

509 Begründung zur VersVergV, in der Fassung v. 6.10.2010, Besonderer Teil zu § 3, abrufbar unter http://www.bafin.de/SharedDocs/Aufsichtsrecht/DE/Verordnung/VersVerg V_101006_begruendung_va.html (31.10.2013).

510 Begründung zur VersVergV, in der Fassung v. 6.10.2010, Besonderer Teil zu § 3, abrufbar unter http://www.bafin.de/SharedDocs/Aufsichtsrecht/DE/Verordnung/VersVerg V_101006_begruendung_va.html (31.10.2013).

511 Begründung zur VersVergV, in der Fassung v. 6.10.2010, Besonderer Teil zu § 3, abrufbar unter http://www.bafin.de/SharedDocs/Aufsichtsrecht/DE/Verordnung/VersVerg V_101006_begruendung_va.html (31.10.2013).

512 *GDV*, Auslegungshilfe zu den Anforderungen an Vergütungssysteme in der Versicherungswirtschaft, Stand Februar 2011, S. 14, abrufbar unter http://www.gdv.de/2011/02/ gdv-auslegungshilfe-zur-versicherungs-verguetungsverordnung/ (31.10.2013); *Bartel/ Bilobrk/Zopf*, BB 2011, 1269, 1274.

513 *GDV*, Auslegungshilfe zu den Anforderungen an Vergütungssysteme in der Versicherungswirtschaft, Stand Februar 2011, S. 14, abrufbar unter http://www.gdv.de/2011/02/ gdv-auslegungshilfe-zur-versicherungs-verguetungsverordnung/ (31.10.2013); *Bartel/ Bilobrk/Zopf*, BB 2011, 1269, 1274.

Vermittlungen und damit die Höhe der Provision insgesamt, die Größe des Aufsichtsrats und die Größe des Versicherungsunternehmens eine Rolle spielen.[514] Generell sind jedoch, wie bei allen Vergütungen, die neben der Vergütung für die Tätigkeit als Geschäftsleiter oder Aufsichtsratsmitglied gezahlt werden, strenge Maßstäbe anzulegen.[515]

II. Besondere Anforderungen an Vergütungssysteme

Die besonderen Anforderungen an Vergütungssysteme in § 5 InstitutsVergV und § 4 VersVergV richten sich an die Vergütungssysteme der Geschäftsleiter und als Risk Taker einzustufenden Mitarbeiter bedeutender Institute/ bedeutender Unternehmen. Hier gibt es Anforderungen betreffend die variable Vergütung und Anforderungen im Hinblick auf ermessensabhängige Leistungen zur Altersversorgung.

1. Anforderungen an die variable Vergütung

a) Berechnung der variablen Vergütung

Anforderungen stellen die Verordnungen zunächst an die Berechnung der variablen Vergütung der Geschäftsleiter und Risk Taker.

aa) Berechnungsgrundlage

Bei der variablen Vergütung der Geschäftsleiter und Risk Taker in bedeutenden Instituten und bedeutenden Unternehmen ist nach § 5 Abs. 2 Nr. 1 InstitutsVergV und § 4 Abs. 3 Nr. 1 VersVergV neben dem Gesamterfolg des Instituts/ Unternehmens beziehungsweise der Gruppe und dem Erfolgsbeitrag der Organisationseinheit auch der individuelle Erfolgsbeitrag zu berücksichtigen, soweit dieser mit verhältnismäßigem beziehungsweise vertretbarem Aufwand bestimmt

---

514 *GDV*, Auslegungshilfe zu den Anforderungen an Vergütungssysteme in der Versicherungswirtschaft, Stand Februar 2011, S. 14, abrufbar unter http://www.gdv.de/2011/02/gdv-auslegungshilfe-zur-versicherungs-verguetungsverordnung/ (31.10.2013).

515 Begründung zur VersVergV, in der Fassung v. 6.10.2010, Besonderer Teil zu § 3, abrufbar unter http://www.bafin.de/SharedDocs/Aufsichtsrecht/DE/Verordnung/VersVerg V_101006_begruendung_va.html (31.10.2013).

werden kann.[516] Wann die Bestimmung und damit auch Berücksichtigung der individuellen Erfolgsbeiträge mit einem unverhältnismäßigen beziehungsweise unvertretbaren Aufwand verbunden ist, wird nicht näher erläutert. Als Beispiel wird in der Literatur angeführt, dass die individuellen Erfolgsbeiträge nur schwer oder kaum sinnvoll messbar sind, wie dies bei den Mitarbeitern in den Kontrolleinheiten der Fall sein soll.[517]

Es gibt grundsätzlich zwei Möglichkeiten der Anforderung Rechnung zu tragen, einen Bottom-Up- und einen Top-Down-Ansatz.[518]

(1) Bottom-Up-Ansatz

Beim Bottom-Up-Ansatz hängen Gewährung und Höhe der variablen Vergütung des Geschäftsleiters oder des als Risk Taker eingestuften Mitarbeiters allein davon ab, ob beziehungsweise zu welchem Grad er die Ziele erreicht, die mit ihm vereinbart oder ihm vorgegeben worden sind. Dabei ist eine dreifache Zielorientierung vorgeschrieben.[519] Vereinbart oder vorgegeben werden müssen bei den Mitarbeitern Ziele für das Institut/ Unternehmen insgesamt beziehungsweise die Gruppe, Ziele für die Organisationseinheit, der sie angehören sowie grundsätzlich auch individuelle Ziele. Bei den Mitarbeitern, die eine Organisationseinheit leiten, dürften die Grenzen zwischen den Zielen für die Organisationseinheit und den individuellen Zielen fließend sein. Bei den Geschäftsleitern sind neben den Zielen für das Institut/ Unternehmen insgesamt beziehungsweise die Gruppe nur individuelle Ziele zu vereinbaren oder vorzugeben, also etwa Ziele für den in ihre Führung und Verantwortung gestellten Geschäftsbereich. Ziele ausschließlich für eine einzelne Organisationseinheit sind bei den Geschäftsleitern nicht sinnvoll. Die Anforderung in § 5 Abs. 2 Nr. 1 InstitutsVergV und § 4 Abs. 3 Nr. 1 VersVergV hat zur Folge, dass einheitliche Zielvorgaben oder Zielvereinbarungen für einzelne Empfängergruppen nicht mehr zulässig sind.[520]

---

516 Im Referentenentwurf zur Neufassung der InstitutsVergV ist die Einschränkung, dass der individuelle Erfolgsbeitrag nur zu berücksichtigen ist, soweit dies nicht mit einem unverhältnismäßigen Aufwand verbunden ist, gestrichen worden. Die individuellen Erfolgsbeiträge sind danach also ohne Ausnahme bei der Ermittlung der variablen Vergütung der Geschäftsleiter und Risk Taker in den bedeutenden Instituten einzubeziehen.
517 *Müller-Bonanni/Mehrens*, NZA 2010, 792, 795; *Simon/Koschker*, BB 2011, 120, 124.
518 Vgl. *Braun/Wolfgarten*, in: Boos/Fischer/Schulte-Mattler, KWG, § 25a KWG Rn. 743.
519 *Annuß/Sammet*, BB 2011, 115, 117.
520 Vgl. *Binder*, Steuerung und Kontrolle von Vergütungssystemen durch die BaFin, S. 91; *Heuchemer/Kloft*, WM 2010, 2241, 2246.

Bei der Frage, in welchem Umfang bei einem Mitarbeiter auf den Gesamterfolg des Instituts/ Unternehmens, den Erfolgsbeitrag der Organisationseinheit
und den individuellen Erfolgsbeitrag bei der Ermittlung seiner variablen Vergütung abzustellen ist, kommt es entscheidend auf seine Position und seinen Zu-
ständigkeits- und Verantwortungsbereich an. Die relative Bedeutung der Elemente muss im Vorfeld festgelegt werden und angemessen ausbalanciert sein.
Um in größtmöglichem Umfang das Verhalten der Mitarbeiter beeinflussen zu
können, sollte bei der Ermittlung der variablen Vergütung der Erfolg beziehungsweise Erfolgsbeitrag der Ebene am stärksten gewichtet werden, auf der der
jeweilige Mitarbeiter Entscheidungen trifft und so direkten Einfluss nimmt. Bei
einem Mitarbeiter in einer Organisationseinheit ohne leitende Position sollte daher der individuelle Erfolgsbeitrag das maßgebende Kriterium bei der Ermittlung seiner variablen Vergütung sein. Auf dieser Ebene hat der Mitarbeiter den
größten Einfluss auf die Zielerreichung. Im Gegensatz dazu kann bei dem Leiter
einer Organisationseinheit der Erfolgsbeitrag derselben und bei einem Geschäftsleiter der Gesamterfolg des Instituts/ Unternehmens ein deutlich stärkeres
Gewicht haben.[521]

Bei den Arbeitnehmern der Institute und Unternehmen kommt es bei der
Frage, in welchem Umfang ihre variable Vergütung vom Gesamterfolg des In-
stituts/ Unternehmens, dem Erfolgsbeitrag der Organisationseinheit und dem
individuellen Erfolgsbeitrag abhängig gemacht wird, nicht nur auf den Aspekt
der Verhaltenssteuerung an. Es ist auch zu beachten, dass von der relativen Bedeutung der Elemente abhängt, in welchem Umfang die Vergütung des Arbeitnehmers variabilisiert werden kann. Das Wirtschaftsrisiko ist grundsätzlich vom
Arbeitgeber zu tragen. Es darf nicht auf den Arbeitnehmer verlagert werden. Je
weniger Einfluss der Arbeitnehmer auf die Zielerreichung hat und je mehr Dritt-
einflüsse bei der Zielerreichung eine Rolle spielen, desto größer muss der fixe
Vergütungsteil des Arbeitnehmers sein. Oder anders gesagt: Nur ein kleiner Teil
der Gesamtvergütung des Arbeitnehmers darf entsprechend durch eine Zielvergütung variabilisiert werden.[522]

(2) Top-Down-Ansatz

Beim Top-Down-Ansatz wird zunächst ein Bonus-Pool anhand des Gesamterfolgs des Instituts/ Unternehmens beziehungsweise der Gruppe errechnet. Je

---

521 Zu alle dem siehe *CEBS*, Guidelines on Remuneration Policies and Practices v.
   10.12.2010, S. 50 (Nr. 89 f.), abrufbar unter http://www.eba.europa.eu/documents/101
   80/106961/Guidelines.pdf (31.10.2013).
522 Siehe dazu oben unter 2. Teil C. I. 1. c) aa) (1) (a) (bb) (S. 99 ff.).

nach den Erfolgsbeiträgen der einzelnen Organisationseinheiten wird diesen ein Teil des Bonus-Pools zugewiesen. Am Ende erhalten die einzelnen Mitarbeiter in den Organisationseinheiten entweder abhängig von ihrem individuellen Erfolgsbeitrag oder, sofern dieser nicht mit vertretbarem Aufwand bestimmt werden kann, nach Köpfen einen Anteil von dem auf ihre Organisationseinheit entfallenden Teil des Bonus-Pools. Die Geschäftsleiter erhalten von einem anhand des Gesamterfolgs des Instituts/ Unternehmens errechneten Bonus-Pool jeweils einen Anteil, der von ihrem individuellen Erfolgsbeitrag, also zum Beispiel dem Erfolgsbeitrag des in ihre Verantwortung gestellten Geschäftsbereichs, abhängig ist.

Sowohl beim Bottom-Up- als auch beim Top-Down-Ansatz partizipieren erfolgreiche Mitarbeiter und Organisationseinheiten an den Misserfolgen anderer. Die weniger erfolgreichen Mitarbeiter und Organisationseinheiten profitieren dagegen von einem guten Gesamtergebnis.[523] Der Bottom-Up- und der Top-Down-Ansatz können auch kombiniert werden.[524]

bb) Ermittlung der Erfolge und Erfolgsbeiträge

Für die Ermittlung des Gesamterfolgs des Instituts/ Unternehmens, des Erfolgsbeitrags der jeweiligen Organisationseinheit und des individuellen Erfolgsbeitrags sind gemäß § 5 Abs. 2 Nr. 3 InstitutsVergV und § 4 Abs. 3 Nr. 2 VersVergV insbesondere solche Vergütungsparameter zu verwenden, die dem Ziel eines nachhaltigen Erfolgs Rechnung tragen. Dabei sind nach beiden Verordnungen insbesondere die eingegangenen Risiken und die Kapitalkosten zu berücksichtigen. Die InstitutsVergV geht etwas weiter und verlangt auch die Berücksichtigung der Laufzeiten der eingegangenen Risiken und die Berücksichtigung der Liquiditätskosten. Die Laufzeiten der Risiken müssen nach § 5 Abs. 2 Nr. 3 InstitutsVergV am Ende jedoch nicht zwingend nachgebildet werden.

Vor allem nachhaltige Erfolge beziehungsweise Erfolgsbeiträge sollen vergütungsrelevant sein.[525] Daher müssen über eine entsprechende Gestaltung der Vergütungsparameter auch die begründeten Risiken bei der Ermittlung der Erfolge und Erfolgsbeiträge einfließen. Sie sollen die Höhe der variablen Vergütung der Geschäftsleiter und Risk Taker mit beeinflussen. Die Guidelines on

523 Vgl. *Braun/Wolfgarten*, in: Boos/Fischer/Schulte-Mattler, KWG, § 25a KWG Rn. 742.
524 *Braun/Wolfgarten*, in: Boos/Fischer/Schulte-Mattler, KWG, § 25a KWG Rn. 743.
525 Begründung zur InstitutsVergV, in der Fassung v. 6.10.2010, Besonderer Teil zu den §§ 5, 6 und 8, abrufbar unter http://www.bafin.de/SharedDocs/Aufsichtsrecht/DE/Verordnung/InstitutsVergV_Begruendung_ba.html (31.10.2013).

Remuneration Policies and Practices des CEBS sprechen in diesem Zusammenhang von einer ex-ante Risikoanpassung der variablen Vergütung.[526] Nach Nr. 23 n) in Anhang V Abschnitt 11 der Richtlinie 2006/48/EG sollen alle Arten von laufenden und künftigen Risiken berücksichtigt werden. Die Schwierigkeit bei der Berücksichtigung sämtlicher Risiken bei der Ermittlung der Erfolge und Erfolgsbeiträge und damit schließlich auch der variablen Vergütung der Geschäftsleiter und Risk Taker besteht in der Identifikation und Quantifizierung der Risiken. Eine möglichst genaue Messung der Risiken ist Voraussetzung für eine faire Risikoanpassung der Vergütung.[527] Nach den Guidelines on Remuneration Policies and Practices des CEBS soll für die Risikomessung ein Mix aus quantitativen und qualitativen Methoden verwendet werden. Quantitative Methoden, wie die Verwendung von Berechnungsformeln sind transparent und beeinflussen daher das Verhalten der Mitarbeiter direkter. Sie allein reichen jedoch nicht aus. Auch qualitative Methoden, also solche, bei denen es noch in viel stärkerem Maße auf Beurteilungen, Bewertungen und Einschätzungen zum Beispiel der Mitarbeiter der Kontrolleinheiten ankommt, werden benötigt.[528]

Neben den eingegangenen Risiken (und ihren Laufzeiten) sind die Kapitalkosten bei der Ermittlung der Erfolge und Erfolgsbeiträge und damit letztlich auch der variablen Vergütung zu berücksichtigen. Im Bankenbereich sind nach § 10 KWG[529] und der konkretisierenden Solvabilitätsverordnung verschiedene Risiken mit Eigenkapital zu unterlegen. Diese Eigenkapitalunterlegung verursacht Kosten. Für die Risikoanpassung der variablen Vergütung müssen die Kosten

---

526 *CEBS*, Guidelines on Remuneration Policies and Practices v. 10.12.2010, S. 56 ff. (Nr. 107 ff.), abrufbar unter http://www.eba.europa.eu/documents/10180/106961/Guidelines.pdf (31.10.2013).

527 Vgl. *FSF*, Principles for Sound Compensation Practices v. 2.4.2009, S. 9, abrufbar unter http://www.financialstabilityboard.org/publications/r_0904b.pdf (31.10.2013).

528 *CEBS*, Guidelines on Remuneration Policies and Practices v. 10.12.2010, S. 50 f. (Nr. 91 f.), abrufbar unter http://www.eba.europa.eu/documents/10180/106961/Guidelines.pdf (31.10.2013).

529 Die Anforderungen an die Eigenmittelausstattung finden sich künftig als europaweit einheitliche Regelungen in Art. 25 ff. und Art. 92 ff. der Verordnung (EU) Nr. 575/2013 des Europäischen Parlaments und des Rates vom 26. Juni 2013 über Aufsichtsanforderungen an Kreditinstitute und Wertpapierfirmen und zur Änderung der Verordnung (EU) Nr. 646/2012 (Capital Requirements Regulation [CRR]). § 10 KWG enthält ab dem 1.1.2014 im Wesentlichen nur noch eine Ermächtigung zum Erlass einer Rechtsverordnung mit näheren Bestimmungen über die angemessene Eigenmittelausstattung (Solvabilität - Solvabilitätsverordnung nF) und regelt die Befugnis der BaFin die Einhaltung weitergehender Eigenmittelanforderungen verlangen zu können.

bei der Ermittlung der Höhe der variablen Vergütung berücksichtigt werden.[530] Im Versicherungsbereich wird nach § 53c VAG und der konkretisierenden Kapitalausstattungsverordnung ebenfalls eine bestimmte, Kosten verursachende Kapitalausstattung verlangt, die nach der VersVergV in die Berechnung der Höhe der variablen Vergütung mit einfließen muss. Mit den, nach der InstitutsVergV bei der Ermittlung der variablen Vergütung zudem zu berücksichtigenden Liquiditätskosten sind die Kosten gemeint, die den Instituten bei der Erfüllung ihrer Verpflichtung aus § 11 KWG[531] in Verbindung mit der Liquiditätsverordnung entstehen. Nach den Vorschriften müssen die Institute ihre Mittel so anlegen, dass jederzeit eine ausreichende Zahlungsbereitschaft (Liquidität) gegeben ist. Auf diese Weise werden auch die Liquiditätsrisiken bei der variablen Vergütung der Geschäftsleiter und Risk Taker berücksichtigt.[532]

cc) Bestimmung des individuellen Erfolgsbeitrags

Der individuelle Erfolgsbeitrag ist gemäß § 5 Abs. 2 Nr. 2 InstitutsVergV des Weiteren auch anhand nicht-finanzieller Parameter, wie zum Beispiel der Beachtung institutsinterner Regelwerke und Strategien, der Zufriedenheit der betreuten Kunden und der erlangten Qualifikationen zu bestimmen.[533] Nach der VersVergV müssen im Rahmen des individuellen Erfolgsbeitrags nicht zwin-

---

530 Vgl. *CEBS*, Guidelines on Remuneration Policies and Practices v. 10.12.2010, S. 57 (Nr. 110), abrufbar unter http://www.eba.europa.eu/documents/10180/106961/Guidelines.pdf (31.10.2013).

531 Liquiditätsanforderungen enthalten künftig auch die Art. 411 ff. der Verordnung (EU) Nr. 575/2013 des Europäischen Parlaments und des Rates vom 26. Juni 2013 über Aufsichtsanforderungen an Kreditinstitute und Wertpapierfirmen und zur Änderung der Verordnung (EU) Nr. 646/2012 (Capital Requirements Regulation [CRR]). In § 11 KWG wird ab dem 1.1.2014 zusätzlich die Befugnis der BaFin geregelt die Einhaltung weitergehender Liquiditätsanforderungen verlangen zu können.

532 Vgl. *CEBS*, Guidelines on Remuneration Policies and Practices v. 10.12.2010, S. 57 (Nr. 110), abrufbar unter http://www.eba.europa.eu/documents/10180/106961/Guidelines.pdf (31.10.2013).

533 Vgl. Nr. 23 g) in Anhang V Abschnitt 11 der Richtlinie 2006/48/EG.
In dem Referentenentwurf zur Neufassung der InstitutsVergV (§ 18 Abs. 2) ist die Regelung zur Bestimmung des individuellen Erfolgsbeitrags ausführlicher gefasst worden. Danach ist der individuelle Erfolgsbeitrag anhand der Erreichung von vereinbarten Zielen zu bestimmen, wobei sowohl quantitative als auch qualitative Vergütungsparameter berücksichtigt werden müssen. Die Vergütungsparameter sind so festzulegen, dass der Grad der Zielerreichung ermittelt werden kann. Insbesondere sitten- oder pflichtwidriges Verhalten darf nicht durch positive Erfolgsbeiträge ausgeglichen werden und muss die Höhe der variablen Vergütung verringern.

gend auch nicht-finanzielle Parameter herangezogen werden. Die VersVergV weist in ihrem § 4 Abs. 3 Nr. 1 am Ende nur auf diese Möglichkeit hin.[534]

Der angemessene Mix von nicht-finanziellen (qualitativen) und finanziellen (quantitativen) Parametern ist abhängig von den Aufgaben und Verantwortlichkeiten des Mitarbeiters.[535] Um den individuellen Erfolgsbeitrag ermitteln zu können, ist eine Skalierung und Gewichtung der nicht-finanziellen (qualitativen) Parameter untereinander sowie im Verhältnis zu den finanziellen (quantitativen) Vergütungsparametern vorzunehmen.[536]

Nach den Guidelines on Remuneration Policies and Practices des CEBS können nicht-finanzielle (qualitative) Parameter auch auf der Ebene des Instituts/ Unternehmens insgesamt oder der Ebene einer Organisationseinheit in die Bestimmung des Erfolgs beziehungsweise Erfolgsbeitrags mit einfließen.[537] Als Beispiele für nicht-finanzielle (qualitative) Parameter werden in den Guidelines on Remuneration Policies and Practices die Erreichung strategischer Ziele, die Kundenzufriedenheit, das Festhalten an der Risikomanagement-Politik, die Einhaltung von internen und externen Regeln, die Leitung und Führung der Mitarbeiter, das Management, die Teamarbeit, die Kreativität, die Leistungsbereitschaft sowie die Zusammenarbeit mit anderen Geschäftseinheiten und mit den Kontrolleinheiten angeführt.[538]

Bei Instituten in der Rechtsform einer AG oder eG und bei Versicherungsunternehmen in der Rechtsform einer AG oder eines VVaG kommen in Bezug auf die Vorstandsmitglieder nicht-finanzielle (qualitative) Parameter zur Bestimmung der Erfolge und Erfolgsbeiträge angesichts der Kompetenzverteilung zwischen Vorstand und Aufsichtsrat nicht in Betracht. Würde vereinbart, dass anhand solcher Parameter zu bestimmende Erfolge und Erfolgsbeiträge bei der Berechnung der variablen Vergütung des Vorstandsmitglieds zugrunde gelegt

---

534 Vgl. *Simon/Koschker*, BB 2011, 120, 124.
535 *CEBS*, Guidelines on Remuneration Policies and Practices v. 10.12.2010, S. 52 (Nr. 95), abrufbar unter http://www.eba.europa.eu/documents/10180/106961/Guidelines.pdf (31.10.2013).
536 *Braun/Wolfgarten*, in: Boos/Fischer/Schulte-Mattler, KWG, § 25a KWG Rn. 748.
537 *CEBS*, Guidelines on Remuneration Policies and Practices v. 10.12.2010, S. 52 (Nr. 95), abrufbar unter http://www.eba.europa.eu/documents/10180/106961/Guidelines.pdf (31.10.2013).
538 *CEBS*, Guidelines on Remuneration Policies and Practices v. 10.12.2010, S. 53 (Nr. 97), abrufbar unter http://www.eba.europa.eu/documents/10180/106961/Guidelines.pdf (31.10.2013).

werden, würde dadurch das „Wie" der Arbeit des Vorstandsmitglieds beeinflusst. Es läge ein Eingriff in seine Weisungsunabhängigkeit vor.[539]

b) Zurückbehaltung der variablen Vergütung

Nach den Verordnungen darf ein Teil der variablen Vergütung der Geschäftsleiter und Risk Taker in den bedeutenden Instituten und bedeutenden Unternehmen nicht sofort ausgezahlt werden, sondern ist zunächst zurückzubehalten. Bei den Vorgaben in der InstitutsVergV und der VersVergV betreffend die Zurückbehaltung der variablen Vergütung gibt es einige Unterschiede. Die Vorgaben werden daher im Folgenden getrennt dargestellt und erläutert.

aa) Anforderung in der InstitutsVergV

(1) Zurückbehaltung gemäß § 5 Abs. 2 Nr. 4 InstitutsVergV

Abhängig von der Stellung, den Aufgaben und der Höhe der variablen Vergütung eines Risk Takers sowie der Risiken, die er zu begründen im Stande ist, müssen gemäß § 5 Abs. 2 Nr. 4 Satz 1 InstitutsVergV mindestens 40 % seiner variablen Vergütung über einen Zurückbehaltungszeitraum von mindestens drei bis fünf Jahren gestreckt werden. Der Prozentsatz muss umso größer sein, je höher die variable Vergütung, die Stellung des Betroffenen und die von ihm begründbaren Risiken.[540]

Dass ein Teil der variablen Vergütung über einen Zurückbehaltungszeitraum zu strecken ist, bedeutet, dass er zunächst einzubehalten und dann zeitanteilig über den Zurückbehaltungszeitraum auszuzahlen ist.[541] Dabei geht es jedoch nicht darum, dass bloß die Fälligkeit eines bereits entstandenen Anspruchs hinausgeschoben wird. Nach § 5 Abs. 2 Nr. 4 Satz 1 a) InstitutsVergV darf der Anspruch beziehungsweise die Anwartschaft auf diesen Teil der variablen Vergütung nicht schneller als zeitanteilig erwachsen. Die zurückbehaltene variable Vergütung kann nach der Verordnungsbegründung in einem Konto oder Depot

---

539 Siehe dazu oben 2. Teil C. I. 1. a) bb) (2) (b) (S. 88 ff.).

540 Begründung zur InstitutsVergV, in der Fassung v. 6.10.2010, Besonderer Teil zu den §§ 5, 6 und 8, abrufbar unter http://www.bafin.de/SharedDocs/Aufsichtsrecht/DE/Verordnung/InstitutsVergV_Begruendung_ba.html (31.10.2013).

541 Vgl. Begründung zur InstitutsVergV, in der Fassung v. 6.10.2010, Besonderer Teil zu den §§ 5, 6 und 8, abrufbar unter http://www.bafin.de/SharedDocs/Aufsichtsrecht/DE/Verordnung/InstitutsVergV_Begruendung_ba.html (31.10.2013); *Fröhlich*, ArbRB 2010, 312, 314.

als eine Art Merkposten ausgewiesen werden.[542] Gemäß § 5 Abs. 2 Nr. 4 Satz 1 b) InstitutsVergV besteht während des Zurückbehaltungszeitraumes lediglich ein Anspruch auf fehlerfreie Ermittlung bezüglich des noch nicht zu einer Anwartschaft oder einem Anspruch erwachsenen Teils der variablen Vergütung, nicht aber auf diesen Teil der variablen Vergütung selbst.

Die vorstehende Regelung gilt gemäß § 5 Abs. 2 Nr. 4 Satz 2 InstitutsVergV für Geschäftsleiter und Mitarbeiter der nachgelagerten Führungsebene ebenfalls. Bei ihnen sind es jedoch nicht mindestens 40 %, sondern von vornherein und in der Regel mindestens 60 % der variablen Vergütung, die über einen Zurückbehaltungszeitraum von mindestens drei bis fünf Jahren entsprechend zu strecken sind.[543] Eine Zurückbehaltung von mehr als 75 % der variablen Vergütung wird, in Anbetracht der Tatsache, dass dem Betroffenen durch die Zurückbehaltung das Insolvenzrisiko im Hinblick auf das Institut aufgebürdet wird, nicht mehr für angemessen gehalten.[544]

Die Dauer des Zurückbehaltungszeitraums hat sich gemäß § 5 Abs. 2 Nr. 4 Satz 3 InstitutsVergV am Geschäftszyklus, der Art und des Risikogehalts der betriebenen Geschäftsaktivitäten und den Tätigkeiten der jeweiligen Mitarbeiter oder Geschäftsleiter zu orientieren. Aus den, der InstitutsVergV zugrunde liegenden Principles for Sound Compensation Practices des FSF ergibt sich, dass die Dauer des Zurückbehaltungszeitraums darüber hinaus von den Laufzeiten der begründbaren Risiken abhängen sollte. Gewinne und Verluste von verschiedenen Aktivitäten werden in verschiedenen Zeiträumen realisiert. Variable Vergütungen sollten nicht in kurzen Zeitabschnitten ausgezahlt werden, wenn die Risiken über längere Zeitabschnitte realisiert werden.[545]

---

542 Begründung zur InstitutsVergV, in der Fassung v. 6.10.2010, Besonderer Teil zu den §§ 5, 6 und 8, abrufbar unter http://www.bafin.de/SharedDocs/Aufsichtsrecht/DE/Verord nung/InstitutsVergV_Begruendung_ba.html (31.10.2013).

543 Im Referentenentwurf zur Neufassung der InstitutsVergV (§ 19 Abs. 2 Satz 1) ist die Einschränkung, dass nur *in der Regel* bei den Geschäftsleitern und Mitarbeitern der nachgelagerten Führungsebene mindestens 60 % der variablen Vergütung über einen Zurückbehaltungszeitraum von drei bis fünf Jahren entsprechend zu strecken sind, gestrichen worden. Die Streckung über einen Zurückbehaltungszeitraum hat also *stets* bei mindestens 60 % der variablen Vergütung zu erfolgen.

544 *Insam/Hinrichs/Hörtz*, DB 2012, 1568, 1571.

545 *FSF*, Principles for Sound Compensation Practices v. 2.4.2009, S. 3 (Nr. 6), abrufbar unter http://www.financialstabilityboard.org/publications/r_0904b.pdf (31.10.2013); vgl. auch Nr. 23 p) in Anhang V Abschnitt 11 der Richtlinie 2006/48/EG.

Ein Zurückbehaltungsprogramm für die variable Vergütung ist der Schlüssel zur Optimierung der Risikoausrichtung der variablen Vergütung.[546] Es ermöglicht ex-post Risikoanpassungen. Zumindest Teile der variablen Vergütung können an die sich erst im Laufe der Zeit herausstellenden Risiken angepasst werden. Zwar werden bereits bei der ersten Ermittlung der variablen Vergütung neben den tatsächlichen Leistungen und Erfolgen auch die begründeten Risiken berücksichtigt.[547] Aufgrund der Unsicherheiten, die bei dieser ex-ante Risikoanpassung bestehen, ist jedoch eine ex-post Risikoanpassung erforderlich.[548] Mit dieser wird eine noch genauere Anpassung der variablen Vergütung an die Risiken möglich und es wird ein noch stärkerer Anreiz bei den Geschäftsleitern und Risk Takern geschaffen, bei ihren Aktivitäten an die für das Institut/ Unternehmen entstehenden Risiken zu denken.[549]

Bei der Streckung der variablen Vergütung über den Zurückbehaltungszeitraum sollte beachtet werden, dass für die Abstände, in denen jeweils ein Anspruch auf einen Teil der zurückgestellten variablen Vergütung entsteht, keine kürzeren als Ein-Jahres-Zeitabstände gewählt werden. Bei einer höheren Frequentierung ist eine angemessene Bewertung der Risiken und damit ex-post Risikoanpassung der Vergütung nicht möglich.[550] Auch auf den ersten Teil der zurückbehaltenen variablen Vergütung sollte nicht vor dem Ablauf von zwölf Monaten ein Anspruch entstehen.[551]

---

546 CEBS, Guidelines on Remuneration Policies and Practices v. 10.12.2010, S. 59 (Nr. 114), abrufbar unter http://www.eba.europa.eu/documents/10180/106961/Guidelines. pdf (31.10.2013).

547 Siehe zur ex-ante Risikoanpassung oben 2. Teil C. II. 1. a) bb) (S. 139 ff.).

548 Vgl. CEBS, Guidelines on Remuneration Policies and Practices v. 10.12.2010, S. 59 (Nr. 114), abrufbar unter http://www.eba.europa.eu/documents/10180/106961/Guide lines.pdf (31.10.2013).

549 Die Regelung zur Zurückbehaltung eines Teils der variablen Vergütung über 3-5 Jahre wird zum Teil jedoch auch kritisch gesehen. Sie sei kontraproduktiv. So könne etwa ein langer Zurückbehaltungszeitraum Manager demotivieren. Vgl. *Gerenkamp/Kuklick*, ZBB 2011, 430, 439.

550 Vgl. CEBS, Guidelines on Remuneration Policies and Practices v. 10.12.2010, S. 60 (Nr. 118), abrufbar unter http://www.eba.europa.eu/documents/10180/106961/Guide lines.pdf (31.10.2013).

551 Vgl. CEBS, Guidelines on Remuneration Policies and Practices v. 10.12.2010, S. 60 f. (Nr. 120), abrufbar unter http://www.eba.europa.eu/documents/10180/106961/Guide lines.pdf (31.10.2013).

(2) Ausscheiden des Geschäftsleiters/ Risk Takers im Zurückbehaltungszeitraum

Scheidet der Geschäftsleiter/ Risk Taker vor Ablauf des Zurückbehaltungszeitraums aus dem Institut aus, hat dies, sofern nichts Gegenteiliges vereinbart ist, zur Folge, dass die zurückbehaltene variable Vergütung, auf die noch kein Anspruch und keine Anwartschaft besteht und die daher zum Zeitpunkt des Ausscheidens lediglich als Merkposten in einem Konto oder Depot ausgewiesen ist, verfällt. Die anhand der Erfolge und Erfolgsbeiträge und damit der Leistungen des Geschäftsleiters/ Risk Takers im Bemessungszeitraum errechnete variable Vergütung wird durch die Zurückbehaltungsvereinbarung also praktisch zusätzlich vom Bestehen des Dienst- beziehungsweise Arbeitsverhältnisses in dem sich an den Bemessungszeitraum anschließenden Zurückbehaltungszeitraum abhängig gemacht.

Hierin liegt ein Widerspruch zum wesentlichen Grundgedanken des § 611 Abs. 1 BGB. Aus § 611 Abs. 1 BGB folgt, dass derjenige der die versprochenen Dienste leistet, Anspruch auf Gewährung der vereinbarten Vergütung hat. Die Gewährung der vereinbarten Vergütung ist nicht von der Erfüllung weiterer Voraussetzungen abhängig.[552] Ein berechtigtes Interesse des Instituts, die Vergütung im Falle des Ausscheidens des Geschäftsleiters/ Risk Takers vor Ablauf des Zurückbehaltungszeitraums vorenthalten zu können, ist nicht ersichtlich. Der Wert der bei der Ermittlung der variablen Vergütung zugrunde gelegten Erfolge und Erfolgsbeiträge und damit der Leistungen des Geschäftsleiters/ Risk Takers im Bemessungszeitraum wird nicht dadurch erhöht, dass das Dienst- beziehungsweise Arbeitsverhältnis während des sich an den Bemessungszeitraum anschließenden Zurückbehaltungszeitraums bestehen bleibt beziehungsweise der Wert wird nicht dadurch verringert, dass das Dienst- beziehungsweise Arbeitsverhältnis im Zurückbehaltungszeitraum beendet wird.[553]

Zudem wird dem Geschäftsleiter/ Risk Taker die Ausübung seines Kündigungsrechts erschwert.[554] Er kann von seinem Kündigungsrecht nur um den Preis des Verzichts auf die Gegenleistung für schon geleistete Dienste beziehungsweise erbrachte Arbeit Gebrauch machen.[555] Der Geschäftsleiter/ Risk Ta-

---

552 Vgl. BAG v. 7.6.2011, AP Nr. 55 zu § 77 BetrVG 1972, Rn. 37.
553 Vgl. die Ausführungen des 10. Senats des BAG zur Verbindung von Sonderzahlungen mit Stichtagsklauseln BAG v. 18.1.2012, NZA 2012, 561, 562 f.
554 *Reichel/Böhm*, AuA 2010, 568, 572.
555 Vgl. die Ausführungen des 10. Senats des BAG zur Verbindung von Sonderzahlungen mit Stichtagsklauseln BAG v. 18.1.2012, NZA 2012, 561, 563.

ker wird in unzulässiger Weise in seiner durch Art. 12 Abs. 1 GG garantierten Berufsfreiheit behindert.[556] Nach der Rechtsprechung ist die Vorenthaltung einer bereits verdienten Vergütung stets ein unangemessenes Mittel die selbstbestimmte Arbeitsplatzaufgabe zu verzögern oder zu verhindern.[557]

Dass sich eine Kündigungserschwernis und ein Widerspruch zum wesentlichen Grundgedanken des § 611 Abs. 1 BGB ergibt, hat jedoch nicht gleich zur Folge, dass die, die Zurückbehaltung der variablen Vergütung regelnde, Bestimmung in Allgemeinen Geschäftsbedingungen oder vorformulierten Vertragsbedingungen eines Verbrauchervertrages für den betroffenen Geschäftsleiter/ Risk Taker unangemessen benachteiligend und damit nach § 307 Abs. 1 Satz 1 BGB unwirksam ist. An dieser Stelle ist zu berücksichtigen, dass dieses Ergebnis aus der Umsetzung der Vorgabe des § 5 Abs. 2 Nr. 4 InstitutsVergV resultiert.

Eine Vergütungsbestimmung in Allgemeinen Geschäftsbedingungen oder vorformulierten Vertragsbedingungen eines Verbrauchervertrages, die auf einer Vorgabe der InstitutsVergV beruht und sich in ihrem Rahmen hält, unterliegt als rechtsergänzende Bestimmung im Sinne von § 307 Abs. 3 Satz 1 BGB zwar der Inhaltskontrolle nach den §§ 307 ff. BGB. Bei der im Rahmen dieser Inhaltskontrolle durchzuführenden Interessenabwägung sind jedoch die in der Vorschrift der InstitutsVergV zum Ausdruck kommenden gesetzlichen Wertungen als Leitbild zu berücksichtigen. Die für die Institute verbindlichen Vorgaben der InstitutsVergV zur Ausgestaltung der Vergütungsbedingungen ihrer Geschäftsleiter und Mitarbeiter setzen Maßstäbe für die inhaltliche Überprüfung von Vergütungsbestimmungen in Allgemeinen Geschäftsbedingungen und vorformulierten Vertragsbedingungen eines Verbrauchervertrages. Sie enthalten Indizien oder Anhaltspunkte dafür, wann eine unangemessene Benachteiligung des Geschäftsleiters oder Mitarbeiters als Vertragspartner des Instituts nicht vorliegt.[558]

Eine die Zurückbehaltung eines Teils der variablen Vergütung regelnde Bestimmung in Allgemeinen Geschäftsbedingungen oder vorformulierten Vertragsbedingungen eines Verbrauchervertrages, die auf der recht konkret formu-

---

556 Vgl. die Ausführungen des 10. Senats des BAG zur Verbindung von Sonderzahlungen mit Stichtagsklauseln BAG v. 18.1.2012, NZA 2012, 561, 562; vgl. auch BAG v. 7.6.2011, AP Nr. 55 zu § 77 BetrVG 1972 Betriebsvereinbarung, Rn. 45-49.
557 BAG v. 7.6.2011, AP Nr. 55 zu § 77 BetrVG 1972 Betriebsvereinbarung, Rn. 49; BAG v. 18.1.2012, NZA 2012, 561, 563.
558 Siehe oben unter 2. Teil A. III. 2. b) (S. 70 ff.).

lierten Vorgabe des § 5 Abs. 2 Nr. 4 InstitutsVergV beruht und sich eindeutig in dem von § 5 Abs. 2 Nr. 4 InstitutsVergV festgelegten Rahmen hält, ist, sofern sich aus ihrer Gestaltung im Vertragskontext nichts anderes ergibt, für den betroffenen Geschäftsleiter/ Risk Taker nicht unangemessen benachteiligend.[559]

Ungeachtet dessen entsprechen die Institute dem Sinn und Zweck der Vorschriften der InstitutsVergV zur Zurückbehaltung eines Teils der variablen Vergütung der Geschäftsleiter und Risk Taker eher dann, wenn sie mit diesen vereinbaren, dass die zurückbehaltenen Beträge, auf die noch kein Anspruch und keine Anwartschaft besteht und die daher lediglich als Merkposten in einem Konto oder Depot ausgewiesen sind, bei ihrem Ausscheiden aus dem Institut nicht verfallen. Bei den Vorschriften geht es darum, dass die Institute sich in die Lage versetzen sollen, nach Durchführung der erst zu einem späteren Zeitpunkt möglichen, umfassenden Beurteilung der eingegangenen Risiken und damit auch der Erfolge und Erfolgsbeiträge, welche bei der Ermittlung der variablen Vergütung zugrunde gelegt worden sind, eine Anpassung der variablen Vergütung vorzunehmen. Sie sollen sich die Möglichkeit zur ex-post Risikoanpassung zumindest eines Teils der variablen Vergütung der Geschäftsleiter und Risk Taker verschaffen. Wenn die Zurückbehaltung nach den Vorgaben der Instituts-VergV also nicht dazu dient den Geschäftsleiter/ Risk Taker an das Institut zu binden, sondern ausschließlich dazu, die vorzeitige Gewährung einer Vergütung zu verhindern, deren Höhe sich später unter Umständen als unangemessen erweisen könnte, sollte die Vergütung auch nicht einfach dadurch entfallen können, dass der Geschäftsleiter/ Risk Taker im Zurückbehaltungszeitraum aus dem Institut ausscheidet. Mit den Geschäftsleitern und Risk Takern sollte vielmehr vereinbart werden, dass die zurückbehaltene variable Vergütung, auf die noch kein Anspruch und keine Anwartschaft besteht, als Merkposten in dem Konto oder Depot bestehen bleibt, dass sie sich, wie im Falle des Weiterbestehens des Dienst- beziehungsweise Arbeitsverhältnisses im Zurückbehaltungszeitraum, bei sich aus der ex-post Risikokontrolle ergebenden negativen Ergebnissen verringert und im Übrigen vereinbarungsgemäß ein Anspruch auf die variable Vergütung erwächst, der sodann erfüllt wird.

---

559 So zumindest im Ergebnis auch *Braun/Wolfgarten*, in: Boos/Fischer/Schulte-Mattler, KWG, § 25a KWG Rn. 751; *Müller-Bonanni/Mehrens*, NZA 2010, 792, 796; vgl. auch *Reichel/Böhm*, AuA 2010, 568, 572.

bb) Anforderung in der VersVergV

(1) Zurückbehaltung gemäß § 4 Abs. 3 Nr. 3 VersVergV

Gemäß § 4 Abs. 3 Nr. 3 Satz 1 und Satz 2 VersVergV ist bei den Geschäftsleitern und Risk Takern sicherzustellen, dass mindestens 40 % ihrer variablen Vergütung nicht vor dem Ablauf eines angemessenen Zurückbehaltungszeitraums von in der Regel drei Jahren unter Berücksichtigung des geschäftlichen Erfolgs ausbezahlt werden.

Die VersVergV differenziert bezüglich der Höhe des zurückzubehaltenden variablen Vergütungsteils nicht zwischen Risk Takern, Geschäftsleitern und Mitarbeitern der nachgelagerten Führungsebene. Sie gibt, anders als die InstitutsVergV, auch nicht vor, von welchen Kriterien abhängt, dass unter Umständen auch mehr als 40 % der variablen Vergütung des Geschäftsleiters oder Risk Takers zurückzubehalten sind. Nach der Verordnungsbegründung muss der variable Vergütungsteil, der zurückbehalten wird, umso größer sein, je höher die variable Vergütung, die Stellung des Begünstigten oder die begründbare Risikoposition.[560] Dies sind die in § 5 Abs. 2 Nr. 4 Satz 1 InstitutsVergV ausdrücklich genannten Kriterien.[561] Da der VersVergV selbst jedoch eine derartige Bestimmung nicht zu entnehmen ist, handelt es sich um keine zwingende Vorgabe. Die Unternehmen entsprechen der VersVergV in jedem Fall bereits dann, wenn sie die angegebenen 40 % der variablen Vergütung bei Geschäftsleitern und Risk Takern über einen Zeitraum von drei Jahren zurückbehalten.[562]

Darüber hinaus spricht die VersVergV, anders als die InstitutsVergV, nicht von einer „Streckung" der variablen Vergütung über den Zurückbehaltungszeitraum, sondern davon, dass die Auszahlung des variablen Vergütungsteils nicht vor dem Ablauf des Zurückbehaltungszeitraums erfolgen darf. Dazu im Widerspruch steht die Verordnungsbegründung, nach der gemäß § 4 Abs. 3 Nr. 3 VersVergV mindestens 40 % der variablen Vergütung über den Zurückbehal-

---

560 Begründung zur VersVergV, in der Fassung v. 6.10.2010, Besonderer Teil zu § 4, abrufbar unter http://www.bafin.de/SharedDocs/Aufsichtsrecht/DE/Verordnung/VersVerg V_101006_begruendung_va.html (31.10.2013).

561 Vgl. *FSB*, Principles for Sound Compensation Practices – Implementation Standards v. 25.9.2009, S. 3 (Nr. 6), abrufbar unter http://www.financialstabilityboard.org/publica tions/r_090925c.pdf (31.10.2013).

562 So auch *Annuß/Sammet*, BB 2011, 115, 118.

tungszeitraum zu strecken und pro rata temporis auszuzahlen sind.[563] Eine derartige, offenbar an die abweichende Regelung in § 5 Abs. 2 Nr. 4 Satz 1 Instituts-VergV angelehnte Auslegung,[564] lässt der Wortlaut des § 4 Abs. 3 Nr. 3 Satz 1 VersVergV nicht zu. Die Vorschrift kann vor dem Hintergrund ihres eindeutigen Wortlauts nur so verstanden werden, dass die mindestens 40 % der variablen Vergütung insgesamt erst nach Ablauf des Zurückbehaltungszeitraums von drei Jahren ausgezahlt werden dürfen.[565]

Ein weiterer Unterschied zwischen der Regelung in der InstitutsVergV und der VersVergV zur Zurückbehaltung eines Teils der variablen Vergütung ist, dass die VersVergV nicht anordnet, dass während des Zurückbehaltungszeitraums kein Anspruch auf den zurückbehaltenen Teil der variablen Vergütung bestehen darf. Auch hier gibt die Verordnungsbegründung zwar an, dass vergleichbar der Rechtslage unter § 5 Abs. 2 Nr. 4 Satz 1 a) und b) InstitutsVergV während des Zurückbehaltungszeitraums allenfalls ein Anspruch auf die fehlerfreie Ermittlung der variablen Vergütung als Merkposten bestehen dürfe, nicht jedoch ein Anspruch auf die variable Vergütung selbst.[566] Angesichts der unterbliebenen Normierung und der Tatsache, dass die VersVergV nicht einmal Anhaltspunkte für eine derartige Auslegung enthält, ist dies jedoch nicht zwingend. Der VersVergV wird folglich auch dann genügt, wenn lediglich die Fälligkeit des bereits entstandenen Anspruchs auf den variablen Vergütungsteil bis zum Ablauf des Zurückbehaltungszeitraums hinausgeschoben wird.

(2) Ausscheiden des Geschäftsleiters/ Risk Takers im Zurückbehaltungszeitraum

Hat das Versicherungsunternehmen mit seinem Geschäftsleiter/ Risk Taker, wie die VersVergV entgegen der Ausführungen in der Verordnungsbegründung es zulässt, vereinbart, dass ein Anspruch auf den variablen Vergütungsteil sofort entsteht und lediglich die Fälligkeit dieses Anspruchs bis zum Ablauf des Zurückbehaltungszeitraums hinausgeschoben wird, so gilt im Falle des Ausschei-

---

563 Begründung zur VersVergV, in der Fassung v. 6.10.2010, Besonderer Teil zu § 4, abrufbar unter http://www.bafin.de/SharedDocs/Aufsichtsrecht/DE/Verordnung/VersVerg V_101006_begruendung_va.html (31.10.2013); vgl. *Annuß/Sammet*, BB 2011, 115, 118; *Armbrüster*, VersR 2011, 1, 8.
564 *Armbrüster*, VW 2011, 401, 402.
565 So auch *Annuß/Sammet*, BB 2011, 115, 118, *Armbrüster*, VersR 2011, 1, 8; *ders.*, VW 2011, 401, 402; a.A. offenbar *Bartel/Bilobrk/Zopf*, BB 2011, 1269, 1275.
566 Begründung zur VersVergV, in der Fassung v. 6.10.2010, Besonderer Teil zu § 4, abrufbar unter http://www.bafin.de/SharedDocs/Aufsichtsrecht/DE/Verordnung/VersVerg V_101006_begruendung_va.html (31.10.2013).

dens des Geschäftsleiters/ Risk Takers aus dem Unternehmen vor Ablauf des Zurückbehaltungszeitraums das Folgende: Der Anspruch des Geschäftsleiters/ Risk Takers auf die zurückbehaltene variable Vergütung wird durch sein Ausscheiden aus dem Unternehmen nicht berührt. Ist der Anspruch fällig, kann der Geschäftsleiter/ Risk Taker die Auszahlung der zurückbehaltenen variablen Vergütung verlangen.

Wurde mit dem Geschäftsleiter/ Risk Taker dagegen in Anlehnung an die Ausführungen in der Verordnungsbegründung vereinbart, dass der Anspruch auf den variablen Vergütungsteil erst mit Ablauf des Zurückbehaltungszeitraums entsteht und der variable Vergütungsteil bis zu diesem Zeitpunkt lediglich als Merkposten in einem Konto oder Depot ausgewiesen wird, führt ein Ausscheiden des Geschäftsleiters/ Risk Takers vor Ablauf des Zurückbehaltungszeitraums zum Verfall des variablen Vergütungsteils, sofern nichts Gegenteiliges vereinbart ist. Eine diesem Ergebnis entgegenwirkende Vereinbarung ist, anders als im Geltungsbereich des § 5 Abs. 2 Nr. 4 InstitutsVergV, zwingend erforderlich und nicht bloß empfehlenswert. Da in der VersVergV nicht festgelegt ist, dass ein Anspruch auf die variable Vergütung erst mit Ablauf des Zurückbehaltungszeitraums entstehen darf, ist der VersVergV auch keine Rechtfertigung dafür zu entnehmen, dass die variable Vergütung praktisch vom Bestehen des Dienst- beziehungsweise Arbeitsverhältnisses bis zum Ablauf des Zurückbehaltungszeitraums abhängig gemacht wird. Mit dem Geschäftsleiter/ Risk Taker muss daher vereinbart werden, dass bei seinem Ausscheiden der zu diesem Zeitpunkt lediglich als Merkposten in einem Konto oder Depot ausgewiesene variable Vergütungsteil bestehen bleibt, dass er sich, wie im Falle des Weiterbestehens des Dienst- beziehungsweise Arbeitsverhältnisses im Zurückbehaltungszeitraum, bei sich aus der ex-post-Risikokontrolle ergebenden negativen Ergebnissen verringert und im Übrigen vereinbarungsgemäß ein Anspruch auf die variable Vergütung ensteht, der sodann erfüllt wird.

c) Abhängigkeit der variablen Vergütung von einer nachhaltigen Wertentwicklung des Instituts/ Unternehmens

Die Verordnungen verlangen des Weiteren, dass ein Teil der variablen Vergütung der Geschäftsleiter und Risk Taker in bedeutenden Instituten und bedeutenden Unternehmen von einer nachhaltigen Wertentwicklung des Instituts/ Unternehmens abhängig gemacht wird. Auch hier gibt es Unterschiede zwischen der InstitutsVergV und der VersVergV, so dass die Vorgaben im Folgenden wieder getrennt dargestellt und erläutert werden.

aa) § 5 Abs. 2 Nr. 5 a) und b) InstitutsVergV

In bedeutenden Instituten müssen bei der variablen Vergütung gemäß § 5 Abs. 2 Nr. 5 a) und b) InstitutsVergV abhängig von den Aufgaben und der Stellung eines Geschäftsleiters oder eines als Risk Taker eingestuften Mitarbeiters sowohl mindestens 50 % der zurückbehaltenen variablen Vergütung als auch mindestens 50 % der nicht zurückbehaltenen variablen Vergütung von einer nachhaltigen Wertentwicklung des Instituts abhängen und jeweils mit einer angemessenen Frist versehen werden, nach deren Verstreichen frühestens über den jeweiligen Teil der variablen Vergütung verfügt werden darf. Damit soll bei den Geschäftsleitern und Risk Takern ein Anreiz geschaffen werden, den Wert des Instituts nachhaltig zu erhöhen beziehungsweise hierzu einen Beitrag zu leisten.[567]

(1) Abhängigkeit von einer nachhaltigen Wertentwicklung

Bei (börsennotierten) Instituten in der Rechtsform einer Aktiengesellschaft soll nach der Verordnungsbegründung dem Gebot der Nachhaltigkeit durch aktienbasierte Vergütungsformen Rechnung getragen werden.[568] Aktienbasierte Vergütungsformen sind solche, bei denen es entscheidend auf den Marktwert der Aktien, den Aktienkurs und seine Entwicklung ankommt.[569] Wie hoch die Vergütung des Geschäftsleiters oder Risk Takers letztlich ausfällt, hängt davon ab, wie sich innerhalb der Sperrfrist, in der über die Vergütung nicht verfügt werden darf, der Wert der Aktien entwickelt. In Betracht kommt neben der Überlassung einer bestimmten Anzahl von Aktien auch die Gewährung von Aktienoptionen (stock options) und die Überlassung von Wandelschuldverschreibungen (convertible bonds).[570] Denkbar sind daneben vor allem auch Modelle, bei denen die Geschäftsleiter und Risk Taker nur fiktiv an der Kursentwicklung partizipieren. Hierzu gehört die Gewährung virtueller Aktien (phantom/ virtual stocks), virtu-

---

567 Vgl. *CEBS*, Guidelines on Remuneration Policies and Practices v. 10.12.2010, S. 62 (Nr. 123), abrufbar unter http://www.eba.europa.eu/documents/10180/106961/Guide lines.pdf (31.10.2013).

568 Begründung zur InstitutsVergV, in der Fassung v. 6.10.2010, Besonderer Teil zu den §§ 5, 6 und 8, abrufbar unter http://www.bafin.de/SharedDocs/Aufsichtsrecht/DE/Verord nung/InstitutsVergV_Begruendung_ba.html (31.10.2013); vgl. auch Nr. 23 o) i) in Anhang V Abschnitt 11 der Richtlinie 2006/48/EG und *CEBS*, Guidelines on Remuneration Policies and Practices v. 10.12.2010, S. 62 (Nr. 121), abrufbar unter http://www.eba.europa.eu/documents/10180/106961/Guidelines.pdf (31.10.2013).

569 Vgl. *CEBS*, Guidelines on Remuneration Policies and Practices v. 10.12.2010, S. 63 (Nr. 124), abrufbar unter http://www.eba.europa.eu/documents/10180/106961/Guide lines.pdf (31.10.2013).

570 Vgl. *Braun/Wolfgarten*, in: Boos/Fischer/Schulte-Mattler, KWG, § 25a KWG Rn. 753.

eller Aktienoptionen (phantom/ virtual stock options) und sonstiger Wertsteige-
rungsrechte (stock appreciation rigths).

Die für die variable Vergütung entscheidende Wertentwicklung des Instituts
von der Entwicklung des Aktienkurses abzuleiten, ist praktikabel. Nicht immer
kann die Entwicklung des Aktienkurses jedoch als zutreffendes Abbild der Entwicklung des Unternehmenswerts angesehen werden. Erscheinen aktienbasierte
Vergütungsformen zur Erreichung des Ziels der Nachhaltigkeit nicht geeignet,
kann wie in den Fällen, in denen diese Vergütungsformen rechtsformbedingt
nicht in Frage kommen, auf betriebswirtschaftliche Kennziffern abgestellt werden, die den Unternehmenswert widerspiegeln.[571] Dies soll jedoch nach der
Verordnungsbegründung eine umfassende Unternehmensbewertung nicht erforderlich machen.[572] Die Erstellung komplexer Unternehmenswertgutachten allein
für Zwecke der Vergütung ist nicht notwendig. Herangezogen werden kann eine
vereinfachte Form der Unternehmensbewertung, wie etwa auf Basis eines „dis-
counted cash flow"- Modells.[573] Auf dieser Grundlage können dann zum Beispiel fiktive Aktien mit einem fiktiven Aktienkurs generiert werden.[574]

Nach der Verordnungsbegründung kann alternativ auch sonstiges Kapital
gemäß § 10 Abs. 2a Satz 1 Nr. 10 KWG in Verbindung mit § 10 Abs. 2 Satz 5
KWG verwendet werden.[575] Hierbei handelt es sich um Hybridkapital. Es wird
dem Kernkapital des Instituts zugerechnet, da mit dem Kapitalgeber unter anderem vereinbart ist, dass das Kapital im laufenden Geschäftsbetrieb bis zur vollen
Höhe am Verlust teilnimmt, vorgesehene Ausschüttungen, wenn notwendig, ohne Anspruch auf Nachzahlung entfallen können, im Falle des Insolvenzverfah-
rens über das Vermögen des Instituts oder der Liquidation des Instituts eine

---

571 Begründung zur InstitutsVergV, in der Fassung v. 6.10.2010, Besonderer Teil zu den §§
   5, 6 und 8, abrufbar unter http://www.bafin.de/SharedDocs/Aufsichtsrecht/DE/Verord
   nung/InstitutsVergV_Begruendung_ba.html (31.10.2013); vgl. auch *CEBS*, Guidelines
   on Remuneration Policies and Practices v. 10.12.2010, S. 62 (Nr. 121), abrufbar unter
   http://www.eba.europa.eu/documents/10180/106961/Guidelines.pdf (31.10.2013).
572 Begründung zur InstitutsVergV, in der Fassung v. 6.10.2010, Besonderer Teil zu den §§
   5, 6 und 8, abrufbar unter http://www.bafin.de/SharedDocs/Aufsichtsrecht/DE/Verord
   nung/InstitutsVergV_Begruendung_ba.html (31.10.2013).
573 *Braun/Wolfgarten*, in: Boos/Fischer/Schulte-Mattler, KWG, § 25a KWG Rn. 756, vgl.
   auch *Insam/Hinrichs/Hörtz*, DB 2012, 1568, 1572.
574 *Insam/Hinrichs/Hörtz*, DB 2012, 1568, 1572.
575 Begründung zur InstitutsVergV, in der Fassung v. 6.10.2010, Besonderer Teil zu den §§
   5, 6 und 8, abrufbar unter http://www.bafin.de/SharedDocs/Aufsichtsrecht/DE/Verord
   nung/InstitutsVergV_Begruendung_ba.html (31.10.2013).

nachrangige Befriedigung erfolgt und das Kapital unbefristet oder für mindestens dreißig Jahre zur Verfügung gestellt wird. Die Position des Kapitalgebers wird in diesem Fall von den Geschäftsleitern/ Risk Takern eingenommen.

(2) Sperrfrist

Die von der Wertentwicklung des Instituts abhängigen Teile der variablen Vergütung der Geschäftsleiter und Risk Taker müssen mit einer angemessenen Sperrfrist versehen werden, einer Frist, vor deren Ablauf über die variablen Vergütungsteile nicht verfügt werden darf. Zur Dauer der Sperrfrist werden weder in der InstitutsVergV selbst, noch in der Verordnungsbegründung Angaben gemacht. Die Sperrfrist dient dazu einen Anreiz bei den Betroffenen zu schaffen und zu erhalten, im Interesse eines langfristigen und nachhaltigen Erfolgs des Instituts zu handeln. Für die Dauer der Sperrfrist ist die Höhe der variablen Vergütung von der Wertentwicklung des Instituts abhängig. Die Geschäftsleiter und Risk Taker werden in diesem Zeitraum in eine eigentümerähnliche Position versetzt.[576] Bei einer längeren Sperrfrist werden die Geschäftsleiter und Risk Taker dazu motiviert auch entsprechend langfristiger zu denken und zu handeln. Daher sollte die Länge der Sperrfrist insbesondere davon abhängen, wie stark der Einfluss des Mitarbeiters auf das Risikoprofil des Instituts ist.[577]

Aus den Erläuterungen in den Guidelines on Remuneration Policies and Practices des CEBS folgt, dass in der Regel eine Sperrfrist zu wählen ist, die dem für die Zurückbehaltung der variablen Vergütung nach § 5 Abs. 2 Nr. 4 InstitutsVergV maßgeblichen Zeitraum entspricht.[578] Es kommt also eine Sperrfrist zwischen drei und fünf Jahren in Betracht. Damit vereinbar ist auch die in § 193 Abs. 2 Nr. 4 AktG bestimmte Wartezeit von vier Jahren für die Ausübung von Aktienoptionen.[579] Die Sperrfrist kann aber auch kürzer oder länger sein.[580]

---

576 Vgl. *CEBS*, Guidelines on Remuneration Policies and Practices v. 10.12.2010, S. 62 (Nr. 123), abrufbar unter http://www.eba.europa.eu/documents/10180/106961/Guidelines.pdf (31.10.2013).
577 Vgl. *CEBS*, Guidelines on Remuneration Policies and Practices v. 10.12.2010, S. 64 f. (Nr. 129), abrufbar unter http://www.eba.europa.eu/documents/10180/106961/Guidelines.pdf (31.10.2013).
578 Vgl. *CEBS*, Guidelines on Remuneration Policies and Practices v. 10.12.2010, S. 64 f. (Nr. 129 f.), abrufbar unter http://www.eba.europa.eu/documents/10180/106961/Guidelines.pdf (31.10.2013).
579 *Insam/Hinrichs/Hörtz*, DB 2012, 1568, 1572.
580 Vgl. *CEBS*, Guidelines on Remuneration Policies and Practices v. 10.12.2010, S. 65 (Nr. 130), abrufbar unter http://www.eba.europa.eu/documents/10180/106961/Guidelines.pdf (31.10.2013).

Eine kürzere Sperrfrist kommt zum Beispiel bei dem Teil der variablen Vergütung in Betracht, der über einen Zurückbehaltungszeitraum gestreckt wird. Hier kann auch die Länge des Zurückbehaltungszeitraums bei der Wahl der Länge der Sperrfrist einbezogen werden. Berücksichtigt werden kann ebenfalls die Genauigkeit der Messung der Erfolge und Erfolgsbeiträge und der ex-ante Risikoanpassung sowie der Umstand, dass bei der Berechnung der variablen Vergütung ein mehrjähriger Bemessungszeitraum zugrunde gelegt worden ist.[581]

Nicht vorgesehen ist eine Reduzierung der bereits entstandenen variablen Vergütung in der Sperrfrist.[582] Die Sperrfrist ist nicht mit dem Zurückbehaltungszeitraum zu verwechseln. Im Zurückbehaltungszeitraum sollen nachträgliche Anpassungen der variablen Vergütungen bei zwischenzeitlich eintretenden negativen Risikoergebnissen erfolgen. Die Zurückbehaltung soll also ex-post Risikoanpassungen der variablen Vergütung ermöglichen. Sperrfrist und Zurückbehaltungszeitraum sind zwei unterschiedliche Elemente mit unterschiedlichen Zwecken. Sie dürfen nicht vermischt werden.

(3) Umfang

Wann unter Umständen mehr als 50 % der zurückbehaltenen und der nicht zurückbehaltenen variablen Vergütung von einer nachhaltigen Wertentwicklung abhängen müssen, richtet sich nach den Aufgaben und der Stellung des Geschäftsleiters/ des als Risk Taker eingestuften Mitarbeiters. Je höher etwa die Stellung des Betroffenen, desto größer muss der Prozentteil der zurückbehaltenen und der Prozentteil der nicht zurückbehaltenen variablen Vergütung sein, der von einer nachhaltigen Wertentwicklung abhängig gemacht wird. Erforderlich ist, wie bei der Bestimmung des Zurückbehaltungszeitraums, eine Einzelfallbeurteilung.[583]

Die andere Hälfte beziehungsweise der verbleibende Rest der zurückbehaltenen und nicht zurückbehaltenen variablen Vergütung muss nicht von einer nachhaltigen Wertentwicklung des Instituts abhängen und kann in bar ausge-

---

581 Vgl. *CEBS*, Guidelines on Remuneration Policies and Practices v. 10.12.2010, S. 64 (Nr. 129), abrufbar unter http://www.eba.europa.eu/documents/10180/106961/Guide lines.pdf (31.10.2013).
582 *Braun/Wolfgarten*, in: Boos/Fischer/Schulte-Mattler, KWG, § 25a KWG Rn. 759.
583 *Insam/Hinrichs/Hörtz*, DB 2012, 1568, 1572.

zahl werden.[584] Im Ergebnis folgt aus dieser und der vorstehend erläuterten Vorgabe (Streckung der variablen Vergütung über einen Zurückbehaltungszeitraum), dass bei als Risk Taker eingestuften Mitarbeitern bedeutender Institute nur noch maximal 30 % der variablen Vergütung sofort und in bar ausgezahlt werden dürfen. Bei den Geschäftsleitern bedeutender Institute sind es sogar nur noch maximal 20 %.

bb) § 4 Abs. 3 Nr. 3 Satz 3 VersVergV

§ 4 Abs. 3 Nr. 3 Satz 3 VersVergV bestimmt, dass die Auszahlung von mindestens 50 % der zurückbehaltenen variablen Vergütung von einer nachhaltigen Wertentwicklung des Unternehmens abhängig sein soll. Dass, wie bei der InstitutsVergV, auch ein Teil der nicht zurückbehaltenen variablen Vergütung von einer nachhaltigen Wertentwicklung des Unternehmens abhängen soll, sieht die VersVergV nicht vor. Auch verlangt sie nicht, dass der genannte variable Vergütungsteil mit einer angemessenen Frist zu versehen ist, nach deren Verstreichen frühestens über ihn verfügt werden darf. Im Übrigen gilt jedoch das zur Regelung in der InstitutsVergV Gesagte entsprechend.

d) Verringerung der variablen Vergütung bei negativen Erfolgsbeiträgen

Gemäß § 5 Abs. 2 Nr. 6 InstitutsVergV und § 4 Abs. 3 Nr. 4 VersVergV müssen negative Erfolgsbeiträge des Geschäftsleiters oder Risk Takers, negative Erfolgsbeiträge der Organisationseinheit, der er angehört sowie ein negativer Gesamterfolg des Instituts/ Unternehmens beziehungsweise der Gruppe die Höhe der variablen Vergütung einschließlich der zurückbehaltenen Beträge verringern. Das gilt ausdrücklich auch für denjenigen zurückbehaltenen Teil der variablen Vergütung, der von einer nachhaltigen Wertentwicklung des Instituts/ Unternehmens abhängt.

aa) Erste Ermittlung der variablen Vergütung

Negative Erfolgsbeiträge der Geschäftsleiter, Risk Taker und Organisationseinheiten entstehen, wenn diese mit ihren tatsächlichen Leistungen und Erfolgen hinter den Vorgaben zurückbleiben.[585] Ein negativer Gesamterfolg des Instituts/ Unternehmens beziehungsweise der Gruppe entsteht dementsprechend dann,

---

584 Begründung zur InstitutsVergV, in der Fassung v. 6.10.2010, Besonderer Teil zu den §§ 5, 6 und 8, abrufbar unter http://www.bafin.de/SharedDocs/Aufsichtsrecht/DE/Verord nung/InstitutsVergV_Begruendung_ba.html (31.10.2013).

585 Vgl. Begründung zur InstitutsVergV, in der Fassung v. 6.10.2010, Besonderer Teil zu § 2, abrufbar unter http://www.bafin.de/SharedDocs/Aufsichtsrecht/DE/Verordnung/Insti tutsVergV_Begruendung_ba.html (31.10.2013).

wenn die für das gesamte Institut/ Unternehmen beziehungsweise die Gruppe gesetzten Ziele nicht erreicht werden.

Zunächst wird durch § 5 Abs. 2 Nr. 6 InstitutsVergV und § 4 Abs. 3 Nr. 4 VersVergV klargestellt, dass bereits bei der ersten Ermittlung der Höhe der variablen Vergütung negative Erfolgsbeiträge der Geschäftsleiter und Risk Taker, negative Erfolgsbeiträge ihrer Organisationseinheit und ein negativer Gesamterfolg des Instituts/ Unternehmens beziehungsweise der Gruppe berücksichtigt werden müssen. Sie müssen die Höhe der variablen Vergütung der Geschäftsleiter und Risk Taker verringern. Dies ergibt sich im Grunde bereits aus § 5 Abs. 2 Nr. 1 InstitutsVergV in Verbindung mit § 2 Nr. 8 InstitutsVergV beziehungsweise aus § 4 Abs. 3 Nr. 1 VersVergV in Verbindung mit § 2 Nr. 9 VersVergV. Die, die Berücksichtigung des Gesamterfolgs und der Erfolgsbeiträge bei der variablen Vergütung vorschreibenden, Normen beziehen sich gleichermaßen auf positive und negative Erfolgsbeiträge und einen positiven und negativen Gesamterfolg.

bb) Verringerung der zurückbehaltenen variablen Vergütung

§ 5 Abs. 2 Nr. 6 InstitutsVergV und § 4 Abs. 3 Nr. 4 VersVergV verlangen darüber hinaus, dass ein negativer Gesamterfolg und negative Erfolgsbeiträge auch die in der Vergangenheit ermittelte, zurückbehaltene variable Vergütung verringern müssen.

Zum einen soll die in der Vergangenheit auf der Grundlage des ermittelten Gesamterfolgs und der ermittelten Erfolgsbeiträge errechnete variable Vergütung durch einen zum Beispiel im darauffolgenden Jahr negativen Gesamterfolg und spätere negative Erfolgsbeiträge verringert werden. Denn in diesem Fall haben sich die Erfolge und Erfolgsbeiträge, die bei der Ermittlung der zurückbehaltenen variablen Vergütung zugrunde gelegt worden sind, als nicht nachhaltig erwiesen.[586] Eindeutig im Vordergrund steht bei der Vorgabe jedoch die ex-post Risikoanpassung der bei der Berechnung der variablen Vergütung zugrunde gelegten Erfolge und Erfolgsbeiträge und somit schließlich der variablen Vergütung selbst.[587] Ein negativer Gesamterfolg und negative Erfolgsbeiträge entste-

---

586 Vgl. Begründung zur InstitutsVergV, in der Fassung v. 6.10.2010, Besonderer Teil zu den §§ 5, 6 und 8, abrufbar unter http://www.bafin.de/SharedDocs/Aufsichtsrecht/DE/Verordnung/InstitutsVergV_Begruendung_ba.html (31.10.2013).
587 Vgl. *CEBS*, Guidelines on Remuneration Policies and Practices v. 10.12.2010, S. 66 ff. (Nr. 134 ff.), abrufbar unter http://www.eba.europa.eu/documents/10180/106961/Guidelines.pdf (31.10.2013).

hen auch dann, wenn die in der Vergangenheit ermittelten und bei der Berechnung der zurückbehaltenen variablen Vergütung zugrunde gelegten positiven Erfolge und Erfolgsbeiträge sich später als nicht werthaltig erweisen.

Bei der Ermittlung des Gesamterfolgs und der Erfolgsbeiträge müssen gemäß § 5 Abs. 2 Nr. 3 InstitutsVergV und § 4 Abs. 3 Nr. 2 VersVergV auch die eingegangenen Risiken berücksichtigt werden. Bei der ersten Berechnung der Höhe der variablen Vergütung spricht man von einer ex-ante Risikoanpassung. Stellt sich zu einem späteren Zeitpunkt, im Rahmen eines Backtesting heraus,[588] dass die ex-ante Risikoanpassung nicht korrekt war, Risiken übersehen oder zu gering eingeschätzt wurden, müssen die Erfolgsbeiträge und der Gesamterfolg des Instituts/ Unternehmens beziehungsweise der Gruppe entsprechend nach unten korrigiert werden und es muss eine ex-post Risikoanpassung der zurückbehaltenen variablen Vergütung erfolgen. Die zurückbehaltene variable Vergütung muss nachträglich verringert werden.[589]

Der Hinweis, dass dies auch für denjenigen zurückbehaltenen Teil der variablen Vergütung gilt, der von einer nachhaltigen Wertentwicklung des Instituts/ Unternehmens abhängt, dient der Klarstellung. Die den aktienbasierten und vergleichbaren Vergütungsformen innewohnenden automatischen Anpassungen erfüllen die Anforderung noch nicht. Die Entwicklung des Aktienkurses kann nicht als ausreichende Form der ex-post Risikoanpassung angesehen werden. Denn Aktienkursschwankungen können auf sehr viele, auch risikounabhängige Faktoren zurückgehen. Es muss daher, wie bei der zurückbehaltenen variablen Vergütung, die in bar ausgezahlt wird, eine explizite ex-post Risikoanpassung auf Initiative des Instituts/ Unternehmens erfolgen.[590]

(1) Umsetzung der Anforderung im Geltungsbereich der InstitutsVergV

Die Institute müssen mit ihren Geschäftsleitern und Risk Takern vereinbaren, dass sich die entsprechend § 5 Abs. 2 Nr. 4 InstitutsVergV zurückbehaltene variable Vergütung, auf die noch kein Anspruch und keine Anwartschaft besteht

---

588 Zum Backtesting siehe *Braun/Wolfgarten*, in: Boos/Fischer/Schulte-Mattler, KWG, § 25a KWG Rn. 745.

589 Zur ex-post Risikoanpassung der variablen Vergütung siehe *CEBS*, Guidelines on Remuneration Policies and Practices v. 10.12.2010, S. 66 f. (Nr. 134 f.), abrufbar unter http://www.eba.europa.eu/documents/10180/106961/Guidelines.pdf (31.10.2013).

590 Vgl. zu alle dem *CEBS*, Guidelines on Remuneration Policies and Practices v. 10.12.2010, S. 68 (Nr. 140), abrufbar unter http://www.eba.europa.eu/documents/101 80/106961/Guidelines.pdf (31.10.2013).

und die daher lediglich als Merkposten in einem Konto oder Depot ausgewiesen ist, unter bestimmten Voraussetzungen, in einem bestimmten Umfang verringert. Nach den Guidelines on Remuneration Policies and Practices des CEBS sollte zu einer Verringerung der zurückbehaltenen variablen Vergütung ein eindeutiges Fehlverhalten des Mitarbeiters, wie etwa die Verletzung des code of conduct oder anderer interner Regeln, eine signifikante Verschlechterung im Finanzergebnis des Instituts und/ oder einer Organisationseinheit, ein signifikantes Versagen des Risikomanagements und signifikante Veränderungen der wirtschaftlichen oder regulatorischen Kapitalbasis des Instituts führen.[591]

Dass die Institute bei der Festlegung der Voraussetzungen, der sogenannten Malus-Kriterien, in Allgemeinen Geschäftsbedingungen und vorformulierten Vertragsbedingungen in Verbraucherverträgen einen sehr weiten Gestaltungsspielraum haben, ist jedoch zu bezweifeln. Wie bereits im Rahmen der Allgemeinen Anforderungen an Vergütungssysteme bei den Möglichkeiten zur verordnungskonformen Ausgestaltung der variablen Vergütung der Geschäftsleiter und im Rahmen der Vorgabe zur Zurückbehaltung eines Teils der variablen Vergütung der Geschäftsleiter und Risk Taker erläutert, folgt aus § 611 Abs. 1 BGB, dass derjenige, der die versprochenen Dienste leistet, Anspruch auf Gewährung der vereinbarten Vergütung hat.[592] Nach der gesetzlichen Wertung ist die Gewährung der Vergütung nicht von der Erfüllung weiterer Voraussetzungen, als der Leistung der versprochenen Dienste abhängig.

Zwar vermögen die in § 5 Abs. 2 Nr. 6 InstitutsVergV zum Ausdruck kommenden gesetzlichen Wertungen ein Abweichen von diesem wesentlichen Grundgedanken des § 611 BGB grundsätzlich zu rechtfertigen, so dass die, die Verringerung der zurückbehaltenen variablen Vergütung regelnde, Bestimmung in Allgemeinen Geschäftsbedingungen oder vorformulierten Vertragsbedingungen in Verbraucherverträgen nicht unangemessen benachteiligend und damit nach § 307 Abs. 1 Satz 1 BGB unwirksam ist. Voraussetzung ist jedoch, dass sich eine unangemessene Benachteiligung des betroffenen Geschäftsleiters oder Risk Takers nicht aus der Gestaltung der Bestimmung im Vertragskontext ergibt und vor allem, dass sich die Bestimmung in dem von § 5 Abs. 2 Nr. 6 InstitutsVergV vorgegebenen Rahmen hält. Mit der Bestimmung darf ein Teil der vari-

---

591 *CEBS*, Guidelines on Remuneration Policies and Practices v. 10.12.2010, S. 67 (Nr. 137), abrufbar unter http://www.eba.europa.eu/documents/10180/106961/Guidelines.pdf (31.10.2013).

592 Siehe oben 2. Teil C. I. 3. b) bb) (3) (S. 126 ff.) und 2. Teil C. II. 1. b) aa) (2) (S. 146 ff.).

ablen Vergütung des Geschäftsleiters/ Risk Takers nur von dem Nichteintritt negativer individueller Erfolgsbeiträge, negativer Erfolgsbeiträge der Organisationseinheit und einem negativen Gesamterfolg des Instituts im Zurückbehaltungszeitraum abhängig gemacht werden. Nur in den durch § 5 Abs. 2 Nr. 6 InstitutsVergV vorgegebenen Fällen kommt ausnahmsweise ein berechtigtes Interesse des Instituts in Betracht, dem Geschäftsleiter/ Risk Taker einen Teil seiner anhand der Erfolge und Erfolgsbeiträge und damit seiner Leistungen im Bemessungszeitraum errechneten und zunächst zurückbehaltenen variablen Vergütung vorzuenthalten.

In jedem Fall unproblematisch sind solche Malus-Kriterien, die ausschließlich dann eingreifen, wenn die erst zu einem späteren Zeitpunkt mögliche, umfassende Beurteilung der Erfolge und Erfolgsbeiträge des Geschäftsleiters/ Risk Takers im Bemessungszeitraum ergibt, dass diese tatsächlich nicht den Wert haben, der bei der Berechnung der variablen Vergütung zugrunde gelegt worden ist. Mit ihnen werden im Grunde gar keine zusätzlichen Anspruchsvoraussetzungen für die variable Vergütung des Geschäftsleiters/ Risk Takers geschaffen. Das Institut ermöglicht sich nur, das tatsächliche Vorliegen der für die jeweilige Höhe der variablen Vergütung des Geschäftsleiters/ Risk Takers maßgeblichen Voraussetzungen noch einmal zu überprüfen. Wenn sich im Rahmen eines Backtesting herausstellt, dass die Erfolge und Erfolgsbeiträge im Bemessungszeitraum tatsächlich nicht den Wert haben, der bei der Ermittlung der variablen Vergütung zugrunde gelegt worden ist, wird die variable Vergütung entsprechend verringert.

Die sich im Rahmen des § 5 Abs. 2 Nr. 6 InstitutsVergV haltenden und damit auf ein berechtigtes Interesse des Instituts zur Vorenthaltung zumindest eines Teils der zurückbehaltenen variablen Vergütung rückführbaren Malus-Kriterien müssen mit Blick auf § 307 Abs. 1 Satz 2 BGB exakt definiert werden. Für den Geschäftsleiter oder Risk Taker muss eindeutig erkennbar sein, wann und in welchem Umfang sich seine zurückbehaltene und lediglich als Merkposten in einem Konto oder Depot ausgewiesene variable Vergütung verringert.

(2) Umsetzung der Anforderung im Geltungsbereich der VersVergV

Die Versicherungsunternehmen können mit ihren Geschäftsleitern und Risk Taker vereinbaren, dass bereits nach der Ermittlung der Höhe der variablen Vergütung ein Anspruch auf diese entsteht und lediglich die Fälligkeit des Anspruchs bis zum Ablauf des Zurückbehaltungszeitraums hinausgeschoben wird. Wie im Rahmen der Verpflichtung zur Zurückbehaltung eines Teils der variablen Ver-

160

gütung erläutert, enthält die VersVergV keine dem § 5 Abs. 2 Nr. 4 Satz 1 a) und b) InstitutsVergV entsprechende Regelung.

Ist aufgrund einer Regelung im Arbeits- oder Dienstvertrag ein Anspruch auf eine bestimmte variable Vergütung entstanden, kann dieser Anspruch nicht mehr nachträglich einseitig durch das Unternehmen modifiziert oder beseitigt werden. Auch ein im Vertrag vereinbarter Änderungsvorbehalt, wie zum Beispiel ein Widerrufsvorbehalt, hilft hier nicht weiter.[593] Mit seiner Hilfe kann sich das Unternehmen lediglich für die Zukunft von der Verpflichtung zur Gewährung der in der beschriebenen Art und Weise zu berechnenden variablen Vergütung lossagen.[594] Es handelt sich um ein Instrument zur Anpassung beziehungsweise Änderung des Vertragsinhalts und nicht um ein Instrument zur nachträglichen Anpassung beziehungsweise Änderung eines sich aus dem Vertrag ergebenden und bereits in einer bestimmten Höhe entstandenen Anspruchs.[595] In Betracht gezogen werden könnte aber die Vereinbarung einer Rückzahlungs-Klausel (claw-back Klausel), also einer Klausel, die eine Verpflichtung des Geschäftsleiters/ Risk Takers begründet, die variable Vergütung oder Teile derselben zurückzahlen, für den Fall, dass sich die bei der Berechnung zugrunde gelegten Erfolge und Erfolgsbeiträge als nicht nachhaltig oder werthaltig erweisen beziehungsweise ein Ereignis eintritt, das eine der festgelegten Rückzahlungs-Voraussetzungen erfüllt.[596] Es könnte dann auch eine Aufrechnung der gegenseitigen Ansprüche vereinbart werden.

---

593 Für das Stellen des Anspruchs auf die variable Vergütung unter einen an die Vorgaben des § 4 Abs. 3 Nr. 3 und 4 VersVergV anknüpfenden Widerrufsvorbehalts, um den Anforderungen des § 4 Abs. 3 Nr. 3 und 4 VersVergV Rechnung zu tragen aber *Annuß/Sammet*, BB 2011, 115, 118. Wohl nicht für möglich halten die Umsetzung mit den üblichen Mitteln eines Freiwilligkeits- beziehungsweise Widerrufsvorbehalts auch *Reichel/Böhm*, AuA 2010, 568, 572.

594 Vgl. *Langen/Schielke/Zöll*, BB 2009, 2479, 2485.

595 Dass die Verringerung der variablen Vergütung problematisch ist, wenn schon ein konkreter Anspruch auf eine bestimmte Zahlung besteht, hat auch der Verordnungsgeber erkannt. Begründung zur VersVergV, in der Fassung v. 6.10.2010, Besonderer Teil zu § 4, abrufbar unter http://www.bafin.de/SharedDocs/Aufsichtsrecht/DE/Verordnung/VersVergV_101006_begruendung_va.html (31.10.2013).

596 Vgl. *Bartel/Bilobrk/Zopf*, BB 2011, 1269, 1275.

Rückzahlungs-Klauseln waren in der Vergangenheit bereits Gegenstand zahlreicher gerichtlicher Entscheidungen.[597] Es handelte sich dabei jedoch um Klauseln, die die Rückzahlung von Gratifikationen oder von, vom Arbeitgeber übernommenen, Umzugs-, Ausbildungs- oder Fortbildungskosten bei vorzeitiger Beendigung des Arbeitsverhältnisses betrafen. Die Rechtsprechung kann auf die oben beschriebenen Rückzahlungs-Klauseln nicht ohne weiteres übertragen werden. Eine entscheidende Rolle spielt wieder der wesentliche Grundgedanke des § 611 Abs. 1 BGB. Derjenige, der die versprochenen Dienste leistet, hat Anspruch auf Gewährung der vereinbarten Vergütung. Nicht nur eine Bestimmung, die die Gewährung der Vergütung für die geleisteten Dienste von zusätzlichen Voraussetzungen abhängig macht, steht im Widerspruch zum wesentlichen Grundgedanken des § 611 Abs. 1 BGB. Mit diesem ist auch eine Bestimmung nicht zu vereinbaren, nach der die Vergütung für die geleisteten Dienste, die bereits ausgezahlt worden ist, unter bestimmten Voraussetzungen wieder herausverlangt werden kann.

In bedeutenden Versicherungsunternehmen kann bei einer unter bestimmten Voraussetzungen eine Rückzahlungsverpflichtung für einen Teil der variablen Vergütung begründenden Bestimmung in Allgemeinen Geschäftsbedingungen oder den vorformulierten Vertragsbedingungen eines Verbrauchervertrages, das Abweichen vom wesentlichen Grundgedanken des § 611 Abs. 1 BGB jedoch durch die in § 4 Abs. 3 Nr. 4 VersVergV zum Ausdruck kommenden gesetzlichen Wertungen gerechtfertigt sein. Die Bestimmung ist dann nicht unangemessen benachteiligend und nach § 307 Abs. 1 Satz 1 BGB unwirksam. Voraussetzung dafür ist, dass der von § 4 Abs. 3 Nr. 4 VersVergV vorgegebene Rahmen eingehalten wird. Das heißt, eine (teilweise) Rückzahlungsverpflichtung in Bezug auf die zurückbehaltene variable Vergütung des Geschäftsleiters/ Risk Takers darf nur für den Fall des Eintritts negativer individueller Erfolgsbeiträge, negativer Erfolgsbeiträge der Organisationseinheit und einem negativen Gesamterfolg des Unternehmens begründet werden. Bei einer sich eindeutig im Rahmen des § 4 Abs. 3 Nr. 4 VersVergV haltenden Bestimmung liegt, sofern sich nicht aus ihrer Gestaltung im Vertragskontext etwas anderes ergibt, keine

---

597 BAG v. 13.11.1969, NJW 1970, 582; BAG v. 24.2.1975, AP Nr. 50 zu Art. 12 GG; BAG v. 19.3.1980, AP Nr. 5 zu § 611 BGB Ausbildungsbeihilfe; BAG v. 23.1.2007, AP Nr. 38 zu § 611 BGB Ausbildungsbeihilfe; BAG v. 15.9.2009, NZA 2010, 342; BAG v. 19.1.2011, AP Nr. 44 zu § 611 BGB Ausbildungsbeihilfe; BAG v. 13.12.2011, NZA 2012, 738.

zur Unwirksamkeit führende unangemessene Benachteiligung des betroffenen Geschäftsleiters/ Risk Takers vor.

Unproblematisch ist in jedem Fall, wenn eine Rückzahlungsverpflichtung ausschließlich für den Fall begründet wird, dass die erst zu einem späteren Zeitpunkt mögliche, umfassende Beurteilung der Erfolge und Erfolgsbeiträge und damit der Leistungen des Geschäftsleiters/ Risk Takers ergibt, dass diese tatsächlich nicht den Wert haben, der bei der Berechnung der variablen Vergütung zugrunde gelegt worden ist. Wenn nach der Klausel die ausbezahlte variable Vergütung nur dann zurückgezahlt werden muss, wenn sich im Nachhinein herausstellt, dass die Voraussetzungen unter denen sie gewährt worden ist, nicht vorlagen, werden mit der Klausel lediglich die Vorschriften der §§ 812 ff. BGB über die ungerechtfertigte Bereicherung nachgeahmt.[598] Darin kann grundsätzlich keine unangemessene Benachteiligung im Sinne von § 307 Abs. 1 Satz 1 BGB gesehen werden.[599]

Die sich im Rahmen des § 4 Abs. 3 Nr. 4 VersVergV haltenden und damit auf einem berechtigten Interesse des Unternehmens beruhenden Rückzahlungs-Voraussetzungen müssen mit Blick auf § 307 Abs. 1 Satz 2 BGB exakt definiert werden.[600] Für den Geschäftsleiter oder Risk Taker muss aus der Bestimmung eindeutig hervorgehen, wann und in welchem Umfang für ihn eine Rückzahlungsverpflichtung in Bezug auf die zurückbehaltene variable Vergütung entsteht.

Offen bleibt bei der soeben beschriebenen Möglichkeit zur Umsetzung der Vorgabe des § 3 Abs. 3 Nr. 4 VersVergV in den Versicherungsunternehmen, warum ein Teil der variablen Vergütung der Geschäftsleiter und Risk Taker dann überhaupt für einen Zeitraum von mehreren Jahren zurückbehalten werden sollte. Die Verwendung von Rückzahlungs-Klauseln macht die in der Verordnung vorgesehene Zurückbehaltung eines Teils der variablen Vergütung der Geschäftsleiter und Risk Taker überflüssig. Die variable Vergütung könnte im Ganzen auch sofort gewährt werden.

---

598 Vgl. *Dzida/Naber*, BB 2011, 2613, 2616; siehe auch die Ausführungen von *Langen/Schielke/Zöll*, BB 2009, 2479, 2485.
599 Vgl. *Dzida/Naber*, BB 2011, 2613, 2616.
600 Vgl. *Dzida/Naber*, BB 2011, 2613, 2616.

Der gesamte Regelungskomplex des § 4 Abs. 3 VersVergV und die Ausführungen zu den Regelungen in der Verordnungsbegründung[601] sprechen dafür, dass mit den Geschäftsleitern und Risk Takern vereinbart werden sollte, dass ihr Anspruch auf den variablen Vergütungsteil erst mit Ablauf des Zurückbehaltungszeitraums entsteht. Es sollte ähnlich wie im Geltungsbereich der Instituts-VergV vereinbart werden, dass die anhand der Erfolge und Erfolgsbeiträge im Bemessungszeitraum ermittelte variable Vergütung während des Zurückbehaltungszeitraums lediglich als Merkposten in einem Konto oder Depot ausgewiesen wird und dass sie sich unter bestimmten Voraussetzungen, in einem bestimmten Umfang verringert.[602] Für die festzulegenden Malus-Kriterien, die zu einer Verringerung der zurückbehaltenen variablen Vergütung des Geschäftsleiters oder Risk Taker führen, gilt das oben im Rahmen der Umsetzung des § 5 Abs. 2 Nr. 6 InstitutsVergV Gesagte entsprechend.[603]

cc) Verringerung der direkt ausgezahlten variablen Vergütung

§ 5 Abs. 2 Nr. 6 InstitutsVergV und § 4 Abs. 3 Nr. 4 VersVergV verlangen nicht, dass neben der aktuell zu ermittelnden variablen Vergütung und der in der Vergangenheit ermittelten und zurückbehaltenen variablen Vergütung auch die in der Vergangenheit ermittelte und direkt an den Geschäftsleiter oder Risk Taker ausgezahlte variable Vergütung bei negativen individuellen Erfolgsbeiträgen, negativen Erfolgsbeiträgen der jeweiligen Organisationseinheit und einem negativen Gesamterfolg des Instituts/ Unternehmens beziehungsweise der Gruppe verringert wird.[604]

Dies lässt sich schon dem Wortlaut der Vorschriften entnehmen. Darüber hinaus spricht hierfür auch der systematische Zusammenhang, in dem die Vorschriften stehen. Nach § 5 Abs. 2 Nr. 1 InstitutsVergV und § 4 Abs. 3 Nr. 1 VersVergV muss die variable Vergütung der Geschäftsleiter und Risk Taker vom Gesamterfolg des Instituts/ Unternehmens beziehungsweise der Gruppe, dem Erfolgsbeitrag der Organisationseinheit und grundsätzlich auch vom individuellen Erfolgsbeitrag abhängen. Bei der Ermittlung der Erfolge und Erfolgsbei-

---

601 Begründung zur VersVergV, in der Fassung v. 6.10.2010, Besonderer Teil zu § 4, abrufbar unter http://www.bafin.de/SharedDocs/Aufsichtsrecht/DE/Verordnung/VersVerg V_101006_begruendung_va.html (31.10.2013).

602 Vorzugswürdig wird eine Ausgestaltung im Wege eines aufschiebend bedingten Anspruchs auch von *Bartel/Bilobrk/Zopf*, BB 2011, 1269, 1275 gehalten.

603 Siehe oben 2. Teil C. II. 1. d) bb) (1) (S. 158 ff.).

604 So aber offenbar das Verständnis von *Binder*, Steuerung und Kontrolle von Vergütungssystemen durch die BaFin, S. 92.

träge sind dabei gemäß § 5 Abs. 2 Nr. 3 InstitutsVergV und § 4 Abs. 3 Nr. 2 VersVergV auch die eingegangenen Risiken zu berücksichtigen. Eine genauere Beurteilung der eingegangenen Risiken und somit auch der Erfolge und Erfolgsbeiträge ist regelmäßig erst nach einiger Zeit, meist erst nach einigen Jahren möglich. Folglich kann die richtige beziehungsweise angemessene Höhe der variablen Vergütung auch erst später ermittelt werden. Der Verordnungsgeber ging, dies geht aus den Verordnungsbegründungen eindeutig hervor, davon aus, dass, wenn eine Vergütung bereits tatsächlich ausgezahlt ist, eine nachträgliche Anpassung, Verringerung oder Streichung derselben nach dem deutschen Recht problematisch ist.[605] Er hat daher in die Verordnungen die Regelung aufgenommen, dass ein Teil der variablen Vergütung der Geschäftsleiter und Risk Taker zunächst zurückzubehalten ist. Wie in der InstitutsVergV ausdrücklich normiert und in der Begründung zur InstitutsVergV sowie auch in der Begründung zur VersVergV erläutert, darf während des Zurückbehaltungszeitraums kein Anspruch auf den zurückbehaltenen Teil der variablen Vergütung bestehen. Dem Betroffenen darf lediglich ein Anspruch auf fehlerfreie Ermittlung des variablen Vergütungsteils als Merkposten in einem Konto oder Depot zugestanden werden.[606] Mit diesen Regelungen zur Zurückbehaltung sollten nachträgliche Anpassungen zumindest bei einem Teil der variablen Vergütung der Geschäftsleiter und Risk Taker ermöglicht werden, für den Fall, dass die ex-post Betrachtung ergibt, dass die bei der Berechnung der variablen Vergütung zugrunde gelegten Erfolge und Erfolgsbeiträge tatsächlich einen geringeren Wert haben. Daraus ergibt sich im Umkehrschluss, dass der Verordnungsgeber nicht wollte, dass auch die in der Vergangenheit ermittelte und direkt ausgezahlte variable Vergütung nachträglich angepasst wird. Er sah dies nicht als möglich an.

---

605 Vgl. Begründung zur InstitutsVergV, in der Fassung v. 6.10.2010, Besonderer Teil zu den §§ 5, 6 und 8, abrufbar unter http://www.bafin.de/SharedDocs/Aufsichtsrecht/DE/ Verordnung/InstitutsVergV_Begruendung_ba.html (31.10.2013); Begründung zur VersVergV, in der Fassung v. 6.10.2010, Besonderer Teil zu § 4, abrufbar unter http://www.bafin.de/SharedDocs/Aufsichtsrecht/DE/Verordnung/VersVergV_101006_b egruendung_va.html (31.10.2013).

606 Begründung zur InstitutsVergV, in der Fassung v. 6.10.2010, Besonderer Teil zu den §§ 5, 6 und 8, abrufbar unter http://www.bafin.de/SharedDocs/Aufsichtsrecht/DE/Verord nung/InstitutsVergV_Begruendung_ba.html (31.10.2013); Begründung zur VersVergV, in der Fassung v. 6.10.2010, Besonderer Teil zu § 4, abrufbar unter http://www.bafin. de/SharedDocs/Aufsichtsrecht/DE/Verordnung/VersVergV_101006_begruendung_va.h tml (31.10.2013).

dd) Nachträgliche Erhöhung der zurückbehaltenen variablen Vergütung

Im Zusammenhang mit den oben stehenden Erläuterungen zur Verringerung der zurückbehaltenen variablen Vergütung bei negativen Erfolgen und Erfolgsbeiträgen aufgrund im Rahmen der ex-post Risikokontrolle ermittelter, unerwartet negativer Risikoergebnisse stellt sich die Frage, wie in der umgekehrten Situation zu verfahren ist. Konkret geht es darum, ob bei der zurückbehaltenen variablen Vergütung auch Anpassungen nach oben möglich sind. So kann sich bei der ex-post Risikokontrolle herausstellen, dass die Erfolge und Erfolgsbeiträge, die bei der Berechnung der zurückbehaltenen variablen Vergütung zugrunde gelegt worden sind, tatsächlich höher sind, die variable Vergütung bei der ex-ante Risikoanpassung in Anbetracht der neu ermittelten Risikoergebnisse also zu stark verringert worden ist.

Den Verordnungen ist keine Aussage darüber zu entnehmen, wie bei unerwartet positiven Risikoergebnissen zu verfahren ist. Nach den Guidelines on Remuneration Policies and Practices des CEBS darf es bei der ex-post Risikoanpassung der zurückbehaltenen variablen Vergütung nicht zu einer Erhöhung derselben kommen. Würde den Mitarbeitern eine Erhöhung der zurückbehaltenen variablen Vergütung bei positiver Entwicklung der Risiken, die mit ihren Aktivitäten verbunden sind, in Aussicht gestellt, würde dies bei ihnen wiederum einen Anreiz zur Eingehung von Risiken schaffen.[607] Denn es besteht die Möglichkeit, dass sie mit Blick auf die sich daraus ergebende Chance auf eine höhere variable Vergütung schlicht auf eine positive Entwicklung der Risikoergebnisse bauen.

e) Referentenentwurf zur Neufassung der InstitutsVergV

Die Vorgaben der InstitutsVergV in der aktuellen Fassung zur Zurückbehaltung eines Teils der variablen Vergütung und zur Abhängigkeit eines Teils der variablen Vergütung von einer nachhaltigen Wertentwicklung des Instituts sind in den Referentenentwurf zur Neufassung der InstitutsVergV in die Absätze 1 bis 3 des § 19 übernommen worden. Nach § 17 Abs. 1 des Referentenentwurfs sind diese Vorgaben in § 19 Abs. 1 bis 3 jedoch nur auf variable Vergütungen ab einer Höhe anzuwenden, die der BaFin unter Berücksichtigung des allgemeinen Lohnniveaus im Bankensektor geboten erscheint. In der, auf der Internetseite der BaFin ebenfalls zugänglichen Auslegungshilfe zur Verordnung über die auf-

---

607 *CEBS*, Guidelines on Remuneration Policies and Practices v. 10.12.2010, S. 68 f. (Nr. 142 ff.), abrufbar unter http://www.eba.europa.eu/documents/10180/106961/Guidelines.pdf (31.10.2013).

sichtsrechtlichen Anforderungen an Vergütungssysteme von Instituten (Referentenentwurf) heißt es, dass es derzeit zur Vermeidung eines unverhältnismäßig hohen administrativen Aufwandes geduldet wird, dass die Anforderungen des § 19 Abs. 1 bis 3 für die variable Vergütung der Mitarbeiter, deren Tätigkeiten einen wesentlichen Einfluss auf das Gesamtrisikoprofil haben, nicht eingehalten werden, wenn die gesamte variable Vergütung des Mitarbeiters einen jährlichen Betrag von 50.000 Euro unterschreitet. Es handele sich dabei um eine Freigrenze. Bei Überschreitung der Freigrenze müsse die gesamte variable Vergütung den Anforderungen des § 19 Abs. 1 bis 3 genügen.[608]

Die Regelung aus § 5 Abs. 2 Nr. 6 der InstitutsVergV in der aktuellen Fassung, dass negative Erfolgsbeiträge des Geschäftsleiters oder Mitarbeiters, seiner Organisationseinheit und ein negativer Gesamterfolg des Instituts beziehungsweise der Gruppe die Höhe der variablen Vergütung einschließlich der zurückbehaltenen Beträge verringern müssen, ist in den Referentenentwurf ebenfalls nahezu wortgleich übernommen worden. Sie wurde jedoch ergänzt. Negative Erfolgsbeiträge und ein negativer Erfolgsbeitrag müssen nach dem § 19 Abs. 4 Satz 1 des Referentenentwurfs zur Verringerung der variablen Vergütung einschließlich der zurückbehaltenen Beträge führen oder zum vollständigen Verlust derselben. Nach § 19 Abs. 4 Satz 3 des Referentenentwurfs tritt der vollständige Verlust insbesondere dann ein, wenn der Geschäftsleiter oder Mitarbeiter an einem Verhalten, das für das Institut zu erheblichen Verlusten geführt hat, beteiligt war oder dafür verantwortlich war (Nr. 1) oder externe oder interne Regelungen in Bezug auf Eignung und Verhalten nicht erfüllt hat (Nr. 2).

2. Anforderungen an die ermessensabhängigen Leistungen zur Altersversorgung

Anforderungen enthalten die InstitutsVergV und die VersVergV auch im Hinblick auf die ermessensabhängigen Leistungen zur Altersversorgung in den bedeutenden Instituten und bedeutenden Unternehmen. Ermessensabhängige Leistungen zur Altersversorgung sind gemäß § 2 Nr. 4 InstitutsVergV und § 2 Nr. 5 VersVergV der Teil der variablen Vergütung, der zum Zwecke der Altersver-

---

608 Vgl. die Auslegungshilfe zur Verordnung über die aufsichtsrechtlichen Anforderungen an Vergütungssysteme von Instituten (Institutsvergütungsverordnung - InstitutsVergV) (Stand: 26.08.2013), S. 17 f., abrufbar unter http://www.bafin.de/SharedDocs/Veroef fentlichungen/DE/Meldung/2013/meldung_130903_konsultation_instvergv_bmf.html (31.10.2013).

sorgung im Hinblick auf eine konkret bevorstehende Beendigung des Beschäftigungsverhältnisses bei dem Institut/ Unternehmen vereinbart wird. Nicht erfasst sind dabei die gemäß § 2 Nr. 1 InstitutsVergV und § 2 Nr. 2 VersVergV aus dem Anwendungsbereich der Verordnungen ausgenommenen Beiträge zur betrieblichen Altersversorgung im Sinne des Betriebsrentengesetzes bei den Mitarbeitern und damit auch den Risk Takern.

Die Verordnungen unterscheiden jeweils zwischen ermessensabhängigen Leistungen zur Altersversorgung anlässlich einer ruhestandsbedingten und einer nicht ruhestandsbedingten Beendigung des Beschäftigungsverhältnisses. Ziel der Vorgaben bezüglich ermessensabhängiger Leistungen zur Altersversorgung ist es, eine Umgehung der anderen Vorgaben der Verordnung zu unterbinden.[609] So soll etwa verhindert werden, dass eine variable Vergütung, die gemäß den sonstigen Vorgaben eigentlich nicht unmittelbar zur Auszahlung gelangen darf, kurz vor der Beendigung der Tätigkeit des Geschäftsleiters oder Risk Takers als Leistung zur Altersversorgung umdeklariert und dann doch direkt ausgezahlt wird.[610] Darüber hinaus soll mit den Anforderungen auch die Rentenpolitik der bedeutenden Institute und bedeutenden Unternehmen mit ihren Geschäftsstrategien, Zielen, Werten und langfristigen Interessen in Einklang gebracht werden.[611]

a) Ruhestandsbedingte Beendigung des Beschäftigungsverhältnisses

Bei ermessensabhängigen Leistungen zur Altersversorgung, die anlässlich einer ruhestandsbedingten Beendigung des Arbeits-, Geschäftsbesorgungs- oder Dienstverhältnisses von Geschäftsleitern und Risk Takern geleistet werden, gilt gemäß § 5 Abs. 4 Nr. 1 und Nr. 2 InstitutsVergV und § 4 Abs. 6 Nr. 1 und Nr. 2 VersVergV, dass sie von einer nachhaltigen Wertentwicklung des Instituts/ Unternehmens abhängen und mit einer Frist von mindestens fünf Jahren versehen werden müssen, nach deren Verstreichen frühestens über sie verfügt werden darf.

Die ermessensabhängigen Leistungen zur Altersversorgung anlässlich einer ruhestandsbedingten Beendigung des Beschäftigungsverhältnisses dürfen bei den Geschäftsleitern und Risk Takern bedeutender Institute/ bedeutender Unternehmen folglich nicht sofort in bar ausgezahlt werden. Sie müssen, wie ein Teil der variablen Vergütung, in aktienrechtlichen oder vergleichbaren Instrumenten

---

609 Vgl. *Heuchemer/Kloft*, WM 2010, 2241, 2246 f.; *Kramarsch/Filbert*, in: Hopt/Wohlmannstetter, Handbuch Corporate Governance von Banken, S. 508.

610 *Heuchemer/Kloft*, WM 2010, 2241, 2246 f.

611 Vgl. Nr. 23 r) in Anhang V Abschnitt 11 der Richtlinie 2006/48/EG.

gewähr werden.[612] Entscheidend ist, dass die ermessensabhängigen Leistungen zur Altersversorgung an den Unternehmenswert geknüpft sind. Während der gesamten Fünf-Jahres-Sperrfrist muss die Höhe der Leistungen von der sich aus dem Aktienkurs oder anderen betriebswirtschaftlichen Kennzahlen ergebenden Entwicklung des Unternehmenswerts abhängen. Erst nach Ablauf der Sperrfrist darf die Koppelung an den Unternehmenswert aufgehoben und über die Leistungen verfügt werden. Wurden die ermessensabhängigen Leistungen zur Altersversorgung in Form von Aktien gewährt, dürfen die Aktien ab diesem Zeitpunkt also veräußert werden.

b) Nicht ruhestandsbedingte Beendigung des Beschäftigungsverhältnisses

Bei ermessensabhängigen Leistungen zur Altersversorgung, die anlässlich einer nicht ruhestandsbedingten Beendigung des Arbeits-, Geschäftsbesorgungs- oder Dienstverhältnisses eines Geschäftsleiters oder Risk Takers geleistet werden, sind gemäß § 5 Abs. 3 Nr. 1 - 3 InstitutsVergV und § 4 Abs. 5 Nr. 1 – 3 VersVergV noch strengere Vorgaben zu beachten. Zum einen müssen die ermessensabhängigen Leistungen zur Altersversorgung von einer nachhaltigen Wertentwicklung des Instituts/ Unternehmens abhängen. Des Weitern müssen sie über einen Zurückbehaltungszeitraum von mindestens fünf Jahren gestreckt werden, wobei während des Zurückbehaltungszeitraums lediglich ein Anspruch auf fehlerfreie Ermittlung dieser ermessensabhängigen Leistungen zur Altersversorgung besteht, nicht aber auf die ermessensabhängigen Leistungen zur Altersversorgung selbst. Schließlich müssen die ermessensabhängigen Leistungen zur Altersversorgung verringert werden für den Fall, dass sich die für ihre Berechnung maßgeblichen Erfolgsbeiträge des Geschäftsleiters oder Risk Takers, seiner Organisationseinheit oder der Gesamterfolg des Instituts/ Unternehmens beziehungsweise der Gruppe nicht als nachhaltig erweisen.

Auch die ermessensabhängigen Leistungen zur Altersversorgung anlässlich einer nicht ruhestandsbedingten Beendigung des Beschäftigungsverhältnisses müssen also in aktienrechtlichen oder vergleichbaren Instrumenten gewährt werden. Die Gewährung der Leistungen darf jedoch, anders als bei den ermessensabhängigen Leistungen zur Altersversorgung anlässlich einer ruhestandsbedingten Beendigung des Beschäftigungsverhältnisses, nicht in einem erfolgen. Die Leistungen müssen vielmehr über einen Zurückbehaltungszeitraum von mindestens fünf Jahren gestreckt werden. Das heißt, sie sind zeitanteilig zu gewähren. Auf die zurückbehaltenen Leistungen darf kein Anspruch bestehen. Die

---

612 Siehe dazu oben 2. Teil C. II. 1. c) (S. 151 ff.).

Geschäftsleiter und Risk Taker dürfen während des Zurückbehaltungszeitraums lediglich einen Anspruch auf fehlerfreie Ermittlung der Leistungen haben. Zu diesem Zwecke können die Leistungen in einem Konto oder Depot als eine Art Merkposten ausgewiesen werden. Hintergrund der Regelung ist, dass, ähnlich wie bei den zurückzubehaltenden variablen Vergütungen im Allgemeinen, die Erfüllung der nachstehenden Pflicht zur Verringerung der Leistungen in bestimmten Situationen ermöglicht werden soll. Die zurückbehaltenen Leistungen zur Altersversorgung anlässlich einer nicht ruhestandsbedingten Beendigung des Beschäftigungsverhältnisses müssen für den Fall, dass sich die bei ihrer Berechnung zugrunde gelegten Erfolgsbeiträge des Geschäftsleiters oder Risk Takers, die Erfolgsbeiträge seiner Organisationseinheit oder der Gesamterfolg des Instituts/ Unternehmens beziehungsweise der Gruppe als nicht nachhaltig erweisen, vermindert werden.

Wegen der Vergleichbarkeit der Regelungen kann zur Umsetzung der Vorgaben im Hinblick auf die ermessensabhängigen Leistungen zur Altersversorgung anlässlich einer nicht ruhestandsbedingten Beendigung des Beschäftigungsverhältnisses auf die oben stehenden Ausführungen zu den Anforderungen betreffend die variable Vergütung der Geschäftsleiter und Risk Taker in bedeutenden Instituten/ bedeutenden Unternehmen verwiesen werden.

III. Zulässigkeit reiner Fixvergütungen

Bei den aufsichtsrechtlichen Anforderungen an die Vergütungssysteme der Geschäftsleiter und Mitarbeiter von Instituten und Versicherungsunternehmen handelt es sich ganz überwiegend um Anforderungen, die den variablen Teil der Vergütung betreffen. Obwohl die Vereinbarung einer reinen Fixvergütung mit den Geschäftsleitern und Mitarbeitern in den Instituten und Unternehmen weder in § 25a Abs. 1 Satz 3 Nr. 4 KWG (§ 25a Abs. 1 Satz 3 Nr. 6 KWG n.F.) und § 64b Abs. 1 VAG, noch in den konkretisierenden Verordnungen ausdrücklich untersagt wird, wird die Zulässigkeit in der Literatur doch zum Teil in Frage gestellt.

Für den Versicherungsbereich wird vertreten, dass zwar aus der in der Ausgangsregelung des § 64b Abs. 1 VAG enthaltenen Anforderung, dass die Vergütungssysteme auf eine nachhaltige Entwicklung des Unternehmens ausgerichtet sein müssen, noch nicht folge, dass in sämtlichen Unternehmen reine Fixvergütungen für die Geschäftsleiter und Mitarbeiter unzulässig sind. Im Zusammenhang mit einigen der besonderen Anforderungen aus § 4 VersVergV ergäbe sich jedoch die Pflicht, zumindest bei den Geschäftsleitern und den als Risk Taker eingestuften Mitarbeitern bedeutender Unternehmen, die Vergütung aus einem fixen und einem variablen Teil zusammenzusetzen.[613] So würden den Unternehmen gemäß § 4 Abs. 4 Satz 1 VersVergV etwa Absicherungs- oder sonstige Gegenmaßnahmen verboten, durch welche die Risikoorientierung der Vergütung aufgehoben oder eingeschränkt wird.[614] Auch wird auf den § 4 Abs. 3 Nr. 4 VersVergV verwiesen, der verlangt, dass negative Erfolgsbeiträge des Geschäftsleiters beziehungsweise Risk Takers, seiner Organisationseinheit und ein negativer Gesamterfolg des Unternehmens die Höhe seiner variablen Vergütung verringern müssen. Schon diese, zu dem Nachhaltigkeitserfordernis hinzukommende, sogenannte Malus- Regelung würde zeigen, dass die neuen Vorgaben weitergehende Ziele verfolgen, denen eine reine Fixvergütung nicht gerecht wird.[615] Zur Begründung der Auffassung wird zudem der § 4 Abs. 2 Satz 1 VersVergV herangezogen, nach dem die fixe und die variable Vergütung in einem angemessenen Verhältnis zueinander stehen müssen. Streng nach dem Wortlaut könne es ein angemessenes Verhältnis zwischen fixer und variabler Vergütung nicht geben, wenn variable Vergütungsbestandteile völlig fehlen.[616] Schließlich wird die Ansicht, dass sich die Vergütung bei den Geschäftsleitern und Risk Takern bedeutender Unternehmen aus einem fixen und einem variablen Teil zusammensetzen muss, auch mittelbar durch die Vorgabe in § 4 Abs. 2 Satz 3 VersVergV bestätigt gesehen.[617] Danach ist eine garantierte variable Vergütung in der Regel nur im Rahmen der Aufnahme eines Dienst- oder Arbeitsverhältnisses und längstens für ein Jahr zulässig.

Unterstellt diese Auffassung träfe zu, wäre bei der InstitutsVergV sogar in Zweifel zu ziehen, ob die Vereinbarung einer reinen Fixvergütung mit den Geschäftsleitern und Mitarbeitern in sämtlichen Instituten, also nicht nur den bedeutenden Instituten noch zulässig ist.[618] Denn die Vorgabe, dass die fixe und die variable Vergütung in einem angemessenen Verhältnis zueinander stehen müssen und die Vorgabe, dass eine garantierte variable Vergütung nur im Rahmen der Aufnahme eines Dienst- oder Arbeitsverhältnisses und längstens für ein

---

613 *Armbrüster*, VersR 2011, 1, 8; *ders.*, VW 2011, 401; im Ergebnis auch *Annuß/Sammet*, BB 2011, 115, 117.

614 *Armbrüster*, VersR 2011, 1, 8; *ders.*, VW 2011, 401.

615 *Armbrüster*, VersR 2011, 1, 8; *ders.*, VW 2011, 401.

616 *Armbrüster*, VersR 2011, 1, 8; *ders.*, VW 2011, 401; vgl. auch *Annuß/Sammet*, BB 2011, 115, 117.

617 *Annuß/Sammet*, BB 2011, 115, 117.

618 Vgl. *Rubner*, NZG 2010, 1288, 1289.

Jahr zulässig ist, sind hier bereits bei den allgemeinen Anforderungen an die Vergütungssysteme sämtlicher Institute normiert. Das gilt auch für die Vorgabe, dass die Risikoorientierung der Vergütung nicht durch Absicherungs- oder sonstige Gegenmaßnahmen eingeschränkt oder aufgehoben werden darf.

Die Auffassung, es ergäbe sich aus der Ausgangsregelung des § 25a Abs. 1 Satz 3 Nr. 4 KWG (§ 25a Abs. 1 Satz 3 Nr. 6 KWG n.F.)/ des § 64b Abs. 1 VAG im Zusammenhang mit einigen der Vorschriften der InstitutsVergV/ der VersVergV eine Pflicht für die Institute/ Unternehmen, die Vergütung ihrer Geschäftsleiter und Mitarbeiter aus einem fixen und einem variablen Teil zusammenzusetzen, ist abzulehnen. Reine Fixvergütungen sind in sämtlichen Instituten und Versicherungsunternehmen, auch in den bedeutenden Instituten und Versicherungsunternehmen, weiterhin zulässig.

§ 3 InstitutsVergV/ § 3 VersVergV und § 5 InstitutsVergV/ § 4 VersVergV enthalten nicht nur keine ausdrückliche Untersagung der Vereinbarung reiner Fixvergütungen, dem Wortlaut der einzelnen Regelungen sind auch sonst keine Anhaltspunkte dafür zu entnehmen, dass die Institute und Unternehmen ihren Geschäftsleitern und Mitarbeitern variable Vergütungen gewähren müssten.

Die Gegenauffassung scheint die Pflicht der Institute und Unternehmen, die Vergütung der Geschäftsleiter und Mitarbeiter aus einem fixen und einem variablen Teil zusammenzusetzen, letztlich allein aus dem Umstand abzuleiten, dass die Vorschriften sich fast ausschließlich auf variable Vergütungen beziehen. Wie aus der Entstehungsgeschichte der Vorschriften eindeutig hervorgeht, sollen diese jedoch lediglich den Fall, dass neben einer fixen auch eine variable Vergütung gewährt wird, regeln. Die Vorschriften sind vor dem Hintergrund der Vergütungspraxis der Institute und Unternehmen in der Vergangenheit geschaffen worden. In den vergangenen Jahren sind den Geschäftsleitern und Mitarbeitern in den Instituten und Unternehmen neben einer fixen Vergütung häufig auch variable Vergütungen gewährt worden. Diese variablen Vergütungen waren auf kurzfristige Parameter ausgerichtet. Mit ihnen wurden einseitig Erfolge belohnt, Misserfolge wurden dagegen nicht ausreichend sanktioniert. Die variablen Vergütungen haben so Fehlanreize zur Eingehung von Risiken gesetzt und die Geschäftsleiter und Mitarbeiter sind dazu verleitet worden, den langfristigen und nachhaltigen Unternehmenserfolg aus dem Blick zu verlieren. § 25a Abs. 1 Satz 3 Nr. 4 KWG (§ 25a Abs. 1 Satz 3 Nr. 6 KWG n.F.)/ § 64b Abs. 1 VAG und die InstitutsVergV/ die VersVergV sollen eine solche, „verfehlte Vergütungspolitik" künftig unterbinden.[619] Reine Fixvergütungen sind vom Gesetz- und vom Verordnungsgeber gar nicht in den Blick genommen worden.

Darüber hinaus gebietet auch der Sinn und Zweck des § 25a Abs. 1 Satz 3 Nr. 4 KWG (§ 25a Abs. 1 Satz 3 Nr. 6 KWG n.f.)/ des § 64b Abs. 1 VAG und der Vorschriften der InstitutsVergV/ der VersVergV nicht die Gewährung von variablen Vergütungen. Zwar gehen von einer reinen Fixvergütung keine positiven Anreize aus, auf nachhaltige Erfolge und Erfolgsbeiträge und damit eine nachhaltige Entwicklung des Instituts/ Unternehmens hinzuwirken.[620] Ziel der Vorschriften ist es jedoch nicht, positive Anreize in den Vergütungssystemen zu etablieren, sondern die in der Vergangenheit im Zusammenhang mit variablen Vergütungen aufgetretenen negativen Anreize zu unterbinden.[621]

Dass keine Verpflichtung besteht, die Vergütung der Geschäftsleiter und Mitarbeiter aus einen fixen und einem variablen Teil zusammenzusetzen, wird schließlich, zumindest im Bankenbereich, bestätigt durch den § 7 Abs. 2 Satz 1 Nr. 2 InstitutsVergV. Nach § 7 Abs. 2 Satz 1 Nr. 2 InstitutsVergV hat jedes Institut neben dem Gesamtbetrag aller Vergütungen unterteilt in fixe und variable Vergütung auch die Anzahl der Begünstigten der variablen Vergütung zu veröffentlichen. Diese Veröffentlichungspflicht macht nur dann Sinn, wenn es neben den Geschäftsleitern und Mitarbeitern mit variabler Vergütung grundsätzlich auch noch solche mit einer reinen Fixvergütung geben kann.[622]

---

619 Vgl. Begründung der Bundesregierung zum Entwurf des Vergütungs-SystG v. 31.3.2010, BT-Drucks. 17/1291, S. 1 f.; Begründung zur InstitutsVergV und Begründung zur VersVergV, jeweils in der Fassung v. 6.10.2010, Allgemeiner Teil, abrufbar unter http://www.bafin.de/SharedDocs/Aufsichtsrecht/DE/Verordnung/InstitutsVergV_Begruenung_ba.html beziehungsweise unter http://www.bafin.de/SharedDocs/Auf sichtsrecht/DE/Verordnung/VersVergV_101006_begruendung_va.html (31.10.2013).
620 Vgl. *Armbrüster*, VW 2011, 401.
621 Vgl. Begründung zur InstitutsVergV und Begründung zur VersVergV, jeweils in der Fassung v. 6.10.2010, Allgemeiner Teil, abrufbar unter http://www.bafin.de/Shared Docs/Aufsichtsrecht/DE/Verordnung/InstitutsVergV_Begruenung_ba.html beziehungs weise unter http://www.bafin.de/SharedDocs/Aufsichtsrecht/DE/Verordnung/VersVerg V_101006_begruendung_va.html (31.10.2013).
622 Vgl. *Rubner*, NZG 2010, 1288, 1289.
Auch § 6 Abs. 1 Satz 1 des Referentenentwurfs zur Neufassung der InstitutsVergV bestätigt, dass es weiterhin reine Fixvergütungen geben kann. So heißt es hier: „Besteht die Vergütung aus einer variablen und einer fixen Vergütung, müssen diese in einem angemessenen Verhältnis zueinander stehen.".

IV. Folgen der Nichtbeachtung der aufsichtsrechtlichen Anforderungen an Vergütungssysteme

Werden künftig bei der Gestaltung der Verträge und Vereinbarungen die aufsichtsrechtlichen Anforderungen an Vergütungssysteme aus dem KWG und der InstitutsVergV beziehungsweise aus dem VAG und der VersVergV nicht beachtet, hat dies keinen Einfluss auf die rechtliche Wirksamkeit der Vergütungsregelungen in den Verträgen und Vereinbarungen.[623] Es bestehen jedoch aufsichtsrechtliche Eingriffsbefugnisse der Aufsichtsbehörde und gesellschaftsrechtliche Sanktionsmöglichkeiten.

1. Aufsichtsrechtliche Eingriffsbefugnisse der Aufsichtsbehörde

Die Einhaltung der Anforderungen aus dem KWG und der InstitutsVergV werden von der BaFin überwacht. Sie hat bei Verstößen die ihr nach dem KWG zustehenden Befugnisse. Gemäß § 25a Abs. 1 Satz 8 KWG (§ 25a Abs. 2 Satz 2 KWG n.F.) kann sie gegenüber einem Institut im Einzelfall Anordnungen treffen, die geeignet und erforderlich sind eine ordnungsgemäße Geschäftsorganisation im Sinne von § 25a Abs. 1 Satz 3 KWG sicherzustellen. Eine ordnungsgemäße Geschäftsorganisation umfasst ein angemessenes und wirksames Risikomanagement und damit auch angemessene, transparente und auf eine nachhaltige Entwicklung des Instituts ausgerichtete Vergütungssysteme für Geschäftsleiter und Mitarbeiter. Die BaFin kann auf der Grundlage von § 25a Abs. 1 Satz 8 KWG (§ 25a Abs. 2 Satz 2 KWG n.F.) die Änderung eines nicht mit der InstitutsVergV im Einklang stehenden Vergütungssystems anordnen.[624] Weitere Maßnahmen, die die BaFin insbesondere ergreifen kann, bei einem Institut, das nicht über eine ordnungsgemäße Geschäftsorganisation im Sinne von § 25a Abs. 1 KWG verfügt, ergeben sich aus § 45b Abs. 1 KWG. Hierbei handelt es sich im Wesentlichen um risikomindernde Maßnahmen.

Die Versicherungsaufsicht ist, anders als die Bankenaufsicht, auf Bund und Länder aufgeteilt. Die Einhaltung der Anforderungen aus dem VAG und der VersVergV durch ein Versicherungsunternehmen wird daher, je nach dem örtlichen Tätigkeitsbereich und der wirtschaftlichen Bedeutung des Versicherungsunternehmens, entweder von der BaFin oder von der Aufsichtsbehörde des jeweiligen Bundeslandes überwacht. Die Befugnis der BaFin und der Länderauf-

---

623 Siehe oben 2. Teil A. III. 1. (S. 65 ff.).
624 Vgl. *Lindemann*, in: Boos/Fischer/Schulte-Mattler, KWG, § 45 KWG Rn. 31.

sichtsbehörden bei Verstößen gegenüber dem betreffenden Versicherungsunternehmen Anordnungen zu treffen, ergibt sich aus § 81 Abs. 2 Satz 1 und Satz 2 in Verbindung mit Abs. 1 VAG (Mißstandsaufsicht). Unter Umständen kommt auch die Ergreifung einer der in § 87 VAG geregelten Maßnahmen, wie etwa das Verlangen der Abberufung von Geschäftsleitern nach § 87 Abs. 6 VAG, in Betracht.[625]

Ordnet die Aufsichtsbehörde nach einer Überprüfung gegenüber einem Institut/ Unternehmen auf der Grundlage von § 25a Abs. 1 Satz 8 KWG (§ 25a Abs. 2 Satz 2 KWG n.F.)/ § 81 Abs. 2 Satz 1 und Satz 2 in Verbindung mit Abs. 1 VAG die Änderung der nicht mit der InstitutsVergV/ der VersVergV im Einklang stehenden Vergütungssysteme an, muss das Institut/ Unternehmen diese Anordnung befolgen. Die Anordnung der Aufsichtsbehörde stellt eine einzelfallbezogene Konkretisierung der Vorschriften der InstitutsVergV/ der VersVergV dar. Als solche steht sie einer gesetzlichen Regelung im Sinne des Eingangssatzes des § 87 Abs. 1 BetrVG gleich.[626] In dem Umfang, in dem die Anordnung den Spielraum des Instituts/ Unternehmens bei der Gestaltung der Vergütung seiner Arbeitnehmer einschränkt, wird daher auch das Mitbestimmungsrecht des Betriebsrates nach § 87 Abs. 1 Nr. 10 beziehungsweise Nr. 11 BetrVG verdrängt. Entsprechendes gilt für das Mitbestimmungsrecht des Personalrates in Lohngestaltungsfragen in öffentlich-rechtlichen Instituten/ Unternehmen. Das Mitbestimmungsrecht des Personalrates bleibt nur in dem Umfang erhalten, in dem die Anordnung der Aufsichtsbehörde dem Institut/ Unternehmen noch einen Spielraum bei der Gestaltung der Vergütung seiner Beschäftigten belässt.

2. Gesellschaftsrechtliche Sanktionsmöglichkeiten

Die aufsichtsrechtlichen Anforderungen an Vergütungssysteme richten sich an die Institute und Versicherungsunternehmen. Innerhalb der Institute und Versicherungsunternehmen sind gemäß § 3 Abs. 1 Satz 1 InstitutsVergV/ § 3 Abs. 1 Satz 4 VersVergV die Geschäftsleiter für die Ausgestaltung der Vergütungssysteme der Mitarbeiter verantwortlich. Für die Ausgestaltung der Vergütungssysteme der Geschäftsleiter trägt nach § 3 Abs. 1 Satz 2 InstitutsVergV/ § 3 Abs. 1

---

625 Vgl. Begründung der Bundesregierung zum Entwurf des Vergütungs-SystG v. 31.3.2010, BT-Drucks. 17/1291, S. 13.
626 Vgl. *Bender*, in: Wlotzke/Preis/Kreft, BetrVG, § 87 BetrVG Rn. 21; *Fitting*, BetrVG, § 87 BetrVG Rn. 31; *Kania*, in: ErfK, § 87 BetrVG Rn. 12; *Wiese*, in: GK-BetrVG, § 87 BetrVG Rn. 61 f. m.w.N.; a.A. *Klebe*, in: Däubler u.a., BetrVG, § 87 BetrVG Rn. 35.

Satz 5 VersVergV das Verwaltungs- oder Aufsichtsorgan die Verantwortung. Dies entspricht im Grunde der Rechtslage im Aktienrecht und wird hier auf Institute und Versicherungsunternehmen aller Rechtsformen erstreckt.[627]

Die Geschäftsleiter und das Verwaltungs- oder Aufsichtsorgan können sich bei Nichteinhaltung der Vorgaben aus § 25a Abs. 1 Satz 3 Nr. 4 KWG (§ 25a Abs. 1 Satz 3 Nr. 6 KWG n.F.) und der InstitutsVergV beziehungsweise aus § 64b Abs. 1 VAG und der VersVergV gegenüber dem Institut/ Unternehmen schadensersatzpflichtig machen. Bei Instituten und Versicherungsunternehmen in der Rechtsform einer Aktiengesellschaft etwa sind die Vorstandsmitglieder bei Nichteinhaltung der Vorgaben wegen der Verletzung ihrer Legalitätspflicht gemäß § 93 Abs. 2 Satz 1 in Verbindung mit Abs. 1 AktG zum Schadensersatz verpflichtet, sofern das Institut/ Unternehmen aufgrund der nicht den Vorgaben entsprechenden Ausgestaltung der Vergütungssysteme der Mitarbeiter einen Schaden erleidet. Die Schadensersatzpflicht der Aufsichtsratsmitglieder bei Verletzung ihrer Legalitätspflicht im Rahmen der Ausgestaltung der Vergütung der Vorstandsmitglieder und einem dadurch für das Institut/ Unternehmen entstandenen Vermögensschaden folgt aus § 116 Satz 1 AktG in Verbindung mit § 93 Abs. 2 Satz 1 in Verbindung mit Abs. 1 AktG analog.[628]

D. Untersagungs- und Beschränkungsbefugnis der Aufsichtsbehörde

Mit dem Vergütungs-SystG wurde in das KWG und das VAG auch eine Regelung aufgenommen, die es der Aufsichtsbehörde ermöglicht, direkten Einfluss auf die Auszahlung variabler Vergütungen in den Instituten und Versicherungsunternehmen zu nehmen. Gemäß § 45 Abs. 2 Satz 1 Nr. 6 KWG und § 81b Abs. 1a Satz 1 VAG kann die Aufsichtsbehörde bei einer Unterschreitung bestimmter aufsichtsrechtlicher Anforderungen an die Eigenmittelausstattung durch das Institut/ Versicherungsunternehmen, die Auszahlung variabler Vergütungsbe-

---

627 *Binder*, Steuerung und Kontrolle von Vergütungssystemen durch die BaFin, S. 88.
628 Vgl. *Louven/Raapke*, VersR 2012, 257, 268.

standteile untersagen oder auf einen bestimmten Anteil des Jahresergebnisses beschränken.[629]

I. Hintergrund der Regelung

Die Vergütungen und Vergütungssysteme in Instituten und Versicherungsunternehmen können in zweierlei Hinsicht ihre Eigenmittelausstattung und damit ihre Stabilität beeinträchtigen. Zum einen können Vergütungsregelungen falsche Anreize, wie insbesondere Anreize zur Eingehung unverhältnismäßig hoher Risiken schaffen. Realisieren sich die Risiken, kann dies zu einem Verlust für das Institut/ Unternehmen und damit zu einer Verminderung seiner Eigenmittelausstattung führen. Hier unter anderem setzen § 25a Abs. 1 Satz 3 Nr. 4 KWG (§ 25a Abs. 1 Satz 3 Nr. 6 KWG n.F.) und die konkretisierende InstitutsVergV beziehungsweise § 64b Abs. 1 VAG und die konkretisierende VersVergV an.[630] Zum anderen kann die Vergütungspolitik in den Instituten und Unternehmen zu hohen Kosten führen, die ihnen die Sicherung einer angemessenen Eigenmittelausstattung auch über wirtschaftlich schwierige Zeiten hinweg erschwert.[631] Da die Vergütungen der Geschäftsleiter und Mitarbeiter häufig einen hohen Anteil an der Kostenbasis haben, sind sie in Jahren, in denen ein Institut/ Unternehmen Verluste macht, praktisch mitursächlich für eine Schwächung seiner Eigenmit-

---

629 Nach § 45 Abs. 2 Satz 1 Nr. 6 KWG kann die BaFin dies bei Instituten auch bei einer Unterschreitung bestimmter aufsichtsrechtlicher Anforderungen an die Liquidität. § 45 Abs. 2 Satz 1 KWG wurde durch das CRD IV – Umsetzungsgesetz konkretisiert und ergänzt. Eingefügt wurde die Ermächtigung der BaFin bei einer Unterschreitung bestimmter aufsichtsrechtlicher Anforderungen an die Eigenmittelausstattung und die Liquidität, anzuordnen, dass das Institut den Jahresgesamtbetrag, den es für die variable Vergütung aller Geschäftsleiter und Mitarbeiter vorsieht (Gesamtbetrag der variablen Vergütungen), auf einen bestimmten Anteil des Jahresergebnisses beschränkt oder vollständig streicht; dies gilt nicht für variable Vergütungsbestandteile, die durch Tarifvertrag oder in seinem Geltungsbereich durch Vereinbarung der Arbeitsvertragsparteien über die Anwendung der tarifvertraglichen Regelung oder aufgrund eines Tarifvertrages in einer Betriebs- oder Dienstvereinbarun vereinbart sind (§ 45 Abs. 2 Satz 1 Nr. 5a KWG).

630 Vgl. *Lindemann*, in: Boos/Fischer/Schulte-Mattler, KWG, § 45 KWG Rn. 30.

631 *Lindemann*, in: Boos/Fischer/Schulte-Mattler, KWG, § 45 KWG Rn. 31.

telausstattung.[632] Hier sollen § 45 Abs. 2 Satz 1 Nr. 6 KWG und § 81b Abs. 1a Satz 1 VAG entgegenwirken. Durch sie soll verhindert werden können, dass angesichts der wirtschaftlichen Situation unangemessen hohe Bonuszahlungen das Institut/ Unternehmen und seine Stabilität weiter schwächen.[633] Darüber hinaus soll sichergestellt werden können, dass in Jahren, in denen das Institut/ Unternehmen Gewinne macht, die Gesamthöhe der variablen Vergütung der Stärkung der Eigenkapitalbasis des Instituts/ Unternehmens nicht entgegensteht.[634]

II. § 4 InstitutsVergV: Sicherung einer angemessenen Eigenmittelausstattung

Im Bankenbereich werden die Regulierungsansätze in § 25a Abs. 1 Satz 3 Nr. 4 KWG (§ 25a Abs. 1 Satz 3 Nr. 6 KWG n.F.) und in § 45 Abs. 2 Satz 1 Nr. 6 KWG durch § 4 InstitutsVergV miteinander verbunden.[635] Nach § 4 Instituts-VergV darf der Gesamtbetrag der variablen Vergütung von Geschäftsleitern und Mitarbeitern nicht die Fähigkeit des Instituts einschränken, eine angemessene

---

632 *Lindemann*, in: Boos/Fischer/Schulte-Mattler, KWG, § 45 KWG Rn. 31; vgl. auch *CEBS*, Guidelines on Remuneration Policies and Practices v. 10.12.2010, S. 39, abrufbar unter http://www.eba.europa.eu/documents/10180/106961/Guidelines.pdf (31.10. 2013).

633 Begründung der Bundesregierung zum Entwurf des Vergütungs-SystG v. 31.3.2010, BT-Drucks. 17/1291, S. 2; *CEBS*, Guidelines on Remuneration Policies and Practices v. 10.12.2010, S. 40, abrufbar unter http://www.eba.europa.eu/documents/10180/106961/ Guidelines.pdf (31.10.2013).

634 Begründung der Bundesregierung zum Entwurf des Vergütungs-SystG v. 31.3.2010, BT-Drucks. 17/1291, S. 11; vgl. auch Nr. 23 i) in Anhang V Abschnitt 11 der Richtlinie 2006/48/EG; Erwägungsgrund Nr. 10 zur Richtlinie 2010/76/EU, ABl. EU Nr. L 329 v. 14.12.2010, S. 5; *CEBS*, Guidelines on Remuneration Policies and Practices v. 10.12.2010, S. 39 f., abrufbar unter http://www.eba.europa.eu/documents/10180/106 961/Guidelines.pdf (31.10.2013); *FSB*, Principles for Sound Compensation Practices – Implementation Standards v. 25.9.2009, S. 2 (Nr. 3), abrufbar unter http://www.finan cialstabilityboard.org/publications/r_090925c.pdf (31.10.2013).

635 *Lindemann*, in: Boos/Fischer/Schulte-Mattler, KWG, § 45 KWG Rn. 31.

Eigenmittelausstattung dauerhaft aufrechtzuerhalten oder wiederherzustellen.[636] Die Institute haben also zunächst selbst darauf zu achten, dass eine angemessene Eigenmittelausstattung nicht durch die variable Vergütung ihrer Geschäftsleiter und Mitarbeiter gefährdet wird. Rechnung getragen werden kann dem dadurch, dass die Gewährung der variablen Vergütung von einem wirtschaftlichen Erfolg des Instituts abhängig gemacht wird. Muss nach der Vereinbarung die variable Vergütung durch einen entsprechenden Gewinn des Instituts gedeckt sein, ist sichergestellt, dass die variable Vergütung nicht zu einer Verminderung der Eigenmittelausstattung des Instituts führt. Wird bei den Arbeitnehmern die variable Vergütung von einem wirtschaftlichen Erfolg des Instituts insgesamt abhängig gemacht, ist jedoch zu beachten, dass ihnen durch die fixe Vergütung ein Mindestentgelt garantiert sein muss. Es muss sichergestellt sein, dass ihnen stets eine sittengerechte und im Hinblick auf den Umstand, dass das Wirtschaftsrisiko nicht von ihnen, sondern von dem Arbeitgeber zu tragen ist, ausreichende Mindestvergütung verbleibt.[637]

Darüber hinaus haben die Institute nach § 4 InstitutsVergV, auch wenn sie Gewinne erzielen, bei einer angespannten Eigenkapitalsituation die Gewährung variabler Vergütungen einzuschränken, um die Kostenbasis zu verbessern und somit die Chance für eine Stärkung der Eigenkapitalbasis zu erhöhen.[638] Die Norm bestimmt, dass der Gesamtbetrag der variablen Vergütung von Geschäftsleitern und Mitarbeitern auch nicht die Fähigkeit des Instituts einschränken darf, eine angemessene Eigenmittelausstattung wiederherzustellen. Notwendige Kapi-

---

636 Diese Regelung wird in § 7 des Referentenentwurfs zur Neufassung der InstitutsVergV deutlich erweitert. Bei der Festsetzung des Gesamtbetrags der variablen Vergütung von Geschäftsleitern und Mitarbeitern ist nicht mehr nur sicherzustellen, dass die Fähigkeit des Instituts gegeben ist, eine angemessene Eigenmittel- und Liquiditätsausstattung dauerhaft aufrechtzuerhalten oder wiederherzustellen, sondern es ist auch die Risikotragfähigkeit, die mehrjährige Kapitalplanung und die Ertragslage des Instituts zu berücksichtigen. Des Weiteren ist bei der Festsetzung des Gesamtbetrags der variablen Vergütungen sicherzustellen, dass die Fähigkeit nicht eingeschränkt wird, die kombinierten Kapitalpuffer-Anforderungen gemäß § 10i KWG dauerhaft aufrechtzuerhalten oder wiederherzustellen. In der im Referentenentwurf enthaltenen Begründung heißt es, dass damit die bisherige regulatorische Sichtweise um eine ökonomische Sichtweise ergänzt werde. Hintergrund sei, dass § 7 als zentraler Anknüpfungspunkt für die Ermittlung des Gesamtbonuspools dienen soll und hierbei ausdrücklich alle wesentlichen Risiken des Insituts zu berücksichtigen sind.
637 Siehe dazu oben 2. Teil C. I. 1. c) aa) (1) (a) (bb) (S. 99 ff.).
638 Vgl. *Lindemann*, in: Boos/Fischer/Schulte-Mattler, KWG, § 45 KWG Rn. 31.

talerhöhungen dürfen mit anderen Worten durch die variablen Vergütungen nicht verhindert werden.

Relevant wird § 4 InstitutsVergV vor allem in Bezug auf aktienbasierte Vergütungsformen. Wird die Höhe eines Teils der Vergütung der Geschäftsleiter und Mitarbeiter von der Entwicklung des Aktienkurses in einem bestimmten Zeitraum abhängig gemacht und kommt es in diesem Zeitraum aufgrund von Übernahmeangeboten oder Ähnlichem zu irregulären Kursentwicklungen, können die Institute plötzlich sehr hohen Zahlungsverpflichtungen ausgesetzt sein. Eine Gefährdung der Eigenkapitalbasis der Institute liegt hier nicht fern. Sie sind daher verpflichtet entsprechende Absicherungsmaßnahmen zu treffen.[639]

Werden die Institute nicht tätig und sorgen nicht für die Aufrechterhaltung einer angemessenen Eigenmittelausstattung, kann die BaFin bei Vorliegen der Voraussetzungen des § 45 Abs. 2 Satz 1 Nr. 6 KWG eingreifen und die Auszahlung variabler Vergütungsbestandteile untersagen oder beschränken. Die gleiche Befugnis zur Untersagung oder Beschränkung der Auszahlung variabler Vergütungsbestandteile haben die BaFin und die Aufsichtsbehörden der Länder bei Versicherungsunternehmen nach § 81b Abs. 1a Satz 1 VAG.

III. Reichweite der Befugnis der Aufsichtsbehörde

Nicht untersagen oder auf einen bestimmten Anteil des Jahresergebnisses beschränken kann die Aufsichtsbehörde gemäß § 45 Abs. 2 Satz 1 Nr. 6 Halbs. 2 KWG und § 81b Abs. 1a Satz 1 Halbs. 2 VAG die Auszahlung variabler Vergütungsbestandteile, die durch Tarifvertrag oder in seinem Geltungsbereich durch Vereinbarung der Arbeitsvertragsparteien über die Anwendung der tarifvertraglichen Regelungen oder aufgrund eines Tarifvertrags in einer Betriebs- oder Dienstvereinbarung vereinbart sind. Die Untersagungs- und Beschränkungsbefugnis der Aufsichtsbehörde betrifft daher nur variable Vergütungsbestandteile die unmittelbar in den Arbeitsverträgen, in den Dienstverträgen, den Sprecherausschussvereinbarungen und nicht auf einer tariflichen Ermächtigung beruhenden Betriebs- und Dienstvereinbarungen vereinbart sind.

Nicht nur die nach der Vereinbarung in bar zu zahlende variable Vergütung kann von der Untersagung oder Beschränkung der Auszahlung durch die Aufsichtsbehörde betroffen sein. Auch die Ausgabe von (virtuellen) Aktien, (virtu-

---

639 *Binder*, Steuerung und Kontrolle von Vergütungssystemen durch die BaFin, S. 88.

ellen) Aktienoptionen und ähnlichen unbaren Vergütungen kann beschränkt oder untersagt werden.[640] Der Wortlaut der Regelung lässt es darüber hinaus auch zu, dass die Aufsichtsbehörde die Beschränkungsanordnung entweder auf sämtliche oder auch nur auf ganz bestimmte variable Vergütungsbestandteile bezieht. So kann sie beispielsweise variable Vergütungsbestandteile, von denen keine Anreize zur Eingehung von Risiken ausgehen oder die nicht wesentlich über den tarifvertraglich üblichen Betrag hinausgehen, von der Beschränkungsanordnung ausnehmen.[641]

IV. Wirkung einer Untersagungs- beziehungsweise Beschränkungsanordnung

1. Wirkung gegenüber dem betroffenen Institut/ Unternehmen

Untersagt die Aufsichtsbehörde die Auszahlung variabler Vergütungsbestandteile oder beschränkt sie die Auszahlung auf einen bestimmten Anteil des Jahresergebnisses, so entfaltet diese Anordnung unmittelbare Wirkung zunächst nur gegenüber dem Institut/ Unternehmen, an das die Anordnung gerichtet ist. Das Institut/ Unternehmen muss nun reagieren. Dabei stellt sich die Frage, ob es die Auszahlung der variablen Vergütungsbestandteile an die Geschäftsleiter und Mitarbeiter lediglich aufschieben muss bis die Anordnung wieder aufgehoben wird oder, ob eine Auszahlung überhaupt nicht mehr erfolgen darf und das Institut/ Unternehmen damit die Ansprüche der Geschäftsleiter und Mitarbeiter auf die variablen Vergütungsbestandteile sogar zu „beseitigen" hat. Bei der ersten Variante käme es lediglich zu einem Liquiditätsvorteil für das Institut/ Unternehmen. Nur die zweite Variante würde zu eine bilanziellen Entlastung führen und damit unter Umständen die Möglichkeit zur Stärkung der Eigenmittelausstattung eröffnen oder zumindest eine weitere Schwächung der Eigenmittelausstattung verhindern.[642]

Der Wortlaut von § 45 Abs. 2 Satz 1 Nr. 6 KWG und § 81b Abs. 1a Satz 1 VAG spricht jedoch gegen die zweite Variante. Die Anordnung der Aufsichtsbehörde bezieht sich danach ausschließlich auf die Auszahlung der variablen

---

640   Vgl. *Lindemann*, in: Boos/Fischer/Schulte-Mattler, KWG, § 45 KWG Rn. 37.
641   *Lindemann*, in: Boos/Fischer/Schulte-Mattler, KWG, § 45 KWG Rn. 36.
642   Vgl. *Armbrüster*, VersR 2011, 1, 5; *ders.*, VW 2011, 401; *Wallner*, BankPraktiker 2011, 211, 213.

Vergütungsbestandteile, also das Erfüllungsgeschäft, nicht hingegen auf das zugrunde liegende Verpflichtungsgeschäft.[643]

Eindeutig geklärt wurde die Frage für den Bankenbereich, als mit dem Restrukturierungsgesetz vom 9. Dezember 2010 im KWG die Regelung zur Untersagungs- und Beschränkungsbefugnis der BaFin ergänzt wurde. Grundsätzlich können die Ansprüche der Geschäftsleiter und Mitarbeiter auf die wegen einer Untersagungs- oder Beschränkungsanordnung der BaFin nicht beziehungsweise nicht vollständig ausgezahlten variablen Vergütungsbestandteile bestehen bleiben. Die BaFin hat jedoch im Falle einer Untersagung der Auszahlung von variablen Vergütungsbestandteilen gemäß § 45 Abs. 2 Satz 1 Nr. 6 KWG nach dem durch das Restrukturierungsgesetz eingeführten § 45 Abs. 5 Satz 5 KWG die Befugnis, anzuordnen, dass die Ansprüche auf Gewährung variabler Vergütung ganz oder teilweise erlöschen, wenn bestimmte Voraussetzungen vorliegen. Das Erlöschen der gesperrten variablen Vergütungen kann angeordnet werden, wenn das Institut innerhalb eines Zeitraums von zwei Jahren nach der Untersagung der Auszahlung finanzielle Leistungen des Restrukturierungsfonds oder des Finanzmarktstabilisierungsfonds in Anspruch nimmt und die Voraussetzungen für die Untersagung der Auszahlung bis zu diesem Zeitpunkt nicht oder allein aufgrund dieser Leistungen weggefallen sind (Satz 5 Nr. 1), innerhalb eines Zeitraums von zwei Jahren nach der Untersagung der Auszahlung eine Anordnung der Bundesanstalt nach § 45 Abs. 2 Nr. 1 bis 5 oder 7 KWG getroffen wird oder fortbesteht (Satz 5 Nr. 2) oder innerhalb eines Zeitraums von zwei Jahren nach der Untersagung der Auszahlung Maßnahmen nach § 46 KWG oder nach § 48a KWG getroffen werden (Satz 5 Nr. 3). Die Anordnung darf gemäß § 45 Abs. 5 Satz 6 KWG insbesondere ergehen, wenn von den Ansprüchen auf Gewährung variabler Vergütung Anreize ausgehen, die einer nachhaltigen Geschäftspolitik des Instituts entgegenstehen (Satz 6 Nr. 1) oder anzunehmen ist, dass ohne die Gewährung finanzieller Leistungen des Restrukturierungsfonds oder des Finanzmarktstabilisierungsfonds das Institut nicht in der Lage gewesen wäre, die variable Vergütung zu gewähren. Ist anzunehmen, dass das Institut einen Teil

---

643 *Groeger*, RdA 2011, 287, 291.

der variablen Vergütung hätte gewähren können, ist die variable Vergütung angemessen zu kürzen (Satz 6 Nr. 2).[644]

Eine Befugnis der Aufsichtsbehörde, anzuordnen, dass die Ansprüche auf Gewährung der variablen Vergütungen, deren Auszahlung untersagt wurde, ganz oder teilweise erlöschen, enthält das VAG nicht. Auch für den Versicherungsbereich gilt jedoch, dass bei einer Untersagung oder Beschränkung der Auszahlung variabler Vergütungsbestandteile durch die Aufsichtsbehörde, die Ansprüche der Geschäftsleiter und Mitarbeiter auf die variable Vergütung nicht beseitigt werden müssen. Es reicht aus, wenn lediglich die Auszahlung aufgeschoben wird.[645]

2. Wirkung gegenüber den Geschäftsleitern und Mitarbeitern

Erlässt die Aufsichtsbehörde eine Anordnung nach § 45 Abs. 2 Satz 1 Nr. 6 KWG beziehungsweise § 81b Abs. 1a Satz 1 VAG (Untersagungs- oder Beschränkungsanordnung) oder gegenüber einem Institut auch eine Anordnung nach § 45 Abs. 5 Satz 5 KWG (Erlöschensanordnung) bleibt es nicht bei einer Wirkung dieser aufsichtsrechtlichen Maßnahme ausschließlich gegenüber dem Institut/ Unternehmen. Wegen § 45 Abs. 5 Satz 9 KWG (§ 45 Abs. 5 Satz 12 KWG n.F.) und § 81b Abs. 1a Satz 3 VAG schlägt die jeweilige Anordnung auf die Verträge und Vereinbarungen durch, in denen die variable Vergütung der Geschäftsleiter und Mitarbeiter geregelt ist. Nach diesen Normen können aus vertraglichen Vereinbarungen über die Gewährung einer variablen Vergütung keine Rechte hergeleitet werden, soweit sie einer Untersagungs- oder Beschränkungsanordnung der Aufsichtsbehörde entgegenstehen. In den Instituten gilt dies auch in Bezug auf eine Erlöschensanordnung der BaFin.

---

644 Der Wortlaut dieser Regelung in § 45 Abs. 5 Satz 5 und Satz 6 KWG ist durch das CRD IV – Umsetzungsgesetz zum Teil geändert worden. So darf etwa nach § 45 Abs. 5 Satz 6 KWG eine solche Anordnung (eine Erlöschensanordnung) insbesondere auch ergehen, wenn die Ansprüche auf Gewährung variabler Vergütungsbestandteile auf Grund solcher Regelungen eines Vergütungssystems eines Instituts entstanden sind, die den aufsichtsrechtlichen Anforderungen dieses Gesetzes an angemessene, transparente und auf eine nachhaltige Entwicklung des Instituts ausgerichtete Vergütungssysteme widersprechen.

645 Dafür, dass der Gesetzgeber die Existenz der Ansprüche auf die variablen Vergütungsbestandteile unberührt lassen wollte auch *Armbrüster*, VW 2011, 401; vgl. auch *ders.*, VersR 2011, 1, 5.

Die Anordnungen haben also auch zivilrechtliche oder privatrechtsgestaltende Wirkung.[646] Es wird unmittelbar in das bestehende Vertragsverhältnis eingegriffen.[647] Bei einer Untersagungs- oder Beschränkungsanordnung kann das Institut/ Unternehmen eine dilatorische Einrede erheben.[648] Die Geschäftsleiter und Mitarbeiter des Instituts/ Unternehmens können dann nicht die (vollständige) Auszahlung der ihnen nach der vertraglichen Vereinbarung zustehenden variablen Vergütung verlangen. Die Durchsetzbarkeit ihrer Ansprüche auf die variable Vergütung ist bis zur Aufhebung der Anordnung durch die Aufsichtsbehörde gehemmt. Bei einer Erlöschensanordnung gegenüber einem Institut nach § 45 Abs. 5 Satz 5 KWG kann dieses nach § 45 Abs. 5 Satz 9 KWG (§ 45 Abs. 5 Satz 12 KWG n.f.) eine peremptorische Einrede erheben. Die Geschäftsleiter und Mitarbeiter können dann überhaupt nicht mehr die Auszahlung der ihnen nach der vertraglichen Vereinbarung eigentlich zustehenden variablen Vergütung verlangen. Die Durchsetzbarkeit ihrer Ansprüche auf die variable Vergütung ist dauerhaft gehemmt.

Die Anordnungen der Aufsichtsbehörde nach § 45 Abs. 2 Satz 1 Nr. 6 KWG beziehungsweise § 81b Abs. 1a Satz 1 VAG (Untersagungs- und Beschränkungsanordnung) und die Anordnung nach § 45 Abs. 5 Satz 5 KWG (Erlöschensanordnung) entfalten also auch unmittelbare Wirkung gegenüber den Geschäftsleitern und Mitarbeitern der betroffenen Institute/ Unternehmen.[649]

V. Umsetzung in den Verträgen und Vereinbarungen

Nach § 45 Abs. 5 Satz 8 KWG (§ 45 Abs. 5 Satz 11 KWG n.f.) und § 81b Abs. 1a Satz 2 VAG haben die Institute/ Unternehmen der Untersagungs- und Beschränkungsbefugnis der Aufsichtsbehörde in entsprechenden vertraglichen Vereinbarungen mit ihren Geschäftsleitern und Mitarbeitern Rechnung zu tragen. Wie ein solches „Rechnung tragen" erfolgen kann, bleibt offen und wird auch in der Gesetzesbegründung nicht konkretisiert.

---

646 Vgl. *Binder*, Steuerung und Kontrolle von Vergütungssystemen durch die BaFin, S. 95, 98 f.; Begründung der Bundesregierung zum Entwurf des Vergütungs-SystG v. 31.3.2010, BT-Drucks. 17/1291, S. 12.

647 Vgl. *Däubler*, AuR 2012, 380, 382; *Bartel/Bilobrk/Zopf*, BB 2011, 1269, 1276.

648 *Armbrüster*, VersR 2011, 1, 5; *Groeger*, RdA 2011, 287, 291 („rechtshemmende Einwendung"); vgl. auch *Wallner*, BankPraktiker 2011, 211, 213.

649 Vgl. *Annuß/Sammet*, BB 2011, 115, 119.

Angesichts der sich aus § 45 Abs. 5 Satz 9 KWG (§ 45 Abs. 5 Satz 12 KWG n.F.) beziehungsweise § 81b Abs. 1a Satz 3 VAG ergebenden zivilrechtlichen Wirkung einer Untersagungs- und Beschränkungsanordnung der Aufsichtsbehörde, könnte man einen kurzen Hinweis auf die ihr nach § 45 Abs. 2 Satz 1 Nr. 6 KWG beziehungsweise § 81b Abs. 1a Satz 1 VAG zustehenden Anordnungsbefugnisse für ausreichend halten.[650] Tatsächlich verlangen die Normen jedoch mehr, als einen bloßen Hinweis auf die jeweilige aufsichtsrechtliche Ermächtigungsgrundlage. Die vertraglichen Vereinbarungen sollen den Instituten und Unternehmen die Möglichkeit einräumen auf eine Beschränkungs- oder Untersagungsanordnung der Aufsichtsbehörde zu reagieren.[651] Sie sollen ihr Folge leisten können, ohne sich dabei auf den § 45 Abs. 5 Satz 9 KWG (§ 45 Abs. 5 Satz 12 KWG n.F.) beziehungsweise § 81b Abs. 1a Satz 3 VAG berufen zu müssen. § 45 Abs. 5 Satz 9 KWG (§ 45 Abs. 5 Satz 12 KWG n.F.) und § 81b Abs. 1a Satz 3 VAG sollen im Grunde lediglich in den Fällen weiterhelfen, in denen es den Instituten und Unternehmen nicht gelungen ist, in den zum Zeitpunkt ihres Erlasses bereits bestehenden vertraglichen Vereinbarungen mit den Geschäftsleitern und Mitarbeitern eine Regelung aufzunehmen, die es ihnen ermöglicht einer Untersagungs- oder Beschränkungsanordnung der Aufsichtsbehörde nachzukommen.[652]

Streng nach dem Wortlaut des § 45 Abs. 5 Satz 8 KWG (§ 45 Abs. 5 Satz 11 KWG n.F.) und des § 81b Abs. 1a Satz 2 VAG wird nur verlangt, dass in den einzelvertraglichen Vereinbarungen, also den Arbeits- und Dienstverträgen der Untersagungs- und Beschränkungsbefugnis der Aufsichtsbehörde Rechnung getragen wird. Die variablen Vergütungen der Arbeitnehmer können und werden nicht selten aber auch in Kollektivvereinbarungen, wie Tarifverträgen, Betriebs-, Dienst- oder Sprecherausschussvereinbarungen geregelt. Untersagt oder beschränkt die Aufsichtsbehörde die Auszahlung variabler Vergütungsbestandteile, so sind von dieser Anordnung nach § 45 Abs. 2 Satz 1 Nr. 6 Halbs. 2 KWG beziehungsweise § 81b Abs. 1a Satz 1 Halbs. 2 VAG zwar nicht die in Tarifverträgen und die aufgrund eines Tarifvertrags in einer Betriebs- oder Dienstvereinbarung vereinbarten variablen Vergütungen betroffen. Die variablen Vergütungen der Arbeitnehmer in Sprecherausschussvereinbarungen und nicht auf ei-

---

650 So *Bartel/Bilobrk/Zopf*, BB 2011, 1269, 1277.

651 Vgl. dazu auch die Ausführungen des *CEBS*, Guidelines on Remuneration Policies and Practices v. 10.12.2010, S. 25 ff. (insbesondere Nr. 37), abrufbar unter http://www.eba.europa.eu/documents/10180/106961/Guidelines.pdf (31.10.2013).

652 Vgl. *Müller-Bonanni/Mehrens*, NZA 2010, 792, 795.

ner tariflichen Ermächtigung beruhenden Betriebs- oder Dienstvereinbarungen werden von der Anordnung jedoch erfasst.[653] In diesen Kollektivvereinbarungen sollten die Institute/ Unternehmen der Untersagungs- und Beschränkungsbefugnis der Aufsichtsbehörde über den Wortlaut des § 45 Abs. 5 Satz 8 KWG (§ 45 Abs. 5 Satz 11 KWG n.F.) beziehungsweise des § 81b Abs. 1a Satz 2 VAG hinaus daher ebenfalls Rechnung tragen.[654] Nur so können sie auch hier einer Anordnung Folge leisten, ohne sich auf § 45 Abs. 5 Satz 9 KWG (§ 45 Abs. 5 Satz 12 KWG n.F.) beziehungsweise § 81b Abs. 1a Satz 3 VAG berufen zu müssen. Sämtliche Verträge und Vereinbarungen, in denen variable Vergütungsbestandteile geregelt sind und von einer Untersagungs- oder Beschränkungsanordnung betroffen sein können, sollten die Möglichkeit vorsehen, einer Anordnung der Aufsichtsbehörde nach § 45 Abs. 2 Satz 1 Nr. 6 KWG beziehungsweise § 81b Abs. 1a Satz 1 VAG nachzukommen.

In den Instituten muss nach § 45 Abs. 5 Satz 8 KWG (§ 45 Abs. 5 Satz 11 KWG n.F.) in den einzelvertraglichen Vereinbarungen und sollte darüber hinaus auch in den Sprecherausschussvereinbarungen und nicht auf einer tariflichen Ermächtigung beruhenden Betriebs- beziehungsweise Dienstvereinbarungen zudem der Befugnis der BaFin nach § 45 Abs. 5 Satz 5 KWG Rechnung getragen werden, anzuordnen, dass die Ansprüche auf Gewährung der variablen Vergütungen, deren Auszahlung untersagt wurde, ganz oder teilweise erlöschen.

1. Umsetzung in den Arbeitsverträgen

Der Befugnis der Aufsichtsbehörde, die Auszahlung variabler Vergütungsbestandteile zu untersagen oder auf einen bestimmten Anteil des Jahresergebnisses zu beschränken, könnten die Institute/ Unternehmen bei der Regelung variabler Vergütungen in den Arbeitsverträgen mit Hilfe einer Klausel wie der folgenden Rechnung tragen:

„Der Zielbonus wird grundsätzlich jeweils am (...) ausgezahlt. Voraussetzung für die Auszahlung des Zielbonus ist jedoch, dass die Bundesanstalt für Finanzdienstleistungsaufsicht (BaFin) gegenüber dem Institut keine Anordnung im Sinne von § 45

---

653 Siehe oben 2. Teil D. III. (S. 180 f.).

654 Vgl. *Heuchemer/Kloft*, WM 2010, 2241, 2245 und *Lindemann*, in: Boos/Fischer/Schulte-Mattler, KWG, § 45 KWG Rn. 46, die eine Pflicht der Institute, den Befugnissen der BaFin in Betriebsvereinbarungen Rechnung zu tragen, aus dem Gebot rechtskonformen Verhaltens ableiten, wonach sich die Betriebspartner bei der Gestaltung von Betriebsvereinbarungen an den rechtlichen Vorgaben auszurichten haben.

Abs. 2 Satz 1 Nr. 6 KWG erlassen hat, wonach ihm die Auszahlung variabler Vergütungsbestandteile untersagt ist. Hat die BaFin gegenüber dem Institut nach § 45 Abs. 2 Satz 1 Nr. 6 KWG angeordnet, die Auszahlung variabler Vergütungsbestandteile auf einen bestimmten Anteil des Jahresergebnisses zu beschränken, wird an den Arbeitnehmer nur ein entsprechend verminderter Zielbonus ausgezahlt. Ein wegen einer Anordnung der BaFin nach § 45 Abs. 2 Satz 1 Nr. 6 KWG nicht oder nicht vollständig an den Arbeitnehmer ausgezahlter Zielbonus, wird diesem nachträglich, unverzüglich nach Aufhebung der Anordnung der BaFin gewährt."[655]

Eine derartige Vereinbarung dürfte dem § 45 Abs. 5 Satz 8 KWG (§ 45 Abs. 5 Satz 11 KWG n.F.) beziehungsweise in entsprechender Formulierung dem § 81b Abs. 1a Satz 2 VAG genügen. Empfehlenswert ist sie hingegen nicht. Sie führt nur zu einer vorübergehend höheren Liquidität, wirkt sich jedoch keinesfalls positiv auf die Eigenmittelausstattung des Instituts/ Unternehmens aus.[656] In dem Zeitraum in dem eine Untersagungs- oder Beschränkungsanordnung besteht, sammeln sich immer höhere Forderungen gegen das Institut/ Unternehmen an,[657] die dieses erheblich belasten und eine nachhaltige Stabilisierung weiter erschweren. Damit wird die Vereinbarung dem, nach den internationalen Vorgaben mit den neuen Vorschriften eigentlich zu verfolgenden Ziel, zu verhindern, dass die variablen Vergütungen die Fähigkeit der Institute/ Unternehmen einschränken eine angemessene Eigenmittelausstattung aufrechtzuerhalten oder wiederherzustellen,[658] nicht gerecht. Bei den Instituten müsste darüber hinaus noch eine Regelung in den Arbeitsvertrag aufgenommen werden, die der Befugnis der BaFin nach § 45 Abs. 5 Satz 5 KWG Rechnung trägt, das Erlöschen der Ansprüche auf Gewährung der variablen Vergütung, deren Auszahlung untersagt wurde, anzuordnen. Es müsste also zusätzlich noch eine Klausel aufgenommen werden, die regelt, dass unter bestimmten Voraussetzungen die Zahlung doch nicht bloß aufgeschoben wird, sondern der Anspruch auf die variable Vergütung erlischt.

---

655   Beispiel für eine Klausel in einem, zwischen einem Mitarbeiter und einem Institut geschlossenen Arbeitsvertrag.

656   Vgl. *Armbrüster*, VersR 2011, 1, 5; *Wallner*, BankPraktiker 2011, 211, 213.

657   Zur Kumulierung der Vergütungsansprüche vgl. *Buscher*, BaFinJournal 01/2011, 13, 15.

658   *FSB*, Principles for Sound Compensation Practices – Implementation Standards v. 25.9.2009, S. 2 (Nr. 3), abrufbar unter http://www.financialstabilityboard.org/publica tions/r_090925c.pdf (31.10.2013); Erwägungsgrund Nr. 10 zur Richtlinie 2010/76/EU, ABl. EU Nr. L 329 v. 14.12.2010, S. 5; Art. 136 Abs. 1 Satz 1 und Satz 2 f) und g) der Richtlinie 2006/48/EG; *CEBS*, Guidelines on Remuneration Policies and Practices v. 10.12.2010, S. 26 (Nr. 36), abrufbar unter http://www.eba.europa.eu/documents/10180/ 106961/Guidelines.pdf (31.10.2013).

Dies in einer Weise zu formulieren, so dass die Regelung insgesamt für den Arbeitnehmer noch klar und verständlich im Sinne von § 307 Abs. 1 Satz 2 BGB ist, dürfte nicht einfach sein.

Vorteilhafter dürfte es für die Institute/ Unternehmen sein, wenn sie in dem Fall, dass die Aufsichtsbehörde ihnen gegenüber eine Anordnung nach § 45 Abs. 2 Satz 1 Nr. 6 KWG beziehungsweise § 81b Abs. 1a Satz 1 VAG erlässt, zur Zahlung der variablen Vergütung an die Arbeitnehmer nicht verpflichtet wären oder sich von der Verpflichtung lossagen könnten. Drei Varianten sind bei der vertraglichen Gestaltung zur Erreichung dieses Ziels denkbar: (a) es wird vereinbart, dass von vornherein kein Anspruch des Arbeitnehmers auf die variable Vergütung besteht, (b) es wird vereinbart, dass das Institut/ Unternehmen sich von der Verpflichtung eine variable Vergütung zu zahlen, bei Erlass einer Anordnung lossagen kann oder (c) es wird vereinbart, dass bei Erlass einer Anordnung der Anspruch des Arbeitnehmers auf die variable Vergütung gar nicht erst entsteht.

a) Freiwilligkeitsvorbehalt

Zunächst könnte in Betracht gezogen werden, die variable Vergütung insgesamt als freiwillige Leistung zu vereinbaren.[659] Wären die variablen Vergütungen unter einen wirksamen Freiwilligkeitsvorbehalt gestellt, bestünde also von vornherein kein Anspruch der Arbeitnehmer auf diese, könnten die Institute und Unternehmen bei einer Untersagungs- oder Beschränkungsanordnung der Aufsichtsbehörde oder bereits vor Erlass einer solchen, bei einer angespannten Eigenkapitalsituation, von der Gewährung der variablen Vergütung schlicht absehen. Darüber hinaus würde mit einem wirksamen Freiwilligkeitsvorbehalt in Bezug auf die variable Vergütung im Arbeitsvertrag auch erreicht, dass in diesem keine Vereinbarung enthalten ist, die der Befugnis der BaFin nach § 45 Abs. 5 Satz 5 KWG, anzuordnen, dass die Ansprüche auf Gewährung der variablen Vergütungen, deren Auszahlung untersagt wurde, ganz oder teilweise erlöschen, entgegensteht. Die Institute und Unternehmen wären sehr flexibel und könnten, wenn nötig, ihre Kosten gering halten und somit die Chance für eine Stärkung ihrer Eigenkapitalbasis erhöhen.

Fraglich ist jedoch, ob variable Vergütungsbestandteile, wie zum Beispiel die im Banken- und Versicherungsbereich häufig anzutreffenden Zielvergütungen und Provisionen in den in aller Regel vorformulierten Arbeitsverträgen

---

659 Vgl. *Heuchemer/Kloft*, WM 2010, 2241, 2245; *Lindemann*, in: Boos/Fischer/Schulte-Mattler, KWG, § 45 KWG Rn. 45.

wirksam unter einen Freiwilligkeitsvorbehalt gestellt werden können, also einen Vorbehalt, der von vornherein die Entstehung eines Anspruchs auf die Leistung verhindert.

aa) Arbeitsentgelt im engeren und im weiteren Sinne

Nicht alle Leistungen des Arbeitgebers dürfen mit einem Freiwilligkeitsvorbehalt versehen werden. In der Vergangenheit wurde von der Rechtsprechung zunächst beim Arbeitsentgelt im engeren Sinne ein vertraglich vereinbarter Ausschluss jeden Rechtsanspruchs für unzulässig erachtet. Er benachteilige den Arbeitnehmer entgegen den Geboten von Treu und Glauben unangemessen und sei daher gemäß § 307 Abs. 1 Satz 1 BGB unwirksam.[660] Dem Arbeitsentgelt im engeren Sinne werden sämtliche in das vertragliche Synallagma eingebundenen Leistungen zugerechnet. Hierzu gehören neben der Grundvergütung auch zusätzliche regelmäßige Zahlungen (Zulagen), die von den Parteien als unmittelbare Gegenleistung für die vom Arbeitnehmer zu erbringende Arbeitsleistung angesehen werden.[661] Auf den Umfang der unter den Freiwilligkeitsvorbehalt gestellten Leistung kam es nicht an.[662]

Dass die auf das Arbeitsentgelt im engeren Sinne bezogenen Freiwilligkeitsvorbehalte gemäß § 307 Abs. 3 Satz 1 BGB der Inhaltskontrolle unterliegen, begründete der 5. Senat des BAG damit, dass solche Klauseln vom allgemeinen Grundsatz „pacta sunt servanda" sowie dem in § 611 BGB gekennzeichneten Wesen eines Arbeitsvertrages abweichen würden.[663] Der Arbeitgeber sei gemäß § 611 BGB als Dienstgeber zur Gewährung der vereinbarten Vergütung verpflichtet. Der Arbeitnehmer könne in dem als Dauerschuldverhältnis ausgestalteten Arbeitsverhältnis grundsätzlich auf die Beständigkeit der regelmäßigen Zahlung einer Vergütung vertrauen. Dass sich der Arbeitgeber vorbehält stets neu über die Vergütung zu entscheiden sei damit nicht vereinbar.[664]

Nach dieser Konzeption des 5. Senats des BAG waren Freiwilligkeitsvorbehalte nur in Bezug auf das Arbeitsentgelt im weiteren Sinne zulässig. Hierzu

---

660 BAG v. 25.4.2007, AP Nr. 7 zu § 308 BGB, Rn. 18 ff. Der 5. Senat des BAG verwendete nicht ausdrücklich den Begriff „Arbeitsentgelt im engeren Sinne", bezog sich aufgrund seiner Ausführungen jedoch eindeutig auf dieses.

661 Vgl. BAG v. 25.4.2007, AP Nr. 7 zu § 308 BGB, Rn. 17, 20; *Lembke*, NJW 2010, 257, 260.

662 BAG v. 25.4.2007, AP Nr. 7 zu § 308 BGB, Rn. 20.

663 BAG v. 25.4.2007, AP Nr. 7 zu § 308 BGB, Rn. 17.

664 Vgl. BAG v. 25.4.2007, AP Nr. 7 zu § 308 BGB, Rn. 17.

werden Sondervergütungen wie das Weihnachtsgeld und andere Gratifikationen gezählt.[665]

bb) Laufendes Arbeitsentgelt und Sonderzahlungen

Nach jüngeren Entscheidungen des BAG soll es bei der Frage der Wirksamkeit eines Freiwilligkeitsvorbehalts dagegen nicht auf den vom Arbeitgeber mit der Leistung verfolgten Zweck ankommen. Auch Leistungen, die als unmittelbare Gegenleistung für die vom Arbeitnehmer zu erbringende Arbeitsleistung angesehen werden und damit zum Arbeitsentgelt im engeren Sinne zählen, können danach, unabhängig von ihrer Höhe beziehungsweise ihrem prozentualen Anteil an der Gesamtvergütung,[666] grundsätzlich unter einen Freiwilligkeitsvorbehalt gestellt werden.[667] Allein der Zeitpunkt der Auszahlung einer Leistung ist nach der jüngeren Rechtsprechung entscheidend für die Zulässigkeit eines vertraglich vereinbarten Ausschlusses jeden Rechtsanspruchs. Nicht das laufende Arbeitsentgelt sondern nur zusätzliche Sonderzahlungen dürften mit einem Freiwilligkeitsvorbehalt versehen werden.[668]

Eine klare Grenze zwischen dem laufenden Arbeitsentgelt und den Sonderzahlungen hat das BAG jedoch nicht gezogen. Eine allgemein gültige Abgrenzung sei nicht möglich.[669] Aufgrund der Ausführungen des 10. Senats lässt sich jedoch bereits Folgendes festhalten: Wenn die Grundvergütung monatlich gezahlt wird, ist die einmal im Jahr gewährte Zusatzvergütung als Sonderzahlung, die ebenfalls monatlich gewährte Zusatzvergütung dagegen als laufendes Arbeitsentgelt anzusehen. Leistungen, die zu einem bestimmten Anlass gewährt werden, wie zum Beispiel einem Jubiläum oder an Weihnachten sind in aller Regel Sonderzahlungen.[670] Hier kommt es dann nicht darauf an, in welchen Intervallen das laufende Arbeitsentgelt gezahlt wird.[671]

---

665 Vgl. BAG v. 25.4.2007, AP Nr. 7 zu § 308 BGB, Rn. 23; *Lembke*, NJW 2010, 257, 260.
666 BAG v. 18.3.2009, AP Nr. 282 zu § 611 BGB Gratifikation, Rn. 26.
667 Vgl. BAG v. 30.7.2008, AP Nr. 274 zu § 611 BGB Gratifikation, Rn. 34 ff.; BAG v. 21.1.2009, NZA 2009, 310, 312; BAG v. 18.3.2009, AP Nr. 282 zu § 611 BGB Gratifikation, Rn. 27.
668 BAG v. 30.7.2008, AP Nr. 274 zu § 611 BGB Gratifikation, Rn. 12, 30 ff.; BAG v. 21.1.2009, NZA 2009, 310, 311 f.; BAG v. 8.12.2010, AP Nr. 91 zu § 242 BGB Betriebliche Übung, Rn. 16; BAG v. 14.9.2011, AP Nr. 56 zu § 307 BGB, Rn. 20.
669 BAG v. 30.7.2008, AP Nr. 274 zu § 611 BGB Gratifikation, Rn. 38.
670 BAG v. 30.7.2008, AP Nr. 274 zu § 611 BGB Gratifikation, Rn. 38; vgl. *Leder*, in: Lunk, AnwaltFormulare ArbR, § 1 Rn. 904.
671 *Leder*, in: Lunk, AnwaltFormulare ArbR, § 1 Rn. 904.

Der 10. Senat des BAG geht im Ergebnis davon aus, dass Freiwilligkeits-vorbehalte bezüglich Sonderzahlungen nicht der Inhaltskontrolle unterliegen.[672] Ein klar und verständlich formulierter Freiwilligkeitsvorbehalt, der jeden Rechtsanspruch des Arbeitnehmers auf die Sonderzahlung ausschließt, verstoße nicht gegen den allgemeinen Grundsatz „pacta sunt servanda". Es gebe bereits kein „pactum".[673] Auch liege keine Abweichung von § 611 BGB vor. Nach § 611 BGB ist der Arbeitgeber nicht verpflichtet zusätzlich zum laufenden Arbeitsentgelt Sonderzahlungen zu leisten.[674] Der Ausschluss jeden Rechtsanspruchs bei Sonderzahlungen widerspreche mangels eines gesetzlichen Anspruchs nicht dem Zweck des Arbeitsvertrages.[675] Aus den Ausführungen des 10. Senats des BAG folgt weiter, dass abgesehen davon, nur ein auf das laufende Arbeitsentgelt bezogener Freiwilligkeitsvorbehalt, nicht jedoch ein auf eine Sonderzahlung bezogener Freiwilligkeitsvorbehalt den Arbeitnehmer unange-messen benachteiligt im Sinne von § 307 Abs. 1 Satz 1 BGB.[676]

cc) Einhaltung des Transparenzgebots

Unter Zugrundelegung der jüngeren Rechtsprechung scheidet ein Freiwillig-keitsvorbehalt bei den variablen Vergütungen der Arbeitnehmer, die als laufen-des Arbeitsentgelt zu qualifizieren sind, von vornherein aus. Handelt es sich nach dem Auszahlungszeitpunkt jedoch um Sonderzahlungen, können diese auch nur dann wirksam unter einen Freiwilligkeitsvorbehalt gestellt werden, wenn dabei das Transparenzgebot aus § 307 Abs. 1 Satz 2 BGB beachtet wird. Die Regelung insgesamt müsste klar und verständlich sein.

Nach Ansicht der Rechtsprechung ist eine Regelung nicht klar und verständ-lich, sondern widersprüchlich und intransparent, wenn die Sonderzahlung dem Arbeitnehmer zugesagt wird (dem Arbeitnehmer „wird ein Bonus gezahlt"; er „erhält einen Bonus"; er „nimmt am üblichen Bonussystem teil"), ihre Höhe konkret bestimmt wird oder die Voraussetzungen für die Gewährung der Son-derzahlung präzise formuliert werden und sie gleichzeitig unter einen Freiwil-ligkeitsvorbehalt gestellt wird.[677] Insbesondere Zahlungen, die gezielt das Ver-

---

672 *Lembke*, NJW 2010, 257, 261.
673 BAG v. 30.7.2008, AP Nr. 274 zu § 611 BGB Gratifikation, Rn. 17.
674 BAG v. 30.7.2008, AP Nr. 274 zu § 611 BGB Gratifikation, Rn. 24.
675 BAG v. 30.7.2008, AP Nr. 274 zu § 611 BGB Gratifikation, Rn. 30.
676 BAG v. 30.7.2008, AP Nr. 274 zu § 611 BGB Gratifikation, Rn. 22, 25.
677 BAG v. 24.10.2007, AP Nr. 32 zu § 307 BGB, Rn. 18 ff.; BAG v. 30.7.2008, AP Nr. 274 zu § 611 BGB Gratifikation, Rn. 39, 45; BAG v. 10.12.2008, AP Nr. 40 zu § 307 BGB, Rn. 16.

halten des Arbeitnehmers steuern und seine Leistung beeinflussen sollen, könnten daher nicht mit einem Freiwilligkeitsvorbehalt versehen werden.[678] Die Vereinbarung einer Zielvergütung, Provision, Umsatz- oder Gewinnbeteiligung im Arbeitsvertrag und das gleichzeitige Stellen dieser Leistung unter einen Freiwilligkeitsvorbehalt ist also nicht möglich.[679]

b) Widerrufsvorbehalt

Scheidet ein Freiwilligkeitsvorbehalt aus, könnte jedoch ein Widerrufsvorbehalt in Betracht gezogen werden.[680] Bei einem Widerrufsvorbehalt wird dem Arbeitnehmer verbindlich eine Leistung zugesagt. Der Arbeitgeber behält sich jedoch gleichzeitig vor, sich für die Zukunft von der Leistungsverpflichtung per Widerruf wieder loszusagen.[681] Mit einem auf die variable Vergütung des Arbeitnehmers bezogenen, wirksamen Widerrufsvorbehalt könnte sowohl der Untersagungs- und Beschränkungsbefugnis der Aufsichtsbehörde nach § 45 Abs. 2 Satz 1 Nr. 6 KWG beziehungsweise § 81b Abs. 1a Satz 1 VAG als auch der Regelung in § 45 Abs. 5 Satz 5 KWG (Befugnis zur Erlöschensanordnung) Rechnung getragen werden.

aa) Inhaltskontrolle

Vorformulierte Widerrufsvorbehalte in Arbeitsverträgen unterliegen jedoch der Inhaltskontrolle.[682] Sie sind nur in den Grenzen der §§ 307, 308 Nr. 4 BGB wirksam. Der Arbeitgeber kann eine Leistung nur dann wirksam unter einen Widerrufsvorbehalt stellen, wenn dies dem Arbeitnehmer zumutbar ist. Die Vereinbarung des Widerrufs ist nach der Rechtsprechung zumutbar, wenn der Widerruf nicht grundlos erfolgen soll. Das Widerrufsrecht muss wegen der unsi-

---

678   BAG v. 30.7.2008, AP Nr. 274 zu § 611 BGB Gratifikation, Rn. 39.
679   Vgl. im Hinblick auf die Zielvergütung auch *Lindena*, diebank 2009, 76, 79; a.A. sind ohne nähere Erläuterung offenbar *Heuchemer/Kloft*, WM 2010, 2241, 2245 und *Lindemann*, in: Boos/Fischer/Schulte-Mattler, KWG, § 45 KWG Rn. 45; nach *Löw*, BB 2012 Die erste Seite Heft Nr. 9 besteht in dieser Frage noch Unsicherheit.
680   Für einen Widerrufsvorbehalt (Änderungsvorbehalt) zur Umsetzung der Vorgabe, der Befugnis der BaFin nach § 45 Abs. 2 Satz 1 Nr. 6 KWG beziehungsweise § 81b Abs. 1a Satz 1 VAG Rechnung zu tragen *Fröhlich*, ArbRB 2010, 312, 314; *Heuchemer/Kloft*, WM 2010, 2241, 2245; *Müller-Bonanni/Mehrens*, NZA 2010, 792, 795; *Reichel/Böhm*, AuA 2010, 568, 570.
681   *Leder*, in: Lunk, AnwaltFormulare ArbR, § 1 Rn. 1581; *Preis*, in: ErfK, §§ 305-310 BGB Rn. 57.
682   Vgl. BAG v. 12.1.2005, AP Nr. 1 zu § 308 BGB (unter B. I. 4. der Gründe); BAG v. 11.10.2006, AP Nr. 6 zu § 308 BGB, Rn. 18; BAG v. 13.4.2010, AP Nr. 8 zu § 308 BGB, Rn. 25.

cheren Entwicklung der Verhältnisse als Instrument der Anpassung notwendig sein.[683] Es muss also ein Grund für den Widerruf bestehen und in der Klausel angegeben werden. Der Widerrufsgrund muss den Widerruf typischerweise rechtfertigen. Ob dies der Fall ist, ist im Rahmen einer Interessenabwägung fest-zustellen. Bei dieser Interessenabwägung spielen insbesondere die Art und Höhe der Leistung, die widerrufen werden soll, die Höhe des verbleibenden Verdiens-tes und die Stellung des Arbeitnehmers im Unternehmen eine Rolle.[684]

Im Grundsatz hat der Arbeitgeber nach der Rechtsprechung wegen der Un-gewissheit der wirtschaftlichen Entwicklung des Unternehmens und der allge-meinen Entwicklung des Arbeitsverhältnisses ein anerkennenswertes Interesse daran, bestimmte Leistungen flexibel auszugestalten. Dadurch dürfe jedoch das Wirtschaftsrisiko nicht auf den Arbeitnehmer verlagert werden.[685] Eingriffe in den Kernbereich des Arbeitsvertrages seien nach der Wertung des § 307 Abs. 2 BGB nicht zulässig. Ein Eingriff in den Kernbereich des Arbeitsvertrages liegt nach dem BAG nicht vor, wenn der widerrufliche Teil einen bestimmten Pro-zentsatz des Gesamtverdienstes nicht überschreitet und nach Ausübung des Wi-derrufsrechts der Tariflohn nicht unterschritten wird. Bei im Gegenseitigkeits-verhältnis stehenden Leistungen des Arbeitgebers muss der widerrufliche Teil unter 25 % des Gesamtverdienstes liegen. Sollen darüber hinaus Leistungen des Arbeitgebers unter einen Widerrufsvorbehalt gestellt werden, die nicht eine un-mittelbare Gegenleistung für die Arbeitsleistung darstellen, sondern Ersatz für Aufwendungen sind, die an sich der Arbeitnehmer selbst tragen muss, wie zum Beispiel Fahrtkosten,[686] erhöht sich die Grenze auf bis zu 30 % des Gesamtver-dienstes. Unterhalb von 25 % beziehungsweise 30 % ist der Arbeitgeber nach dem BAG bis zur Grenze der Willkür frei, die Voraussetzungen des Anspruchs festzulegen und dementsprechend auch den Widerruf zu erklären.[687]

---

683 BAG v. 12.1.2005, AP Nr. 1 zu § 308 BGB (unter B. I. 4. c) der Gründe); BAG v. 11.10.2006, AP Nr. 6 zu § 308 BGB, Rn. 20; BAG v. 13.4.2010, AP Nr. 8 zu § 308 BGB, Rn. 28; BAG v. 20.4.2011, AP Nr. 9 zu § 308 BGB, Rn. 10.
684 BAG v. 12.1.2005, AP Nr. 1 zu § 308 BGB (unter B. I. 4. c) aa) der Gründe); BAG v. 11.10.2006, AP Nr. 6 zu § 308 BGB, Rn. 21.
685 BAG v. 12.1.2005, AP Nr. 1 zu § 308 BGB (unter B. I. 4. c) bb) der Gründe); BAG v. 11.10.2006, AP Nr. 6 zu § 308 BGB, Rn. 22.
686 *Leder*, in: Lunk, AnwaltFormulare ArbR, § 1 Rn. 1585.
687 BAG v. 12.1.2005, AP Nr. 1 zu § 308 BGB (unter B. I. 4. c) bb) der Gründe); BAG v. 11.10.2006, AP Nr. 6 zu § 308 BGB, Rn. 23.

Ob die 25 % Grenze auch für die hier in Rede stehenden Widerrufsvorbehalte in Bezug auf die variable Vergütung der Arbeitnehmer in Instituten und Versicherungsunternehmen gelten wird oder das BAG angesichts der aus der Finanzkrise resultierenden neuen Anforderungen an die Vergütungssysteme von Instituten und Versicherungsunternehmen künftig vielleicht eine größere Flexibilität erlauben wird, bleibt abzuwarten.[688] Zumindest bei den Arbeitnehmern in Führungspositionen mit entsprechend hoher Vergütung wäre eine Anhebung der Grenze denkbar. So hat der 5. Senat des BAG noch in einer seiner früheren Entscheidungen erklärt, dass bei der Beurteilung der Zulässigkeit von Vertragsklauseln, die dem Arbeitgeber das Recht zur Änderung einzelner Vertragsbestimmungen einräumen, die Stellung des Arbeitnehmers in der betrieblichen Hierarchie und die Höhe seiner Vergütung nicht außer Betracht bleiben könne. Gegenüber Arbeitnehmern in Spitzenpositionen mit Spitzenverdiensten könne sich der Arbeitgeber vertraglich weitergehende einseitige Bestimmungsrechte vorbehalten, als gegenüber anderen Arbeitnehmern.[689] Im konkreten Fall hatte das BAG bei dem Chefarzt einer größeren chirurgischen Krankenhausabteilung mit einem Gehalt, das sich auf ein Mehrfaches des höchsten Tarifgehalts belief, einen Änderungsvorbehalt gebilligt, der zu einer Verdienstminderung von bis zu 40 % führte.[690]

Dass im Rahmen der §§ 307, 308 Nr. 4 BGB eine generalisierende Betrachtungsweise geboten ist, steht einer Differenzierung beim Kernbereich des Arbeitsverhältnisses nicht entgegen.[691] Können hinreichend homogene und abgrenzbare Gruppen gebildet werden, muss meines Erachtens der veränderungsfeste Kernbereich des Arbeitsverhältnisses für diese Gruppen gesondert bestimmt werden.[692] Anhaltspunkte dafür, dass das BAG beim Kernbereich des Arbeitsverhältnisses in Zukunft nach der Stellung des Arbeitnehmers im Unternehmen und der Höhe seiner Vergütung insgesamt differenzieren wird, enthalten die neueren Entscheidungen jedoch nicht. Vor dem Hintergrund der bisherigen Rechtsprechung kann die gesamte variable Vergütung eines Arbeitnehmers daher nur dann mit Sicherheit wirksam unter einen Widerrufsvorbehalt gestellt

---

688 *Heuchemer/Kloft*, WM 2010, 2241, 2245.
689 BAG v. 28.5.1997, AP Nr. 36 zu § 611 BGB Arzt-Krankenhaus-Vertrag (unter A. I. 2. a) der Gründe).
690 BAG v. 28.5.1997, AP Nr. 36 zu § 611 BGB Arzt-Krankenhaus-Vertrag.
691 Vgl. *Bonin*, in: Däubler/Bonin/Deinert, AGB-Kontrolle im ArbR, § 308 BGB Rn. 38.
692 So auch *Bonin*, in: Däubler/Bonin/Deinert, AGB-Kontrolle im ArbR, § 308 BGB Rn. 38.

werden, wenn sie unter 25 % der Gesamtvergütung des Arbeitnehmers liegt und nach Ausübung des Widerrufsrechts der Tariflohn nicht unterschritten wird.

Schließlich stellt sich die Frage, welcher Betrag bei der Feststellung, ob die 25 % Grenze eingehalten wird, zugrunde zu legen ist. Kennzeichen der meisten variablen Vergütungen ist ja gerade, dass die Höhe der Leistung, die der Arbeitnehmer erhalten soll, nicht feststeht, sondern vom Eintritt vereinbarter Bedingungen abhängt. Zugrunde zu legen ist bei den variablen Vergütungen, Zielvergütung und Provision, der Betrag, der bei durchschnittlicher Leistung von einem Arbeitnehmer in der Position erzielt werden kann. Bei den Umsatz- und Gewinnbeteiligungen ist der zugrunde zu legende Betrag anhand der durchschnittlichen Umsätze beziehungsweise Gewinne der vergangenen Jahre zu berechnen.

bb) Anforderungen in formeller Hinsicht

In formeller Hinsicht ist zu beachten, dass die den Widerrufsvorbehalt beinhaltende Regelung nicht nur nach § 307 Abs. 1 Satz 2 BGB klar und verständlich sein muss, sondern dass sie auch die Angemessenheit und Zumutbarkeit (§§ 307, 308 Nr. 4 BGB) erkennen lassen muss. Es hat sich aus ihr selbst zu ergeben, dass der Widerruf nicht ohne Grund erfolgen darf.[693] Darüber hinaus muss die widerrufliche Leistung nach Art und Höhe eindeutig sein und es müssen die Voraussetzungen der vorbehaltenen Änderung, also die Widerrufsgründe benannt werden.[694]

Nicht geklärt wurde von der Rechtsprechung bislang, wie konkret die Widerrufsgründe zu benennen sind. Nach dem 5. Senat des BAG muss zumindest die Richtung angegeben werden, aus der der Widerruf möglich sein soll, wie etwa „wirtschaftliche Gründe, Leistung oder Verhalten des Arbeitnehmers".[695] Nach dem 9. Senat des BAG ist der Sachgrund in der Klausel in einer Weise zu konkretisieren, die für den Arbeitnehmer deutlich macht, was gegebenenfalls auf ihn zukommt und unter welchen Voraussetzungen er mit einem Widerruf rech-

---

693 BAG v. 12.1.2005, AP Nr. 1 zu § 308 BGB (unter B. I. 5. a) der Gründe); BAG v. 11.10.2006, AP Nr. 6 zu § 308 BGB, Rn. 27; BAG v. 13.4.2010, AP Nr. 8 zu § 308 BGB, Rn. 29.

694 BAG v. 12.1.2005, AP Nr. 1 zu § 308 BGB (unter B. I. 5. b) der Gründe); BAG v. 11.10.2006, AP Nr. 6 zu § 308 BGB, Rn. 28.

695 BAG v. 12.1.2005, AP Nr. 1 zu § 308 BGB (unter B. I. 5. b) der Gründe); BAG v. 11.10.2006, AP Nr. 6 zu § 308 BGB, Rn. 28; BAG v. 20.4.2011, AP Nr. 9 zu § 308 BGB, Rn. 10.

nen muss.[696] Aus den weiteren Ausführungen des 5. Senats des BAG ergibt sich, dass, wenn nicht lediglich allgemein auf die wirtschaftliche Entwicklung, die Leistung oder das Verhalten des Arbeitnehmers abgestellt wird, sondern konkretere Widerrufsgründe, wie zum Beispiel „wirtschaftliche Notlage des Unternehmens", „nicht ausreichender Gewinn", oder „unterdurchschnittliche Leistungen des Arbeitnehmers" benannt werden, auch der Grad der für die Ausübung des Widerrufsrechts erforderlichen Störung konkretisiert werden muss. Darüber hinaus müssen konkretere Widerrufsgründe und der Grad der Störung angegeben werden, wenn nach dem Umfang des Änderungsvorbehalts nicht schon allgemein auf die wirtschaftliche Entwicklung, die Leistung oder das Verhalten des Arbeitnehmers gestützte Gründe ausreichen.[697] Mit anderen Worten muss der Widerrufsgrund umso konkreter angegeben werden, je mehr sich der widerrufliche Teil der Gesamtvergütung der 25 % beziehungsweise 30 % Grenze nähert.[698]

Werden die Regelungen zur variablen Vergütung der Arbeitnehmer mit einem Widerrufsvorbehalt versehen, ist in der Klausel als Widerrufsgrund der Erlass einer Untersagungs- oder Beschränkungsanordnung durch die Aufsichtsbehörde in Bezug auf die Auszahlung variabler Vergütungsbestandteile im Institut/ Unternehmen, anzugeben. Um sich eine Möglichkeit zu verschaffen, selbst, vor der Aufsichtsbehörde tätig zu werden, können die Institute und Unternehmen in die Klausel daneben auch das Drohen einer Nichteinhaltung der aufsichtsrechtlichen Anforderungen an die Eigenmittelausstattung als Widerrufsgrund aufnehmen. Es ist dann jedoch der Grad der Störung anzugeben, also genau zu definieren, wann beziehungsweise unter welchen Voraussetzungen ein solches „Drohen" vorliegen soll. Auf diese Weise wird auch dem § 4 InstitutsVergV Rechnung getragen. Das Institut versetzt sich in die Lage, sich zum Zwecke der Aufrechterhaltung oder Wiederherstellung einer angemessenen Eigenmittelausstattung von der Gewährung variabler Vergütungen lossagen zu können.

c) Keine Anordnung als Anspruchsvoraussetzung

Neben der Vereinbarung eines Widerrufsvorbehalts gibt es noch eine weitere Möglichkeit der Befugnis der Aufsichtsbehörde, die Auszahlung variabler Vergütungsbestandteile zu untersagen oder auf einen bestimmten Anteil des Jahresergebnisses zu beschränken und bei Instituten gleichzeitig auch der Regelung in

---

696 BAG v. 13.4.2010, AP Nr. 8 zu § 308 BGB, Rn. 29.
697 BAG v. 12.1.2005, AP Nr. 1 zu § 308 BGB (unter B. I. 5. b) der Gründe); BAG v. 11.10.2006, AP Nr. 6 zu § 308 BGB, Rn. 28.
698 *Leder*, in: Lunk, AnwaltFormulare ArbR, § 1 Rn. 1587.

§ 45 Abs. 5 Satz 5 KWG Rechnung zu tragen. Dass die Aufsichtsbehörde dem Institut/ Unternehmen die Auszahlung variabler Vergütungsbestandteile nicht untersagt hat, kann als weitere Voraussetzung für die Entstehung des Anspruchs auf die variable Vergütung vereinbart werden. Dann wäre in die Klausel noch aufzunehmen, dass bei einer Anordnung der Aufsichtsbehörde, die Auszahlung variabler Vergütungsbestandteile auf einen bestimmten Anteil des Jahresergebnisses zu beschränken, nur ein entsprechend verminderter Anspruch des Arbeitnehmers auf die variable Vergütung entsteht.

Formulierungsbeispiel für die Klausel in einem Institut:

> „Der Arbeitnehmer ist darauf hingewiesen worden, dass die Bundesanstalt für Finanzdienstleistungsaufsicht (BaFin) nach § 45 Abs. 2 Satz 1 Nr. 6 KWG die Auszahlung variabler Vergütungsbestandteile, zu denen auch der oben genannte Zielbonus gehört, untersagen oder auf einen bestimmten Anteil des Jahresergebnisses beschränken kann, wenn bestimmte aufsichtsrechtliche Anforderungen an die Eigenmittelausstattung oder die Liquidität von dem Institut nicht erfüllt werden. Ein Anspruch des Arbeitnehmers auf den Zielbonus entsteht daher nur dann, wenn die BaFin dem Institut die Auszahlung variabler Vergütungsbestandteile nicht untersagt hat. Hat die BaFin gegenüber dem Institut eine Beschränkung der Auszahlung variabler Vergütungsbestandteile auf einen bestimmten Anteil des Jahresergebnisses angeordnet, hat der Arbeitnehmer nur Anspruch auf einen entsprechend verminderten Zielbonus."

Den Nichterlass einer Untersagungs- oder Beschränkungsanordnung der Aufsichtsbehörde nach § 45 Abs. 2 Satz 1 Nr. 6 KWG beziehungsweise § 81b Abs. 1a Satz 1 VAG als Voraussetzung für die Entstehung des Anspruchs auf die variable Vergütung festzulegen, ist nicht uneingeschränkt möglich. Die meisten Arbeitnehmer haben keinen Einfluss darauf, dass von dem Institut/ Unternehmen, für das sie tätig sind, die aufsichtsrechtlichen Anforderungen an die Eigenmittelausstattung und Liquidität eingehalten werden.[699] Ob und in welcher Höhe sie eine variable Vergütung erhalten, ist daher in letzter Konsequenz doch unabhängig von ihren persönlichen Leistungen und Erfolgen. So gilt auch bei dieser Variante, dass über das Fixgehalt sichergestellt werden muss, dass die Arbeitnehmer eine sittengerechte und im Hinblick auf den Umstand, dass das Wirtschaftsrisiko nicht von ihnen, sondern von dem Arbeitgeber zu tragen ist, ausreichende Mindestvergütung erhalten.[700]

---

699 Vgl. *Müller-Bonanni/Mehrens*, NZA 2010, 792, 794.
700 Siehe oben 2. Teil C. I. 1. c) aa) (1) (a) (bb) (S. 99 ff.).

Die Voraussetzungen von denen der Anspruch des Arbeitnehmers auf die variable Vergütung zusätzlich abhängig gemacht wird, sollten mit Blick auf das Transparenzgebot des § 307 Abs. 1 Satz 2 BGB, wie in der Beispielsklausel, exakt definiert werden. Nicht empfehlenswert ist es, die Gewährung der variablen Vergütung von „der aufsichtsrechtlichen Zulässigkeit" oder schlicht „des § 45 KWG" beziehungsweise „des § 81b VAG" abhängig zu machen.[701]

Um darüber hinaus dem § 4 InstitutsVergV Rechnung zu tragen, sollte in einem Institut als Voraussetzung für die Entstehung des Anspruchs des Arbeitnehmers auf die variable Vergütung zusätzlich festgelegt werden, dass die Nichteinhaltung der aufsichtsrechtlichen Anforderungen an die Eigenmittelausstattung und die Liquidität auch nicht droht oder unmittelbar bevorsteht. Dabei muss wegen des Transparenzgebots des § 307 Abs. 1 Satz 2 BGB für den Arbeitnehmer aus der Klausel eindeutig hervorgehen, wann der Punkt erreicht ist, dass die Nichteinhaltung der aufsichtsrechtlichen Anforderungen an die Eigenmittelausstattung oder die Liquidität droht beziehungsweise unmittelbar bevorsteht.

2. Umsetzung in den Anstellungsverträgen der Geschäftsleiter

In den Anstellungsverträgen der Geschäftsleiter kann der Befugnis der Aufsichtsbehörde nach § 45 Abs. 2 Satz 1 Nr. 6 KWG beziehungsweise § 81b Abs. 1a Satz 1 VAG, die Auszahlung variabler Vergütungsbestandteile zu untersagen oder auf einen bestimmten Anteil des Jahresergebnisses zu beschränken, der Regelung in § 45 Abs. 5 Satz 5 KWG (Befugnis zur Erlöschensanordnung) und dem § 4 InstitutsVergV ebenfalls dadurch Rechnung getragen werden, dass die variable Vergütung mit einem entsprechend formulierten Widerrufsvorbehalt versehen wird. Als vorformulierte, die Voraussetzungen des § 305 Abs. 1 Satz 1 BGB erfüllende Klausel unterliegt die Vertragsbestimmung jedoch auch in den Anstellungsverträgen der Geschäftsleiter einer Inhaltskontrolle.

Das Stellen der variablen Vergütung des Geschäftsleiters unter einen Widerrufsvorbehalt muss für diesen nach §§ 307, 308 Nr. 4 BGB zumutbar sein. Wie im vorangegangenen Abschnitt dargestellt, ist für die Zumutbarkeitsprüfung bei vorformulierten Widerrufsvorbehalten in Arbeitsverträgen nach der Rechtsprechung von entscheidender Bedeutung, dass bei einer im Gegenseitigkeitsverhältnis stehenden Leistung der widerrufliche Teil unter 25 % des Gesamtver-

---

701 *Wallner*, BankPraktiker 2011, 211, 214.

dienstes liegt. Dass diese Grenze auch für die Widerrufsvorbehalte in den Arbeitsverträgen von Arbeitnehmern in Führungspositionen mit entsprechend hoher Vergütung gelten wird, wurde bereits in Frage gestellt.[702] Noch stärker ist in Zweifel zu ziehen, dass die 25%- Grenze von der Rechtsprechung auf die vergütungsbezogenen Widerrufsvorbehalte in den Anstellungsverträgen der Geschäftsleiter übertragen wird. Dies folgt schon daraus, dass spezifisch arbeitsrechtliche Erwägungen das BAG zur Festlegung der Grenze bewogen haben.[703] So führte der 5. Senat des BAG zur Begründung an, dass das Wirtschaftsrisiko des Unternehmers nicht auf den Arbeitnehmer verlagert werden dürfe.[704] Diese Argumentation greift hier nicht. Sie harmoniert nicht mit der Stellung des Geschäftsleiters. Als Organwalter trifft er die unternehmerischen Entscheidungen eigenverantwortlich oder beeinflusst diese zumindest maßgeblich. Er hat, anders als der Arbeitnehmer, also erheblichen Einfluss auf die wirtschaftliche Lage des Instituts/ Unternehmens.[705] Ob das Institut/ Unternehmen die aufsichtsrechtlichen Anforderungen an die Eigenmittelausstattung erfüllt oder ob diese unterschritten werden, so dass die Aufsichtsbehörde nach § 45 Abs. 2 Satz 1 Nr. 6 KWG beziehungsweise § 81b Abs. 1a Satz 1 VAG befugt ist, die Auszahlung variabler Vergütungen zu untersagen oder zu beschränken, liegt nicht unwesentlich auch in seiner Hand. Hinzu kommt, dass die Geschäftsleiter oftmals bereits eine sehr hohe Grundvergütung erhalten. Daher dürfte eine Regelung für den Geschäftsleiter zumutbar sein, die dem Verwaltungs- oder Aufsichtsorgan das Recht einräumt, seine variable Vergütung, die auch einen deutlich größeren Teil als 25 % seines Gesamtverdienstes ausmacht, zu widerrufen, für den Fall, dass die Aufsichtsbehörde die Auszahlung variabler Vergütungsbestandteile untersagt oder beschränkt oder eine Nichteinhaltung der aufsichtsrechtlichen Anforderungen an die Eigenmittelausstattung lediglich droht beziehungsweise unmittelbar bevorsteht.

Statt die variable Vergütung unter einen Widerrufsvorbehalt zu stellen, kann schließlich auch bei den Geschäftsleitern das Nichtvorliegen einer Untersagungs- und Beschränkungsanordnung der Aufsichtsbehörde und das unmittelbare Bevorstehen oder Drohen der Nichteinhaltung der aufsichtsrechtlichen An-

---

702 Siehe oben 2. Teil D. V. 1. b) aa) (S. 192 ff.).
703 Vgl. die Ausführungen von *Oetker*, ZHR 175 (2011), 527, 554 zu Änderungsvorbehalten in Anstellungsverträgen vor dem Hintergrund von § 87 Abs. 2 Satz 1 AktG.
704 BAG v. 12.1.2005, AP Nr. 1 zu § 308 BGB (unter B. I. 4. c) bb) der Gründe); BAG v. 11.10.2006, AP Nr. 6 zu § 308 BGB, Rn. 22.
705 Vgl. die Ausführungen von *Oetker*, ZHR 175 (2011), 527, 554 f. zu Änderungsvorbehalten in Anstellungsverträgen vor dem Hintergrund von § 87 Abs. 2 Satz 1 AktG.

forderungen an die Eigenmittelausstattung, als Voraussetzung für die Entstehung des Anspruchs auf die variable Vergütung festgelegt werden.

3. Umsetzung in den Betriebs-, Dienst- und Sprecherausschussvereinbarungen

Bei der Regelung variabler Vergütungen in einer Betriebs-, Dienst- oder Sprecherausschussvereinbarung kann ebenfalls ein Widerrufsrecht vereinbart werden, für den Fall, dass die Aufsichtsbehörde die Auszahlung variabler Vergütungsbestandteile untersagt oder auf einen bestimmten Anteil des Jahresergebnisses beschränkt oder die Nichteinhaltung der aufsichtsrechtlichen Anforderungen an die Eigenmittelausstattung droht beziehungsweise unmittelbar bevorsteht. Anders als ein vorformulierter Widerrufsvorbehalt in einem Arbeits- oder Dienstvertrag unterliegt ein solcher in einer Betriebs-, Dienst- oder Sprecherausschussvereinbarung gemäß § 310 Abs. 4 Satz 1 BGB (analog) keiner Inhaltskontrolle nach den §§ 307 ff. BGB.[706] Die sich bei den vorformulierten Widerrufsvorbehalten in Arbeits- und Dienstverträgen insbesondere aus der Zumutbarkeitsprüfung der Rechtsprechung ergebenden Einschränkungen bestehen hier daher nicht. Ohne weiteres kann in einer Betriebs-, Dienst- oder Sprecherausschussvereinbarung auch das Nichtvorliegen einer Untersagungs- oder Beschränkungsanordnung der Aufsichtsbehörde und das Drohen beziehungsweise unmittelbare Bevorstehen der Nichteinhaltung der aufsichtsrechtlichen Anforderungen an die Eigenmittelausstattung als Voraussetzung für die Entstehung des Anspruchs auf die dort geregelte variable Vergütung vereinbart werden.

Bei der Regelung der variablen Vergütung der Arbeitnehmer in einer Betriebs-, Dienst- oder Sprecherausschussvereinbarung der Befugnis der Aufsichtsbehörde nach § 45 Abs. 2 Satz 1 Nr. 6 KWG beziehungsweise § 81b Abs. 1a Satz 1 VAG, der Regelung in § 45 Abs. 5 Satz 5 KWG und dem § 4 InstitutsVergV Rechnung zu tragen, bereitet folglich keine Schwierigkeiten. Hier sind von den Instituten und Unternehmen keine besonderen inhaltlichen oder formalen Anforderungen zu beachten. Allerdings gilt natürlich auch dann, wenn die variable Vergütung der Arbeitnehmer in einer Betriebs-, Dienst- oder Sprecherausschussvereinbarung entsprechend geregelt ist, dass, durch die im Arbeitsvertrag geregelte Fixvergütung sichergestellt sein muss, dass der Arbeitnehmer eine sittengerechte und im Hinblick auf den Umstand, dass das Wirt-

---

706 Siehe oben 2. Teil A. II. 1. c) aa) (1) (S. 53 f.).

schaftsrisiko nicht von ihm, sondern von dem Arbeitgeber zu tragen ist, ausreichende Mindestvergütung erhält.

VI. Folgen der Nichtberücksichtigung der Anordnungsbefugnisse der Aufsichtsbehörde

Abschließend stellt sich die Frage, welche Folgen es hat, wenn die Befugnis der Aufsichtsbehörde nach § 45 Abs. 2 Satz 1 Nr. 6 KWG beziehungsweise § 81b Abs. 1a Satz 1 VAG, die Auszahlung variabler Vergütungsbestandteile zu untersagen oder auf einen bestimmten Anteil des Jahresergebnisses zu beschränken, und die Regelung in § 45 Abs. 5 Satz 5 KWG (Befugnis zur Erlöschensanordnung) bei der Vereinbarung variabler Vergütungen künftig nicht berücksichtigt werden.

Für die rechtliche Wirksamkeit der Vergütungsregelungen ist es nicht von Bedeutung, ob der Untersagungs- und Beschränkungsbefugnis der Aufsichtsbehörde und bei Instituten auch der Befugnis der Aufsichtsbehörde zur Erlöschensanordnung Rechnung getragen wurde. Nach § 45 Abs. 5 Satz 9 KWG (§ 45 Abs. 5 Satz 12 KWG n.F.) und § 81b Abs. 1a Satz 3 VAG können aus vertraglichen Vereinbarungen über die Gewährung variabler Vergütungen jedoch keine Rechte hergeleitet werden, soweit sie einer Untersagungs- oder Beschränkungsanordnung der Aufsichtsbehörde entgegenstehen. Gleiches gilt nach § 45 Abs. 5 Satz 9 KWG (§ 45 Abs. 5 Satz 12 KWG n.F.) bei einer Erlöschensanordnung der Aufsichtsbehörde. Wird gegenüber dem Institut/ Unternehmen eine Anordnung erlassen, treten die entgegenstehenden vertraglichen Vereinbarungen also hinter dieser Anordnung zurück.[707]

Angesichts dieser Regelung ist in der Literatur die Frage aufgeworfen worden, warum die Institute und Unternehmen bei der Vereinbarung variabler Vergütungen den Anordnungsbefugnissen der Aufsichtsbehörde überhaupt Rechnung tragen sollten. Nach der Ansicht von Simon und Koschker liegt die Antwort auf diese Frage in der Vertragsbeziehung zwischen dem Institut/ Unternehmen und dem jeweiligen Geschäftsleiter oder Mitarbeiter begründet.[708] Trägt die vertragliche Vereinbarung der Befugnis der Aufsichtsbehörde, die Auszah-

---

707 Vgl. *Lindemann*, in: Boos/Fischer/Schulte-Mattler, KWG, § 45 KWG Rn. 47. Nicht zutreffend dagegen *Nguyen*, VW 2010, 1315, 1317, nach dem die entgegenstehenden vertraglichen Vereinbarungen nichtig sind.

708 *Simon/Koschker*, BB 2011, 120, 126.

lung variabler Vergütungen zu untersagen oder zu beschränken nicht Rechnung, verhalte sich das Institut/ Unternehmen vertragsbrüchig, wenn es die Auszahlung des variablen Vergütungsteils aufgrund einer Anordnung der Aufsichtsbehörde unterlässt. Schadensersatzansprüche des nach der vertraglichen Vereinbarung eigentlich Begünstigten seien die Folge.[709]

Dem kann nicht gefolgt werden. Aus § 45 Abs. 5 Satz 9 KWG (§ 45 Abs. 5 Satz 12 KWG n.F.) und § 81b Abs. 1a Satz 3 VAG ergibt sich nicht nur, dass das Institut/ Unternehmen nicht berechtigt ist, die variable Vergütung unter Berufung auf die vertragliche Vereinbarung, in der den Anordnungsbefugnissen der Aufsichtsbehörde nicht Rechnung getragen wurde oder werden konnte, auszuzahlen.[710] Wie eingangs erläutert, wirken sich die Normen unmittelbar auch auf die Rechte der Geschäftsleiter und Mitarbeiter der von einer Anordnung betroffenen Institute und Unternehmen aus. Aus ihnen ergibt sich zugunsten der Institute/ Unternehmen eine Einrede. Bei einer Untersagungs- oder Beschränkungsanordnung ist dies eine dilatorische Einrede. Wird die dilatorische Einrede von dem Institut/ Unternehmen erhoben, sind die Ansprüche der Geschäftsleiter und Mitarbeiter vorübergehend nicht durchsetzbar. Das Institut/ Unternehmen ist bis zur Aufhebung der Anordnung nicht zur Auszahlung der vereinbarten, variablen Vergütungsbestandteile verpflichtet. Mangels Pflichtverletzung bei Unterlassung der Auszahlung scheiden somit auch Schadensersatzansprüche aus. Bei einer Erlöschensanordnung der BaFin gegenüber einem Institut ergibt sich zu dessen Gunsten aus § 45 Abs. 5 Satz 9 KWG (§ 45 Abs. 5 Satz 12 KWG n.F.) eine peremptorische Einrede. Erhebt das Institut diese Einrede, sind die Ansprüche der Geschäftsleiter und Mitarbeiter dauerhaft nicht durchsetzbar. Mangels eines durchsetzbaren Anspruchs auf die variablen Vergütungsbestandteile, stehen den Geschäftsleitern und Mitarbeitern auch keine Schadensersatzansprüche gegen das Institut zu, wenn dieses die Zahlung unterlässt.

Die Institute und Unternehmen verletzten aber, zumindest wenn sie in den einzelvertraglichen Vereinbarungen den Anordnungsbefugnissen der Aufsichtsbehörde künftig nicht Rechnung tragen, eine sie nach § 45 Abs. 5 Satz 8 KWG (§ 45 Abs. 5 Satz 11 KWG n.F.) beziehungsweise § 81b Abs. 1a Satz 2 VAG treffende Pflicht. Die Verletzung dieser Pflicht kann die Aufsichtsbehörde ahnden. Bei Verstößen gegen aufsichtsrechtliche Bestimmungen hat die Aufsichtsbehörde gemäß § 6 Abs. 3 Satz 1 KWG beziehungsweise gemäß § 81 Abs. 2

---

709 *Simon/Koschker*, BB 2011, 120, 126.
710 So aber offenbar *Simon/Koschker*, BB 2011, 120, 126.

Satz 1 und Satz 2 in Verbindung mit Abs. 1 VAG grundsätzlich die Befugnis, geeignete und erforderliche Anordnungen gegenüber dem Institut/ Unternehmen zu treffen.

3. Teil Umgang mit bestehenden Vergütungsvereinbarungen

Im Anschluss an die im vorangegangenen Teil behandelte Frage, wie künftig die aufsichtsrechtlichen Anforderungen an Vergütungssysteme in den Verträgen und Vereinbarungen umgesetzt und die Anordnungsbefugnisse der Aufsichtsbehörde bei der Vereinbarung variabler Vergütungen berücksichtigt werden können, stellt sich die Frage, wie mit den Verträgen und Vereinbarungen umzugehen ist, die zum Zeitpunkt des Inkrafttretens der neuen Regelungen bereits bestanden und noch nicht ausgelaufen sind.

A. Aufsichtsrechtliche Anforderungen an Vergütungssysteme

I. Den neuen Vorgaben nicht widersprechende Vergütungsvereinbarungen

Einfach stellt sich die Situation für die Institute und Unternehmen dann dar, wenn die Vergütungsregelungen in den zum Zeitpunkt des Inkrafttretens der InstitutsVergV und der VersVergV bei ihnen bestehenden Verträgen und Vereinbarungen den Vorgaben der Verordnungen nicht widersprechen. Da die Vorgaben der Verordnungen fast ausschließlich im Zusammenhang mit variablen Vergütungen stehen,[711] wird dies in der Regel der Fall sein, wenn die Institute und Unternehmen ausschließlich eine fixe Vergütung gewähren. Reine Fixvergütungen sind auch unter der neuen Rechtslage weiterhin zulässig.[712]

Vereinbar mit den neuen Vorgaben sind häufig auch Vergütungsregelungen in Arbeits- oder Dienstverträgen, die lediglich als Rahmenregelung gefasst sind, also durch jahresbezogene Einzelregelungen konkretisiert werden müssen.[713] Diese sind vor allem in den Anstellungsverträgen der Geschäftsleiter der Banken nicht selten zu finden.[714] Die Formulierung in den Verträgen könnte etwa

---

711 Eine Ausnahme bilden zum Beispiel die Vorgaben in § 3 Abs. 6 Satz 2 InstitutsVergV/ § 3 Abs. 1 Satz 2 Nr. 6 VersVergV und § 3 Abs. 4 Satz 2 InstitutsVergV/ § 3 Abs. 2 Satz 1 VersVergV.
712 Siehe oben 2. Teil C. III. (S. 170 ff.).
713 Vgl. *Diller/Arnold*, ZIP 2011, 837, 838.
714 *Baeck/Diller*, DB 2008, 2423, 2425.

schlicht wie folgt lauten: „Der Mitarbeiter/ Geschäftsleiter erhält für jedes Geschäftsjahr eine variable Vergütung, deren Einzelheiten jährlich vom Vorgesetzten/ Verwaltungs- oder Aufsichtsorgan festgelegt werden."[715] In derartigen Fällen ist dann lediglich sicherzustellen, dass bei der jährlichen Festlegung der Einzelheiten die Vorgaben der jeweiligen Verordnung beachtet werden.[716] In bedeutenden Instituten und bedeutenden Unternehmen sind etwa bei den Geschäftsleitern und den als Risk Taker eingestuften Mitarbeitern die Erfolge und Erfolgsbeiträge so zu ermitteln und bei der Berechnung der variablen Vergütung zu berücksichtigen, wie dies die Verordnung vorgibt. Es muss ein Teil der variablen Vergütung zunächst zurückbehalten und von einer nachhaltigen Wertentwicklung abhängig gemacht werden und es ist auf ein angemessenes Verhältnis zwischen fixer und möglicher variabler Vergütung zu achten. Dass die Festlegung der Einzelheiten gemäß § 315 Abs. 1, Abs. 3 Satz 1 BGB billigem Ermessen entsprechen muss, steht der Herstellung eines verordnungskonformen Zustands dabei nicht entgegen. Der Ermessensspielraum der Institute und Unternehmen wird durch die Vorgaben der InstitutsVergV/ der VersVergV bestimmt.[717] In einem Fall wie dem vorgenannten geht es also letztlich nur darum, die Verordnung sofort und vollständig auch tatsächlich anzuwenden.[718]

II. Mit den neuen Vorgaben nicht im Einklang stehende Vergütungsvereinbarungen

Von größerer Relevanz ist die Frage, wie mit Verträgen und Vereinbarungen umzugehen ist, die mit den Vorgaben der Verordnungen nicht im Einklang stehende Vergütungsregelungen enthalten. Der Verordnungsgeber hat mit der InstitutsVergV und der VersVergV lediglich einen rechtlichen Rahmen geschaffen, innerhalb dessen die Institute und Unternehmen die Vergütungsbedingungen weiterhin autonom ausgestalten können. Daher haben die Verordnungen auch keine unmittelbaren Auswirkungen auf die im Zeitpunkt ihres Inkrafttretens in den Instituten und Unternehmen bestehenden Verträge und Vereinbarungen. Es handelt sich nicht um Verbotsgesetze im Sinne von § 134 BGB.[719] Dies wird

---

715 Vgl. *Diller/Arnold*, ZIP 2011, 837, 838.
716 Vgl. *Diller/Arnold*, ZIP 2011, 837, 838; *Mujan*, BB 2013, 1653, 1657.
717 Vgl. noch zu den Mindestanforderungen an das Risikomanagement (MaRisk) der BaFin v. 14.8.2009 *Langen/Schielke/Zöll*, BB 2009, 2479, 2484.
718 Vgl. *Diller/Arnold*, ZIP 2011, 837, 838.
719 Siehe oben 2. Teil A. III. 1. (S. 65 ff.); vgl. auch *Mujan*, BB 2013, 1653, 1656.

auch in den Verordnungsbegründungen klargestellt. Dort heißt es, dass die Verordnung bestehende vertragliche Vereinbarungen, die ihr entgegenstehen, nicht außer Kraft setzt oder abändert.[720]

Offenbar um zu erreichen, dass die neuen Anforderungen an Vergütungssysteme mit ihrem Inkrafttreten nicht nur rechtlich gelten, sondern möglichst zeitnah in den Instituten und Unternehmen auch tatsächlich umgesetzt werden, hat der Verordnungsgeber jeweils am Ende in die InstitutsVergV den § 10 und in die VersVergV den § 6 eingefügt. In diesen Normen werden die Institute und Unternehmen dazu verpflichtet darauf hinzuwirken, dass die mit Geschäftsleitern (*bei der VersVergV auch*: Aufsichtsratsmitgliedern) und Mitarbeitern bestehenden Verträge sowie betrieblichen Übungen (*bei der VersVergV auch*: Satzungen und Beschlüsse), die mit der Verordnung nicht vereinbar sind, soweit rechtlich zulässig auf Grundlage einer für Dritte nachvollziehbaren fundierten juristischen Begutachtung der Rechtslage und unter Berücksichtigung der konkreten Erfolgsaussichten angepasst werden. Diese Pflicht zur Hinwirkung auf eine Anpassung bedarf einer näheren Erläuterung. Zum einen stellt sich die Frage, von wem die Pflicht konkret zu erfüllen ist und auf welche Vergütungsregelungen enthaltenden Verträge und Vereinbarungen sie sich genau bezieht. Dann gilt es zu klären, wie die Pflicht erfüllt werden kann, welche Mittel zur Anpassung beziehungsweise Hinwirkung auf eine Anpassung im Einzelnen zur Verfügung stehen und wie viel Einsatz von den Instituten und Unternehmen gefordert ist.

1. Adressat der Pflicht auf eine Anpassung hinzuwirken

Nach § 10 InstitutsVergV und § 6 VersVergV sind die Institute und Unternehmen verpflichtet darauf hinzuwirken, dass bestehende Vereinbarungen angepasst werden. Konkret trifft die Pflicht innerhalb der Institute und Unternehmen die Geschäftsleitung und das Verwaltungs- oder Aufsichtsorgan. Die Geschäftsleiter sind verpflichtet auf die Anpassung der mit den Mitarbeitern bestehenden Vergütungsvereinbarungen hinzuwirken und das Verwaltungs- oder Aufsichtsorgan ist verpflichtet auf die Anpassung der mit den Geschäftsleitern bestehenden

---

720 Begründung zur InstitutsVergV, in der Fassung v. 6.10.2010, Besonderer Teil zu § 10, abrufbar unter http://www.bafin.de/SharedDocs/Aufsichtsrecht/DE/Verordnung/Insti tutsVergV_Begruendung_ba.html (31.10.2013) und Begründung zur VersVergV, in der Fassung v. 6.10.2010, Besonderer Teil zu § 6, abrufbar unter http://www.bafin.de/ SharedDocs/Aufsichtsrecht/DE/Verordnung/VersVergV_101006_begruendung_va.html (31.10.2013).

Vergütungsvereinbarungen hinzuwirken. Dies folgt aus der Zuständigkeitsregelung in § 3 Abs. 1 Satz 1 und Satz 2 InstitutsVergV und § 3 Abs. 1 Satz 4 und Satz 5 VersVergV, wonach die Geschäftsleitung für die Ausgestaltung der Vergütungssysteme der Mitarbeiter und das Verwaltungs- oder Aufsichtsorgan für die Ausgestaltung der Vergütungssysteme der Geschäftsleiter verantwortlich ist.

Darüber hinaus besteht jedoch eine übergeordnete Verantwortlichkeit der Geschäftsleiter für sämtliche Vergütungsregelungen im Institut/ Unternehmen, also letztlich auch der Vergütungsregelungen, die auf sie selbst anzuwenden sind. Denn die Verordnungen sind primär an die Geschäftsleiter gerichtet.[721] Dies folgt zum einen aus ihrer organschaftlichen Stellung und zum anderen aus dem systematischen Zusammenhang, in dem die Verordnungen stehen. Die Verordnungen legen die einzelnen Anforderungen fest, die Vergütungssysteme erfüllen müssen, damit sie im Sinne von § 25a Abs. 1 Satz 3 Nr. 4 KWG (§ 25a Abs. 1 Satz 3 Nr. 6 KWG n.F.) beziehungsweise § 64b Abs. 1 VAG angemessen, transparent und auf eine nachhaltige Entwicklung des Instituts/ Unternehmens ausgerichtet sind. Angemessene, transparente und auf eine nachhaltige Entwicklung des Instituts ausgerichtete Vergütungssysteme für Geschäftsleiter und Mitarbeiter im Sinne von § 25a Abs. 1 Satz 3 Nr. 4 KWG (§ 25a Abs. 1 Satz 3 Nr. 6 KWG n.F.) sind Voraussetzung für ein angemessenes und wirksames Risikomanagement, das seinerseits wiederum Voraussetzung für eine ordnungsgemäße Geschäftsorganisation des Instituts ist, für welche die Geschäftsleiter nach § 25a Abs. 1 Satz 2 KWG in Verbindung mit § 1 Abs. 2 Satz 1 KWG die Verantwortung tragen. Nach der Konzeption des VAG gehören angemessene, transparente und auf eine nachhaltige Entwicklung des Unternehmens ausgerichtete Vergütungssysteme für Geschäftsleiter, Mitarbeiter und Aufsichtsratsmitglieder im Sinne von § 64b Abs. 1 VAG neben einer ordnungsgemäßen Geschäftsorganisation im Sinne von § 64a Abs. 1 VAG zu den besonderen Pflichten der Unternehmen, deren Erfüllung im Verantwortungsbereich der Geschäftsleiter liegt. Auf die Frage, welche Konsequenzen sich daraus für die Anpassung der mit den Geschäftsleitern bestehenden Vereinbarungen ergeben, ist später noch näher einzugehen.

2. Umfang der Pflicht auf eine Anpassung hinzuwirken

Von der Pflicht auf eine Anpassung hinzuwirken sind nach § 10 InstitutsVergV und § 6 VersVergV die mit den Geschäftsleitern (*bei der VersVergV auch*: Auf-

---

721 *Diller/Arnold*, ZIP 2011, 837, 844.

sichtsratsmitgliedern) und Mitarbeitern bestehenden Verträge sowie betrieblichen Übungen (*bei der VersVergV auch*: Satzungen und Beschlüsse) erfasst.

Die Pflicht trifft die Institute und Unternehmen also bei den Anstellungsverträgen ihrer Geschäftsleiter und den mit den Mitarbeitern geschlossenen Arbeits-
, Geschäftsbesorgungs- oder Dienstverträgen. Darüber hinaus sind sie in Bezug
auf ihre Geschäftsleiter und Mitarbeiter nur noch verpflichtet bei den betrieblichen Übungen auf eine Anpassung hinzuwirken. Weitere Vereinbarungen, die in
den Instituten und Unternehmen bestehen und auf die Mitarbeiter anzuwendende
Vergütungsregelungen enthalten könnten, werden in § 10 InstitutsVergV und §
6 VersVergV nicht genannt. Offen bleibt daher etwa, ob bei Vergütungsregelungen enthaltenden Kollektivvereinbarungen auf eine Anpassung hinzuwirken ist.

Kollektivvereinbarungen, also Verträge bei denen eine Gewerkschaft, ein
Betriebsrat, ein Personalrat oder die Interessenvertretung der leitenden Angestellten Vertragspartei ist, können nicht unter den Begriff des Vertrages in § 10
InstitutsVergV und § 6 VersVergV subsumiert werden.[722] Die Normen stellen
aufgrund ihrer Formulierung ausdrücklich nur auf die oben genannten einzelvertraglichen Vereinbarungen ab. Dass Tarifverträge im Rahmen von § 10 InstitutsVergV und § 6 VersVergV nicht genannt werden, ist nicht verwunderlich.
Die in ihnen enthaltenen Vergütungsregelungen sind ohnehin ausdrücklich aus
dem Anwendungsbereich der Verordnungen ausgenommen. Bei den Betriebsvereinbarungen, den Dienstvereinbarungen und den Sprecherausschussvereinbarungen stellt sich die Situation jedoch anders dar. Die Vergütungsregelungen in
Betriebs- und Dienstvereinbarungen, die nicht auf einer qualifizierten tarifvertraglichen Öffnungsklausel beruhen, sind von den Verordnungen erfasst. Auch
die Vergütungsregelungen in Sprecherausschussvereinbarungen fallen unter den
Anwendungsbereich der Verordnungen. Sie sind also, anders als die Vergütungsregelungen in Tarifverträgen, Bestandteil der Vergütungssysteme, auf die
sich die Vorgaben der Verordnungen beziehen.[723]

Vor dem Hintergrund, dass der Verordnungsgeber mit dem § 10 Instituts-
VergV und dem § 6 VersVergV jeweils am Ende der Verordnung offenbar das
Ziel verfolgt hat, eine tatsächliche Umsetzung der Vorgaben der Verordnung
möglichst zeitnah zu erreichen, wäre es nur logisch und konsequent gewesen,
die Pflicht der Institute und Unternehmen auf eine Anpassung hinzuwirken, auf
alle Verträge und Vereinbarungen zu erstrecken, die Vergütungsregelungen ent-

---

722 Vgl. *Heuchemer/Kloft*, WM 2010, 2241, 2248.
723 Siehe oben 1. Teil A. III. 3. und 4. b) (S. 34 ff. und S. 39 f.).

halten und Bestandteil der Vergütungssysteme sind. Die Bedeutung der Betriebs-, Dienst- und Sprecherausschussvereinbarungen für die Vergütungssysteme der Arbeitnehmer in den Instituten und Unternehmen ist auch nicht gering. So enthalten Betriebsvereinbarungen aufgrund der Tatsache, dass nach § 87 Abs. 1 Nr. 10 und Nr. 11 BetrVG Fragen der betrieblichen Lohngestaltung und der Festsetzung leistungsbezogener Entgelte der zwingenden Mitbestimmung des Betriebsrates unterliegen, nicht selten eine größere Anzahl von Vergütungsregelungen.[724] Und auch Sprecherausschussvereinbarungen haben häufig mehrere Regelungen betreffend die Vergütung zum Inhalt.[725] Dass Betriebsvereinbarungen, ihr Pendant im öffentlichen Dienst, die Dienstvereinbarungen und Sprecherausschussvereinbarungen nach dem Wortlaut des § 10 InstitutsVergV/ des § 6 VersVergV nicht von der Pflicht auf eine Anpassung hinzuwirken erfasst sind, erscheint damit unbefriedigend.[726] Eine Auslegung der Vorschriften anhand der übrigen Auslegungskriterien führt jedoch zu keinem anderen Ergebnis. Zwar ist bei der Auslegung der in den Verordnungen enthaltenen Vorschriften aufgrund der Tatsache, dass diese „mit heißer Nadel gestrickt" wurden, ein besonderes Augenmerk auf die Entstehungsgeschichte und den Sinn und Zweck zu legen, ein eindeutiger Wortlaut ist dabei jedoch unumgänglich. Der Wortlaut einer Regelung bildet nicht nur den Ausgangspunkt für die Auslegung, sondern steckt zugleich die Grenzen der Auslegung ab.[727] Alles das, was nicht mehr im Bereich des möglichen Wortsinns liegt, kann auch nicht mehr Ergebnis der Auslegung sein. Hier wird die Grenze zur Lückenergänzung durch Analogie und damit zur Rechtsfortbildung überschritten.[728]

Ob eine Pflicht der Institute und Unternehmen auf eine Anpassung der bestehenden Betriebs-, Dienst- und Sprecherausschussvereinbarungen hinzuwirken

---

724 Vgl. *Bartel/Bilobrk/Zopf*, BB 2011, 1269, 1276; *Heuchemer/Kloft*, WM 2010, 2241, 2248.

725 Vgl. *Bartel/Bilobrk/Zopf*, BB 2011, 1269, 1276. Zum Inhalt von Sprecherausschussvereinbarungen siehe auch *Annuß/Girlich*, in: Henssler/Willemsen/Kalb, ArbR Kommentar, § 28 SprAuG Rn. 3; *Hromadka/Sieg*, SprAuG, § 28 SprAuG Rn. 10; *Oetker*, in: ErfK, § 28 SprAuG Rn. 3; *ders.*, BB 1990, 2181, 2182.

726 So zumindest im Hinblick auf Betriebsvereinbarungen auch *Heuchemer/Kloft*, WM 2010, 2241, 2248.

727 BGH v. 13.11.1952, St 3, 300, 303; BGH v. 30.6.1966, Z 46, 74, 76; *Bydlinski*, Juristische Methodenlehre, S. 441, 467 ff.; *Larenz/Canaris*, Methodenlehre, S. 143 f.; vgl. auch *Wank*, Die Auslegung von Gesetzen, S. 44, 81.

728 Vgl. *Bydlinski*, Juristische Methodenlehre, S. 467 ff.; *Larenz/Canaris*, Methodenlehre, S. 143 f.

analog § 10 InstitutsVergV/ § 6 VersVergV in Betracht kommt, ist zweifelhaft. Voraussetzung einer analogen Anwendung der Normen wäre zunächst das Vorliegen einer Gesetzeslücke, einer „planwidrigen Unvollständigkeit" der Norm.[729] Es müsste sich um einen Fall handeln, der im Gesetz nicht geregelt ist, aber einer Regelung bedurft hätte.[730] Das Argument, dass es logisch und konsequent gewesen wäre auch Betriebs-, Dienst- und Sprecherausschussvereinbarungen in die Anpassungspflicht einzubeziehen, reicht für die Annahme einer planwidrigen Regelungslücke nicht aus. Auch die Vermutung, der Verordnungsgeber habe die Pflicht auf alle Verträge und Vereinbarungen erstrecken wollen, die Vergütungsregelungen enthalten und damit Bestandteil der Vergütungssysteme sein können und nur die Betriebs-, Dienst- und Sprecherausschussvereinbarungen bei der Aufzählung vergessen oder aber die Formulierung im Hinblick auf „Verträge" falsch gewählt, hilft nicht weiter. Mangels planwidriger Regelungslücke scheidet damit eine analoge Anwendung des § 10 InstitutsVergV/ des § 6 VersVergV auf Betriebs-, Dienst- und Sprecherausschussvereinbarungen aus. Auf ihre Anpassung müssen die Institute und Unternehmen nicht hinwirken.[731] Gleichwohl wird dies von einigen Stimmen in der Literatur empfohlen.[732]

---

729 Vgl. *Bydlinski*, Juristische Methodenlehre, S. 472 ff.; *Canaris*, Die Feststellung von Lücken im Gesetz, S. 39; *Kramer*, Juristische Methodenlehre, S. 191 f.; *Larenz/Canaris*, Methodenlehre, S. 187 ff.; *Rüthers/Fischer/Birk*, Rechtstheorie, Rn. 822 ff., 832 ff.; *Wank*, Die Auslegung von Gesetzen, S. 82 f.

730 Vgl. *Bydlinski*, Juristische Methodenlehre, S. 473; *Canaris*, Die Feststellung von Lücken im Gesetz, S. 39; *Kramer*, Juristische Methodenlehre, S. 191 f.; *Larenz/Canaris*, Methodenlehre, S. 192 ff.; *Rüthers/Fischer/Birk*, Rechtstheorie, Rn. 847 ff.; *Wank*, Die Auslegung von Gesetzen, S. 82 f.

731 So für die Betriebsvereinbarungen offenbar auch *Heuchemer/Kloft*, WM 2010, 2241, 2248; a.A. *Diller/Arnold*, ZIP 2011, 837, 840, jedoch ohne jegliche Begründung dieser Auffassung.

732 So etwa *Bartel/Bilobrk/Zopf*, BB 2011, 1269, 1276.
     Im Referentenentwurf zur Neufassung der InstitutsVergV sind in den § 15, der die Anpassung bestehender Vereinbarungen künftig regeln soll, die Betriebsvereinbarungen nunmehr ausdrücklich mit aufgenommen worden. Auch bei diesen ist künftig, sofern sie mit der Verordnung nicht vereinbare Vergütungsregelungen enthalten, auf eine Anpassung hinzuwirken. In der im Referentenentwurf enthaltenen Begründung heißt es, dass die Betriebsvereinbarungen zuvor aufgrund eines Redaktionsversehens nicht im Katalog der anzupassenden Vereinbarungen aufgeführt waren. Weiterhin nicht genannt werden dort allerdings Sprecherausschussvereinbarungen und Dienstvereinbarungen.

3. Möglichkeiten zur Erfüllung der Pflicht auf eine Anpassung hinzuwirken

§ 10 InstitutsVergV und § 6 VersVergV geben den Instituten und Unternehmen keine Mittel an die Hand, mit denen diese eine Anpassung bestehender Verträge und Vereinbarungen erreichen könnten. Die Institute und Unternehmen werden lediglich verpflichtet darauf hinzuwirken, dass bestehende Verträge und Vereinbarungen, „soweit rechtlich zulässig auf Grundlage einer für Dritte nachvollziehbaren fundierten juristischen Begutachtung der Rechtslage und unter Berücksichtigung der konkreten Erfolgsaussichten angepasst werden."

Diese Formulierung ist in mehrfacher Hinsicht ungewöhnlich.[733] So ist es selbstverständlich, dass eine Anpassung der Verträge und Vereinbarungen nur im Rahmen des rechtlich Zulässigen erfolgen kann.[734] Hierin kann lediglich eine Klarstellung dahingehend gesehen werden, dass die zivilrechtlichen Möglichkeiten zur Änderung bestehender Vereinbarungen nicht erweitert werden sollten.[735] Die Institute und Unternehmen sind, auch ohne dass § 10 InstitutsVergV und § 6 VersVergV dies ausdrücklich anordnen müssten, kraft ihrer allgemeinen Bindung an Gesetz und Recht verpflichtet, die aus ihrer Sicht bestehenden Möglichkeiten zur Anpassung rechtlich zu prüfen.[736] Nach der Begründung zur VersVergV soll mit dem Erfordernis der juristischen Begutachtung der Rechtslage den Interessen der beteiligten Parteien Rechnung getragen und sichergestellt werden, dass die Unternehmen keine unverhältnismäßigen Prozessrisiken eingehen müssen.[737] Offenbar um höhere Kosten für die Institute und Unternehmen zu vermeiden,[738] stellen die Verordnungsbegründungen klar, dass die juristische Begutachtung der Rechtslage auch durch sachkundige Mitarbeiter des

---

733 *Armbrüster*, VersR 2011, 1, 9.

734 Vgl. *Heuchemer/Kloft*, WM 2010, 2241, 2248.

735 Vgl. *Diller/Arnold*, ZIP 2011, 837, 841; vgl. auch *Langen/Schielke/Zöll*, BB 2009, 2479, 2483 zum Eingriff der Mindestanforderungen an das Risikomanagement (MaRisk) der BaFin v. 14.8.2009 in bestehende Vergütungssysteme.

736 Vgl. *Dreher*, VW 2010, 1508, 1510.

737 Begründung zur VersVergV, in der Fassung v. 6.10.2010, Besonderer Teil zu § 6, abrufbar unter http://www.bafin.de/SharedDocs/Aufsichtsrecht/DE/Verordnung/VersVerg V_101006_begruendung_va.html (31.10.2013).

738 Vgl. *Dreher*, VW 2010, 1508, 1510.

Instituts/ Unternehmens erstellt werden kann, sofern diese nicht selbst betroffen, also nicht selbst Adressat der Regelungen sind, die geändert werden sollen.[739]

Im Folgenden werden die Möglichkeiten, die bestehen, um eine Anpassung der Vergütungsregelungen enthaltenden Verträge und Vereinbarungen an die neuen Vorgaben zu erreichen, dargestellt und erläutert.

a) Anpassung der einzelvertraglichen Vereinbarungen

Das Vertragsrecht wird von dem Grundsatz „pacta sunt servanda" beherrscht.[740] Verträge sind grundsätzlich so, wie sie geschlossen sind, einzuhalten. Daher sind auch die Möglichkeiten der Institute und Unternehmen, die bei ihnen bestehenden Arbeits- und Dienstverträge an die Vorgaben der Verordnungen anzupassen, begrenzt.

aa) Anpassung der Arbeitsverträge

(1) Mitbestimmungsrechte eines Betriebs- beziehungsweise Personalrates, Mitwirkungsrechte eines Sprecherausschusses

Privatrechtliche Institute und Unternehmen haben bei der Anpassung der Vergütungsregelungen in den Arbeitsverträgen an die Vorgaben der InstitutsVergV/ der VersVergV zunächst daran zu denken, dass ein bei ihnen bestehender Betriebsrat ein Mitbestimmungsrecht und ein bei ihnen bestehender Sprecherausschuss Mitwirkungsrechte haben könnte. Entsprechend könnten öffentlichrechtliche Institute und Unternehmen bei der Anpassung der Vergütungsregelungen in den Arbeitsverträgen das Mitbestimmungsrecht eines bei ihnen bestehenden Personalrates zu beachten haben.

(a) Mitbestimmungsrechte eines Betriebsrates

Sollen in einem privatrechtlichen Institut oder Unternehmen die Vergütungsregelungen in den Arbeitsverträgen der Arbeitnehmer, die in den Anwendungsbereich des BetrVG fallen, an die Vorgaben der InstitutsVergV/ der VersVergV

---

739 Begründung zur InstitutsVergV, in der Fassung v. 6.10.2010, Besonderer Teil zu § 10, abrufbar unter http://www.bafin.de/SharedDocs/Aufsichtsrecht/DE/Verordnung/Insti tutsVergV_Begruendung_ba.html (31.10.2013) und Begründung zur VersVergV, in der Fassung v. 6.10.2010, Besonderer Teil zu § 6, abrufbar unter http://www.bafin.de/ SharedDocs/Aufsichtsrecht/DE/Verordnung/VersVergV_101006_begruendung_va.html (31.10.2013). Zum Teil wird es jedoch für sinnvoller gehalten, externe und unabhängige Berater heranzuziehen. So *Heuchemer/Kloft*, WM 2010, 2241, 2248, vgl. auch *Dreher*, VW 2010, 1508, 1510 zum Inhouse-Juristen.
740 *Olzen*, in: Staudinger, Einl zum SchuldR Rn. 65.

angepasst werden, sind dabei die Mitbestimmungsrechte des Betriebsrates nach § 87 Abs. 1 Nr. 10 und Nr. 11 BetrVG zu beachten. Nach § 87 Abs. 1 BetrVG hat der Betriebsrat, soweit eine gesetzliche oder tarifliche Regelung nicht besteht, mitzubestimmen, wenn es um Fragen der betrieblichen Lohngestaltung, insbesondere die Aufstellung von Entlohnungsgrundsätzen und die Einführung und Anwendung von neuen Entlohnungsmethoden sowie deren Änderung (Abs. 1 Nr. 10) und um die Festsetzung der Akkord- und Prämiensätze und vergleichbarer leistungsbezogener Entgelte, einschließlich der Geldfaktoren (Abs. 1 Nr. 11) geht. Die Vorgaben in § 3 InstitutsVergV und § 3 VersVergV, die für die Vergütungssysteme der Arbeitnehmer gelten, die in den Anwendungsbereich des BetrVG fallen, sind sehr allgemein gehalten und belassen den Instituten und Unternehmen noch einen weiten Spielraum bei der Gestaltung der Vergütung ihrer Arbeitnehmer. Durch sie werden die Mitbestimmungsrechte des Betriebsrates nach § 87 Abs. 1 Nr. 10 und Nr. 11 BetrVG daher nicht ausgeschlossen, sondern nur partiell verdrängt.[741]

Wollen die Institute und Unternehmen die Vergütungsregelungen in den Verträgen ihrer Arbeitnehmer an die Vorgaben der InstitutsVergV/ der VersVergV anpassen, müssen sie sich mit diesem Anliegen folglich an den bei ihnen bestehenden Betriebsrat wenden. Ohne eine Beteiligung des Betriebsrates können die Vergütungsregelungen in den Arbeitsverträgen auch nicht im Einvernehmen mit den Arbeitnehmern geändert und angepasst werden. Werden die Mitbestimmungsrechte des Betriebsrates nach § 87 Abs. 1 Nr. 10 und Nr. 11 BetrVG nicht beachtet, hat dies nach der vom BAG in ständiger Rechtsprechung und von weiten Teilen der Lehre vertretenen Theorie der notwendigen Mitbestimmung (auch Theorie der Wirksamkeitsvoraussetzung) zur Folge, dass die mit den Arbeitnehmern geschlossenen Änderungsvereinbarungen unwirksam sind.[742] Auch eine zum Zwecke der Anpassung der Vergütungsregelungen eines Arbeitsvertrages an die Vorgaben der InstitutsVergV/ der VersVergV ausgesprochene Änderungskündigung ist bei Verletzung der Mitbestimmungsrechte des Betriebsrates nach § 87 Abs. 1 Nr. 10 und Nr. 11 BetrVG als solche unwirksam.[743]

---

741 Siehe oben unter 2. Teil B. I. (S. 75 ff.).

742 Vgl. zur Theorie der notwendigen Mitbestimmung nur *Wiese*, in: GK-BetrVG, § 87 BetrVG Rn. 98 ff. m.w.N. sowie Rn. 119 ff.

743 Zur Unwirksamkeit der Änderungskündigungen, als nach herrschender Meinung eintretende Rechtsfolge einer Verletzung der notwendigen Mitbestimmung vgl. *Wiese*, GK-BetrVG, § 87 BetrVG Rn. 121 m.w.N.

Wird mit dem Betriebsrat eine Einigung getroffen und eine Betriebsverein-barung geschlossen, die mit den Vorgaben der InstitutsVergV/ der VersVergV im Einklang stehende Vergütungsregelungen enthält, kann dies eine Anpassung der Einzelarbeitsverträge entbehrlich machen. Betriebsvereinbarungen wirken gemäß § 77 Abs. 4 Satz 1 BetrVG unmittelbar und zwingend auf die Arbeitsver-hältnisse ein. Sie gestalten automatisch den Inhalt der Arbeitsverhältnisse und die Arbeitsvertragsparteien können nichts vereinbaren, was gegen die Betriebs-vereinbarung verstößt.[744] Jedoch gilt im Verhältnis Betriebsvereinbarung und Arbeitsvertrag auch das Günstigkeitsprinzip.[745] Die Regelungen in der Betriebs-vereinbarung gehen den einzelarbeitsvertraglichen Regelungen nur dann vor, wenn sie für den Arbeitnehmer nicht ungünstiger sind. Sind die im Arbeitsver-trag enthaltenen Vergütungsregelungen für den Arbeitnehmer günstiger, kann er sich auch weiterhin auf diese berufen.[746] Eine Anpassung der nicht mit den Vor-gaben der InstitutsVergV/ der VersVergV im Einklang stehenden Vergütungsre-gelungen in den Einzelarbeitsverträgen ist folglich nur dann entbehrlich, wenn in einer Betriebsvereinbarung mit den Vorgaben im Einklang stehende und zu-gleich für die Arbeitnehmer günstigere Vergütungsregelungen vereinbart wer-den, die die ungünstigeren, nicht verordnungskonformen Vergütungsregelungen in den Einzelarbeitsverträgen verdrängen.

Dass eine Betriebsvereinbarung nicht den Inhalt eines Arbeitsvertrages ver-ändert, die ungünstigeren einzelarbeitsvertraglichen Regelungen nicht abgelöst, sondern lediglich für die Dauer der Wirkung der Betriebsvereinbarung ein-schließlich des Nachwirkungszeitraums verdrängt werden,[747] ist unbeachtlich. § 10 InstitutsVergV und § 6 VersVergV verlangen zwar streng nach ihrem Wort-laut eine Anpassung der bestehenden und mit der Verordnung nicht vereinbaren Verträge. Nach ihrem Sinn und Zweck reicht es jedoch aus, wenn verordnungs-konforme Vergütungsregelungen geschaffen werden, die die nicht mit der Ver-ordnung vereinbaren Vergütungsregelungen verdrängen, so dass diese nicht mehr zur Anwendung kommen.

Bei einzelnen Arbeitsverträgen, die Vergütungsregelungen enthalten, die für die Arbeitnehmer günstiger sind und daher durch die Vergütungsregelungen in

---

744 *Berg*, in: Däubler u.a., BetrVG, § 77 BetrVG Rn. 33.
745 Vgl. *Fitting*, BetrVG, § 77 BetrVG Rn. 196; *Löwisch/Kaiser*, BetrVG, § 77 BetrVG Rn. 51; *Preis*, in: Wlotzke/Preis/Kreft, BetrVG, § 77 BetrVG Rn. 82.
746 Vgl. *Fitting*, BetrVG, § 77 BetrVG Rn. 196.
747 Vgl. *Berg*, in: Däubler u.a., BetrVG, § 77 BetrVG Rn. 34.

der Betriebsvereinbarung nicht verdrängt werden, bleibt es dabei, dass diese an die Vorgaben der InstitutsVergV/ der VersVergV angepasst werden müssen.

Wenn das Institut/ Unternehmen zwecks Anpassung der Vergütung der Arbeitnehmer an die Vorgaben der InstitutsVergV/ der VersVergV an den Betriebsrat herangetreten ist und mit diesem aber keine Einigung erzielen konnte, hat das Institut/ Unternehmen nach § 76 Abs. 5 Satz 1 BetrVG die Möglichkeit die Einigungsstelle anzurufen. Die Einigungsstelle hat bei ihren Entscheidungen zwingendes vorrangiges Recht zu beachten.[748] Sie ist also an die Vorgaben in § 3 InstitutsVergV/ in § 3 VersVergV zur Ausgestaltung der Vergütung der in den Anwendungsbereich des BetrVG fallenden Arbeitnehmer gebunden. Ihr Spruch ersetzt nach § 87 Abs. 2 Satz 2 BetrVG die Einigung zwischen dem Betriebsrat und dem Institut/ Unternehmen als Arbeitgeber.

(b) Mitwirkungsrechte eines Sprecherausschusses

Sollen die Vergütungsregelungen in den Arbeitsverträgen der Arbeitnehmer, die leitende Angestellte im Sinne von § 5 Abs. 3 BetrVG sind, an die Vorgaben der InstitutsVergV/ der VersVergV angepasst werden, hat ein im Institut/ Unternehmen bestehender Sprecherausschuss dabei kein erzwingbares Mitbestimmungsrecht. Der Sprecherausschuss ist nach § 30 Satz 1 Nr. 1 SprAuG über die Änderung der Gehaltsgestaltung nur rechtzeitig zu unterrichten und die vorgesehenen Maßnahmen sind nach § 30 Satz 2 SprAuG mit ihm zu beraten.

Gleichwohl können die Institute und Unternehmen mit einem bei ihnen bestehenden Sprecherausschuss eine Vereinbarung im Sinne von § 28 Abs. 2 Satz 1 SprAuG treffen, die Vergütungsregelungen enthält, die mit den, für die leitenden Angestellten geltenden Vorgaben der InstitutsVergV/ der VersVergV im Einklang stehen. Sprecherausschussvereinbarungen im Sinne von § 28 Abs. 2 Satz 1 SprAuG gelten für die Arbeitsverhältnisse der leitenden Angestellten unmittelbar und zwingend. Die Vergütungsregelungen in der Sprecherausschussvereinbarung verdrängen die in den Arbeitsverträgen der leitenden Angestellten enthaltenen und mit den Vorgaben in der InstitutsVergV/ der VersVergV nicht vereinbaren Vergütungsregelungen jedoch nur dann, wenn sie für die leitenden

---

748 Vgl. BAG v. 29.6.2004, AP Nr. 41 zu § 87 BetrVG 1972 Überwachung (unter B. I. der Gründe); *Berg*, in: Däubler u.a., BetrVG, § 76 BetrVG Rn. 138; *Fitting*, BetrVG, § 76 BetrVG Rn. 117; *Kania*, in: ErfK, § 76 BetrVG Rn. 24; *Kreutz*, in: GK-BetrVG, § 76 BetrVG Rn. 126.

Angestellten nicht ungünstiger sind.[749] Der Abschluss von Sprecherausschuss-vereinbarungen im Sinne von § 28 Abs. 2 Satz 1 SprAuG kann folglich die Änderung und Anpassung der Vergütungsregelungen in den Arbeitsverträgen der leitenden Angestellten nur entbehrlich machen, wenn verordnungskonforme und für die leitenden Angestellten günstigere Vergütungsregelungen vereinbart werden.

(c) Mitbestimmungsrechte eines Personalrates

Sollen in einem öffentlich-rechtlichen Institut oder Unternehmen die Vergütungsregelungen in den Arbeitsverträgen der Beschäftigten an die Vorgaben der InstitutsVergV/ der VersVergV angepasst werden, sind dabei die Mitbestimmungsrechte des Personalrates zu beachten. Nach § 75 Abs. 3 BPersVG hat der Personalrat, soweit eine gesetzliche oder tarifliche Regelung nicht besteht, mitzubestimmen über Zeit, Ort und Art der Auszahlung der Dienstbezüge und Arbeitsentgelte (Abs. 3 Nr. 2) und über Fragen der Lohngestaltung innerhalb der Dienststelle, insbesondere die Aufstellung von Entlohnungsgrundsätzen, die Einführung und Anwendung von neuen Entlohnungsmethoden und deren Änderung sowie die Festsetzung der Akkord- und Prämiensätze und vergleichbarer leistungsbezogener Entgelte, einschließlich der Geldfaktoren (Abs. 3 Nr. 4). Entsprechende Mitbestimmungsrechte finden sich auch in den meisten Landespersonalvertretungsgesetzen.[750] Die Vorgaben in der InstitutsVergV und der VersVergV, die für die Vergütungssysteme der Beschäftigten im Sinne des Personalvertretungsrechts gelten, belassen den Instituten und Unternehmen noch einen Spielraum bei der Vergütungsgestaltung. Durch sie werden die Mitbe-

---

749 Auch im Verhältnis Einzelarbeitsvertrag und Sprecherausschussvereinbarung im Sinne von § 28 Abs. 2 Satz 1 SprAuG gilt das Günstigkeitsprinzip. Vgl. *Oetker*, in: ErfK, § 28 SprAuG Rn. 11 f.

750 § 75 Abs. 4 Satz 1 Nr. 2 und Nr. 4 BayPVG, § 66 Nr. 3 und Nr. 5 PersVG BRB, § 74 Abs. 1 Nr. 10 und Nr. 13 HPVG, §§ 68 Abs. 1 Nr. 22 und 70 Abs. 1 Nr. 12 PersVG MV, § 72 Abs. 4 Satz 1 Nr. 3 und Nr. 5 LPVG NRW, § 80 Abs. 1 Satz 1 Nr. 8 und Nr. 9 LPersVG RPF, § 85 Abs. 1 Satz 1 Nr. 3 und Nr. 10 PersVG BLN, § 78 Abs. 1 Nr. 2 und Nr. 4 SPersVG, § 79 Abs. 1 Satz 1 Nr. 5 LPVG BW; das BremPVG führt nur Beispiele für die Mitbestimmung in sozialen, personellen und organisatorischen Angelegenheiten an und enthält in seinem § 63 Abs. 1 g) nur eine dem § 87 Abs. 1 Nr. 4 BetrVG entsprechende Regelung; nur eine dem § 87 Abs. 1 Nr. 10 und Nr. 11 BetrVG entsprechende Regelung enthalten das SächsPersVG (§ 81 Abs. 2 Nr. 4 SächsPersVG), das NPersVG (§ 66 Abs. 1 Nr. 5 NPersVG), das HmbPersVG (§ 86 Abs. 1 Nr. 5 Hmb-PersVG) und das ThürPersVG (§ 74 Abs. 2 Nr. 3 ThürPersVG); keine entsprechenden Regelungen enthalten das MBG Schl.-H. und das PersVG LSA.

stimmungsrechte des Personalrates daher nicht ausgeschlossen, sondern nur partiell verdrängt.[751]

Wollen die Institute und Unternehmen die Vergütungsregelungen in den Verträgen ihrer Beschäftigten an die Vorgaben der InstitutsVergV/ der VersVergV anpassen, müssen sie sich folglich an den bei ihnen bestehenden Personalrat wenden. Ohne eine Beteiligung des Personalrates können die Vergütungsregelungen in den Verträgen auch im Einvernehmen mit den Beschäftigten nicht wirksam geändert und angepasst werden.[752]

Einigt sich das Institut/ Unternehmen mit dem Personalrat und schließt mit diesem eine Dienstvereinbarung, die mit den Vorgaben der InstitutsVergV/ der VersVergV im Einklang stehende Vergütungsregelungen enthält, kann dies eine Anpassung der Einzelarbeitsverträge entbehrlich machen. Dienstvereinbarungen wirken wie Betriebsvereinbarungen unmittelbar und zwingend auf die Arbeitsverhältnisse ein.[753] Auch im Verhältnis Dienstvereinbarung und Arbeitsvertrag gilt jedoch das Günstigkeitsprinzip.[754] Die Regelungen in der Dienstvereinbarung gehen den einzelarbeitsvertraglichen Regelungen nur dann vor, wenn sie für den Arbeitnehmer günstiger sind. Eine Anpassung der nicht mit den Vorgaben der InstitutsVergV/ der VersVergV im Einklang stehenden Vergütungsregelungen in den Einzelarbeitsverträgen ist folglich nur dann entbehrlich, wenn in einer Dienstvereinbarung mit den Vorgaben im Einklang stehende und zugleich für die Arbeitnehmer günstigere Vergütungsregelungen vereinbart werden, die die ungünstigeren, nicht verordnungskonformen Vergütungsregelungen in den Einzelarbeitsverträgen verdrängen.

Wenn sich das Institut/ Unternehmen mit dem Anliegen, die Vergütung der Arbeitnehmer an die Vorgaben der InstitutsVergV/ der VersVergV anzupassen, an den Personalrat gewandt hat, mit diesem aber keine Einigung erzielen konnte, hat das Institut/ Unternehmen, wenn der Instanzenzug im Mitbestimmungsverfahren erschöpft ist, die Möglichkeit die Einigungsstelle anzurufen. Die Einigungsstelle muss sich mit ihrem Beschluss gemäß § 71 Abs. 3 Satz 4 BPersVG

---

751 Siehe oben unter 2. Teil B. III. (S. 79 ff.).
752 Zur Anwendung der Theorie der Wirksamkeitsvoraussetzung aus dem Betriebsverfassungsrecht auch im Personalvertretungsrecht vgl. *Weber*, in: Richardi/Dörner/Weber, PersonalvertretungsR, § 69 BPersVG Rn. 127.
753 Vgl. *Weber*, in: Richardi/Dörner/Weber, PersonalvertretungsR, § 73 BPersVG Rn. 21 ff.
754 Vgl. *Weber*, in: Richardi/Dörner/Weber, PersonalvertretungsR, § 73 BPersVG Rn. 24.

im Rahmen der geltenden Rechtsvorschriften halten. Sie ist also an die Vorgaben der InstitutsVergV/ der VersVergV zur Ausgestaltung der Vergütung der Beschäftigten im Sinne des Personalvertretungsrechts gebunden.

(2) Berufung auf das Rechtsinstitut der Störung der Geschäftsgrundlage

Können die nicht mit der InstitutsVergV/ der VersVergV vereinbaren Vergütungsregelungen in den Arbeitsverträgen nicht durch verordnungskonforme Vergütungsregelungen in einer Betriebsvereinbarung oder einer Sprecherausschussvereinbarung im Sinne von § 28 Abs. 2 Satz 1 SprAuG verdrängt werden, beziehungsweise in einem öffentlich-rechtlichen Institut/ Unternehmen durch verordnungskonforme Vergütungsregelungen in einer Dienstvereinbarung, ist es erforderlich, die Arbeitsverträge selbst zu ändern und anzupassen. Eine Möglichkeit eine Anpassung der Vergütungsregelungen in den Arbeitsverträgen an die Vorgaben der InstitutsVergV/ der VersVergV zu erreichen, könnte zunächst in der Berufung auf das Rechtsinstitut der Störung der Geschäftsgrundlage liegen. Das Rechtsinstitut der Störung der Geschäftsgrundlage ermöglicht unter bestimmten Voraussetzungen die Anpassung des Inhalts eines Vertrages an veränderte Verhältnisse.[755]

Grundsätzlich ist das Rechtsinstitut der Störung der Geschäftsgrundlage aus § 313 BGB auch im Arbeitsrecht anwendbar.[756] Seine Bedeutung ist hier jedoch gering. Das liegt daran, dass der Arbeitgeber sich zur Anpassung des Arbeitsvertrages an geänderte Umstände grundsätzlich der Änderungskündigung bedienen muss.[757] Eine Berufung auf das Rechtsinstitut der Störung der Geschäftsgrundlage kommt nur dann in Betracht, wenn eine Änderungskündigung nicht möglich ist, wie zum Beispiel im Rahmen eines Ruhestandsverhältnisses, wenn es um die Anpassung betrieblicher Ruhegelder an geänderte Verhältnisse geht.[758] Von diesem Grundsatz macht das BAG jedoch eine Ausnahme. Sollen Arbeitsverträge wegen einer Gesetzesänderung angepasst werden und ist die Anpassung

---

755 *Stadler*, in: Jauernig, BGB, § 313 BGB Rn. 2.
756 Vgl. *Preis*, in: ErfK, § 611 BGB Rn. 379; *Zöllner/Loritz/Hergenröder*, ArbR, § 7 III.
757 *Preis*, in: ErfK, § 611 BGB Rn. 379; *ders.*, IndividualarbR, § 39 I.
758 *Preis*, in: ErfK, § 611 BGB Rn. 379; *ders.*, IndividualarbR, § 39 I; *Kreuder*, in: Däubler u.a., ArbR Handkommentar, § 611 BGB Rn. 590; *Zöllner/Loritz/Hergenröder*, ArbR, § 7 III.

im Gesetz vorgesehen, kann sich der Arbeitgeber auch auf das Rechtsinstitut der Störung der Geschäftsgrundlage berufen.[759]

Ob ein solcher Ausnahmefall auch im vorliegenden Fall gegeben ist, kann bereits bezweifelt werden. Zwar hat sich mit der InstitutsVergV und der Vers-VergV die Rechtslage im Hinblick auf die Arbeitsvertragsgestaltung für Institute und Versicherungsunternehmen geändert, diese haben aber bestehende Verträge nach dem Wortlaut des § 10 InstitutsVergV beziehungsweise des § 6 Vers-VergV nicht anzupassen, sondern lediglich darauf hinzuwirken, dass diese angepasst werden. In diesem Punkt unterscheidet sich der vorliegende Fall von den Fällen, in denen das BAG in der Vergangenheit eine Ausnahme von dem Grundsatz gemacht hat, dass für eine Anpassung des Arbeitsvertrages an veränderte Verhältnisse nur eine Änderungskündigung in Betracht kommt.[760] Die Frage, ob auch im vorliegenden Fall ausnahmsweise eine Berufung auf das Rechtsinstitut der Störung der Geschäftsgrundlage möglich ist, kann jedoch offen bleiben, wenn die Voraussetzungen hierfür nicht vorliegen würden.

Das Rechtsinstitut der Störung der Geschäftsgrundlage setzt nach § 313 Abs. 1 BGB voraus, dass sich bestimmte Umstände nach Vertragsschluss geändert haben. Es muss sich dabei um Umstände handeln, die zur Grundlage des Vertrages geworden sind. Die Parteien müssten die Veränderung der Umstände nicht vorausgesehen haben, denn hätten sie sie vorausgesehen, hätten sie den Vertrag nicht oder mit anderem Inhalt geschlossen. Schließlich muss die Veränderung der Umstände schwerwiegend sein und zwar so schwerwiegend, dass einem Teil unter Berücksichtigung aller Umstände des Einzelfalls, insbesondere der vertraglichen oder gesetzlichen Risikoverteilung, das Festhalten am unveränderten Vertrag nicht zugemutet werden kann.[761] An das Kriterium der Unzumutbarkeit sind strenge Maßstäbe anzulegen. Unzumutbarkeit ist nur anzunehmen, wenn es geboten erscheint, untragbare Ergebnisse zu vermeiden, also Er-

---

759 BAG v. 25.2.1988, AP Nr. 18 zu § 611 BGB Arzt-Krankenhaus-Vertrag (unter A. III. 3. b) der Gründe); BAG v. 10.12.1992, AP Nr. 27 zu § 611 BGB Arzt-Krankenhausvertrag (unter B. I. 2. der Gründe).

760 Vgl. BAG v. 25.2.1988, AP Nr. 18 zu § 611 BGB Arzt-Krankenhaus-Vertrag (unter A. III. 1., 2. und 3. b) der Gründe).

761 Vgl. *Finkenauer*, in: MünchKomm. BGB, § 313 BGB Rn. 56 ff.; *Schulze*, in: Schulze u.a., BGB, § 313 BGB Rn. 12 ff.

gebnisse, die mit Recht und Gerechtigkeit schlechthin nicht mehr zu vereinbaren sind.[762]

An dieser letzten Voraussetzung fehlt es. Unzumutbar wäre ein Festhalten am unveränderten Vertrag für die Institute und Unternehmen nur dann, wenn sie die uneingeschränkte gesetzliche und sanktionsbewehrte Pflicht träfe, die mit ihren Arbeitnehmern bestehenden Verträge an die neuen Vorgaben der InstitutsVergV/ der VersVergV anzupassen. Das ist jedoch nach § 10 InstitutsVergV und § 6 VersVergV nicht der Fall. Den Instituten und Unternehmen wird dort lediglich aufgetragen, darauf hinzuwirken, dass die Verträge „im Rahmen des rechtlich Möglichen" angepasst werden. Die allgemeinen zivil- und arbeitsrechtlichen Möglichkeiten einer Vertragsanpassung sollten nicht erweitert werden.[763] Daher kann aus den Vorschriften auch keine Anpassungspflicht der Institute und Unternehmen herausgelesen werden, die das Festhalten an einem unveränderten, mit den neuen Vorgaben nicht vereinbaren Vertrag für diese unzumutbar machen und damit eine Berufung auf das Rechtsinstitut der Störung der Geschäftsgrundlage ermöglichen würde. Anderenfalls läge hier ein Zirkelschluss vor.[764] Eine Anpassung der Arbeitsverträge unter Berufung auf das Rechtsinstitut der Störung der Geschäftsgrundlage kommt somit nicht in Betracht.

(3) Änderungskündigung

Scheidet der Weg über das Rechtsinstitut der Störung der Geschäftsgrundlage aus, stellt sich die Frage, ob mit Hilfe einer Änderungskündigung eine Anpassung der Arbeitsverträge an die neuen Vorgaben der InstitutsVergV/ der VersVergV erreicht werden könnte.

Bei einer Änderungskündigung im Sinne von § 2 KSchG kündigt der Arbeitgeber das Arbeitsverhältnis und bietet dem Arbeitnehmer im Zusammenhang mit der Kündigung an, das Arbeitsverhältnis zu geänderten Arbeitsbedingungen fortzusetzen. Für die Verknüpfung von Kündigung und Änderungsangebot gibt es zwei Möglichkeiten. Der Arbeitgeber kann die Kündigung unter der Bedingung erklären, dass der Arbeitnehmer das ihm unterbreitete Änderungsangebot ablehnt. Er kann jedoch auch eine unbedingte Kündigung erklären und dieser Kündigung lediglich ein Angebot zur Fortsetzung des Arbeitsverhältnisses zu

---

762 *Hohloch*, in: Erman, BGB, § 313 BGB Rn. 28; *Schulze*, in: Schulze u.a., BGB, § 313 BGB Rn. 15; *Unberath*, in: Bamberger/Roth, BGB, § 313 BGB Rn. 33.
763 Vgl. *Diller/Arnold*, ZIP 2011, 837, 841.
764 *Diller/Arnold*, ZIP 2011, 837, 841.

geänderten Arbeitsbedingungen beifügen.[765] Die Änderungskündigung kann des Weiteren als ordentliche oder als außerordentliche Kündigung erklärt werden. § 2 KSchG regelt nur die ordentliche Änderungskündigung. Nach herrschender Meinung ist die Norm jedoch auf die außerordentliche Änderungskündigung analog anzuwenden.[766]

Der Arbeitnehmer hat drei Möglichkeiten auf eine Änderungskündigung zu reagieren. Er kann das Änderungsangebot vorbehaltlos annehmen, er kann es entsprechend § 2 Satz 1 KSchG unter dem Vorbehalt annehmen, dass die Änderung der Arbeitsbedingungen nicht sozial ungerechtfertigt ist und er kann das Änderungsangebot des Arbeitgebers gänzlich ablehnen.[767]

Im Falle der vorbehaltlosen Annahme des Änderungsangebots hat der Arbeitgeber sein Ziel erreicht. Ist die Kündigung unter der Bedingung der Nichtannahme des Änderungsangebots erklärt worden, wird die Kündigung mangels Bedingungseintritts hinfällig. Das ursprüngliche Arbeitsverhältnis wird dann mit entsprechend dem Änderungsangebot geändertem Inhalt fortgesetzt. Lag eine unbedingte Kündigung vor, kommt ein neuer Arbeitsvertrag mit den Arbeitsbedingungen aus dem Änderungsangebot zustande.[768]

Nimmt der Arbeitnehmer das Angebot des Arbeitgebers, das Arbeitsverhältnis zu geänderten Arbeitsbedingungen fortzusetzen, entsprechend § 2 Satz 1 KSchG unter Vorbehalt an, kommt ein Änderungsvertrag unter einer mit Rückwirkung ausgestatteten, auflösenden Bedingung zustande.[769] Diese Bedingung

---

765 *Hergenröder*, in: MünchKomm. BGB, § 2 KSchG Rn. 4; *Linck*, in: v. Hoyningen-Huene/Linck/Krause, KSchG, § 2 KSchG Rn. 4, 6; *Künzl*, in: Ascheid/Preis/Schmidt, KündigungsR, § 2 KSchG Rn. 5, 11; *Mayer*, in: Backmeister/Trittin/Mayer, KSchG, § 2 KSchG Rn. 7 f.; *Oetker*, in: ErfK, § 2 KSchG Rn. 5; *Wallner*, Die ordentliche Änderungskündigung des Arbeitgebers, S. 29 ff.; *Zöllner/Loritz/Hergenröder*, ArbR, § 23 I 1 (Fn. 4).

766 BAG v. 19.6.1986, AP Nr. 16 zu § 2 KSchG 1969 (unter A. III. der Gründe); BAG v. 27.3.1987, AP Nr. 20 zu § 2 KSchG 1969 (unter II. der Gründe); *Hergenröder*, in: MünchKomm. BGB, § 2 KSchG Rn. 7; *Linck*, in: v. Hoyningen-Huene/Linck/Krause, KSchG, § 2 KSchG Rn. 15; *Künzl*, in: Ascheid/Preis/Schmidt, KündigungsR, § 2 KSchG Rn. 41; *Oetker*, in: ErfK, § 2 KSchG Rn. 8; *Zwanziger*, in: Kittner/Däubler/Zwanziger, KSchR, § 2 KSchG Rn. 114.

767 Vgl. *Linck*, in: v. Hoyningen-Huene/Linck/Krause, KSchG, § 2 KSchG Rn. 91 ff.; *Oetker*, in: ErfK, § 2 KSchG Rn. 5, 28 ff.

768 *Oetker*, in: ErfK, § 2 KSchG Rn. 28.

769 *Oetker*, in: ErfK, § 2 KSchG Rn. 33.

besteht darin, dass gerichtlich festgestellt wird, dass die Änderung der Arbeitsbedingungen sozial ungerechtfertigt oder aus anderen Gründen rechtsunwirksam ist. Folglich hat der Arbeitgeber sein Ziel in diesem Fall nur dann erreicht, wenn die von dem Arbeitnehmer erhobene Klage auf Feststellung der Sozialwidrigkeit der Änderung der Arbeitsbedingungen nach § 4 Satz 2 KSchG abgewiesen wird.

Lehnt der Arbeitnehmer das Änderungsangebot des Arbeitgebers schließlich in Gänze ab, ist der Arbeitgeber mit seinem primär mit der Änderungskündigung verfolgten Ziel, das Arbeitsverhältnis mit seinem Arbeitnehmer zu geänderten Arbeitsbedingungen fortzusetzen, gescheitert. Das Arbeitsverhältnis wird, ohne dass an seine Stelle ein neues tritt, beendet. Voraussetzung für die Wirksamkeit der Beendigung des Arbeitsverhältnisses ist jedoch, dass sich im Rahmen einer vom Arbeitnehmer erhobenen Kündigungsschutzklage gemäß § 4 Satz 1 KSchG die Änderungskündigung nicht als sozialwidrig erweist. Für die Frage, ob die Änderungskündigung sozial gerechtfertigt oder sozialwidrig ist, kommt es nach ständiger Rechtsprechung und herrschender Ansicht in der Literatur entscheidend auf das Änderungsangebot des Arbeitgebers an. Es ist nicht darauf abzustellen, ob die Beendigung des Arbeitsverhältnisses, sondern ob die angebotene Änderung der Arbeitsbedingungen sozial gerechtfertigt ist.[770] Der Prüfungsmaßstab ist folglich der gleiche wie im Falle der Annahme des Änderungsangebots unter Vorbehalt entsprechend § 2 Satz 1 KSchG. Dies folgt daraus, dass Kündigung und Änderungsangebot bei der Änderungskündigung tatsächlich und rechtlich so miteinander verknüpft sind, das sie eine Einheit bilden und diese Einheit auch dann unberührt bleibt, wenn der Arbeitnehmer von seinem Wahlrecht nach § 2 KSchG in der Weise Gebrauch macht, dass er das Änderungsangebot des

---

770 BAG v. 7.6.1973, AP Nr. 1 zu § 626 BGB Änderungskündigung (unter II. 2. b) der Gründe); BAG v. 19.5.1993, AP Nr. 31 zu 2 KSchG 1969 (unter II. 1. der Gründe); BAG v. 23.6.2005, AP Nr. 81 zu 2 KSchG 1969 (unter B. 1. der Gründe); *Hergenröder*, in: MünchKomm. BGB, § 2 KSchG Rn. 70; *Künzl*, in: Ascheid/Preis/Schmidt, KündigungsR, § 2 KSchG Rn. 182 ff.; *Mayer*, in: Backmeister/Trittin/Mayer, KSchG, § 2 KSchG Rn. 51; *Oetker*, in ErfK, § 2 KSchG Rn. 32, 39 ff.; *Pfeiffer*, in: Fiebig u.a., KSchR, § 2 KSchG Rn. 38; *Zwanziger*, in: Kittner/Däubler/Zwanziger, KSchR, § 2 KSchG Rn. 140; a.A. *Berkowsky*, NZA 2000, 1129, 1131 ff.; *Boewer*, BB 1996, 2618, 2619 f.; *Schwerdtner*, FS 25 Jahre BAG, S. 566 ff.; ausführliche Darstellung des Meinungsstandes bei *Wallner*, Die ordentliche Änderungskündigung des Arbeitgebers, S. 135 ff.

Arbeitgebers ablehnt.[771] Kündigung und Änderungsangebot müssen stets zusammen betrachtet werden.

Die vorstehenden Erläuterungen machen deutlich, dass eine Änderungskündigung als Mittel der Institute und Unternehmen, die bei ihnen bestehenden Arbeitsverträge an die neuen Vorgaben der InstitutsVergV/ der VersVergV anzupassen, nur dann in Frage kommt, wenn eine den Arbeitnehmern in diesem Zusammenhang angebotene Vertragsänderung sozial gerechtfertigt wäre. Wann eine angestrebte Änderung der Arbeitsbedingungen sozial gerechtfertigt ist ergibt sich aus § 1 Abs. 2 Satz 1 bis 3 sowie Abs. 3 Satz 1 und Satz 2 KSchG, auf den § 2 Satz 1 KSchG verweist. Es ist in zwei Stufen zu prüfen. Die erste Stufe betrifft das „Ob" der Vertragsänderung. Eine Änderung der Arbeitsbedingungen muss zunächst überhaupt erforderlich sein. Es muss daher ein personen-, verhaltens- oder betriebsbedingter Grund im Sinne von § 1 Abs. 2 Satz 1 KSchG vorliegen, der einer Weiterbeschäftigung des Arbeitnehmers zu den bisherigen Arbeitsbedingungen entgegensteht.[772] Liegt ein solcher, an sich anerkennenswerter Grund für eine Vertragsänderung vor, ist auf der zweiten Stufe das „Wie" der Vertragsänderung und damit das konkrete Änderungsangebot zu prüfen. Der Arbeitgeber darf nur solche Änderungen vorgeschlagen haben, die der Arbeitnehmer billigerweise hinnehmen muss. Es gilt der Grundsatz der Verhältnismäßigkeit. Sämtliche der angebotenen Änderungen der Arbeitsbedingungen dürfen sich nur so weit von den bisherigen Arbeitsbedingungen entfernen, wie dies zur Erreichung des mit der Änderungskündigung verfolgten Ziels erforderlich ist. Die notwendige Anpassung muss mit anderen Worten auf das unbedingt erforderliche Maß beschränkt werden.[773]

---

771 BAG v. 7.6.1973, AP Nr. 1 zu § 626 BGB Änderungskündigung (unter II. 2. c) der Gründe); *Linck*, in: v. Hoyningen-Huene/Linck/Krause, KSchG, § 2 KSchG Rn. 126; *Oetker*, in: ErfK, § 2 KSchG Rn. 40; *Pfeiffer*, in: Fiebig u.a., KSchR, § 2 KSchG Rn. 38.

772 Zu alle dem BAG v. 23.6.2005, AP Nr. 81 zu § 2 KSchG 1969 (unter B. I. der Gründe); *Linck*, in: v. Hoyningen-Huene/Linck/Krause, KSchG, § 2 KSchG Rn. 128 f.; *Oetker*, in: ErfK, § 2 KSchG Rn. 42; *Pfeiffer*, in: Fiebig u.a., KSchR, § 2 KSchG Rn. 39; *Zwanziger*, in: Kittner/Däubler/Zwanziger, KSchR, § 2 KSchG Rn. 146.

773 Zu alle dem BAG v. 19.5.1993, AP Nr. 31 zu § 2 KSchG 1969 (unter II. 1. der Gründe); BAG v. 23.6.2005, AP Nr. 81 zu § 2 KSchG 1969 (unter B. I. 2. a) ee) der Gründe); *Linck*, in: v. Hoyningen-Huene/Linck/Krause, KSchG, § 2 KSchG Rn. 129a; *Oetker*, in: ErfK, § 2 KSchG Rn. 42; *Pfeiffer*, in: Fiebig u.a., KSchR, § 2 KSchG Rn. 39; *Zwanziger*, in: Kittner/Däubler/Zwanziger, KSchR, § 2 KSchG Rn. 146, 148.

In der durch die InstitutsVergV und die VersVergV geänderten Rechtslage im Hinblick auf die Ausgestaltung von Vergütungsregelungen in Arbeitsverträgen könnte ein betriebsbedingter Grund für eine Vertragsänderung im Sinne von § 1 Abs. 2 Satz 1 KSchG liegen. Dann müsste es sich jedoch um ein dringendes betriebliches Erfordernis handeln, das einer Weiterbeschäftigung des Arbeitnehmers zu den bisherigen Arbeitsbedingungen entgegensteht. Ein solches kann vor dem Hintergrund der Formulierung des § 10 InstitutsVergV und des § 6 VersVergV nicht angenommen werden. Den Instituten und Unternehmen bleibt es danach unbenommen ihre Arbeitnehmer zu den bisherigen Arbeitsbedingungen weiter zu beschäftigen, auch wenn diese den Vorgaben der jeweiligen Verordnung widersprechen. Sie sind nicht verpflichtet die Arbeitsverträge an die neuen Vorgaben anzupassen und werden demzufolge auch nicht sanktioniert, wenn eine Anpassung unterbleibt. In der in § 10 InstitutsVergV und § 6 Vers-VergV geregelten Pflicht der Institute und Unternehmen, auf eine Anpassung der Verträge „hinzuwirken", kann kein dringendes betriebliches Erfordernis für eine Änderung der Arbeitsbedingungen gesehen werden, also kein Erfordernis, das es rechtfertigen würde die Vertragsänderung mit Hilfe einer Änderungskündigung durchzusetzen.[774] Dies wird besonders deutlich, wenn man sich vor Augen führt, dass auch die Änderungskündigung wie jede andere Kündigung nur ultima ratio sein kann.[775] Die Änderungskündigung scheidet damit ebenfalls als Möglichkeit für die Institute und Unternehmen, eine Anpassung der Vergütungsregelungen in den Arbeitsverträgen an die Vorgaben der InstitutsVergV/ der VersVergV zu erreichen, aus.[776]

(4) Nutzung vertraglich vereinbarter Vorbehalte

Eine Möglichkeit zur Anpassung könnte für die Institute und Unternehmen jedoch in der Nutzung von Vorbehalten liegen, die in den Arbeitsverträgen unter Umständen enthalten und auf die Vergütungsregelungen bezogen sind.[777]

---

774 Vgl. *Diller/Arnold*, ZIP 2011, 837, 841 f.
775 *Pfeiffer*, in: Fiebig u.a., KSchR, § 2 KSchG Rn. 41.
776 So im Ergebnis auch *Bartel/Bilobrk/Zopf*, BB 2011, 1269, 1276 und *Diller/Arnold*, ZIP 2011, 837, 841 f. die damit argumentieren, dass „die Anforderungen an eine ordentliche Änderungskündigung zur Entgeltänderung (...) sehr hoch (sind), da die Entgeltänderung einen nachhaltigen Eingriff in das arbeitsvertraglich vereinbarte Verhältnis von Leistung und Gegenleistung bedeutet." Die Verordnungen allein würden nicht ausreichen, „um in verbindlich geschlossene vertragliche Vereinbarungen einzugreifen." Vgl. auch *Wallner*, BankPraktiker 2011, 211, 215.
777 Vgl. *Diller/Arnold*, ZIP 2011, 837, 842.

(a) Widerrufsvorbehalt

Denkbar wäre zunächst, dass eine im Arbeitsvertrag enthaltene Vergütungsregelung, die den Vorgaben der InstitutsVergV/ der VersVergV widerspricht, mit
einem Widerrufsvorbehalt verbunden ist. Hält dieser Widerrufsvorbehalt, als in
aller Regel vorformulierte Vertragsbedingung einer Inhaltskontrolle nach den §§
308 Nr. 4, 307 BGB stand und ist er damit wirksam vereinbart, hat das Institut/
Unternehmen nach Diller und Arnold von seinem Widerrufsrecht Gebrauch zu
machen.[778]

Zu beachten ist jedoch, dass die Ausübung des Widerrufsrechts im konkreten Einzelfall billigem Ermessen im Sinne des § 315 BGB entsprechen muss.[779]
Voraussetzung ist zunächst, dass einer der in der Klausel angegebenen Widerrufsgründe auch tatsächlich vorliegt. Der Widerruf einer Leistung zur Herbeiführung eines mit der InstitutsVergV beziehungsweise der VersVergV vereinbaren Zustandes dürfte in den meisten Fällen nicht von einem der in der Widerrufsvorbehaltsklausel genannten Widerrufsgründe gedeckt sein. Zwar sind die in
der Klausel angegebenen Widerrufsgründe oft sehr allgemein gehalten. Häufig
sind es jedoch wirtschaftliche Gründe, wie ein Umsatz- oder Gewinnrückgang,
die nach der Klausel einen Widerruf ermöglichen sollen. Dazu passt der tatsächliche Widerrufsgrund im vorliegenden Fall nicht. Die Ausübung eines wirksam
vorbehaltenen Widerrufsrechts zur Herstellung eines verordnungskonformen
Zustandes dürfte daher in den meisten Fällen ausscheiden.

(b) Teilkündigungsvorbehalt

Das Institut/ Unternehmen könnte sich bei einer, den Anforderungen der jeweiligen Verordnung nicht entsprechenden, arbeitsvertraglichen Vergütungsregelung auch wirksam das Recht zur Teilkündigung vorbehalten haben. Zwar ist
eine Teilkündigung, also eine Kündigung, die nicht das Arbeitsverhältnis im
Ganzen in Frage stellt, sondern lediglich einzelne Arbeitsbedingungen betrifft
grundsätzlich unzulässig, weil sie zu einer Störung des von den Parteien verein-

---

778 *Diller/Arnold*, ZIP 2011, 837, 842.
779 BAG v. 12.1.2005, AP Nr. 1 zu § 308 BGB (unter B. II. 3. der Gründe); *Bonin*, in:
    Däubler/Bonin/Deinert, AGB-Kontrolle im ArbR, § 308 BGB Rn. 46; *Preis*, in: ErfK,
    §§ 305-310 BGB Rn. 62; *ders.*, IndividualarbR, § 39 II 3 b; *Müller-Glöge*, in: Münch-
    Komm. BGB, § 611 BGB Rn. 445; *Thüsing*, in: Henssler/Willemsen/Kalb, ArbR
    Kommentar, § 611 BGB Rn. 513.

barten Äquivalenz- und Ordnungsgefüges führt.[780] Etwas anderes gilt jedoch dann, wenn sich eine Vertragspartei das Recht, sich von bestimmten Vertragsbedingungen durch Kündigung einseitig zu lösen, im Vertrag ausdrücklich vorbehalten hat.[781] Der Teilkündigungsvorbehalt wird auch als Widerrufsvorbehalt mit Ankündigungsfrist bezeichnet.[782] Von der Rechtsprechung wird er in einen Widerrufsvorbehalt umgedeutet.[783]

Die in aller Regel vorformulierte Klausel ist nur dann wirksam, wenn sie der Inhaltskontrolle nach den §§ 308 Nr. 4, 307 BGB standhält.[784] Bei Ausübung des wirksam vorbehaltenen Rechts findet eine Billigkeitskontrolle nach § 315 BGB statt.[785] Wie die Widerrufsgründe in einer Widerrufsvorbehaltsklausel werden die in einer wirksamen Teilkündigungsvorbehaltsklausel angeführten Gründe für eine Teilkündigung wohl den vorliegenden Fall häufig nicht erfassen. Auch die Ausübung eines wirksam vorbehaltenen Teilkündigungsrechts zur Herbeiführung eines verordnungskonformen Zustandes dürfte daher in aller Regel nicht möglich sein.

---

780 BAG v. 7.10.1982, AP Nr. 5 zu § 620 BGB Teilkündigung (unter III. 1. a) der Gründe); BAG v. 25.2.1988, AP Nr. 18 zu § 611 BGB Arzt-Krankenhaus-Vertrag (unter A. III. 3. c) aa) der Gründe); BAG v. 14.11.1990, AP Nr. 25 zu § 611 BGB Arzt-Krankenhaus-Vertrag (unter II. 1. der Gründe); *Hromadka/Maschmann*, ArbR Band 1, § 10 Rn. 374; vgl. auch *Preis*, Grundfragen der Vertragsgestaltung im ArbR, S. 433 f.
781 Vgl. BAG v. 7.10.1982, AP Nr. 5 zu § 620 BGB Teilkündigung (unter III. 1. b) der Gründe); BAG v. 25.2.1988, AP Nr. 18 zu § 611 BGB Arzt-Krankenhaus-Vertrag (unter A. III. 3. c) aa) der Gründe); BAG v. 14.11.1990, AP Nr. 25 zu § 611 BGB Arzt-Krankenhaus-Vertrag (unter II. 1. der Gründe); *Hromadka/Maschmann*, ArbR Band 1, § 10 Rn. 375; *Lindemann*, Flexible Gestaltung von Arbeitsbedingungen, S. 33; *Müller-Glöge*, in: ErfK, § 620 BGB Rn. 49.
782 *Bonin*, in: Däubler/Bonin/Deinert, AGB-Kontrolle im ArbR, § 307 BGB Rn. 209; *Hromadka/Maschmann*, ArbR Band 1, § 10 Rn. 375; vgl. auch *Lindemann*, Flexible Gestaltung von Arbeitsbedingungen, S. 33.
783 Vgl. BAG v. 7.10.1982, AP Nr. 5 zu § 620 BGB Teilkündigung (unter III. 1. b) der Gründe); BAG v. 25.2.1988, AP Nr. 18 zu § 611 BGB Arzt-Krankenhaus-Vertrag (unter A. III. 3. c) aa) der Gründe); kritisiert wird dies von *Preis*, Grundfragen der Vertragsgestaltung im ArbR, S. 434 f.; *ders.*, in: ErfK, §§ 305-310 BGB Rn. 63.
784 Vgl. *Bonin*, in: Däubler/Bonin/Deinert, AGB-Kontrolle im ArbR, § 307 BGB Rn. 209.
785 Vgl. *Müller-Glöge*, in: ErfK, § 620 BGB Rn. 50.

(5) Einvernehmliche Änderung

Damit bleibt den Instituten und Unternehmen letztlich nur die Möglichkeit, die Arbeitsverträge im Einvernehmen mit ihren Arbeitnehmern an die neuen Vorgaben der InstitutsVergV beziehungsweise der VersVergV anzupassen.[786]

Die einvernehmliche Anpassung der Arbeitsverträge erfolgt durch den Abschluss entsprechender Änderungsverträge. Hier stellt sich die Frage, inwieweit die Institute und Unternehmen auf ihre Arbeitnehmer einwirken müssen, um sie zum Abschluss solcher Verträge zu bewegen.[787] Erfahrungsgemäß stimmen Arbeitnehmer einer Vertragsänderung nur dann zu, wenn sich daraus für sie keine materiellen Nachteile ergeben oder sie für die Aufgabe einer für sie günstigen Regelung eine entsprechende Gegenleistung erhalten.[788]

Zunächst kann von den Instituten und Unternehmen zur Erfüllung der Hinwirkungspflicht aus § 10 InstitutsVergV/ § 6 VersVergV verlangt werden, dass sie mit ihren Arbeitnehmern Gespräche führen, in denen sie mit Hilfe sachlicher Argumente um eine Zustimmung zur Vertragsänderung werben.[789] Zu diesen sachlichen Argumenten können etwa auch die negativen Folgen gehören, die mit einer beharrlichen Verweigerung der Vertragsanpassung für das Institut/ Unternehmen verbunden sind. So zieht sie eine kritische Prüfung seitens der Aufsichtsbehörde nach sich, ob der Hinwirkungspflicht aus § 10 InstitutsVergV/ § 6 VersVergV genügt worden ist.[790]

Ob darüber hinaus weiterer Druck auf die Arbeitnehmer ausgeübt werden muss, ist fraglich. Dafür könnte sprechen, dass das Ziel von § 10 InstitutsVergV und § 6 VersVergV, eine tatsächliche Umsetzung der neuen Vorgaben in den Instituten und Unternehmen möglichst zeitnah zu erreichen, zumindest in bestimmten Fällen nur dann erreichbar scheint, wenn von den Instituten und Unternehmen etwas mehr verlangt wird, als das bloße „Werbung machen" für eine Zustimmung zur Vertragsanpassung. Angesprochen sind damit Fälle, in denen Arbeitnehmer der Vertragsanpassung erkennbar nicht ohne weiteres zustimmen wollen und sich der verordnungswidrige Zustand in absehbarer Zeit, etwa durch Auslaufen des befristeten Vertrages, auch nicht von selbst auflöst, sondern viel-

---

786 So auch *Bartel/Bilobrk/Zopf*, BB 2011, 1269, 1276; *Dreher*, VW 2010, 1508, 1511; *Heuchemer/Kloft*, WM 2010, 2241, 2248; *Wallner*, BankPraktiker 2011, 211, 215.

787 Vgl. *Diller/Arnold*, ZIP 2011, 837, 842 ff.

788 *Langen/Schielke/Zöll*, BB 2009, 2479, 2484.

789 *Diller/Arnold*, ZIP 2011, 837, 842.

790 *Diller/Arnold*, ZIP 2011, 837, 842.

mehr jahre- oder gar jahrzehntelange verordnungswidrige Vergütungsregelungen drohen.[791]

Diller und Arnold verlangen, dass in diesen Fällen die Institute und Unternehmen Druck auf ihre Arbeitnehmer etwa in der Weise ausüben, dass sie die Gewährung bestimmter Vergünstigungen davon abhängig machen, dass die Arbeitnehmer einer Anpassung ihrer Arbeitsverträge an die jeweilige Verordnung zustimmen.[792] Gehaltserhöhungen und Beförderungen, auf die der Arbeitnehmer keinen Anspruch hat, sollen etwa von einer Zustimmung zur Vertragsanpassung abhängig gemacht werden. Darin läge keine Verletzung des Gleichbehandlungsgebots, weil die Weigerung des Arbeitnehmers einer Umstellung seines Arbeitsvertrages auf verordnungskonforme Regelungen zuzustimmen, „ein sachgerechter Ansatzpunkt für eine Ungleichbehandlung" sei.[793] Auch werde dadurch nicht gegen das Maßregelungsverbot aus § 612a BGB verstoßen. Denn die Benachteiligung des Arbeitnehmers beruhe nicht darauf, dass dieser auf die Fortführung des einst geschlossenen Arbeitsvertrages beharrt und damit in zulässiger Weise seine Rechte ausübt, sondern darauf, dass die Institute und Unternehmen ihrer Pflicht aus § 10 InstitutsVergV/ § 6 VersVergV nachkommen.[794] Neben des abhängig Machens bestimmter Vergünstigungen von einer Zustimmung zur Vertragsanpassung könne und müsse gegebenenfalls Druck auf die Arbeitnehmer auch dadurch ausgeübt werden, dass bei der Höhe von vertraglich nicht geregelten, sondern von den Vorgesetzen jeweils zu Beginn eines Jahres festzulegenden Zielboni zwischen Arbeitnehmern, die ihre Zustimmung erteilt haben und solchen, die diese verweigert haben, differenziert wird.[795] Schließlich wird von Diller und Arnold sogar ein öffentliches oder betriebsöffentliches Benennen der Arbeitnehmer, die eine Anpassung ihrer Arbeitsverträge verweigern, als Teil der Hinwirkungspflicht aus § 10 InstitutsVergV/ § 6 VersVergV angesprochen.[796] Das „Anprangern von Verweigerern" wird dann jedoch mit Blick auf das Persönlichkeitsrecht der Arbeitnehmer zu Recht für unzulässig erachtet und damit auch von der Hinwirkungspflicht als nicht umfasst angesehen.[797] Im Ergebnis folgt aus diesen Erwägungen jedoch, dass Diller und Arnold von einer sehr weitgehenden Hinwirkungspflicht ausgehen. Offenbar verlangen ihrer Ansicht

---

791 Vgl. *Diller/Arnold*, ZIP 2011, 837, 842.
792 *Diller/Arnold*, ZIP 2011, 837, 842.
793 *Diller/Arnold*, ZIP 2011, 837, 842 f.
794 *Diller/Arnold*, ZIP 2011, 837, 843.
795 *Diller/Arnold*, ZIP 2011, 837, 843.
796 *Diller/Arnold*, ZIP 2011, 837, 843.
797 *Diller/Arnold*, ZIP 2011, 837, 843.

nach § 10 InstitutsVergV und § 6 VersVergV von den Instituten und Unternehmen, mit allen noch zulässigen Mitteln auf ihre Arbeitnehmer einzuwirken, um sie zum Abschluss von Änderungsverträgen und damit einer Anpassung ihrer Arbeitsverträge an die neuen Vorgaben zu bewegen.

Ein derart weites Verständnis der Hinwirkungspflicht ist jedoch abzulehnen. Es finden sich hierfür keine Anhaltspunkte in den Verordnungen. Nach § 10 InstitutsVergV und § 6 VersVergV haben die Institute und Unternehmen „darauf hinzuwirken, dass (…) bestehende(n) Verträge (..), die mit der Verordnung nicht vereinbar sind, soweit rechtlich zulässig auf Grundlage einer für Dritte nachvollziehbaren fundierten juristischen Begutachtung der Rechtslage und unter Berücksichtigung der konkreten Erfolgsaussichten angepasst werden". Der Verordnungsgeber geht offenbar selbst davon aus, dass es nicht in allen Fällen zu einer Anpassung bestehender Verträge und damit zu einer zeitnahen tatsächlichen Umsetzung der neuen Vorgaben in den Instituten und Unternehmen kommen wird. Wäre es ihm entscheidend darauf angekommen, hätte er auch die Möglichkeit gehabt die Institute und Unternehmen nicht nur zu verpflichten auf eine Anpassung bestehender Verträge „hinzuwirken", sondern hätte sie gleich zur Anpassung selbst verpflichten können. Er hätte den Instituten und Unternehmen auch effektive Mittel zu Anpassung bestehender Verträge an die Hand geben können. So hätte er etwa ein Sachverständigen- oder Schlichtungsverfahren vergleichbar dem Einigungsstellenverfahren im Betriebsverfassungsrecht einrichten können.[798] Eine Anpassung sämtlicher im Institut/ Unternehmen bestehender Arbeitsverträge wäre so einfacher, schneller und damit effektiver möglich gewesen. Der Verordnungsgeber wählte keine dieser Möglichkeiten. Vielleicht ging er auch davon aus, dass sich die Arbeitnehmer einer einvernehmlichen Änderung ihrer Verträge schon nicht widersetzen werden, wenn die Änderungsangebote seitens der Institute und Unternehmen, wie vorgegeben, mit einer verständlichen, fundierten juristischen Begutachtung der Rechtslage untermauert werden.[799] Jedenfalls lässt sich das vielleicht wünschenswerte Ziel, dass die neuen Vorgaben in den Instituten und Unternehmen möglichst zeitnah auch tatsächlich umgesetzt werden und sich nicht noch Jahre später mit den Verordnungen nicht vereinbare Vergütungsregelungen in den Verträgen der Institute und Unternehmen befinden, nicht dadurch erreichen, dass die Hinwirkungspflicht aus § 10 InstitutsVergV/ § 6 VersVergV so weit ausgedehnt wird,

---

798 Vgl. *Armbrüster*, VersR 2011, 1, 9.
799 So die Vermutung von *Armbrüster*, VersR 2011, 1, 9.

dass die Institute und Unternehmen mit allen gerade noch zulässigen Mitteln ihre Arbeitnehmer zu einer Vertragsänderung drängen müssten.

Der Hinwirkungspflicht aus § 10 InstitutsVergV/ § 6 VersVergV kommen die Institute und Unternehmen bereits dann ausreichend nach, wenn sie sich in Gesprächen mit ihren Arbeitnehmern unter Bezugnahme auf das erstellte juristische Gutachten und mit sachlichen Argumenten ernsthaft für eine Vertragsanpassung einsetzen.[800] Zum Nachweis der Erfüllung der Hinwirkungspflicht gegenüber der Aufsichtsbehörde empfiehlt sich eine Dokumentation des Mitarbeitergesprächs.[801] Es ist schließlich zu beachten, dass die Pflicht der Institute und Unternehmen auf eine Anpassung bestehender Verträge hinzuwirken, keine punktuelle Pflicht ist, die das Institut/ Unternehmen mit einem einzigen Mitarbeitergespräch erfüllt. Vielmehr muss sich das Institut/ Unternehmen in regelmäßigen Abständen erneut um eine Zustimmung des Arbeitnehmers zur Vertragsanpassung bemühen.[802] Die Häufigkeit und Intensität, in der auf die Anpassung einer Vergütungsregelung hinzuwirken ist, hängt davon ab, wie stark diese von den Vorgaben der jeweiligen Verordnung abweicht und welche Bedeutung sie für das Vergütungssystem des Arbeitnehmers insgesamt hat.[803]

bb) Anpassung der Anstellungsverträge der Geschäftsleiter

Als Möglichkeiten zur Anpassung der Anstellungsverträge der Geschäftsleiter sind die einvernehmliche Anpassung durch den Abschluss von Änderungsverträgen und die Änderungskündigung in Betracht zu ziehen.

In erster Linie kann das Verwaltungs- oder Aufsichtsorgan versuchen eine Anpassung der befristeten und unbefristeten Anstellungsverträge der Geschäftsleiter an die neuen Vorgaben der InstitutsVergV/ der VersVergV in Einvernehmen mit diesen, durch den Abschluss entsprechender Änderungsverträge, zu erzielen. Hier wird die Verantwortlichkeit der Geschäftsleiter für sämtliche Vergütungsregelungen im Institut/ Unternehmen, also letztlich auch der in ihrem eigenen Anstellungsvertrag enthaltenen, relevant.[804] Diese Verantwortlichkeit der

---

800 So im Ergebnis offenbar auch *Armbrüster*, VW 2011, 401, 402 nach dem kein Vertragspartner auf der Grundlage der VersVergV dazu gezwungen werden kann, an einer Anpassung der Vergütungsabrede mitzuwirken und daher aus einer Weigerung auch keinerlei Nachteile hergeleitet werden dürfen.
801 Vgl. *Bartel/Bilobrk/Zopf*, BB 2011, 1269, 1276.
802 *Diller/Arnold*, ZIP 2011, 837, 844.
803 Vgl. *Groeger*, RdA 2011, 287, 291.
804 Siehe oben 3. Teil A. II. 1. (S. 207 f.) sowie *Diller/Arnold*, ZIP 2011, 837, 844 f.

Geschäftsleiter führt zwar noch nicht dazu, dass sie selbst die Initiative zur Anpassung ihrer Anstellungsverträge an die neuen Vorgaben ergreifen müssten.[805] Das wäre mit der ausdrücklichen Zuständigkeitsregelung in § 3 Abs. 1 Satz 2 InstitutsVergV/ § 3 Abs. 1 Satz 5 VersVergV nicht vereinbar.[806] Danach ist für die Ausgestaltung der Vergütungssysteme der Geschäftsleiter das Verwaltungs- oder Aufsichtsorgan verantwortlich. Die Verantwortlichkeit der Geschäftsleiter für sämtliche Vergütungsregelungen im Institut/ Unternehmen führt jedoch dazu, dass sie nach Ergreifung der Initiative durch das Verwaltungs- oder Aufsichtsorgan eine Einigung mit diesem erzielen müssen. Sie dürfen sich einer Umstellung ihrer Verträge auf mit der InstitutsVergV/ der VersVergV im Einklang stehende neue Vergütungsregelungen nicht widersetzen.[807]

Weigert sich ein Geschäftsleiter dennoch seinen Anstellungsvertrag durch Abschluss eines Änderungsvertrages an die neuen Vorgaben anzupassen, so ist zumindest wenn es sich dabei um einen unbefristeten Vertrag oder einen noch nicht in näherer Zukunft auslaufenden befristeten Vertrag handelt, als ultima ratio eine Kündigung auszusprechen.[808] Dieser ist dann ein Angebot zur Fortsetzung des Dienstverhältnisses zu geänderten, den Vorgaben der jeweils einschlägigen Verordnung entsprechenden Bedingungen, beizufügen.[809] Alternativ kann die Kündigung auch unter der Bedingung der Nichtannahme des unterbreiteten Änderungsangebots durch den Geschäftsleiter erklärt werden. Die Geschäftsleiter der Institute und Unternehmen genießen nach § 14 Abs. 1 KSchG keinen Kündigungsschutz.

b) Anpassung der betrieblichen Übungen

Bei der Frage wie betriebliche Übungen an die neuen Vorgaben der Instituts-VergV/ der VersVergV angepasst werden können beziehungsweise wie bei ihnen auf eine Anpassung hingewirkt werden kann, ist zunächst zu beachten, dass die betriebliche Übung keine selbständige Anspruchsgrundlage, keine

---

805   Nach *Diller/Arnold*, ZIP 2011, 837, 844 vertreten Repräsentanten der BaFin bei mündlichen Vorträgen die Auffassung, dass die Geschäftsleiter selbst dafür zu sorgen hätten, dass ihre eigene Vergütung den Vorgaben der Verordnung entspricht.

806   *Diller/Arnold*, ZIP 2011, 837, 844; vgl. auch *Binder*, Steuerung und Kontrolle von Vergütungssystemen durch die BaFin, S. 88 f.

807   So auch *Diller/Arnold*, ZIP 2011, 837, 844 f.

808   So auch *Diller/Arnold*, ZIP 2011, 837, 844.

809   *Diller/Arnold*, ZIP 2011, 837, 844.

Rechtsquelle eigener Art ist.[810] Eine betriebliche Übung ist die tatsächliche Erscheinung wiederholt gleichförmigen Verhaltens des Arbeitgebers im Betrieb, die eine Bindung des Arbeitgebers bewirkt und damit einen Anspruch der Arbeitnehmer für die Zukunft begründet.[811] Streng genommen kann es daher nicht um eine Anpassung der betrieblichen Übung als solcher gehen. Eine in der Vergangenheit entstandene, mit den Vorgaben der jeweiligen Verordnung nicht vereinbare betriebliche Übung kann nicht mehr geändert und angepasst werden. Es geht hier vielmehr um die Beseitigung der Bindungswirkung einer solchen betrieblichen Übung.

Wie die Bindungswirkung einer betrieblichen Übung beendet werden kann hängt davon ab, wie sie überhaupt rechtlich zu begründen ist. Hierüber herrscht Streit. Im Wesentlichen stehen sich heute noch zwei Theorien gegenüber: Die von weiten Teilen der Lehre vertretene Vertrauenshaftungstheorie[812] und die vorwiegend von der Rechtsprechung vertretenen Vertragstheorie[813].

aa) Beseitigung der Bindungswirkung bei Zugrundelegung der Vertragstheorie

Nach der Vertragstheorie wird die Bindung des Arbeitgebers und damit der Anspruch der Arbeitnehmer durch eine stillschweigende rechtsgeschäftliche Übereinkunft begründet. In der regelmäßigen Gewährung einer bestimmten Leistung

---

810 BAG v. 3.8.1982, AP Nr. 12 zu § 242 BGB Betriebliche Übung (unter I. 2. a) der Gründe); BAG v. 28.10.1987, AP Nr. 1 zu § 7 AVR Caritasverband (unter II. 1. der Gründe); BAG v. 11.12.1991, 5 AZR 94/91 nv (unter II. 1. a) der Gründe); *Brox/Rüthers/Henssler*, ArbR, Rn. 137; *Hennig*, Betriebliche Übung, S. 12; *Richardi/Fischinger*, in: Staudinger, § 611 BGB Rn. 464; *Waltermann*, RdA 2006, 257, 259.

811 Vgl. BAG v. 19.8.2008, AP Nr. 82 zu § 242 BGB Betriebliche Übung, Rn. 19; BAG v. 8.12.2010, AP Nr. 91 zu § 242 BGB Betriebliche Übung, Rn. 11; *Seiter*, Die Betriebsübung, S. 19, 47; *Seitz*, Betriebliche Übung, S. 19 ff.; *Waltermann*, RdA 2006, 257, 259; *Zöllner/Loritz/Hergenröder*, ArbR, § 6 I 7.

812 Die Vertrauenshaftungstheorie wurde von Seiter (Die Betriebsübung, S. 92 ff.) begründet. Zu den Vertretern gehören etwa *Canaris*, Vertrauenshaftung, § 31 II 3, § 32 III; *Florig*, Rechtsnatur und Abdingbarkeit betrieblicher Übungen, S. 32 ff.; *Hromadka*, NZA 1984, 241, 244 ff.; *Lieb/Jacobs*, ArbR, Rn. 55; *Richardi*, in: Münchener Handbuch zum ArbR, § 8 Rn. 13, 19; *ders./Fischinger*, in: Staudinger, § 611 BGB Rn. 466 ff.; *Singer*, ZfA 1993, 487, 494 ff., 515; *Zöllner/Loritz/Hergenröder*, ArbR, § 6 I 7.

813 BAG v. 3.8.1982, AP Nr. 12 zu § 242 BGB Betriebliche Übung (unter I. 2. a) der Gründe); BAG v. 16.4.1997, AP Nr. 53 zu § 242 BGB Betriebliche Übung (unter II. 1. a) der Gründe); BAG v. 16.1.2002, AP Nr. 56 zu § 242 BGB Betriebliche Übung (unter I. 1. der Gründe); BAG v. 20.1.2004, AP Nr. 65 zu § 242 BGB Betriebliche Übung (unter B. II. 1. der Gründe); BAG v. 8.12.2010, AP Nr. 91 zu § 242 BGB Betriebliche Übung, Rn. 11.

oder Vergünstigung durch den Arbeitgeber wird ein Vertragsangebot seinerseits an die Arbeitnehmer gesehen. Dieses Vertragsangebot werde von den Arbeitnehmern in der Regel stillschweigend, durch die widerspruchslose Inanspruchnahme der Leistung oder Vergünstigung, angenommen. Eines Zugangs der Annahmeerklärung beim Arbeitgeber bedürfe es gemäß § 151 BGB nicht. Durch die betriebliche Übung entstünden somit vertragliche Ansprüche auf die üblich gewordene Leistung oder Vergünstigung. Dabei sei für die Entstehung dieser Ansprüche nicht entscheidend, ob der Arbeitgeber mit Verpflichtungswillen gehandelt hat oder ob ihm ein solcher Wille fehlte. Es komme allein darauf an, wie die Arbeitnehmer das Verhalten des Arbeitgebers nach Treu und Glauben unter Berücksichtigung aller Begleitumstände (§§ 133, 157 BGB) verstehen mussten und durften.[814]

(1) Einvernehmliche Änderung oder Änderungskündigung

Nach der Vertragstheorie gestaltet die betriebliche Übung den Inhalt der Arbeitsverträge und stellt letztlich nichts anderes als eine einvernehmliche Änderung derselben dar.[815] Die Beendigung der Bindung an eine betriebliche Übung ist daher grundsätzlich nicht einseitig durch den Arbeitgeber möglich.[816] Ansprüche aus betrieblicher Übung können nur nach Maßgabe des Vertragsrechts wieder beseitigt werden.[817] Notwendig ist also der Abschluss eines Änderungsvertrages oder eine Änderungskündigung nach Maßgabe der §§ 1, 2 KSchG.[818] In bestimmten Ausnahmefällen kommt auch eine Berufung auf das Rechtsinstitut der Störung der Geschäftsgrundlage in Betracht.[819] Bei einer einvernehmlichen Änderung der Arbeitsverträge ist zu beachten, dass das bloße Schweigen

---

814 Vgl. zu alledem BAG v. 29.9.2004, AP Nr. 67 zu § 242 BGB Betriebliche Übung (unter II. 3. a) der Gründe); BAG v. 20.5.2008, AP Nr. 35 zu § 307 BGB, Rn. 12 und BAG v. 8.12.2010, AP Nr. 91 zu § 242 BGB Betriebliche Übung, Rn. 11.

815 Vgl. BAG v. 25.11.2009, AP Nr. 87 zu § 242 BGB Betriebliche Übung, Rn. 23; *Maties*, Die gegenläufige betriebliche Übung, S. 34, 39.

816 Vgl. BAG v. 14.8.1996, AP Nr. 47 zu § 242 BGB Betriebliche Übung (unter II. 1. der Gründe); BAG v. 26.3.1997, AP Nr. 50 zu § 242 BGB Betriebliche Übung (unter II. 2. der Gründe); *Preis*, in: ErfK, § 611 BGB Rn. 225.

817 *Seitz*, Betriebliche Übung, S. 38.

818 *Preis*, in: ErfK, § 611 BGB Rn. 225.

819 *Waltermann*, RdA 2006, 257, 267.

der Arbeitnehmer auf das ihnen unterbreitete Änderungsangebot noch keine Annahme darstellt.[820]

In früheren Entscheidungen ging das BAG davon aus, dass Ansprüche aus betrieblicher Übung auch durch eine gegenläufige oder negative betriebliche Übung wieder beseitigt werden können.[821] Diese Auffassung vertritt es heute ausdrücklich nicht mehr.[822] Bei den durch eine betriebliche Übung entstandenen vertraglichen Ansprüchen handele es sich nicht um Ansprüche minderer Rechtsbeständigkeit. Sie könnten daher genauso wenig wie die durch ausdrückliche arbeitsvertragliche Abreden begründeten Ansprüche unter erleichterten Voraussetzungen zu Fall gebracht werden.[823]

(2) Ablösung durch eine Betriebsvereinbarung

Von einigen Vertretern der Vertragstheorie wird angenommen, dass das vom Arbeitgeber bei einer betrieblichen Übung an seine Arbeitnehmer gerichtete, stillschweigende Vertragsangebot einen stillschweigenden Änderungsvorbehalt zu Gunsten einer Betriebsvereinbarung enthalte.[824] Aufgrund dieses stillschweigenden Vorbehalts könne eine betriebliche Übung auch durch eine verschlechternde Betriebsvereinbarung abgelöst werden.

Die Annahme einer Auslegungsregel dahingehend, dass das Vertragsangebot des Arbeitgebers im Rahmen einer betrieblichen Übung im Zweifel einen stillschweigenden Änderungsvorbehalt zu Gunsten einer Betriebsvereinbarung enthält,[825] ist abzulehnen. Es gelten die allgemeinen Auslegungsregeln. Bei der Auslegung des Verhaltens des Arbeitgebers im Rahmen einer betrieblichen Übung kommt es auf den Empfängerhorizont der Arbeitnehmer und damit darauf an, wie diese das Verhalten des Arbeitgebers nach Treu und Glauben und

---

820 BAG v. 14.8.1996, AP Nr. 47 zu § 242 BGB Betriebliche Übung (unter II. 2. der Gründe); BAG v. 25.11.2009, AP Nr. 87 zu § 242 BGB Betriebliche Übung, Rn. 27; Preis, in: ErfK, § 611 BGB Rn. 225.

821 BAG v. 26.3.1997, AP Nr. 50 zu § 242 BGB Betriebliche Übung (unter II. 3. b) der Gründe); BAG v. 4.5.1999, AP Nr. 55 zu § 242 BGB Betriebliche Übung (unter II. 2. und 3. der Gründe); BAG v. 27.6.2001, EZA Nr. 44 zu § 242 BGB Betriebliche Übung (unter II. 3. c) aa) der Gründe).

822 BAG v. 18.3.2009, AP Nr. 83 zu § 242 BGB Betriebliche Übung, Rn. 12; BAG v. 25.11.2009, AP Nr. 87 zu § 242 BGB Betriebliche Übung, Rn. 22.

823 BAG v. 25.11.2009, AP Nr. 87 zu § 242 BGB Betriebliche Übung, Rn. 22.

824 *Bepler*, RdA 2004, 226, 240 f.; *ders.*, RdA 2005, 323, 328; *Merten/Schwartz*, DB 2001, 646, 647 f.

825 So *Bepler*, RdA 2004, 226, 240; *ders.*, RdA 2005, 323, 328.

unter Berücksichtigung der Begleitumstände verstehen mussten und durften. Für die Arbeitnehmer wird in der Regel aus dem Verhalten des Arbeitgebers im Rahmen einer betrieblichen Übung nicht ersichtlich sein, dass der aufgrund der betrieblichen Übung entstehende Anspruch künftig durch eine Betriebsvereinbarung abgelöst werden können soll.[826] So hat auch das BAG in seiner Entscheidung vom 5. August 2009 ausdrücklich klargestellt, dass „ein durch betriebliche Übung begründeter Vergütungsanspruch des Arbeitnehmers ebenso wie ein im Arbeitsvertrag vereinbarter Entgeltanspruch des Arbeitnehmers ohne entsprechende Abrede der Arbeitsvertragsparteien (...) nicht grundsätzlich „betriebsvereinbarungsoffen" (ist)."[827] Wolle der Arbeitgeber verhindern, dass im Verhältnis zu einer Betriebsvereinbarung das Günstigkeitsprinzip gilt und damit die für den Arbeitnehmer günstigere, durch betriebliche Übung begründete einzelvertragliche Abrede gegenüber den in einer nachfolgenden Betriebsvereinbarung getroffenen Regelungen Vorrang hat, müsse er die Leistung oder Vergünstigung ausdrücklich unter dem Vorbehalt einer ablösenden Betriebsvereinbarung gewähren.[828] Dieser Vorbehalt müsse ebenso wie ein Widerrufs- oder Freiwilligkeitsvorbehalt dem Transparenzgebot des § 307 Abs. 1 Satz 2 BGB genügen. Bringe der Arbeitgeber nicht hinreichend klar und verständlich zum Ausdruck, dass er unter dem Vorbehalt einer ablösenden Betriebsvereinbarung leisten will, könne ein durchschnittlicher, verständiger Arbeitnehmer dies nicht erkennen.[829]

bb) Beseitigung der Bindungswirkung bei Zugrundelegung der Vertrauenshaftungstheorie

Nach der von Seiter[830] entwickelten Vertrauenshaftungstheorie kann eine Bindung des Arbeitgebers an eine betriebliche Übung nur über einen außerrechtsgeschäftlichen Zurechnungsgrund begründet werden. Dieser Zurechnungsgrund wird in dem Vertrauen der Arbeitnehmer auf den Fortbestand der bisherigen Übung des Arbeitgebers gesehen. Eine rechtlich erhebliche Bindung des Arbeitgebers an seine bisherige Verhaltensweise entstehe, wenn die Nichtfortsetzung dieser Verhaltensweise gegen den Grundsatz von Treu und Glauben verstößt. Die Bindung folge insoweit letztlich aus dem Verbot des widersprüchlichen

---

826 *Seitz*, Betriebliche Übung, S. 42 f.; *Walker*, JuS 2007, 1, 8.
827 BAG v. 5.8.2009, AP Nr. 85 zu § 242 BGB Betriebliche Übung, Rn. 11.
828 Vgl. BAG v. 5.8.2009, AP Nr. 85 zu § 242 BGB Betriebliche Übung, Rn. 12.
829 BAG v. 5.8.2009, AP Nr. 85 zu § 242 BGB Betriebliche Übung, Rn. 15.
830 *Seiter*, Die Betriebsübung, S. 92 ff.

Verhaltens (sogenanntes venire contra factum proprium).[831] Zum Teil wird in diesem Zusammenhang auch von einer der Verwirkung gegenüberzustellenden „Erwirkung" gesprochen.[832]

Zur Beseitigung der Bindung des Arbeitgebers an eine betriebliche Übung reicht es nach einigen Vertretern der Vertrauenshaftungstheorie aus, das entstandene Vertrauen der Arbeitnehmer in die bisherige Übung schlicht wieder zu beseitigen. Die Beendigung des Vertrauenstatbestandes für die Zukunft und damit einhergehend auch die Beendigung der Bindung des Arbeitgebers könne über einen entsprechenden Widerruf der betrieblichen Übung erfolgen, für den es allerdings eines sachlichen Grundes bedürfe.[833] Demnach könnte sich der Arbeitgeber auf dem Boden der Vertrauenshaftungstheorie von der Bindung an eine betriebliche Übung leichter lösen als auf dem Boden der Vertragstheorie.[834] Nach anderer Auffassung innerhalb der Vertrauenshaftungstheorie ergeben sich für die Beseitigung der Bindungswirkung der betrieblichen Übung dagegen keine Unterschiede im Vergleich zur Vertragstheorie. Auch bei Zugrundelegung der Vertrauenshaftungstheorie trete eine Vertragsbindung ein, entstünden also vollwertige einzelvertragliche Ansprüche, die nur nach Maßgabe des Vertragsrechts wieder beseitigt werden können.[835]

cc) Stellungnahme

In der Praxis sollten die Institute und Unternehmen sich zur Beendigung der Bindung an eine mit den Vorgaben der InstitutsVergV/ der VersVergV nicht vereinbaren betrieblichen Übung an die Möglichkeiten halten, die ihnen nach der Auffassung der ständigen und mittlerweile als gefestigt anzusehenden Rechtsprechung zur Verfügung stehen. Auf diese Weise halten sie das Pro-

831 Zu alle dem *Hoffmann*, Betriebliche Übung, S. 12 f.; *Hromadka/Maschmann*, ArbR Band 1, § 5 Rn. 185; *Koch*, in: Schaub, ArbR-Handbuch, § 110 Rn. 5; *Maties*, Die gegenläufige betriebliche Übung, S. 36 f.; *Richardi/Fischinger*, in: Staudinger, § 611 BGB Rn. 466, 468; *Seiter*, Die Betriebsübung, S. 92 ff.; *Seitz*, Betriebliche Übung, S. 31 f.; *Singer*, ZfA 1993, 487, 494 ff.

832 *Hanau*, AcP 165 (1965), 220, 261; *Hromadka/Maschmann*, ArbR Band 1, § 5 Rn. 185; *Lieb/Jacobs*, ArbR, Rn. 55; *Seiter*, Die Betriebsübung, S. 95; *Singer*, ZfA 1993, 487, 494; *Zöllner/Loritz/Hergenröder*, ArbR, § 6 I 7.

833 *Canaris*, Vertrauenshaftung, § 32 III; *Lieb/Jacobs*, ArbR, Rn. 64; *Schrübbers*, Rechtsprobleme der Beseitigung betrieblicher Übungen, S. 131; *Seiter*, DB 1967, 1585, 1589 f.; *Zöllner/Loritz/Hergenröder*, ArbR, § 6 I 7; vgl. auch *Franzen*, SAE 1997, 344, 346.

834 *Franzen*, SAE 1997, 344, 346; *Goertz*, AuR 1999, 463, 464.

835 Vgl. *Goertz*, AuR 1999, 463, 464; *Richardi*, in: Münchener Handbuch zum ArbR, § 8 Rn. 35; *Richardi/Fischinger*, in: Staudinger, § 611 BGB Rn. 480 f.

zessrisiko gering. Unter dieser Prämisse stehen ihnen zur Beendigung der Bindung an eine nicht verordnungskonforme betriebliche Übung die folgenden Möglichkeiten zur Verfügung: Haben sie unter dem Vorbehalt der Ablösung durch eine Betriebsvereinbarung geleistet, können sie mit dem Betriebsrat in Verhandlungen über den Abschluss einer Betriebsvereinbarung treten, die den Anforderungen der InstitutsVergV/ der VersVergV entspricht. Diese tritt sodann an die Stelle des aufgrund der betrieblichen Übung entstandenen arbeitsvertraglichen Anspruchs. Wurde nicht unter einem solchen Vorbehalt geleistet, bleibt nur eine einvernehmliche Änderung und Anpassung der Arbeitsverträge durch den Abschluss entsprechender Änderungsverträge zur Beseitigung der Bindungswirkung einer mit der jeweiligen Verordnung nicht vereinbaren betrieblichen Übung. Eine Änderungskündigung und eine Berufung auf das Rechtsinstitut der Störung der Geschäftsgrundlage scheiden aus.[836]

c) Anpassung der Kollektivvereinbarungen

Auch wenn bei Kollektivvereinbarungen nach § 10 InstitutsVergV und § 6 VersVergV keine Pflicht der Institute und Unternehmen besteht, auf eine Anpassung der Vergütungsregelungen an die neuen Vorgaben hinzuwirken,[837] so wird dies den Instituten und Unternehmen doch von einigen Stimmen in der Literatur empfohlen.[838] Vor diesem Hintergrund sollen an dieser Stelle auch die Möglichkeiten der Institute und Unternehmen zur Anpassung bestehender Betriebs-, Dienst- und Sprecherausschussvereinbarungen erläutert werden.

aa) Anpassung der Betriebsvereinbarungen

(1) Einvernehmliche Änderung

In jedem Fall besteht für die Institute und Unternehmen zunächst die Möglichkeit mit dem Betriebsrat in Verhandlungen über eine Änderung und Anpassung der nicht verordnungskonformen Betriebsvereinbarung zu treten. Diller und Arnold weisen in diesem Zusammenhang darauf hin, dass der Betriebsrat, wie jedermann, an das geltende Recht gebunden sei und sich damit einer Anpassung der Vergütungsregelungen in der Betriebsvereinbarung an die Vorgaben der InstitutsVergV/ der VersVergV nicht widersetzen dürfe.[839] Dabei führen sie § 80 BetrVG an.

---

836 Siehe oben 3. Teil A. II. 3. a) aa) (2) und (3) (S. 219 ff. und S. 221 ff.).
837 Siehe oben 3. Teil A. II. 2. (S. 208 ff.).
838 So etwa *Bartel/Bilobrk/Zopf*, BB 2011, 1269, 1276.
839 *Diller/Arnold*, ZIP 2011, 837, 840.

§ 80 BetrVG regelt jedoch lediglich die allgemeinen Aufgaben des Betriebs-rates und gibt diesem insbesondere vor, darüber zu wachen, dass die zugunsten der Arbeitnehmer geltenden Gesetze und Verordnungen durchgeführt werden. Die InstitutsVergV und die VersVergV sind keine zugunsten der Arbeitnehmer geltenden Verordnungen, sondern enthalten vielmehr aufsichtsrechtliche Rege-lungen, deren Einhaltung dem Schutz des Bestandes und der Stabilität der Insti-tute und Unternehmen dienen. Sie binden die Betriebsräte der Institute und Un-ternehmen auch nicht in anderer Weise. Die Verordnungen richten sich aus-schließlich an die Institute und Unternehmen selbst beziehungsweise deren Ge-schäftsleiter und verpflichten diese, künftig die Vergütungssysteme entspre-chend bestimmter Vorgaben auszugestalten und bei bestehenden Vergütungs-vereinbarungen auf eine Anpassung hinzuwirken. Für den Betriebsrat ergibt sich somit letztlich nichts anderes wie für die einzelnen Arbeitnehmer. Auch diese sind trotz ihrer allgemeinen Bindung an Gesetz und Recht nicht verpflichtet, ei-ner einvernehmlichen Anpassung ihrer Arbeitsverträge zuzustimmen.[840] Träfe sie eine solche Verpflichtung, wäre die Formulierung von § 10 InstitutsVergV und § 6 VersVergV, wonach die Institute und Unternehmen darauf „hinzuwir-ken" haben, dass die bestehenden Verträge, die mit der Verordnung nicht ver-einbar sind, soweit rechtlich zulässig angepasst werden, nicht nachvollziehbar. Denn dann hätte der Verordnungsgeber auch schlicht anordnen können, dass die Institute und Unternehmen die Verträge anpassen.

Aus dem Gebot der vertrauensvollen Zusammenarbeit von Arbeitgeber und Betriebsrat aus § 2 Abs. 1 BetrVG lässt sich jedoch die Pflicht des Betriebsrates ableiten, sich auf Verhandlungen mit dem Arbeitgeber zwecks Anpassung der Betriebsvereinbarung an die neuen Vorgaben einzulassen und sich mit diesem ernsthaft um eine Anpassung zu bemühen.[841]

(2) Beendigungskündigung

(a) Ordentliche Beendigungskündigung

Weigert sich der Betriebsrat, die Betriebsvereinbarung mit den nicht verord-nungskonformen Vergütungsregelungen zu ändern und anzupassen, besteht die

---

840   Vgl. *Diller/Arnold*, ZIP 2011, 837, 843.
841   Zum Gebot der vertrauensvollen Zusammenarbeit von Arbeitgeber und Betriebsrat aus § 2 Abs. 1 BetrVG siehe *Koch*, in: ErfK, § 2 BetrVG Rn. 2.

Möglichkeit diese ordentlich zu kündigen.[842] Die ordentliche Kündigung einer Betriebsvereinbarung ist nach § 77 Abs. 5 BetrVG mit einer Frist von drei Monaten möglich, sofern nichts anderes vereinbart ist. Ein sachlicher, die Kündigung rechtfertigender Grund ist nach nahezu einhelliger Auffassung nicht erforderlich.[843] Nach Ablauf der Kündigungsfrist gelten gemäß § 77 Abs. 6 BetrVG die Regelungen der Betriebsvereinbarung weiter, welche Angelegenheiten betreffen, in denen ein Spruch der Einigungsstelle die Einigung zwischen Arbeitgeber und Betriebsrat ersetzen kann. Hierzu gehören nach § 87 Abs. 1 Nr. 10 und Nr. 11, Abs. 2 BetrVG auch eine Vielzahl von Regelungen betreffend die Vergütung der Arbeitnehmer. Die Institute und Unternehmen haben aber jederzeit die Möglichkeit, den Betriebsrat zu Neuverhandlungen über die Anpassung aufzufordern.[844] Sie können gemäß §§ 76 Abs. 5 Satz 1, 87 Abs. 2 BetrVG auch die Einigungsstelle anrufen. Diese hat bei ihren Entscheidungen zwingendes vorrangiges Recht zu beachten.[845] Inhalt des Spruchs der Einigungsstelle kann nur das sein, was auch die Betriebsparteien zulässigerweise regeln könnten.[846] Zwar handelt es sich bei den Regelungen in der InstitutsVergV und in der VersVergV nicht um Verbotsgesetze mit Nichtigkeitsfolge im Sinne von § 134 BGB. Für die Institute und Unternehmen enthalten die Regelungen jedoch verbindliche Vorgaben, die diese künftig beim Abschluss von nicht auf einer qualifizierten tarifvertraglichen Öffnungsklausel beruhenden Betriebsvereinbarungen zu beachten haben. Die Vorgaben können nicht durch eine Vereinbarung zwischen dem Institut/ Unternehmen und dem Betriebsrat abbedungen werden. Es handelt sich um zwingendes Recht. Die Einigungsstelle hat bei ihrer Entscheidung die

---

842 Vgl. *Diller/Arnold*, ZIP 2011, 837, 840 f., die in dieser Konstellation jedoch von einer Pflicht zur Kündigung der nicht verordnungskonformen Betriebsvereinbarung ausgehen.

843 BAG v. 18.4.1989, AP Nr. 2 zu § 1 BetrAVG Betriebsvereinbarung (unter III. 1. a) der Gründe); BAG v. 26.4.1990, AP Nr. 4 zu § 77 BetrVG 1972 Nachwirkung (unter II. 2. b) (2) der Gründe); *Berg*, in: Däubler u.a., BetrVG, § 77 BetrVG Rn. 111; *Fitting*, BetrVG, § 77 BetrVG Rn. 146; *Löwisch/Kaiser*, BetrVG, § 77 BetrVG Rn. 96; *Kania*, in: ErfK, § 77 BetrVG Rn. 93; *Kreutz*, in: GK-BetrVG, § 77 BetrVG Rn. 359; *Richardi*, in: ders., BetrVG, § 77 BetrVG Rn. 200; zweifelnd *Preis*, in: Wlotzke/Preis/Kreft, BetrVG, § 77 BetrVG Rn. 42 m.w.N.

844 *Diller/Arnold*, ZIP 2011, 837, 840.

845 Vgl. BAG v. 29.6.2004, AP Nr. 41 zu § 87 BetrVG 1972 Überwachung (unter B. I. der Gründe); *Berg*, in: Däubler u.a., BetrVG, § 76 BetrVG Rn. 138; *Fitting*, BetrVG, § 76 BetrVG Rn. 117; *Kania*, in: ErfK, § 76 BetrVG Rn. 24; *Kreutz*, in: GK-BetrVG, § 76 BetrVG Rn. 126.

846 *Fitting*, BetrVG, § 76 BetrVG Rn. 117.

Regelungen zu beachten. Ihr Spruch muss mit den Vorgaben der InstitutsVergV/ der VersVergV im Einklang stehen.[847]

(b) Außerordentliche Beendigungskündigung

Entgeltbezogene Betriebsvereinbarungen werden häufig befristet auf einen längeren Zeitraum oder aber unbefristet, jedoch mit langer Kündigungsfrist abgeschlossen.[848] Fraglich ist, ob in diesem Fall auch eine außerordentliche Kündigung der Betriebsvereinbarung in Betracht kommt.

Auch die Betriebsvereinbarung kann grundsätzlich, wie jedes Dauerrechtsverhältnis, außerordentlich, das heißt ohne Einhaltung einer Kündigungsfrist gekündigt werden.[849] Voraussetzung ist das Vorliegen eines wichtigen Grundes. Dieser ist dann gegeben, wenn dem kündigenden Teil unter Berücksichtigung aller Umstände des Einzelfalls und unter Abwägung der beiderseitigen Interessen die Fortgeltung der Betriebsvereinbarung bis zur vereinbarten Beendigung oder bis zum Ablauf der Kündigungsfrist nicht zugemutet werden kann.[850]

Die Institute und Unternehmen sind nicht verpflichtet die bestehenden Betriebsvereinbarungen an die neuen Vorgaben der InstitutsVergV/ der VersVergV anzupassen. Es besteht noch nicht einmal eine Pflicht, auf eine Anpassung auch nur hinzuwirken. Ein wichtiger Grund für eine außerordentliche Kündigung ist somit nicht gegeben. Zur außerordentlichen Kündigung der Betriebsvereinbarungen zwecks Anpassung der in ihnen enthaltenen Regelungen an die neuen Vorgaben der InstitutsVergV/ der VersVergV sind die Institute und Unternehmen folglich nicht berechtigt.

---

847 So auch *Diller/Arnold*, ZIP 2011, 837, 840; vgl. auch *Annuß/Sammet*, BB 2011, 115, 116; *Däubler*, AuR 2012, 380, 382 und *Langen/Schielke/Zöll*, BB 2009, 2479, 2484.
848 Vgl. *Deeg*, BB 2011, 437, 439.
849 BAG v. 19.7.1957, AP Nr. 1 zu § 52 BetrVG (LS 3); BAG v. 17.1.1995, AP Nr. 7 zu § 77 BetrVG 1972 Nachwirkung (unter II. A. 1. b) (1) der Gründe); *Berg*, in: Däubler u.a., BetrVG, § 77 BetrVG Rn. 112; *Fitting*, BetrVG, § 77 BetrVG Rn. 151; *Kania*, in: ErfK, § 77 BetrVG Rn. 97; *Kreutz*, in: GK-BetrVG, § 77 BetrVG Rn. 366; *Preis*, in: Wlotzke/Preis/Kreft, BetrVG, § 77 BetrVG Rn. 45; *Richardi*, in: ders., BetrVG, § 77 BetrVG Rn. 201.
850 *Berg*, in: Däubler u.a., BetrVG, § 77 BetrVG Rn. 112; *Fitting*, BetrVG, § 77 BetrVG Rn. 151; *Kania*, in: ErfK, § 77 BetrVG Rn. 97; *Kreutz*, in: GK-BetrVG, § 77 BetrVG Rn. 366; *Preis*, in: Wlotzke/Preis/Kreft, BetrVG, § 77 BetrVG Rn. 45; *Richardi*, in: ders., BetrVG, § 77 BetrVG Rn. 201.

(3) Änderungskündigung

Auch die Änderungskündigung einer Betriebsvereinbarung ist grundsätzlich möglich.[851] Hierbei handelt es sich der Sache nach um eine normale Beendigungskündigung, welche entweder unter der Bedingung der Nichtannahme eines gleichzeitig unterbreiteten Änderungsangebots erklärt wird oder welcher lediglich ein Angebot zum Abschluss einer neuen Betriebsvereinbarung mit anderem Inhalt beigefügt wird.[852] Wird das Änderungsangebot von Seiten des Betriebsrates abgelehnt, steht die unter dieser Bedingung erklärte Beendigungskündigung fest. Bei einer unbedingten Beendigungskündigung steht fest, dass keine neue Betriebsvereinbarung mit dem im Änderungsangebot festgelegten Inhalt zustande kommt. Im Hinblick auf die in beiden Fällen übrig bleibende Beendigungskündigung kann auf die oben stehenden Ausführungen zur ordentlichen Beendigungskündigung verwiesen werden.

(4) Teilkündigung

Unter Umständen kommt statt einer ordentlichen Kündigung der Betriebsvereinbarung insgesamt auch eine Kündigung nur der in ihr enthaltenen, mit der InstitutsVergV/ der VersVergV nicht vereinbaren, Vergütungsregelungen in Betracht.

Die Kündigung nur eines Teils der Betriebsvereinbarung ist unstrittig möglich, wenn dies ausdrücklich vereinbart ist.[853] Nach Auffassung des BAG ist sie jedoch auch dann zulässig, wenn der gekündigte Teil einen selbständigen Regelungskomplex betrifft, der ebenso in einer eigenständigen Betriebsvereinbarung geregelt werden könnte.[854] Neben der Selbständigkeit des Regelungskomplexes wird, anders als offenbar noch in früheren Entscheidungen,[855] nicht mehr zusätz-

---

851 Vgl. BAG v. 26.10.1993, AP Nr. 6 zu § 77 BetrVG 1972 Nachwirkung (unter 1. a) aa) der Gründe); *Fitting*, BetrVG, § 77 BetrVG Rn. 150; *Kreutz*, in: GK-BetrVG, § 77 BetrVG Rn. 370; *Richardi*, in: ders., BetrVG, § 77 BetrVG Rn. 204; *Schaub*, BB 1990, 289.

852 Vgl. *Fitting*, BetrVG, § 77 BetrVG Rn. 150; *Kreutz*, in: GK-BetrVG, § 77 BetrVG Rn. 370; *Richardi*, in: ders., BetrVG, § 77 BetrVG Rn. 204.

853 Vgl. BAG v. 6.11.2007, AP Nr. 35 zu § 77 BetrVG 1972 Betriebsvereinbarung, Rn. 28; *Berg*, in: Däubler u.a., BetrVG, § 77 BetrVG Rn. 113; *Fitting*, BetrVG, § 77 BetrVG Rn. 153; *Kreutz*, in: GK-BetrVG, § 77 BetrVG Rn. 365; *Richardi*, in: ders., BetrVG, § 77 BetrVG Rn. 206.

854 BAG v. 6.11.2007, AP Nr. 35 zu § 77 BetrVG 1972 Betriebsvereinbarung, LS und Rn. 29 f.

855 BAG v. 17.4.1959, E 7, 340, 345; BAG v. 29.5.1964, E 16, 58, 69.

lich der erkennbare Wille der Parteien vorausgesetzt, ein rechtlich eigenständiges Schicksal der Regelungskomplexe zu ermöglichen. Die Parteien müssen vielmehr, wenn sie in einem solchen Fall die Teilkündigung ausschließen wollen, dies in der Betriebsvereinbarung deutlich zum Ausdruck bringen.[856]

Ist eine Teilkündigung zur Anpassung der Vergütungsregelungen einer Betriebsvereinbarung an die neuen Vorgaben der InstitutsVergV/ der VersVergV zulässig, so besteht ihr Vorteil gegenüber der Kündigung der Betriebsvereinbarung insgesamt darin, dass nur über den gekündigten, zwingend nachwirkenden Teil neu zu verhandeln ist und auch die gegebenenfalls angerufene Einigungsstelle sich nur mit diesem befasst.[857] Damit ist eine Anpassung unter Umständen noch schneller möglich.

bb) Anpassung der Dienstvereinbarungen

Bei der Anpassung des Pendants zur Betriebsvereinbarung im öffentlichen Dienst, der Dienstvereinbarung, gilt im Wesentlichen das zur Betriebsvereinbarung Gesagte entsprechend. Der Personalrat kann zunächst um eine einvernehmliche Anpassung der Dienstvereinbarung an die Vorgaben der InstitutsVergV/ der VersVergV ersucht werden. Weigert sich der Personalrat einer Änderung und Anpassung zuzustimmen, kann die Dienstvereinbarung mit den nicht verordnungskonformen Vergütungsregelungen ordentlich gekündigt werden. Nicht in allen Landespersonalvertretungsgesetzen ist die ordentliche Kündigung ausdrücklich geregelt. Die meisten dieser Gesetze enthalten jedoch eine mit § 77 Abs. 5 BetrVG vergleichbare Regelung, sehen für die ordentliche Kündigung

---

856 BAG v. 6.11.2007, AP Nr. 35 zu § 77 BetrVG 1972 Betriebsvereinbarung, LS sowie Rn. 28 f., 36; zustimmend *Fitting*, BetrVG, § 77 BetrVG Rn. 153; *Kania*, in: ErfK, § 77 BetrVG Rn. 95; *Preis*, in: Wlotzke/Preis/Kreft, BetrVG, § 77 BetrVG Rn. 40; kritisch sehen dies *Kreutz*, in: GK-BetrVG, § 77 BetrVG Rn. 365 und *Löwisch/Kaiser*, BetrVG, § 77 BetrVG Rn. 99.

857 Vgl. *Deeg*, BB 2011, 437, 440 zum Vorteil der Teilkündigung gegenüber der Beendigungskündigung bei der Anpassung einer Betriebsvereinbarung an die Vorgaben des § 5 Abs. 2 Nr. 3 FMStFV.

also eine Frist von drei Monaten vor.[858] Im Übrigen kann eine Dienstvereinbarung entweder jederzeit ohne Einhaltung einer Frist oder, wenn sie eine Regelung bezüglich ihrer Kündigungsmöglichkeit enthält, nur entsprechend dieser Regelung, insbesondere nur unter Einhaltung der vereinbarten Frist gekündigt werden.[859] Eines sachlichen, die Kündigung rechtfertigenden Grundes bedarf es nicht. Ob und inwieweit die Bestimmungen einer Dienstvereinbarung nach ihrer Beendigung Nachwirkung entfalten, kann ebenfalls nicht für alle Bundesländer einheitlich beantwortet werden. Nur einige der Landespersonalvertretungsgesetze regeln die Nachwirkung ausdrücklich, jedoch in zum Teil sehr unterschiedlicher Weise.[860] Unabhängig von einer bestehenden Nachwirkung unterliegen Fragen der Lohngestaltung innerhalb einer Dienststelle der erzwingbaren Mitbe-

---

858 Art. 73 Abs. 4 Satz 1 BayPVG, § 70 Abs. 3 PersVG BRB, § 62 Abs. 4 BremPVG, § 113 Abs. 5 Satz 1 HPVG, § 66 Abs. 4 Satz 1 PersVG MV, § 70 Abs. 4 Satz 1 LPVG NRW, § 76 Abs. 2 LPersVG RPF, § 84 Abs. 3 SächsPersVG, § 57 Abs. 4 MBG Schl.-H., § 72 Abs. 3 ThürPersVG; in Niedersachsen beträgt die Kündigungsfrist gemäß § 78 Abs. 4 Satz 1 NPersVG vier Monate, es kann jedoch eine kürzere Frist vereinbart werden; in Baden-Württemberg ist nach § 73 Abs. 3 Satz 1 LPVG BW eine Kündigung jederzeit ohne Einhaltung einer Frist möglich; keine Kündigungsregelungen enthalten: Hmb-PersVG, PersVG BLN, PersVG LSA, SPersVG.

859 Vgl. BAG v. 5.5.1988, AP Nr. 1 zu § 70 LPVG NW (LS 1 und III. 5. der Gründe); *Weber*, in: Richardi/Dörner/Weber, PersonalvertretungsR, § 73 BPersVG Rn. 45.

860 Nachwirkung nur wenn und soweit diese ausdrücklich vereinbart worden ist: Art. 73 Abs. 4 Satz 2 BayPVG, § 113 Abs. 5 Satz 2 HPVG und § 84 Abs. 4 Satz 1 Sächs-PersVG; Nachwirkung immer, es sei denn sie ist ausgeschlossen worden: § 66 Abs. 4 Satz 2 PersVG MV; Nachwirkung nur bei Angelegenheiten, in denen ein Spruch der Einigungsstelle die Einigung zwischen Dienststelle und Personalrat ersetzen kann: § 62 Abs. 5 BremPersVG, § 76 Abs. 3 LPersVG RPF, § 70 Abs. 4 Satz 2 und 3 LPVG NRW (sofern die Nachwirkung nicht ausgeschlossen wurde); in Schleswig-Holstein tritt gemäß § 57 Abs. 5 MBG Schl.-H. Nachwirkung nur in Angelegenheiten, in denen ein Beschluss der Einigungsstelle nicht nach § 55 MBG Schl.-H. aufgehoben werden kann ein, soweit nichts anderes vereinbart worden ist; in Niedersachen kann gemäß 78 Abs. 4 Satz 2 NPersVG die Weitergeltung nur für Maßnahmen verabredet werden, bei denen die Einigungsstelle eine die Beteiligten bindende Entscheidung treffen könnte; keine Nachwirkungs-/Weitergeltungsregelung enthalten: HmbPersVG, LPVG BW, PersVG BLN, PersVG BRB, PersVG LSA, SPersVG, ThürPersVG.

stimmung des Personalrates,[861] so dass mit dem Personalrat über den Abschluss einer neuen Dienstvereinbarung, mit den Vorgaben der InstitutsVergV/ der VersVergV entsprechendem Inhalt, zu verhandeln ist. Auf Antrag kann auch das Verfahren vor der Einigungsstelle eingeleitet werden.

Wie bei den Betriebsvereinbarungen kommt zudem eine Änderungskündigung in Betracht. Und auch eine Teilkündigung ist möglich, wenn sie in der Dienstvereinbarung ausdrücklich zugelassen wird oder die Vergütungsregelungen in ihr einen selbständigen Regelungskomplex bilden und die Auslegung dafür spricht, dass die Parteien ein selbständiges Schicksal für möglich gehalten haben.[862]

cc) Anpassung der Sprecherausschussvereinbarungen

Bestehen in den Instituten und Unternehmen Sprecherausschussvereinbarungen im Sinne von § 28 Abs. 2 Satz 1 SprAuG, deren Vergütungsregelungen mit den Vorgaben der InstitutsVergV/ der VersVergV nicht vereinbar sind, haben die Institute und Unternehmen zunächst die Möglichkeit den Sprecherausschuss um eine einvernehmliche Änderung und Anpassung zu ersuchen. Der Abschluss eines Änderungsvertrages ist jederzeit möglich.[863] Kommt ein entsprechender Änderungsvertrag nicht zustande, kann die Sprecherausschussvereinbarung gemäß § 28 Abs. 2 Satz 4 SprAuG mit einer Frist von drei Monaten gekündigt werden, soweit nichts anderes vereinbart ist. Eine § 77 Abs. 6 BetrVG entsprechende Regelung sieht das SprAuG nicht vor. Mangels Nachwirkung tritt daher nach Ablauf der Kündigungsfrist der ohne Vereinbarung geltende Rechtszustand wieder ein.[864] Die Institute und Unternehmen können mit dem Sprecherausschuss über den Abschluss einer neuen Vereinbarung im Sinne von § 28 Abs. 2 Satz 1 SprAuG verhandeln, müssen dies jedoch nicht. In Fragen der Lohngestal-

---

861 Art. 75 Abs. 4 Satz 1 Nr. 4 BayPVG, § 80 Abs. 1 Satz 1 Nr. 8 LPersVG RPF, § 66 Abs. 1 Nr. 5 NPersVG, § 86 Abs. 1 Nr. 5 HmbPersVG, § 74 Abs. 1 Nr. 13 HPVG, § 85 Abs. 1 Satz 1 Nr. 10 PersVG BLN, § 78 Abs. 1 Nr. 4 SPersVG, § 81 Abs. 2 Nr. 4 Sächs-PersVG, § 74 Abs. 2 Nr. 3 ThürPersVG, § 79 Abs. 1 Satz 1 Nr. 5 LPVG BW, § 72 Abs. 4 Satz 1 Nr. 5 LPVG NRW, § 66 Nr. 5 PersVG BRB, § 68 Abs. 1 Nr. 22 PersVG MV; nicht ausdrücklich geregelt ist ein erzwingbares Mitbestimmungsrecht des Personalrats in Fragen der Lohngestaltung im BremPVG, im MBG Schl.-H. und im PersVG LSA.

862 Vgl. zur Teilkündigung im Geltungsbereich des BPersVG *Kröll*, in: Altvater u.a., BPersVG, § 73 BPersVG Rn. 17; *Weber*, in: Richardi/Dörner/Weber, PersonalvertretungsR, § 73 BPersVG Rn. 46.

863 Vgl. *Hromadka/Sieg*, SprAuG, § 28 SprAuG Rn. 56; *Oetker*, in: ErfK, § 28 SprAuG Rn. 18.

864 Vgl. *Deeg*, BB 2011, 437, 439.

tung gibt es kein erzwingbares Mitbestimmungsrecht des Sprecherausschusses. Der Arbeitgeber hat nach § 30 Satz 1 Nr. 1 und Satz 2 SprAuG bei einer Änderung der Gehaltsgestaltung den Sprecherausschuss nur rechtzeitig zu unterrichten und sich mit diesem zu beraten. Die Institute und Unternehmen können mit den Verordnungen nicht vereinbare Sprecherausschussvereinbarungen im Sinne von § 28 Abs. 2 Satz 1 SprAuG daher grundsätzlich durch ordentliche Kündigung ohne weiteres einseitig beenden. Eine außerordentliche Kündigung, für die ein wichtiger Grund vorliegen müsste,[865] ist jedoch nicht möglich.

4. Folgen einer unterbliebenen Anpassung bestehender Verträge und Vereinbarungen

Die vorstehenden Ausführungen haben gezeigt, dass eine Anpassung der Vergütungsregelungen in den bestehenden Verträgen und Vereinbarungen an die Vorgaben der jeweiligen Verordnung bis auf wenige Ausnahmen nicht einseitig durch die Institute und Unternehmen erfolgen kann, sondern nur einvernehmlich möglich ist. Dieser Erkenntnis schließt sich die Frage an, welche Folgen es hat, wenn das erforderliche Einvernehmen nicht erzielt werden kann und eine Anpassung unterbleibt.

In der Praxis ist zu beobachten, dass einige Institute und Unternehmen etwa bei der Berechnung und Auszahlung der variablen Vergütung so vorgehen, wie die Verordnung es vorgibt und dabei entgegenstehende vertragliche Vereinbarungen schlicht ignorieren.[866] Sie verlassen sich darauf, dass ihre Arbeitnehmer nicht vor die Arbeitsgerichte ziehen.[867] Tatsächlich werden wohl auch viele der Arbeitnehmer davor zurückschrecken, sich gegen die Umsetzung der jeweiligen Verordnung unter Bruch des mit ihnen geschlossenen Vertrages gerichtlich zu wehren.[868] Dennoch ist eine solche Vorgehensweise der Institute und Unternehmen nicht rechtlich geboten.[869] Zwar müssen nach Art. 3 (2) i) der Änderungsrichtlinie 2010/76/EU die nationalen Rechts- und Verwaltungsvorschriften, die zur Umsetzung der Grundsätze zur Vergütungspolitik in ihrem Anhang I Nr. 1 (Anhang V Abschnitt 11 Nr. 23 der Richtlinie 2006/48/EG) erlassen werden, von den Kreditinstituten verlangen, die Grundsätze zur Vergütungspolitik auf

---

865 *Hromadka/Sieg*, SprAuG, § 28 SprAuG Rn. 54; *Oetker*, in: ErfK, § 28 SprAuG Rn. 17.
866 *Diller/Arnold*, ZIP 2011, 837, 840.
867 *Diller/Arnold*, ZIP 2011, 837, 840.
868 *Diller/Arnold*, ZIP 2011, 837, 840.
869 So auch *Diller/Arnold*, ZIP 2011, 837, 840.

Vergütungen anzuwenden, die auf der Grundlage von vor dem tatsächlichen Zeitpunkt der Umsetzung in dem jeweiligen Mitgliedstaat geschlossenen Verträgen zu leisten sind und nach diesem Zeitpunkt gewährt oder ausgezahlt werden.[870] Diese Regelung wurde jedoch nicht umgesetzt. Eine derartige Verpflichtung ist weder in das KWG noch in die InstitutsVergV aufgenommen worden.

Die mit den neuen Anforderungen an Vergütungssysteme nicht vereinbaren Vergütungsregelungen in den Verträgen und Vereinbarungen bei den Instituten und Unternehmen bleiben wirksam. Die sich aus ihnen ergebenden Ansprüche der Geschäftsleiter und Mitarbeiter können erfüllt werden. Die Verordnungen verlangen von den Instituten und Unternehmen nicht, die Anforderungen unmittelbar und unter Bruch der geschlossenen Verträge und Vereinbarungen zu erfüllen.[871] Die Institute und Unternehmen werden bei einer unterbliebenen Anpassung bestehender Verträge und Vereinbarungen auch nicht durch die Aufsichtsbehörde sanktioniert, sofern sie nachweisen können, dass sie ihrer Pflicht aus § 10 InstitutsVergV/ § 6 VersVergV, auf eine Anpassung hinzuwirken, nachgekommen sind. Unterblieb eine Anpassung der Vergütungsregelungen in den Verträgen und Vereinbarungen jedoch deshalb, weil die Institute und Unternehmen nicht oder unzureichend auf sie hingewirkt haben, kann die Aufsichtsbehörde gegenüber den Instituten nach § 6 Abs. 3 Satz 1 KWG und gegenüber den Versicherungsunternehmen nach § 81 Abs. 2 Satz 1 und Satz 2 in Verbindung mit Abs. 1 VAG Anordnungen treffen.

B. Untersagungs- und Beschränkungsbefugnis der Aufsichtsbehörde

Die Befugnis der Aufsichtsbehörde nach § 45 Abs. 2 Satz 1 Nr. 6 KWG beziehungsweise § 81b Abs. 1a Satz 1 VAG, unter bestimmten Voraussetzungen die Auszahlung variabler Vergütungsbestandteile zu untersagen oder auf einen bestimmten Anteil des Jahresergebnisses zu beschränken, muss nicht nur künftig bei der Vereinbarung variabler Vergütungen in den Verträgen der Geschäftsleiter und Mitarbeiter berücksichtigt werden. § 45 Abs. 5 Satz 8 KWG (§ 45 Abs. 5 Satz 11 KWG n.F.) und § 81b Abs. 1a Satz 2 VAG beziehen sich auch auf die im Zeitpunkt des Erlasses der neuen Vorschriften in den Instituten/ Unterneh-

---

870 Vgl. auch Erwägungsgrund Nr. 22 zur Richtlinie 2010/76/EU, ABl. EU Nr. L 329 v. 14.12.2010, S. 6.
871 Vgl. *Binder*, Steuerung und Kontrolle von Vergütungssystemen durch die BaFin, S. 89.

men bestehenden Verträge, in denen variable Vergütungen vereinbart sind. In diese muss nachträglich eine Regelung aufgenommen werden, die den Anordnungsbefugnissen der Aufsichtsbehörde Rechnung trägt. Die damit verbundene Vertragsänderung ist bei den Arbeitsverträgen nicht einseitig durch die Institute und Unternehmen möglich, sondern kann nur im Einvernehmen mit den Arbeitnehmern erfolgen. Können diese nicht von einer entsprechenden Änderung ihrer Verträge überzeugt werden, greift im Falle einer Anordnung der Aufsichtsbehörde § 45 Abs. 5 Satz 9 KWG (§ 45 Abs. 5 Satz 12 KWG n.F.) beziehungsweise § 81b Abs. 1a Satz 3 VAG ein. Danach können aus vertraglichen Vereinbarungen über die Gewährung einer variablen Vergütung keine Rechte hergeleitet werden, soweit sie einer Untersagungs- oder Beschränkungsanordnung der Aufsichtsbehörde entgegenstehen.

Über den Wortlaut von § 45 Abs. 5 Satz 8 KWG (§ 45 Abs. 5 Satz 11 KWG n.F.) und § 81b Abs. 1a Satz 2 VAG hinaus, sollten die Institute und Unternehmen auch in bestehenden Betriebs- und Sprecherausschussvereinbarungen beziehungsweise Dienstvereinbarungen, in denen variable Vergütungen der Arbeitnehmer vereinbart sind, nachträglich eine Regelung einfügen, die der Untersagungs- und Beschränkungsbefugnis der Aufsichtsbehörde nach § 45 Abs. 2 Satz 1 Nr. 6 KWG beziehungsweise § 81b Abs. 1a Satz 1 VAG Rechnung trägt.

Die vorstehenden Erläuterungen gelten in Instituten entsprechend auch für die Befugnis der BaFin nach § 45 Abs. 5 Satz 5 KWG, im Falle einer Untersagung der Auszahlung von variablen Vergütungsbestandteilen gemäß § 45 Abs. 2 Satz 1 Nr. 6 KWG anzuordnen, dass die Ansprüche auf Gewährung variabler Vergütung ganz oder teilweise erlöschen.

Kommt ein Institut oder Unternehmen der Pflicht aus § 45 Abs. 5 Satz 8 KWG (§ 45 Abs. 5 Satz 11 KWG n.F.)/ § 81b Abs. 1a Satz 2 VAG nicht nach, kann die Aufsichtsbehörde gemäß § 6 Abs. 3 Satz 1 KWG beziehungsweise § 81 Abs. 2 Satz 1 und Satz 2 in Verbindung mit Abs. 1 VAG eine geeignete und erforderliche Anordnung gegenüber dem Institut/ Unternehmen treffen.[872]

---

872 Siehe oben 2. Teil D. VI. (S. 201 ff.).

4. Teil Zusammenfassung und Ausblick

Die durch das Vergütungs-SystG in das KWG und das VAG eingefügten und durch die InstitutsVergV und die VersVergV konkretisierten aufsichtsrechtlichen Anforderungen an die Vergütungssysteme von Instituten und Versicherungsunternehmen geben einen Rahmen vor, innerhalb dessen die Vergütungsbedingungen der Geschäftsleiter und Mitarbeiter weiterhin autonom ausgestaltet werden können. Sie enthalten viele unbestimmte Rechtsbegriffe. Diese werden in der Begründung zum Vergütungs-SystG, in den Verordnungsbegründungen und auch in den zugrunde liegenden internationalen und europäischen Vorgaben betreffend die Vergütung in den Unternehmen des Finanzsektors kaum näher konkretisiert. Aufgrund der sich daraus für die Institute und Versicherungsunternehmen ergebenden Rechtsunsicherheit ist diesen zu empfehlen mit der BaFin in Kontakt zu treten und geplante Vergütungsregelungen mit dieser abzustimmen. Die BaFin überprüft und überwacht die Einhaltung der aufsichtsrechtlichen Anforderungen an die Vergütungssysteme von Instituten und Versicherungsunternehmen. Wann die mehr oder weniger unbestimmten Anforderungen erfüllt sind, entscheidet sie. Eine Präzisierung der Vorgaben in verwaltungsgerichtlichen Entscheidungen ist, jedenfalls in größerem Umfang, wenig wahrscheinlich. Es ist zu beobachten, dass aufsichtsrechtliche Entscheidungen nur selten in Frage gestellt und einer verwaltungsgerichtlichen Kontrolle unterzogen werden. Aus diesem Grund liegt bei der BaFin faktisch ein Auslegungsmonopol für die in den Regelungen enthaltenen unbestimmten Rechtsbegriffe.[873]

Die Gestaltung der Vergütungsbedingungen der Geschäftsleiter und Mitarbeiter entsprechend der aufsichtsrechtlichen Anforderungen ist nicht nur deshalb schwierig, weil diese zum Teil recht unbestimmt sind. Hinzu kommt, dass das Verwaltungs- oder Aufsichtsorgan bei der inhaltlichen Gestaltung der Verträge der Geschäftsleiter und diese wiederum bei der inhaltlichen Gestaltung der Verträge der Mitarbeiter sowie der Vereinbarungen mit einem Betriebsrat, einem Sprecherausschuss oder einem Personalrat nicht völlig frei sind. Der Vertragsfreiheit und damit auch der Freiheit der inhaltlichen Gestaltung privatrechtlicher Verträge sind Grenzen gesetzt. Im Wesentlichen sind bei der Gestaltung der Vergütungsbedingungen der Geschäftsleiter und Mitarbeiter in den Instituten und Versicherungsunternehmen die folgenden vier Grundsätze zu beachten:

---

873 So *Binder*, Steuerung und Kontrolle von Vergütungssystemen durch die BaFin, S. 79.

- Bei Instituten in der Rechtsform einer AG oder eG und Versicherungsunternehmen in der Rechtsform einer AG oder eines VVaG hat der für die Ausgestaltung der Vergütungsbedingungen der Vorstandsmitglieder zuständige und verantwortliche Aufsichtsrat darauf zu achten, dass über die Gestaltung der variablen Vergütung kein Einfluss auf die Geschäftsführung des jeweiligen Vorstandsmitglieds genommen, nicht in dessen Weisungsunabhängigkeit eingegriffen und somit die Kompetenzverteilung zwischen Vorstand und Aufsichtsrat beachtet wird.

- Bei der Ausgestaltung der variablen Vergütung der Arbeitnehmer und ihrer Vergütung insgesamt haben die zuständigen und verantwortlichen Geschäftsleiter darauf zu achten, dass das Wirtschaftsrisiko nicht auf die Arbeitnehmer verlagert wird. Das Wirtschaftsrisiko ist vom Arbeitgeber und damit von dem Institut beziehungsweise dem Versicherungsunternehmen zu tragen. Auch darf den Arbeitnehmern keine Erfolgsgarantie auferlegt werden. Das wäre mit dem Wesen des Arbeitsvertrages unvereinbar.

- Den freien Dienstnehmern und den Arbeitnehmern in den Instituten und Versicherungsunternehmen darf nicht im Widerspruch zum wesentlichen Grundgedanken des § 611 Abs. 1 BGB eine bereits verdiente Vergütung entzogen werden. Gerechtfertigt sein kann in bedeutenden Instituten und bedeutenden Versicherungsunternehmen ein Entzug der bereits verdienten und entsprechend der Vorgaben der InstitutsVergV beziehungsweise der VersVergV zurückbehaltenen variablen Vergütung nur in den durch die Verordnungen ausdrücklich vorgegebenen Fällen, also bei sich insbesondere aus der ex-post-Risikokontrolle im Zurückbehaltungszeitraum ergebenden negativen Erfolgsbeiträgen des jeweiligen Geschäftsleiters oder Mitarbeiters, negativen Erfolgsbeiträgen seiner Organisationseinheit oder einem negativen Gesamterfolg des Instituts/ Unternehmens beziehungsweise der Gruppe.

- Schließlich ist bei den Vergütungsregelungen das Transparenzgebot des § 307 Abs. 1 Satz 2 BGB zu beachten. Die Regelungen müssen für den Betroffenen klar und verständlich sein. In dieser Hinsicht wird das Verwaltungs- oder Aufsichtsorgan in Bezug auf die Vergütungsregelungen der Geschäftsleiter und die Geschäftsleiter in Bezug auf die Vergütungsregelungen der Mitarbeiter insbesondere bei der Umsetzung der besonderen Anforderungen aus der InstitutsVergV beziehungsweise der VersVergV (Berechnung der variablen Vergütung, Zurückbehaltung eines Teils der variablen Vergütung, Abhängigkeit eines Teils der variablen Vergütung von einer nachhaltigen Wertentwicklung des Instituts/ Unternehmens, Verringerung der variablen Vergütung) vor eine Herausforderung gestellt. Hier könnte eine grafische Darstellung des Zusammenspiels der Regelungen im Arbeits- beziehungsweise Dienstvertrag, vergleichbar der im BaFinJournal 01/2011 abgedruckten, hilfreich sein.[874]

Die Institute und Versicherungsunternehmen müssen nicht nur künftig bei der Gestaltung von Vergütungsregelungen in Verträgen und Vereinbarungen auf die Einhaltung der aufsichtsrechtlichen Anforderungen an Vergütungssysteme achten und den Anordnungsbefugnissen der Aufsichtsbehörde in Bezug auf die Auszahlung variabler Vergütungsbestandteile Rechnung tragen. Sie müssen auch auf eine Anpassung der Vergütungsregelungen in bestehenden Verträgen und Vereinbarungen hinwirken und in diesen den Anordnungsbefugnissen der Aufsichtsbehörde ebenfalls Rechnung tragen.

Sind die Vergütungssysteme der Geschäftsleiter und Mitarbeiter einmal entsprechend der aufsichtsrechtlichen Anforderungen ausgestaltet, bedeutet dies nicht, dass die Institute und Versicherunternehmen sich in näherer Zukunft nicht mehr mit diesen auseinandersetzen müssten. Nach den Verordnungen müssen die Vergütungssysteme in regelmäßigen Abständen auf ihre Angemessenheit und ihre Ausrichtung auf die Erreichung der in den Strategien des Instituts/ Unternehmens niedergelegten Ziele überprüft und gegebenenfalls angepasst werden. Sind variable Vergütungen neben der Fixvergütung für die Geschäftsleiter und Mitarbeiter vorgesehen, hat also eine stetige Abstimmung mit den aufsichtsrechtlichen Vorgaben und den Strategien und Zielen des Instituts/ Unternehmens zu erfolgen.

Für die Institute und Versicherungsunternehmen bedeutet all dies einen erheblichen organisatorischen Aufwand. In Anbetracht dieser Umstände ist zu erwarten, dass die Fixvergütungen in den Instituten und Versicherungsunternehmen an Bedeutung gewinnen werden.[875] Reine Fixvergütungen sind zulässig. Die Institute und Versicherungsunternehmen, die in der Vergangenheit variable Vergütungen gewährt haben, könnten hierauf in Zukunft verzichten und dabei die Fixvergütungen ihrer Geschäftsleiter und Mitarbeiter soweit erhöhen, dass sie das Vergütungsniveau der Vergangenheit halten. Vergütungsobergrenzen sehen die aufsichtsrechtlichen Anforderungen an Vergütungssysteme nicht vor.

---

874 *Buscher*, BaFinJournal 01/2011, 13, 18.
875 So auch *Fröhlich*, ArbRB 2010, 312, 315; *Mosch/Rosenau*, NJW-Spezial 2010, 498, 499.

Da die höheren Fixvergütungen nebst einem Unternehmensgewinn erwirtschaftet werden müssen, könnte wiederum eine Geschäftspolitik gefördert werden, Risiken einzugehen.[876] Die aufsichtsrechtlichen Anforderungen an Vergütungssysteme könnten so ihr Ziel verfehlen.

Es ist davon auszugehen, dass sich die regulatorischen Eingriffe in die Geschäftstätigkeit der Unternehmen des Finanzsektors in Zukunft weiter verdichten werden und in diesem Zusammenhang auch die Vergütungsvorgaben überarbeitet, ergänzt und erweitert werden. Auf EU-Ebene ist mit dem jüngst in Kraft getretenen CRD IV – Maßnahmenpaket ein weiterer Schritt in diese Richtung unternommen worden. Dieses Maßnahmenpaket lässt die Entschlossenheit und den Willen der europäischen Behörden erkennen, die Widerstandsfähigkeit des EU-Bankensektors zu erhöhen und damit gleichzeitig dafür zu sorgen, dass die Banken weiterhin die Wirtschaft und das Wachstum in Europa finanzieren.[877]

Die Zukunft wird zeigen, wie die Institute in Deutschland und Europa in der Praxis mit den Anforderungen an die Ausgestaltung der Vergütung ihrer Geschäftsleiter und Mitarbeiter umgehen werden. Davon werden die Überlegungen auf europäischer und nationaler Ebene zu künftigen, noch weitergehenden Regulierungen maßgeblich abhängen. Es liegt also ein Stück weit auch in der Hand der Institute und Versicherungsunternehmen. Sie müssen ihren Beitrag zum Erfolg der Regelungen leisten. Eines ist jedoch klar, bleiben die Erwartungen der Eigentümer der Institute und Versicherungsunternehmen in Bezug auf Ergebnis und Rendite wie in der Vergangenheit hoch, werden diese, unabhängig von der Ausgestaltung der Vergütung ihrer Geschäftsleiter und Mitarbeiter, auch in der Zukunft hohe Risiken eingehen. Es ist ein Umdenken aller Beteiligten erforderlich, damit es nicht noch einmal zu Entwicklungen kommt wie in den Jahren 2007, 2008 und 2009 und das Weltfinanzsystem derart ins Wanken gerät.

---

876 Vgl. *Deeg*, BB 2011, 437, 441.
877 Vgl. die Pressemitteilung der Europäischen Kommission vom 20.7.2011 zu ihren Vorschlägen betreffend das CRD IV – Maßnahmenpaket, abrufbar unter http://europa.eu/rapid/press-release_IP-11-915_de.htm (31.10.2013).
     Zu den Auswirkungen der Regulierung der Vergütung von Führungskräften im Finanzdienstleistungssektor auf andere Branchen siehe *Lowitzsch/Kocsis/Koch*, ZESAR 10.13, 389 ff.

Literaturverzeichnis

Altvater, Lothar / Baden, Eberhard / Berg, Peter / Kröll, Michael / Noll, Gerhard / Seulen, Anna : BPersVG. Bundespersonalvertretungsgesetz, 8. Auflage Frankfurt am Main 2013 (Zit.: *Bearbeiter*, in: Altvater u.a., BPersVG)

Annuß, Georg : Arbeitsrechtliche Aspekte von Zielvereinbarungen in der Praxis, in: Neue Zeitschrift für Arbeitsrecht 2007, Seiten 290-296 (Zit.: *Annuß*, NZA 2007)

Annuß, Georg / Sammet, Sebastian : Anforderungen an Vergütungssysteme in Versicherungsunternehmen, in: Betriebs-Berater 2011, Seiten 115-119 (Zit.: *Annuß/Sammet*, BB 2011)

Armbrüster, Christian : Neue Vorgaben zur Managervergütung im Versicherungssektor, in: Versicherungsrecht 2011, Seiten 1-13 (Zit.: *Armbrüster*, VersR 2011)

Armbrüster, Christian : Unternehmen: Die neue Vergütungsverordnung – erste Antworten für die Praxis, in: Versicherungswirtschaft 2011, Seite 401-402 (Zit.: *Armbrüster*, VW 2011)

Ascheid, Reiner / Preis, Ulrich / Schmidt, Ingrid : Kündigungsrecht. Großkommentar zum gesamten Recht der Beendigung von Arbeitsverhältnissen, 4. Auflage München 2012 (Zit.: *Bearbeiter*, in: Ascheid/Preis/Schmidt, KündigungsR)

Backmeister, Thomas / Trittin, Wolfgang / Mayer, Udo R. : Kündigungsschutzgesetz mit Nebengesetzen, 4. Auflage München 2009 (Zit.: *Bearbeiter*, in: Backmeister/Trittin/Mayer, KSchG)

Baeck, Ulrich / Diller, Martin : Rettungsfonds für Banken: Welche Opfer müssen die Arbeitnehmer bringen?, in: Der Betrieb 2008, Seiten 2423-2425 (Zit.: *Baeck/Diller*, DB 2008)

Baeck, Ulrich / Götze, Cornelius / Arnold, Christian : Festsetzung und Herabsetzung der Geschäftsführervergütung – Welche Änderungen bringt das VorstAG?, in: Neue Zeitschrift für Gesellschaftsrecht 2009, Seiten 1121-1127 (Zit.: *Baeck/Götze/Arnold*, NZG 2009)

Bamberger, Heinz Georg / Roth, Herbert : Kommentar zum Bürgerlichen Gesetzbuch, Band 1 §§ 1-610 CISG, 3. Auflage München 2012 (Zit.: *Bearbeiter*, in: Bamberger/Roth, BGB)

Bartel, Karen / Bilobrk, Betina / Zopf, Andreas : Auslegungshilfe zu den Anforderungen an Vergütungssysteme in der Versicherungswirtschaft gemäß der VersVergV, in: Betriebs-Berater 2011, Seiten 1269-1277 (Zit.: *Bartel/Bilobrk/Zopf*, BB 2011)

Bauer, Jobst-Hubertus / Arnold, Christian : Festsetzung und Herabsetzung der Vorstandsvergütung nach dem VorstAG, in: Die Aktiengesellschaft 2009, Seiten 717-731 (Zit.: *Bauer/Arnold*, AG 2009)

Becker, Florian / Mock, Sebastian : FMStG. Finanzmarktstabilisierungsgesetz Kommentar, Köln 2009 (Zit.: *Becker/Mock*, FMStG)

Bepler, Klaus : Betriebliche Übungen - Ein erweiterter Rechtsprechungsbericht, in: Recht der Arbeit 2004, Seiten 226-241 (Zit.: *Bepler*, RdA 2004)

Bepler, Klaus : Die „zweifelhafte Rechtsquelle" der betrieblichen Übung – Beharrungen und Entwicklungen, in: Recht der Arbeit 2005, Seiten 323-330 (Zit.: *Bepler*, RdA 2005)

Berkowsky, Wilfried : Die betriebsbedingte Änderungskündigung und ihr Streitgegenstand, in: Neue Zeitschrift für Arbeitsrecht 2000, Seiten 1129-1136 (Zit.: *Berkowsky*, NZA 2000)

Binder, Jens-Hinrich : Steuerung und Kontrolle von Vergütungssystemen durch die BaFin, in: Rieble, Volker / Junker, Abbo / Giesen, Richard (Hrsg.): Finanzkriseninduzierte Vergütungsregulierung und arbeitsrechtliche Entgeltsysteme, ZAAR Schriftenreihe Band 24, Seiten 65-105, München 2011 (Zit.: *Binder*, Steuerung und Kontrolle von Vergütungssystemen durch die BaFin)

Boewer, Dietrich : Streitgegenstand und Prüfungsmaßstab bei der Änderungsschutzklage, in: Betriebs-Berater 1996, Seiten 2618-2622 (Zit.: *Boewer*, BB 1996)

Boos, Karl-Heinz / Fischer, Reinfrid / Schulte-Mattler, Hermann : Kreditwesengesetz. Kommentar zu KWG und Ausführungsvorschriften, 4. Auflage München 2012 (Zit.: *Bearbeiter*, in: Boos/Fischer/Schulte-Mattler, KWG)

Brox, Hans / Rüthers, Bernd / Henssler, Martin : Arbeitsrecht, 18. Auflage Stuttgart 2011 (Zit.: *Brox/Rüthers/Henssler*, ArbR)

Brox, Hans / Walker, Wolf-Dietrich : Allgemeiner Teil des BGB, 37. Auflage München 2013 (Zit.: *Brox/Walker*, Allg Teil des BGB)

Bürgers, Tobias / Körber, Torsten : Aktiengesetz, 2. Auflage Heidelberg u.a. 2011 (Zit.: *Bearbeiter*, in: Bürgers/Körber, AktG)

Buscher, Arne : Die neue Instituts-Vergütungsverordnung, in: BaFinJournal Ausgabe Januar 2011, Seiten 13-19, abrufbar unter: http://www.bafin.de/ SharedDocs/Downloads/DE/BaFinJournal/2011/bj_1101.pdf?__blob= publicationFile&v=5 (31.10.2013) (Zit.: *Buscher*, BaFinJournal 01/2011)

Bydlinski, Franz : Juristische Methodenlehre und Rechtsbegriff, 2. Auflage Wien New York 1991 (Zit.: *Bydlinski*, Juristische Methodenlehre)

Canaris, Claus-Wilhelm : Die Vertrauenshaftung im Deutschen Privatrecht, München 1971 (Zit.: *Canaris*, Vertrauenshaftung)

Canaris, Claus-Wilhelm : Die Feststellung von Lücken im Gesetz, 2. Auflage Berlin 1983 (Zit.: *Canaris*, Die Feststellung von Lücken im Gesetz)

Däubler, Wolfgang / Bonin, Birger / Deinert, Olaf : AGB-Kontrolle im Arbeitsrecht. Kommentar zu den §§ 305 bis 310 BGB, 3. Auflage München 2010 (Zit.: *Bearbeiter*, in: Däubler/Bonin/Deinert, AGB-Kontrolle im ArbR)

Däubler, Wolfgang / Hjort, Jens Peter / Schubert, Michael / Wolmerath, Martin : Arbeitsrecht. Individualarbeitsrecht mit kollektivrechtlichen Bezügen. Handkommentar, 3. Auflage Baden-Baden 2013 (Zit.: *Bearbeiter*, in: Däubler u.a., ArbR Handkommentar)

Däubler, Wolfgang / Kittner, Michael / Klebe, Thomas / Wedde, Peter : BetrVG. Betriebsverfassungsgesetz mit Wahlordnung und EBR-Gesetz, 13. Auflage Frankfurt am Main 2012 (Zit.: *Bearbeiter*, in: Däubler u.a., BetrVG)

Däubler, Wolfgang : Sonderarbeitsrecht für Finanzdienstleister?, in: Arbeit und Recht 2012, Seiten 380-385 (Zit.: *Däubler*, AuR 2012)

Dauner-Lieb, Barbara : Die Verrechtlichung der Vorstandsvergütung durch das VorstAG als Herausforderung für den Aufsichtsrat, in: Der Konzern 2009, Seiten 583-593 (Zit.: *Dauner-Lieb*, Der Konzern 2009)

Deeg, Oliver : Die Anpassung kollektiver Vergütungssysteme unter dem Eindruck von FMStFG und FMStFV, in: Betriebs-Berater 2011, Seiten 437-441 (Zit.: *Deeg*, BB 2011)

Degenhart, Christoph : Die allgemeine Handlungsfreiheit des Art. 2 I GG, in: Juristische Schulung 1990, Seiten 161-169 (Zit.: *Degenhart*, JuS 1990)

Diepold, Markus : Die leistungsbezogene Vergütung, Diss. Berlin 2003 (Zit.: *Diepold*, Die leistungsbezogene Vergütung)

Diller, Martin / Arnold, Christian : Vergütungsverordnungen für Banken und Versicherungen: Pflicht zum Mobbing?, in: Zeitschrift für Wirtschaftsrecht 2011, Seiten 837-845 (Zit.: *Diller/Arnold*, ZIP 2011)

Dreher, Meinrad : Managervergütung im Visier des Versicherungsaufsichtsrechts, in: Versicherungswirtschaft 2010, Seiten 1508-1511 (Zit.: *Dreher*, VW 2010)

Dzida, Boris / Naber, Sebastian : Risikosteuerung durch variable Vergütung, in: Betriebs-Berater 2011, Seiten 2613-2617 (Zit.: *Dzida/Naber*, BB 2011)

Engels, Andreas : Verfassungsrechtliche Determinanten staatlicher Lohnpolitik, in: Juristen Zeitung 2008, Seiten 490-498 (Zit.: *Engels*, JZ 2008)

Erbguth, Wilfried : Allgemeines Verwaltungsrecht, 6. Auflage Baden-Baden 2014 (Zit.: *Erbguth*, Allg VerwR)

Erfurter Kommentar zum Arbeitsrecht : Hrsg. von Müller-Glöge, Rudi / Preis, Ulrich / Schmidt, Ingrid, 14. Auflage München 2014 (Zit.: *Bearbeiter*, in: ErfK)

Erichsen, Hans-Uwe / Ehlers, Dirk : Allgemeines Verwaltungsrecht, 14. Auflage Berlin New York 2010 (Zit.: *Bearbeiter*, in: Erichsen/Ehlers, Allg VerwR)

Erman, Walter : Bürgerliches Gesetzbuch, hrsg. von Westermann, Harm Peter / Grunewald, Barbara / Maier-Reimer, Georg, Band I, 13. Auflage Köln 2011 (Zit.: *Bearbeiter*, in: Erman, BGB)

Fiebig, Stefan / Gallner, Inken / Mestwerdt, Wilhelm / Nägele, Stefan : Kündigungsschutzrecht. Handkommentar, 4. Auflage Baden-Baden 2012 (Zit.: *Bearbeiter*, in: Fiebig u.a., KSchR)

Fitting, Karl (Begr.) : Betriebsverfassungsgesetz. Handkommentar, hrsg. von Engels, Gerd / Schmidt, Ingrid / Trebinger, Yvonne / Linsenmaier, Wolfgang, 26. Auflage München 2012 (Zit.: *Fitting*, BetrVG)

Fleischer, Holger : Das Gesetz zur Angemessenheit der Vorstandsvergütung (VorstAG), in: Neue Zeitschrift für Gesellschaftsrecht 2009, Seiten 801-806 (Zit.: *Fleischer*, NZG 2009)

Florig, Hans-Georg : Die Rechtsnatur und Abdingbarkeit betrieblicher Übungen, arbeitsvertraglicher Einheitsregelungen und Gesamtzusagen, Diss. Frankfurt am Main 1993 (Zit.: *Florig*, Rechtsnatur und Abdingbarkeit betrieblicher Übungen)

Fonk, Hans-Joachim : Vergütungsrelevante Zielvereinbarungen und –vorgaben versus Leitungsbefugnis des Vorstandes, in: Neue Zeitschrift für Gesellschaftsrecht 2011, Seiten 321-327 (Zit.: *Fonk*, NZG 2011)

Franzen, Martin : Anmerkung zum Urteil des Bundesarbeitsgerichts vom 26.3.1997 – 10 AZR 612/96 (Änderung der betrieblichen Übung bei Weihnachtsgratifikationen - Freiwilligkeitsvorbehalt), in: Sammlung Arbeitsrechtlicher Entscheidungen 1997, Seiten 344-349 (Zit.: *Franzen*, SAE 1997)

Friebel, Guido / Langenbucher, Katja : Die Institutsvergütungsverordnung: Ist Verantwortung für Misserfolge im Finanzsektor möglich?, in: Gesellschafts- und Wirtschaftsrecht 2011, Seiten 103-105 (Zit.: *Friebel/Langenbucher*, GWR 2011)

Fröhlich, Oliver : Neue Vergütungsregeln für Banken und Versicherungen. Inhalt des Gesetzes und Konsequenzen für Vergütungsvereinbarungen, in: Der Arbeits-Rechts-Berater 2010, Seiten 312-315 (Zit.: *Fröhlich*, ArbRB 2010)

Gaul, Björn / Janz, Alexandra : Wahlkampfgetöse im Aktienrecht: Gesetzliche Begrenzung der Vorstandsvergütung und Änderung der Aufsichtsratstätigkeit, in: Neue Zeitschrift für Arbeitsrecht 2009, Seiten 809-815 (Zit.: *Gaul/Janz*, NZA 2009)

Geffken, Rolf : Zielvereinbarungen – Eine Herausforderung für Personalwesen und Arbeitsrecht, in: Neue Zeitschrift für Arbeitsrecht 2000, Seiten 1033-1039 (Zit.: *Geffken*, NZA 2000)

Gemeinschaftskommentar zum Betriebsverfassungsgesetz : Hrsg. von Wiese, Günther / Kreutz, Peter / Oetker, Hartmut / Raab, Thomas / Weber, Christoph / Franzen, Martin, Band II: §§ 74-132 mit Wahlordnungen, 9. Auflage Köln 2010 (Zit.: *Bearbeiter*, in: GK-BetrVG)

Gerenkamp, Max / Kuklick, Christian : Die Regulierung der Anreiz- und Vergütungssysteme von Banken vor dem Hintergrund der Prinzipal-Agent-Theorie, in: Zeitschrift für Bankrecht und Bankwirtschaft 2011, Seiten 430-442 (Zit.: *Gerenkamp/Kuklick*, ZBB 2011)

Goertz, Alexander : Die gegenläufige Betriebsübung, in: Arbeit und Recht 1999, Seiten 463-467 (Zit.: *Goertz*, AuR 1999)

Grimm, Jacob / Grimm, Wilhelm : Deutsches Wörterbuch, Zehnter Band IV. Abteilung Strom-Szische, Leipzig 1942 (Zit.: *Grimm/Grimm*, Deutsches Wörterbuch, Bd. 10 Abt. 4)

Groeger, Axel : Begrenzung der Managervergütungen bei Banken durch staatliche Regulierung?, in: Recht der Arbeit 2011, Seiten 287-293 (Zit.: *Groeger*, RdA 2011)

Hanau, Peter : Objektive Elemente im Tatbestand der Willenserklärung, in: Archiv für die civilistische Praxis, 165. Band 1965, Seiten 220-284 (Zit.: *Hanau*, AcP 165 (1965))

Hennig, Andreas : Betriebliche Übung und AGB-Kontrolle, Diss. Köln 2009 (Zit.: *Hennig*, Betriebliche Übung)

Henssler, Martin / Strohn, Lutz : Gesellschaftsrecht, 2. Auflage München 2014 (Zit.: *Bearbeiter*, in: Henssler/Strohn, GesellschaftsR)

Henssler, Martin / Willemsen, Heinz Josef / Kalb, Heinz-Jürgen : Arbeitsrecht. Kommentar, 5. Auflage Köln 2012 (Zit.: *Bearbeiter*, in: Henssler/Willemsen/Kalb, ArbR Kommentar)

Heuchemer, Frank-Karl / Kloft, Verena : Neue Verordnung über die aufsichtsrechtlichen Anforderungen an Vergütungssysteme von Instituten (Instituts-Vergütungsverordnung), in: Wertpapier-Mitteilungen 2010, Seiten 2241-2288 (Zit.: *Heuchemer/Kloft*, WM 2010)

Hoffmann, Claudia : Betriebliche Übung und AGB-Kontrolle, Diss. Bielefeld 2009 (*Hoffmann*, Betriebliche Übung)

Hoffmann-Becking, Michael / Krieger, Gerd : Leitfaden zur Anwendung des Gesetzes zur Angemessenheit der Vorstandsvergütung (VorstAG), in: Neue Zeitschrift für Gesellschaftsrecht 2009, Beilage zu Heft 26 (Zit.: *Hoffmann-Becking/Krieger*, NZG 2009, Beilage zu Heft 26)

Höfling, Wolfram : Vertragsfreiheit. Eine grundrechtsdogmatische Studie, Heidelberg 1991 (Zit.: *Höfling*, Vertragsfreiheit)

Hohaus, Benedikt / Weber, Christoph : Die Angemessenheit der Vorstandsvergütung gemäß § 87 AktG nach dem VorstAG, in: Der Betrieb 2009, Seiten 1515-1520 (Zit.: *Hohaus/Weber*, DB 2009)

Hohenstatt, Klaus-Stefan / Kuhnke, Michael : Vergütungsstruktur und variable Vergütungsmodelle für Vorstandsmitglieder nach dem VorstAG, in: Zeitschrift für Wirtschaftsrecht 2009, Seiten 1981-1989 (Zit.: *Hohenstatt/Kuhnke*, ZIP 2009)

Hölters, Wolfgang : Aktiengesetz. Kommentar, 1. Auflage München 2011 (Zit.: *Bearbeiter*, in: Hölters, AktG)

Hopt, Klaus J. / Wohlmannstetter, Gottfried : Handbuch Corporate Governance von Banken, München 2011 (Zit.: *Bearbeiter*, in: Hopt/Wohlmannstetter, Handbuch Corporate Governance von Banken)

Horcher, Michael : Inhaltskontrolle von Zielvereinbarungen, in: Betriebs-Berater 2007, Seiten 2065-2070 (Zit.: *Horcher*, BB 2007)

Hoyningen-Huene, Gerrick von : Die Inhaltskontrolle von Betriebsvereinbarungen der betrieblichen Altersversorgung, in: Betriebs-Berater 1992, Seiten 1640-1646 (Zit.: *v. Hoyningen-Huene*, BB 1992)

Hoyningen-Huene, Gerrick von / Linck, Rüdiger / Krause, Rüdiger : Kündigungsschutzgesetz. Kommentar, 15. Auflage München 2013(Zit.: *Bearbeiter*, in: v. Hoyningen-Huene/Linck/Krause, KSchG)

Hromadka, Wolfgang : Zur betrieblichen Übung, in: Neue Zeitschrift für Arbeitsrecht 1984, Seiten 241-246 (Zit.: *Hromadka*, NZA 1984)

Hromadka, Wolfgang / Maschmann, Frank : Arbeitsrecht Band 1. Individualarbeitsrecht, 5. Auflage Berlin Heidelberg 2012 (Zit.: *Hromadka/Maschmann*, ArbR Band 1)

Hromadka, Wolfgang / Sieg, Rainer : SprAuG. Kommentar zum Sprecherausschussgesetz, 2. Auflage Köln 2010 (Zit.: *Hromadka/Sieg*, SprAuG)

Hüffer, Uwe : Aktiengesetz, 10. Auflage München 2012 (Zit.: *Hüffer*, AktG)

Insam, Alexander / Hinrichs, Lars / Hörtz, Martin : Vergütungssysteme nach der Instituts-Vergütungsverordnung. Aktuelle ungeklärte und geklärte Rechtsfragen, in: Der Betrieb 2012, Seiten 1568-1572 (Zit.: *Insam/Hinrichs/Hörtz*, DB 2012)

Ipsen, Jörn : Allgemeines Verwaltungsrecht, 8. Auflage München 2012 (Zit.: *Ipsen*, Allg VerwR)

Jaeger, Georg : Die Auswirkungen des VorstAG auf die Praxis von Aufhebungsvereinbarungen, in: Neue Zeitschrift für Arbeitsrecht 2010, Seiten 128-135 (Zit.: *Jaeger*, NZA 2010)

Jaletzke, Matthias / Veranneman, Peter : Finanzmarktstabilisierungsgesetz. Kommentar, München 2009 (Zit.: *Bearbeiter*, in: Jaletzke/Veranneman, FMStG)

Jarass, Hans D. / Pieroth, Bodo : Grundgesetz für die Bundesrepublik Deutschland. Kommentar, 12. Auflage München 2012 (Zit.: *Bearbeiter*, in: Jarass/Pieroth, GG)

Jauernig, Othmar : Bürgerliches Gesetzbuch, 14. Auflage München 2011 (Zit.: *Bearbeiter*, in: Jauernig, BGB)

Junker, Abbo : Grundkurs Arbeitsrecht, 12. Auflage München 2013 (Zit.: *Junker*, Grundkurs ArbR)

Khanian, Frederic Mirza : Die Inhaltskontrolle von Organanstellungsverträgen am Beispiel des GmbH-Geschäftsführervertrages, Diss. Köln 2007 (Zit.: *Khanian*, Die Inhaltskontrolle von Organanstellungsverträgen)

Kirchhartz, Marcel : Europäisches Bankaufsichtsrecht 1.0: Das CRD IV-Paket und seine Auswirkungen auf das Kreditwesengesetz, in: Gesellschafts- und Wirtschaftsrecht 2013, Seiten 395-399 (Zit.: *Kirchhartz*, GWR 2013)

Kittner, Michael / Däubler, Wolfgang / Zwanziger, Bertram : KSchR. Kündigungsschutzrecht, 8. Auflage Frankfurt am Main 2011 (Zit.: *Bearbeiter*, in: Kittner/Däubler/Zwanziger, KSchR)

Kölner Kommentar zum Aktiengesetz : Hrsg. von Zöllner, Wolfgang / Noack, Ulrich, Band 2/1 §§ 76-94 AktG, 3. Auflage Köln 2010 (Zit.: *Bearbeiter*, in: Kölner Kommentar zum AktG)

Kraft, Alfons / Kreutz, Peter : Gesellschaftsrecht, 11. Auflage Neuwied Kriftel 2000 (Zit.: *Kraft/Kreutz*, GesellschaftsR)

Kramer, Ernst A. : Juristische Methodenlehre, 4. Auflage Bern München Wien 2013 (Zit.: *Kramer*, Juristische Methodenlehre)

Kreßel, Eckhard : Derzeitige und künftige Bedeutung der Abfindung, in: Neue Zeitschrift für Arbeitsrecht 1997, Seiten 1138-1144 (Zit.: *Kreßel*, NZA 1997)

Küttner, Wolfdieter (Begr.) : Personalbuch 2013, hrsg. von Röller, Jürgen, 20. Auflage München 2013 (Zit.: *Bearbeiter*, in: Küttner, Personalbuch)

Langen, Markus / Schielke, Christian / Zöll, Oliver : Schluss mit Boni? Vergütung in Instituten nach der MaRisk-Novelle, in: Betriebs-Berater 2009, Seiten 2479-2486 (Zit.: *Langen/Schielke/Zöll*, BB 2009)

Larenz, Karl / Canaris, Claus-Wilhelm : Methodenlehre der Rechtswissenschaft, 3. Auflage Berlin u.a. 1995 (Zit.: *Larenz/Canaris*, Methodenlehre)

Lembke, Mark : Die Gestaltung von Vergütungsvereinbarungen, in: Neue Juristische Wochenschrift 2010, Seiten 257-263 (Zit.: *Lembke*, NJW 2010)

Lieb, Manfred / Jacobs, Matthias : Arbeitsrecht, 9. Auflage Heidelberg u.a. 2006 (Zit.: *Lieb/Jacobs*, ArbR)

Lindemann, Viola : Flexible Gestaltung von Arbeitsbedingungen nach der Schuldrechtsreform, Diss. Köln 2003 (Zit.: *Lindemann*, Flexible Gestaltung von Arbeitsbedingungen)

Lindena, Bodo : Variable Vergütung – die juristischen Facetten, in: die bank 2009, Seiten 76-81 (Zit.: *Lindena*, diebank 2009)

Lingemann, Stefan : Angemessenheit der Vorstandsvergütung – Das VorstAG ist in Kraft, in: Betriebs-Berater 2009, Seiten 1918-1924 (Zit.: *Lingemann*, BB 2009)

Löw, Hans-Peter : Sound Compensation Practices und Arbeitsrecht, in: Betriebs-Berater 2010 Die erste Seite Heft Nr. 41 (Zit.: *Löw*, BB 2010)

Löw, Hans-Peter : Bankerboni im Spannungsfeld von Gesetzgebung und Rechtsprechung, in: Betriebs-Berater 2012 Die erste Seite Heft Nr. 9 (Zit.: *Löw, BB 2012*)

Löwisch, Manfred / Kaiser, Dagmar : Betriebsverfassungsgesetz. Kommentar, 6. Auflage Frankfurt am Main 2010 (Zit.: *Löwisch/Kaiser*, BetrVG)

Lowitzsch, Jens / Kocsis, Gyula / Koch, Rosemarie : Die Regulierung der Vergütung von Führungskräften im Finanzdienstleistungssektor im Rahmen des CRD IV – Pakets und ihre Auswirkungen auf andere Branchen, in: ZESAR 10.13, Seiten 389-397 (Zit.: *Lowitzsch/Kocsis/Koch*, ZESAR 10.13)

Lunk, Stefan : AnwaltFormulare Arbeitsrecht, 1. Auflage Bonn 2011 (Zit.: *Bearbeiter*, in: Lunk, AnwaltFormulare ArbR)

Lunk, Stefan / Besenthal, Friederike : Die neuen EU Regelungen zu Banker Boni. Auswirkungen der Boni-Deckelung auch auf bestehende Verträge?, in: Neue Zeitschrift für Gesellschaftsrecht 2013, Seiten 1010-1014 (Zit.: *Lunk/Besenthal*, NZG 2013)

Mangoldt, Hermann von / Klein, Friedrich / Starck, Christian : Kommentar zum Grundgesetz, Band 1: Präambel, Artikel 1 bis 19, 6. Auflage München 2010 (Zit.: *Bearbeiter*, in: v. Mangoldt/Klein/Starck, GG)

Martens, Klaus-Peter : Die Vorstandsvergütung auf dem Prüfstand, in: Zeitschrift für das gesamte Handelsrecht und Wirtschaftsrecht, 169. Band 2005, Seiten 124-154 (Zit: *Martens*, ZHR 169 (2005))

Maties, Martin : Die gegenläufige betriebliche Übung, Diss. Bochum 2002/2003 (Zit.: *Maties*, Die gegenläufige betriebliche Übung)

Maunz, Theodor / Dürig, Günter (Begr.) : Grundgesetz. Kommentar, hrsg. von Herzog, Roman / Scholz, Rupert / Herdegen, Matthias / Klein, Hans H., Band I Art. 1-5, München Stand 69. Ergänzungslieferung Mai 2013 (Zit.: *Bearbeiter*, in: Maunz/Dürig, GG)

Maurer, Hartmut : Allgemeines Verwaltungsrecht, 18. Auflage München 2011 (Zit.: *Maurer*, Allg VerwR)

Merten, Philip W. / Schwartz, Philip : Die Ablösung einer betrieblichen Übung durch Betriebsvereinbarung, in: Der Betrieb 2001, Seiten 646-648 (Zit.: *Merten/Schwartz*, DB 2001)

Mosch, Ulrich / Rosenau, Marc : Neuregelung für Bankerboni, in: Neue Juristische Wochenschrift-Spezial 2010, Seiten 498-499 (Zit.: *Mosch/Rosenau*, NJW-Spezial 2010)

Müller-Bonanni, Thomas / Mehrens, Christian : Neue Vergütungsregeln für Banken – Entwurf der Instituts-Vergütungsverordnung, in: Neue Zeitschrift für Arbeitsrecht 2010, Seiten 792-797 (Zit.: *Müller-Bonanni/Mehrens*, NZA 2010)

Münchener Handbuch zum Arbeitsrecht : Hrsg. von Richardi, Reinhard / Wißmann, Hellmut / Wlotzke, Otfried / Oetker, Hartmut, Band 1 Individualarbeitsrecht, 3. Auflage München 2009 (Zit.: *Bearbeiter*, in: Münchener Handbuch zum ArbR)

Münchener Kommentar zum Aktiengesetz : Hrsg. von Goette, Wulf / Habersack, Mathias / Kalss, Susanne, Band 2 §§ 76-117, 3. Auflage München 2008 (Zit.: *Bearbeiter*, in: MünchKomm. AktG)

Münchener Kommentar zum Bürgerlichen Gesetzbuch : Hrsg. von Säcker, Franz Jürgen / Rixecker, Roland, Band 1 Allgemeiner Teil §§ 1-240, ProstG, AGG, 6. Auflage München 2012 (Zit.: *Bearbeiter*, in: MünchKomm. BGB)

Münchener Kommentar zum Bürgerlichen Gesetzbuch : Hrsg. von Säcker, Franz Jürgen / Rixecker, Roland, Band 2 Schuldrecht Allgemeiner Teil §§ 241-432, 6. Auflage München 2012 (Zit.: *Bearbeiter*, in: MünchKomm. BGB)

Münchener Kommentar zum Bürgerlichen Gesetzbuch : Hrsg. von Säcker, Franz Jürgen / Rixecker, Roland, Band 4 Schuldrecht Besonderer Teil II §§ 611-704, EFZG, TzBfG, KSchG, 6. Auflage München 2012 (Zit.: *Bearbeiter*, in: MünchKomm. BGB)

Münchener Kommentar zum GmbHG : Hrsg. von Fleischer, Holger / Goette, Wulf, Band 2 §§ 35-52, 1. Auflage München 2012 (Zit.: *Bearbeiter*, in: MünchKomm. GmbHG)

Münchener Kommentar zum Handelsgesetzbuch : Hrsg. von Schmidt, Karsten, Band 1 Erstes Buch Handelsstand §§ 1-104a, 3. Auflage München 2010 (Zit.: *Bearbeiter*, in: MünchKomm. HGB)

Mujan, Susanne : Neue Anforderungen an Boni in Fonds- und Portfolioverwaltungen – Institutsvergütungsverordnung 2.0?, in: Betriebs-Berater 2013, Seiten 1653-1659 (Zit.: *Mujan*, BB 2013)

Neumann, Juliane / Stettler, Roger : Institutsvergütungsverordnung - Gelegenheit zur Optimierung des Ziel- und Bonussystems, in: Zeitschrift für das gesamte Kreditwesen 2013, Seiten 390-392 (Zit.: *Neumann/Stettler*, Kreditwesen 2013)

Nguyen, Tristan : Nachhaltige Vergütungssysteme – Umsetzung internationaler Regeln, in: Versicherungswirtschaft 2010, Seiten 1315-1318 (Zit.: *Nguyen*, VW 2010)

Nussbaum, Matthias : Abfindungen und Anerkennungsprämien für Vorstandsmitglieder deutscher Aktiengesellschaften, Diss. Hamburg 2009 (Zit.: *Nussbaum*, Abfindungen und Anerkennungsprämien)

Oetker, Hartmut : Das Arbeitsentgelt der leitenden Angestellten zwischen Individualautonomie und kollektiver Interessenvertretung, in: Betriebs-Berater 1990, Seiten 2181-2187 (Zit.: *Oetker*, BB 1990)

Oetker, Hartmut : Nachträgliche Eingriffe in die Vergütung von Geschäftsführerorganen im Lichte des VorstAG, in: Zeitschrift für das gesamte Handelsrecht und Wirtschaftsrecht, 175. Band 2011, Seiten 527-556 (Zit.: *Oetker*, ZHR 175 (2011))

Palandt, Otto : Bürgerliches Gesetzbuch, 72. Auflage München 2013 (Zit.: *Bearbeiter*, in: Palandt)

Papier, Hans-Jürgen : Der verfassungsrechtliche Rahmen für Privatautonomie im Arbeitsrecht, in: Recht der Arbeit 1989, Seiten 137-144 (Zit.: *Papier*, RdA 1989)

Pöhlmann, Peter / Fandrich, Andreas / Bloehs, Joachim : Genossenschaftsgesetz, 4. Auflage München 2012 (Zit.: *Bearbeiter*, in: Pöhlmann/Fandrich/Bloehs, GenG)

Preis, Ulrich : Grundfragen der Vertragsgestaltung im Arbeitsrecht, Neuwied Kriftel Berlin 1993 (Zit.: *Preis*, Grundfragen der Vertragsgestaltung im ArbR)

Preis, Ulrich : Arbeitsrecht. Individualarbeitsrecht, 4. Auflage Köln 2012 (Zit.: *Preis*, IndividualarbeitsR)

Prütting, Hanns / Wegen, Gerhard / Weinreich, Gerd : BGB Kommentar, 8. Auflage Köln 2013 (Zit.: *Bearbeiter*, in: Prütting/Wegen/Weinreich, BGB)

Reichel, Christian / Böhm, Verena : Ausgestaltung und Änderung variabler Vergütungssysteme, in: Arbeit und Arbeitsrecht 2010, Seiten 568-572 (Zit.: *Reichel/Böhm*, AuA 2010)

Reiserer, Kerstin : Zielvereinbarung – ein Instrument der Mitarbeiterführung, in: Neue Juristische Wochenschrift 2008, Seiten 609-613 (Zit.: *Reiserer*, NJW 2008)

Richardi, Reinhard / Dörner, Hans-Jürgen / Weber, Christoph : Personalvertretungsrecht. Kommentar, 4. Auflage München 2012 (Zit.: *Bearbeiter*, in: Richardi/Dörner/Weber, PersonalvertretungsR)

Richardi, Reinhard : Betriebsverfassungsgesetz mit Wahlordnung, 13. Auflage München 2012 (Zit.: *Bearbeiter*, in: Richardi, BetrVG)

Roth, Günter H. / Altmeppen, Holger : Gesetz betreffend die Gesellschaft mit beschränkter Haftung (GmbHG). Kommentar, 7. Auflage München 2012 (Zit.: *Bearbeiter*, in: Roth/Altmeppen, GmbHG)

Rubner, Daniel / Leuering, Dieter : Vergütungssysteme im Finanzsektor, in: Neue Juristische Wochenschrift-Spezial 2010, Seiten 463-464 (Zit.: *Rubner/Leuering*, NJW-Spezial 2010)

Rubner, Daniel : Anforderungen an Vergütungssysteme im Finanzsektor, in: Neue Zeitschrift für Gesellschaftsrecht 2010, Seiten 1288-1291 (Zit.: *Rubner*, NZG 2010)

Rüthers, Bernd / Fischer, Christian / Birk, Axel : Rechtstheorie mit juristischer Methodenlehre, 7. Auflage München 2013 (Zit.: *Rüthers/Fischer/Birk*, Rechtstheorie)

Schaub, Günter : Änderungskündigung und Kündigungsschutz bei Betriebsvereinbarungen, in: Betriebs-Berater 1990, Seiten 289-291 (Zit.: *Schaub*, BB 1990)

Schaub, Günter : Arbeitsrechts-Handbuch, 15. Auflage München 2013 (Zit.: *Bearbeiter*, in: Schaub, ArbR-Handbuch)

Schmidt, Karsten : Gesellschaftsrecht, 4. Auflage Köln u.a. 2002 (Zit.: *Schmidt*, GesellschaftsR)

Schmidt, Karsten / Lutter, Marcus : Aktiengesetz. Kommentar, I. Band §§ 1-149, 2. Auflage Köln 2010 (Zit.: *Bearbeiter*, in: Schmidt/Lutter, AktG)

Schrübbers, Michael : Rechtsprobleme der Beseitigung betrieblicher Übungen, Diss. Köln 1976 (Zit.: *Schrübbers*, Rechtsprobleme der Beseitigung betrieblicher Übungen)

Schulze, Reiner / Dörner, Heinrich / Ebert, Ina / Hoeren, Thomas / Kemper, Rainer / Saenger, Ingo / Schreiber, Klaus / Schulte-Nölke, Hans / Staudinger, Ansgar : Bürgerliches Gesetzbuch. Handkommentar, 7. Auflage Baden-Baden 2012 (Zit.: *Bearbeiter*, in Schulze u.a., BGB)

Schwerdtner, Peter : Kündigungsschutzrechtliche und betriebsverfassungsrechtliche Probleme der Änderungskündigung, in: 25 Jahre Bundesarbeitsgericht, Festschrift hrsg. von Gamillscheg, Franz / Hueck, Götz / Wiedemann, Herbert, München 1979, Seiten 555-581 (Zit.: *Schwerdtner*, FS 25 Jahre BAG)

Seibert, Ulrich : Das VorstAG – Regelungen zur Angemessenheit der Vorstandsvergütung und zum Aufsichtsrat, in: Wertpapier-Mitteilungen 2009, Seiten 1489-1493 (Zit.: *Seibert*, WM 2009)

Seiter, Hugo : Die Betriebsübung, Düsseldorf 1967 (Zit.: *Seiter*, Die Betriebsübung)

Seiter, Hugo : Die Bindung des Arbeitgebers an eine Betriebsübung, in: Der Betrieb 1967, Seiten 1585-1590 (Zit.: *Seiter*, DB 1967)

Seitz, Christian : Wann entsteht eine betriebliche Übung?, Diss. Mannheim 2009 (Zit.: *Seitz*, Betriebliche Übung)

Simon, Oliver / Koschker, Maximilian : Vergütungssysteme auf dem Prüfstand – Neue aufsichtsrechtliche Anforderungen für Banken und Versicherungen, in: Betriebs-Berater 2011, Seiten 120-126 (Zit.: *Simon/Koschker*, BB 2011)

Singer, Reinhard : Neue Entwicklungen im Recht der Betriebsübung, in: Zeitschrift für Arbeitsrecht 1993, Seiten 487-516 (Zit.: *Singer*, ZfA 1993)

Soergel, Hans Theodor (Begr.) : Bürgerliches Gesetzbuch mit Einführungsgesetz und Nebengesetzen, Band 2 Allgemeiner Teil 2 §§ 104-240, Redaktor Wolf, Manfred, 13. Auflage Stuttgart u.a. 1999 (Zit.: *Bearbeiter*, in: Soergel)

Söllner, Alfred : Der verfassungsrechtliche Rahmen für Privatautonomie im Arbeitsrecht, in: Recht der Arbeit 1989, Seiten 144-150 (Zit.: *Söllner*, RdA 1989)

Spindler, Gerald / Stilz, Eberhard : Kommentar zum Aktiengesetz, Band 1 §§ 1-149, 2. Auflage München 2010 (Zit.: *Bearbeiter*, in: Spindler/Stilz, AktG)

Staudinger, Julius von : Kommentar zum Bürgerlichen Gesetzbuch, Einführungsgesetz zum Bürgerlichen Gesetzbuche Art. 1, 2, 50-218 EGBGB (Inkrafttreten, Verhältnis zu anderen Vorschriften, Übergangsvorschriften), Redaktor Rawert, Peter, Neubearbeitung Berlin 2013 (Zit.: *Bearbeiter*, in Staudinger)

Staudinger, Julius von : Kommentar zum Bürgerlichen Gesetzbuch, Buch 1 Allgemeiner Teil §§ 125-129; BeurkG (Beurkundung), Redaktor Habermann, Norbert, Neubearbeitung Berlin 2012 (Zit.: *Bearbeiter*, in: Staudinger)

Staudinger, Julius von : Kommentar zum Bürgerlichen Gesetzbuch, Buch 1 Allgemeiner Teil §§ 134-138; Anh zu § 138: ProstG (Allgemeiner Teil 4 a), Redaktor Habermann, Norbert, Neubearbeitung Berlin 2011 (Zit.: *Bearbeiter*, in: Staudinger)

Staudinger, Julius von : Kommentar zum Bürgerlichen Gesetzbuch, Buch 2 Recht der Schuldverhältnisse Einleitung zum Schuldrecht; §§ 241-243 (Treu und Glauben), Redaktor Martinek, Michael, Neubearbeitung Berlin 2009 (Zit.: *Bearbeiter*, in: Staudinger)

Staudinger, Julius von : Kommentar zum Bürgerlichen Gesetzbuch, Buch 2 Recht der Schuldverhältnisse §§ 305-310; UKlaG (Recht der Allgemeinen Geschäftsbedingungen), Redaktor Martinek, Michael, Neubearbeitung Berlin 2013 (Zit.: *Bearbeiter*, in: Staudinger)

Staudinger, Julius von : Kommentar zum Bürgerlichen Gesetzbuch, Buch 2 Recht der Schuldverhältnisse §§ 315-326 (Leistungsstörungsrecht 2), Redaktor Löwisch, Manfred, Neubearbeitung Berlin 2009 (Zit.: *Bearbeiter*, in: Staudinger)

Staudinger, Julius von : Kommentar zum Bürgerlichen Gesetzbuch, Buch 2 Recht der Schuldverhältnisse §§ 611-613 (Dienstvertragsrecht 1), Redaktor Reuter, Dieter, Neubearbeitung Berlin 2011 (Zit.: *Bearbeiter*, in: Staudinger)

Storr, Stefan / Schröder, Rainer : Allgemeines Verwaltungsrecht, Stuttgart 2010 (Zit.: *Storr/Schröder*, Allg VerwR)

Stütze, Sebastian : Die Kontrolle der Entgelthöhe im Arbeitsrecht, Diss. Göttingen 2010 (Zit.: *Stütze*, Die Kontrolle der Entgelthöhe im ArbR)

Thüsing, Gregor : Das Gesetz zur Angemessenheit der Vorstandsvergütung, in: Die Aktiengesellschaft 2009, Seiten 517-529 (Zit.: *Thüsing*, AG 2009)

Ulmer, Peter / Brandner, Hans Erich / Hensen, Horst-Diether : AGB-Recht. Kommentar zu den §§ 305-310 BGB und zum UKlaG, 11. Auflage Köln 2011 (Zit.: *Bearbeiter*, in: Ulmer/Brandner/Hensen, AGB-Recht)

Walker, Wolf-Dietrich : Die betriebliche Übung, in: Juristische Schulung 2007, Seiten 1-10 (Zit.: *Walker*, JuS 2007)

Wallner, Franz X. : Die ordentliche Änderungskündigung des Arbeitgebers, Diss. Passau 2000 (Zit.: *Wallner*, Die ordentliche Änderungskündigung des Arbeitgebers)

Wallner, Franz X. : Variable Vergütung. Das Kreditinstitut im Spannungsverhältnis von Aufsichts- und Arbeitsrecht, in: Bank Praktiker 2011, Seiten 211-215 (Zit.: *Wallner*, BankPraktiker 2011)

Waltermann, Raimund : Die betriebliche Übung, in: Recht der Arbeit 2006, Seiten 257-269 (Zit.: *Waltermann*, RdA 2006)

Wank, Rolf : Die Auslegung von Gesetzen, 5. Auflage München 2011 (Zit.: *Wank*, Die Auslegung von Gesetzen)

Weber-Rey, Daniela : Änderungen des Deutschen Corporate Governance Kodex 2009, in: Wertpapier-Mitteilungen 2009, Seiten 2255-2264 (Zit.: *Weber-Rey*, WM 2009)

Wimmer, Richard : Der Anstellungsvertrag des GmbH-Geschäftsführers, in: Deutsches Steuerrecht 1997, Seiten 247-251 (Zit.: *Wimmer*, DStR 1997)

Wlotzke, Otfried / Preis, Ulrich / Kreft, Burghard : Betriebsverfassungsgesetz. Kommentar, 4. Auflage München 2009 (Zit.: *Bearbeiter*, in: Wlotzke/Preis/Kreft, BetrVG)

Wolf, Manfred / Neuner, Jörg : Allgemeiner Teil des Bürgerlichen Rechts, 10. Auflage München 2012 (Zit.: *Wolf/Neuner*, Allg Teil des Bürgerlichen Rechts)

Wolf, Martin : Neue Vorschriften zur Vergütung: Das Ende der Gratifikation?, in: Versicherungswirtschaft 2010, Seiten 506-508 (Zit.: *Wolf*, VW 2010)

Wolff, Hans J. : Der Unterschied zwischen öffentlichem und privatem Recht, in: Archiv des öffentlichen Rechts, 76. Band 1950/51, Seiten 205-217 (Zit.: *Wolff*, AöR 76 (1950/51))

Zöllner, Wolfgang / Loritz, Karl-Georg / Hergenröder, Curt Wolfgang : Arbeitsrecht, 6. Auflage München 2008 (Zit.: *Zöllner/Loritz/Hergenröder*, ArbR)